一流大学研究文库
WCU SERIES

HIGHER EDUCATION IN RUSSIA

俄罗斯高等教育

历史变迁
与
卓越发展

［俄］雅罗斯拉夫·库兹米诺夫　　［俄］玛丽亚·优德科维奇　著
Yaroslav Kuzminov　　Maria Yudkevich

贾昕曈──译　王琪──校

上海交通大学出版社
SHANGHAI JIAO TONG UNIVERSITY PRESS

图书在版编目(CIP)数据

俄罗斯高等教育:历史变迁与卓越发展/(俄罗斯)
雅罗斯拉夫·库兹米诺夫,(俄罗斯)玛丽亚·优德科维
奇著;贾昕疃译. —上海:上海交通大学出版社,
2024.12 —ISBN 978-7-313-31993-7

Ⅰ.G649.512.9

中国国家版本馆 CIP 数据核字第 20243JV031 号

俄罗斯高等教育:历史变迁与卓越发展
ELUOSI GAODENG JIAOYU: LISHI BIANQIAN YU ZHUOYUE FAZHAN

著　　者:[俄]雅罗斯拉夫·库兹米诺夫
　　　　　[俄]玛丽亚·优德科维奇 　　　　　译　者:贾昕疃
出版发行:上海交通大学出版社 　　　　　　　地　址:上海市番禺路 951 号
邮政编码:200030 　　　　　　　　　　　　　电　话:021-64071208
印　　制:上海盛通时代印刷有限公司 　　　　经　销:全国新华书店
开　　本:710mm×1000mm　1/16
字　　数:351 千字
版　　次:2024 年 12 月第 1 版 　　　　　　　印　次:2024 年 12 月第 1 次印刷
书　　号:ISBN 978-7-313-31993-7
定　　价:88.00 元

版权所有　侵权必究
告读者:如发现本书有印装质量问题请与印刷厂质量科联系
联系电话:021-37910000

译　者　序

　　俄罗斯，这个地域辽阔、横跨欧亚两大洲的国家，不仅拥有世界上最大的国土面积，在教育领域同样举足轻重，是一个深具影响力的教育大国。在高等教育领域，俄罗斯不属于起步最早的国家之列，意大利、法国、英国等欧洲国家都比其早几百年。俄罗斯高等教育诞生于18世纪。1724年彼得大帝颁布谕旨，决定建立一所科学研究机构，也就是1725年正式成立的圣彼得堡科学院（圣彼得堡国立大学在此基础上建立）。1755年，莫斯科国立大学正式成立。自此之后的三个世纪，俄罗斯高等教育随着历史发展不断变革。从俄罗斯帝国，到苏俄、加入苏联，再到如今的俄罗斯联邦，俄罗斯的高等教育在政权的更迭、社会制度的变革，以及跌宕起伏的历史大势中不断找寻自己的方向。俄罗斯曾有过"世界教育强国"的辉煌，培养出数位引领世界科学、艺术、文学等领域发展的重要人物，也曾困顿于社会环境和体制机制造成的泥淖。纵观历史，服务于国家战略和社会需求一直都是俄罗斯高等教育的基本使命，这项使命在帝国时期和苏维埃时期呈现出截然不同的面貌；而到了21世纪的俄罗斯联邦，它又被赋予了新的内涵，体现为对卓越发展的不断追求。

　　本书的作者雅罗斯拉夫·库兹米诺夫教授和玛丽亚·优德科维奇教授曾毕业于俄罗斯的旗舰大学——莫斯科国立大学，且曾在俄罗斯国家研究型高等经济大学这所一流大学担任重要领导职务；两位专家不仅在高等教育领域深耕多年，也亲身经历了20世纪末以来俄罗斯高等教育系统的变革。本书旨在全面展现俄罗斯高等教育的历史和现状，并展望其未来的发展方向。

　　本书的前三章介绍了从 18 世纪的俄罗斯帝国时期，到 20 世纪的苏维埃时期，再到 21 世纪的当代俄罗斯联邦时期，俄罗斯高等教育的发展历程。这三章全面分析了俄罗斯高等教育在不同历史时期的目标和任务、高等教育系统的组建和完善、高等教育的实施方式，以及由各级各类高等教育机构组成的生态系统。第四章到第九章，每一章都聚焦高等教育领域的一个主题。第四章关注俄罗斯高等教育的治理机制以及经费的来源和分配，从中可以看到政府与市场这两个主体如何在高等教育领域发挥作用。第五章关注为高等教育奠定基础的俄罗斯中小学教育，以及各类高等教育机构中的大学生，分析他们的选拔过程和进入高等教育阶段后的状况。第六章关注高校教师群体的发展变化和现实处境，是对俄罗斯学术职业的详细介绍。第七章关注科研职能与俄罗斯高等教育机构如何被分离、又如何回归一处，全面介绍了自俄罗斯帝国末期以来，科学研究工作在各历史时期如何开展、在新的时代条件下它将去往何方。第八章关注高等教育机构内部的运行框架和管理模式，以及在以"5-100 计划"为代表的俄罗斯大学卓越发展计划的驱动下、在世界大学排名带来的压力下，俄罗斯高等教育机构如何选择自己的发展道路。第九章系统分析了俄罗斯高等教育自 19 世纪以来与国际社会的联系，以及在经历了开放与隔绝、融合与孤立的几个截然相反的时期后，当今的俄罗斯高等教育如何面向世界、找到适合自己的发展道路。

　　在本书的英文版于 2022 年首次出版后，国际社会又出现了新的变局，呈现出在历史中似曾相识但又与之不同的发展态势，"危"与"机"并存。高等教育作为人类在社会制度中建构起来的事业，必然会受到社会变革的影响；但同时它又具有创造性，在一个国家乃至整个人类社会中发挥着独有的作用。教育的力量是潜移默化的。在当下这个时代，当高等教育致力于教学、科研、社会服务，并积极探索新使命的时候，它将为世界带来什么样的改变是值得期待的。对于本书的主体俄罗斯高等教育也是一样。在经历了近 300 年不间断的战略变革之后，俄罗斯高等教育今后将走上怎样的发展道路，是本书作者立足分析的议题，我相信也是广大读者希望思考的议题。因此，回溯俄罗斯高等教育的整个发展历程具有重要意义；了解它"从何处来"，才能在此基础上展望它将"往何处去"。

我很有幸，早于国内读者读到了这本书。在翻译的过程中我受益良多。在我看来，两位作者撰写这本著作，不仅期望通过全面介绍和分析俄罗斯高等教育，从而将它进一步纳入世界高等教育的版图（虽然俄罗斯高等教育已发展了几百年，但大众对其了解还不深），更期望基于当下的世界发展趋势，为将来俄罗斯高等教育的卓越发展提出自己的看法与期待。任何事业的发展，都充满了曲折与挑战，俄罗斯高等教育过去如此，现在亦是。未来的俄罗斯高等教育会如何处理全球一体化与本国发展战略之间的关系？是会选择继续融入世界，还是坚守自身传统？俄罗斯高等教育今后能否继续为本国社会发展发挥重要的驱动作用？能否找准定位、坚定发展方向、提升自身的实力和国际影响力？我很期待这些问题的答案，相信读者也是一样。

我很荣幸能有机会将这本著作翻译成中文，与更多读者分享俄罗斯高等教育的图景。首先我要感谢本书作者雅罗斯拉夫·库兹米诺夫教授和玛丽亚·优德科维奇教授的信任，将这项工作交托给我；特别感谢王琪博士在校对本书翻译稿时给予我的细心指导；感谢上海交通大学教育学院刘念才教授和刘莉教授对我的支持；感谢上海交通大学出版社姜艳冰女士及各位编辑老师在本书的编辑和出版过程中提供的帮助。

本书的翻译虽尽力求精，但难免有所不足，望读者海涵并赐教。

贾昕曈

2024 年 10 月 31 日

序

在全球高等教育领域，尽管俄罗斯拥有可追溯到 18 世纪早期的学术传统，其在苏联时期曾是主要的科学大国，并且如今拥有世界上最大的高等教育系统之一，俄罗斯的高等教育模式对俄罗斯联邦之外的地区也颇具影响力，但俄罗斯大学的知名度不高，人们对其也不甚了解。本书为人们全面了解俄罗斯高等教育的发展历史和当今现实打开了一扇大门，也为介绍俄罗斯这个全球学术界中的重要参与者，作出了重要而有意义的贡献。这是对俄罗斯高等教育的首次全面分析，其在全球学术界中发挥着重要作用，然而迄今还未得到全面认可。

本书对俄罗斯高等教育的分析可以为高等教育的比较研究提供一个新视角。在彼得大帝(Peter the Great)统治时期，俄罗斯出现了第一波现代化浪潮，通过向西欧国家取经，探寻现代化发展的模式，包括效仿法国和德国的先例创建大学，许多西方国家的教授也被吸引到这些新大学任教。因此，俄罗斯从一开始就是欧洲高等教育系统的一部分。

1917 年俄国十月革命后，高等教育随即被政治化，也不再受重视，教学与科研分离，科学院体系得到了加强。这一转变对俄罗斯的大学产生了重大影响，使它们只能专注于教学。第二次世界大战后，苏联政府重视科学事业，为的是发展核武器以及实现其他与建设世界强国相关的目标。苏联政府后来又将大学用于发展国家的软实力，资助了大量位于东欧的苏联加盟国以及对苏联友好的发展中国家的国际学生到苏联大学学习。此外，"苏联高等教育模式"，包括科学院模式，被输出到了苏联各加盟国以及中国、越南等国。在一些学科领域,苏联也取得了重大的科学成就。因此,要全面了解东欧国家、中国和越南的高等教育发展,考察俄罗斯的高等教育是十分重要的。

1991年苏联解体后,其高等教育深陷危机,失去了大量的国家财政支持,内部混乱,缺乏方向,并且大量教授和科研人员离开去往了他国。

然而,近几十年来,俄罗斯的高等教育和科学研究得到了国家更多的支持,并进行了几次重大改革,俄罗斯又一次向国际社会探寻科学发展和大学变革的思路。俄罗斯正再次成为全球高等教育界的一员。俄罗斯的大学和科研机构对苏联国家的影响依然强大。

虽然俄罗斯高等教育起源于18世纪的欧洲,但它是少数几个独立发展的国家之一,尤其是在苏联时期。事实上,在某种意义上,俄罗斯高等教育的发展和繁荣是在全球主流趋势之外进行的。

在今天,俄罗斯面临的挑战仍然很严峻。苏联的官僚主义在俄罗斯大学依然明显存在,政府的压力依然左右着学术政策,学术自由有时还会受到限制,政府对高等教育的资助依然不足,高等教育的质量总体还不高。但与此同时,俄罗斯的"学术卓越计划"(Academic Excellence Initiative,又称"5-100计划",Project 5-100)向俄罗斯21所一流大学投资了30多亿美元,对这21所大学以及其他大学都产生了显著的积极影响。本书作者库兹米诺夫和优德科维奇对俄罗斯高等教育的发展进行了透彻的分析,为高等教育的比较研究作出了重要贡献。

菲利普·G. 阿尔特巴赫(Philip G. Altbach)

美国波士顿学院(Boston College)国际高等教育中心研究教授、创始主任

目　　录

绪　论

　　本书介绍了俄罗斯高等教育系统的结构。我们的主要观点是，高等教育与社会中发生的一切都有着本质联系，所以也与社会运行中各种经济、政治、社会因素息息相关，因此，不能脱离这一制度性背景来思考高等教育。高等教育系统也通过培养知识精英、投资新的人力资本、传播价值观体系以及提高个体能力等方式影响着整个社会。各种经济政治制度使不同的社会对高等教育提出了不同的要求，确定了不同的国家优先支持目标，并决定了受过高等教育的人在劳动力市场中的发展前景。

　　本书的关注点不仅限于介绍俄罗斯高等教育系统的表现，比如它的数量、质量和结构方面的参数以及这些参数的动态；还介绍了俄罗斯高等教育系统核心的基础机构，解释了这些机构如何管理高等教育系统并设计其特征，并且讨论了这些机构如何以及为何正在发生变化。

　　在思考俄罗斯高等教育以及它对自己"世界上最好的教育"的定位时，学者们经常谈起以下问题：俄罗斯高等教育主要是欧洲经验的产物并从更成熟的大学系统借鉴关键思想与理念，还是一种本土产物，既取得了辉煌的成功，又面临严重的挫折？本书尝试回答这些问题。我们的分析显示，如果没有欧洲的经验，俄罗斯大学系统和整个高等教育系统的发展都是不可能实现的，无论是在机构模式方面，还是在从欧洲引进人员和专业知识方面。本书还表明，俄罗斯高等教育是由各种成功（或不太成功）的独特教育实验和创新组成的。

　　18世纪中叶，当俄罗斯出现第一所大学时（虽然当时还没有本土教授），许多欧洲国家已经拥有悠久而辉煌的大学传统，比如博洛尼亚大学

(University of Bologna)和巴黎大学(University of Paris)在当时已经存在了约六个世纪。美国哈佛大学(Harvard University)也已经开办了一个多世纪，虽然距离之后的世界级地位还很遥远，但它已经培养了几代国家公职人员。

而俄罗斯的初等和中等教育系统并不发达，落后于其他欧洲国家，在高等教育领域似乎注定要长期处于二流水平。然而，到了 20 世纪(俄罗斯建立高等教育系统仅 100 年之后，拥有多所大学)，俄罗斯在总体上提供了能与欧洲领先范本相媲美的大学教育，整体科研能力也很受瞩目。又过了 50 年，全面改革后的苏联高等教育成为意料之外的成功实践。到了今天，在 21 世纪 20 年代的开端，国际社会正在密切关注俄罗斯高等教育的快速发展，特别是它的大规模变化和改革。

在不同发展时期建立的迥然不同的高等教育系统，反映了不同时期俄罗斯社会和经济结构的巨大差异。这些系统有许多共同之处，但如果想了解俄罗斯高等教育的历史和现状，了解这些系统的演变是非常重要的。这正是读者们将在本书中看到的内容。

一些特性使俄罗斯大学的发展呈现出鲜明的特征，尽管在猛烈的政治和社会动荡(1861 年、1917 年和 1991 年)之后，大学的发展历程出现了明显的断裂，但这些大学的特性仍得以保留。对传统的传承本身就是一种有趣的社会现象，值得历史学家和社会学家深入研究。

这些特性是什么？俄罗斯的大学是由政府权威而非民间社会创建的。虽然在 20 世纪初，私立大学一度蓬勃发展，但它们在俄罗斯的重要性远不及其他国家。由此可以看到一个历史悖论：在沙皇俄国，教会事实上是政府系统的一部分，但教会(以及宗教)对大学的影响却微乎其微。如果研究一下教会和宗教在俄罗斯各级教育中的作用，就会发现这一点尤为明显，因为从农民教区学校到大学预科学校，经文都是必修课程之一。因此，与欧洲甚至美国的大学不同，俄罗斯的大学完全是在宗教和教会的传统之外形成的。

俄罗斯大学的行为和规范一般都是围绕科研价值而非宗教价值形成的。综上所述(虽然有些简化)，可以说俄罗斯大学的一个特性是唯才是举。无论是在地方社区还是在整个国家层面,俄罗斯大学都缺乏团结一致的行事模式和对大学"第三使命"的认可。

俄罗斯大学的目标并不是培养政府精英或者统治国家的人才,它们也并不认为自己有责任完成这项任务。有趣的是,这不仅是帝国时期高等教育体制的典型特征,也是苏维埃高等教育体制的典型特征。在沙皇时代,许多重要人物都是从军官队伍中招募的;而在苏维埃时代,这些重要人物则是通过党校体系培养出来的。因此,大学培养的是专业精英,而不是政府精英。教师和学生是国家的一部分,但只是非常专业化的一部分,他们并不倾向于将国家任务内化为自己的任务。俄罗斯学生习惯于不断追求进步的观念,但不习惯于追求社会稳定的观念。受教育阶层的这种世界观最终加速了沙皇俄国的终结以及之后苏维埃政府的结束。当然,造成这种情况的主要原因是沙皇俄国(以及后来的苏维埃政府)对知识分子的反对,以及在将大学纳入当下的政治和管理任务方面的无能。如今俄罗斯的管理体制保留了苏联的一些特点,其中之一就是科研经费严重不足。按学生人均计算,俄罗斯的大学科研经费远远低于经济合作与发展组织(Organization for Economic Cooperation and Development,简称 OECD)国家的平均水平。这并没有导致俄罗斯大学成为单纯的教学型大学;尽管经费紧张,大学的科研工作仍在进行,但由于资源不足,科研水平受到严重影响。

俄罗斯大学由于自身的法律和经济地位,经济投资机会有限,这在其他一些国家也很常见。俄罗斯大学的教育活动必须遵守国家教育标准,这种限制基本是形式上的,但确实影响着大学的职能。联邦教育标准以及为大学提供公费生名额的制度导致俄罗斯高等教育几乎完全是专业性质的,被简化为了某一专业范围内的培训。

将高等教育从专业化培养的任务中解放出来,或者说将其实际的社会和经济功能从正式规定的功能中剥离出来,是一种隐约的趋势,这种趋势在苏联后期已经很明显,并从 20 世纪 90 年代在新的俄罗斯开始得到加强。如今,俄罗斯 99% 的高等教育在形式上仍然是专业性的。最近,人文科学系开始在一些古典大学中出现,但这只是一些例外情况,不是常态。

两项数字充分说明了高等教育在俄罗斯的作用:①高等教育可以产生工资溢价,这对于一个人口受教育程度较高的发达国家来说是相当可观的:2010 年约为 60%,而 2020 年已降至约 50%;②超过 80% 的家长都希望子女接受高等教育。

在过去的 50 年中,高等教育在苏联以及之后的俄罗斯都是社会地位的主要标志。高等教育是社会行为和社会变革的强大推动力:在苏联时期(20 世纪 20—30 年代和 60—70 年代)和苏联解体后(20 世纪 90 年代和 21 世纪初),高等教育的普及曾多次从根本上改变了数百万俄罗斯公民的思想、价值观、工作和文化目标。

苏联社会典型的、前所未有的社会流动性并不能仅仅用 1918—1939 年间国家机构和企业的"再分配"(那些现在处于前列的人可能会变得处于末后,而那些现在处于末后的人可能会变得处于前列)来解释,还包括更为稳定和长期的因素。这些因素包括普及中小学教育和高等专业教育,使来自"工人阶级"的人可以广泛接受这些教育。当时也产生了一种特殊的现象:苏联教育的文化,几乎没有受到"旧"社会受教育阶层继承文化的影响(因为在苏维埃政府的头 20 年,这一阶级的人数和文化影响力被人为地严重压制了)。同时,"苏联知识分子"(在 75% 的时期里都源自工农家庭)的观念是由高等教育系统塑造的。要理解高等教育的这一作用,需要考虑到的是,苏联"教育文化"的发展离不开其他机构的支持,如家庭背景和家庭环境、社团、协会,或者教会。事实上,高等教育是引导社会和人类转型的基本工具之一。

与苏联时期两次制度化的高等教育扩招不同,20 世纪 90 年代的高等教育扩招并不是因为政府有针对性的政策,而是在国家监管不力的背景下,受社会期望的影响进行的。在苏联时期,人们普遍接受了高等教育是通向更好职业和更高质量生活的途径这一概念,因此广大民众对高等教育的需求很高。90 年代扩招的特点是几乎全部取消了对高等教育机会在形式上的限制。由于国家在 90 年代经历了预算危机,无法迅速增加公费生名额,公立大学[根据 1992 年《俄罗斯联邦教育法》(*The Law on Education in Russia Federation*)获得提供收费教育服务的权利]以及私立大学(同一

4

法律设立)纷纷增设新的学生名额。因此到 2010 年,17～25 岁人口接受高等教育的比例几乎是 90 年代末的两倍(分别为 20％和 35％),中学应届毕业生立即进入大学学习的比例增至 50％以上。

因此,对 20 世纪 90 年代和 21 世纪头十年的普通大学毕业生的专业能力持怀疑态度是有道理的。但可以肯定的是,这些机构为数百万俄罗斯公民提供了提升社会地位(有时是经济地位)的机会,这是他们的父辈无法企及的;这些机构为社会和经济的发展创造了重要的动力。2000—2012 年俄罗斯经济的快速增长不仅来源于石油价格的飙升,也来源于人力资本质量的提高。

在俄罗斯,虽然接受高等教育的人数众多,但高等教育的工资溢价仍然很高,约为 50％,这说明人力资本的质量在不断提高。相比之下,中等职业教育(也相当普及,15～19 岁人口中超过 35％接受的是此类教育)的工资溢价仅为 10％。

如今,政府的正规严格监管确保了教育质量的最低门槛,并保证了大学教师的高薪(约为当地平均工资的两倍)。然而,严格的监管也带来了不利的后果:创新(特别是与教育相关的创新)在俄罗斯大学中难以实施并且推广速度缓慢。目前,超过 50 所领先的大学已经获得了政府授予的自主设置教育标准的权利。然而,由于其他僵化的监管措施仍然存在,只有不到 15 所大学行使了这一权利。

教育机构和教育项目的质量也参差不齐。俄罗斯高等教育依照申请人的质量划分了不同的市场,这种情况既存在于整个系统中,也存在于不同的专业里。医学、教育、建筑、交通和艺术相关专业的教育质量差不多,因为全国各地对此类专业人才的需求比较高;相比之下,工程科学(技术)、自然科学、数学和社会科学(包括经济学)专业的教育质量则相差很大。一流大学一般不接受其他大学的本科毕业生攻读硕士学位,因为这些学校认为其他大学的本科生缺乏必要的知识。

俄罗斯约有 50 所具备国际竞争力的一流大学,它们被列入世界大学排名(有 15 所大学被列入多个学科或专业排名的前 100 名),吸引了许多国际学生,这些大学的教师主要是活跃在各自研究领域的研究人员。这些大学可以被称为"研究型大学",尽管它们的主要工作是教学,正如前面提到的,研究经费不超过大学预算的 20%。过去十年间,俄罗斯 50 所一流大学的研究人员活跃在全球学术界,在国际在线课程平台上,俄罗斯也很有影响力。这些大学都有严格的录取标准,学生的质量无论依照哪个国际标准来看都是相当高的。

约有 150 所大学提供了各领域高质量的专业教育(它们一般都能吸引成千上万的国际学生)。但是这些大学的一些研究和项目发展不足,没有跟上领军公司的技术进步,这对 STEM(科学、技术、工程和数学)专业尤为不利。近年来,这些大学的生源质量有了明显提高,但仍然招收水平较低的自费生。

还有 150 多所大学(大部分是小型大学)提供"普通高等教育"(general higher education)。在俄罗斯,由于严格的正式规定,这种教育通常是四年或五年的专业教育项目。学生需要学习所有专业课程,也需要通过各自的科目考试,但由于学生的学习积极性(以及他们的基础知识水平)较低,经过漫长的专业教育后,实际能被用于未来工作的科目不超过三分之一,主要是那些培养最基本分析能力和社会能力的科目(数学、信息技术、经济学、法律),以及那些培养"软技能"的科目。通常,学生在大一和大二时集中学习,而在高年级时减少学习并开始就业。俄罗斯这类高等教育机构的社会功能相当于美国的社区学院,但学生的学习时间不是两年,而是四年甚至五年。从国家人力资本(相当于让国家劳动力停息两年时间)以及有效利用社会资金和家庭预算的角度来看,这种安排非常不合理。

高等教育在塑造俄罗斯社会结构中的作用不容小觑。如上文提到,大规模发展高等教育是俄罗斯 1990 年代的主要成就之一,俄罗斯的广大群众因此受益。鉴于 20 世纪 90 年代失败的私有化尝试和寡头资本主义的形成,这一点就尤为重要了,因为前两者会以明显不公正的方式分配财富。俄罗斯"接种了平等主义的疫苗",但值得强调的是,这并不与极权主义再分配的怀旧情感相关。自 90 年代大规模扩张开始,高等教育的入学就一直以申请者的自由选择和家庭决定为基础,而不由任何外部控制的结构因素决定。

在当代俄罗斯,从二流大学(其中许多甚至已经不存在了)毕业的人在各领域取得事业成功的例子比比皆是。当然,一流院校毕业生取得事业成功的概率还是要高得多,例如莫斯科国立大学(Moscow State University)和莫斯科国际关系学院(Moscow State Institute of International Relations)等。虽然大多数无名大学的毕业生确实没有取得显著成就,但仍有一些成功的故事,它们构成了俄罗斯社会积极神话的重要部分。

即使俄罗斯现在提供的专业化培养方式有些过时,大规模高等教育也从根本上提高了毕业生的社会资本和人力资本,这些毕业生占俄罗斯40岁以下公民的很大一部分,在大城市中也占年轻人的绝对多数。这些人追求较高的生活水平,想要从事与时俱进的工作,他们也是积极且有素质的消费者。

还有一点值得一提:多年来,俄罗斯在高等教育入学机会和从事学术职业的机会方面都不存在性别歧视问题。现在,许多国家的大学申请者以及刚刚开始学术生涯的青年教师中男女比例相对均衡,但在苏联时期,几十年来一贯如此。不过遗憾的是,"机会平等"并不能消除大学教师在薪酬方面的性别差异(尽管这种差异比许多非学术行业要小),也不能解决大学中拥有高级学术职称和担任高级行政职务的女性较少的问题。

20世纪90年代的大学录取以大学面试为基础,这一制度是从苏联时期继承下来的。当时,面试是对申请人进行非公开选拔的工具(为了接收更多来自工人和农民家庭的学生,减少录取犹太申请人和知识分子家庭的孩子)。苏联解体后,这一选拔过程被大学管理者和教师"私有化"了。除了私人腐败之外,每所大学还开设了营利性课程,提供入学申请培训;实际上,那些申请公费生名额的人必须向整个大学(通过付费课程)或特定的考试管理人员预付费用。90年代的这种情况在一个笑话中可见一斑:当时的俄罗斯否认了数学具有普遍性这一关键的科学前提,数学是最常见的考试科目,但每所俄罗斯大学的数学入学考试都有"自己的数学"。

国家统一考试(Unified State Exam)在普京(Putin)2000年的总统工作计划中被定义为一项确保中学毕业生(无论其居住地和家庭社会资本如何)享有平等权利的机制。自2009年以来,国家统一考试和学科奥林匹克竞赛已成为规范高等教育招生的两种方式。这种形式上的"择优录取制度"实现了平等,并确保了大学公费生名额和高选拔性大学自费生名额分配的公正性和可预见性。这种招生制度转变的主要受益者是来自缺乏优质大学地区的中产阶级家庭。20世纪90年代,莫斯科和圣彼得堡的大学只录取了25%~30%的非本地学生;在过去十年,这一比例已增加到了50%~60%。

在过去十年中,除了这些普遍的进步和平等趋势之外,一种与之不同的、相反的趋势也正在形成。在大学的入学机会和教育项目的结构中,存在着某种基于财产状况和家庭文化(教育)水平的社会分化。这并不是大学特有的,因为大学不能自行选拔申请人,只能制定选拔标准,而选拔工作则由国家(通过各科目的国家统一考试)和大学协会(通过学科奥林匹克竞赛)实施。但同样,国家的目标也不是造成社会分化;相反,可以看到的是,这是一些制度成功运行的结果,最初制定这些制度的目的是消除不平等和不公正的现象,这一目标无疑已经实现了。

几乎在所有教育项目中都存在两类学生,一类是国家全额资助的公费学生,另一类是自费(或家庭资助的)学生,再加上对来自低收入和低学历家庭的学生缺乏有力的"逆向区别对待"的制度和社会支持,这些情况客观上导致来自富裕和高学历家庭的学生占据了优势。公费生名额采用"任人唯贤"的公正原则进行分配(实施国家统一考试和学科奥林匹克竞赛),这导致来自富裕和受过良好教育的家庭的子女极有可能占据这些名额,而来自低收入和受教育程度不高的家庭的子女则被迫选择成为自费生。由于后者的支付能力以及对教育项目的质量进行有效评估的能力一般较低,他们往往被迫进入低质量的教育项目学习。

俄罗斯高等教育的非均质性,以及不同的大学和教育类型(公费生、自费生,全日制、非全日制和函授教育)之间的明显分层,导致毕业生质量参差不齐。这种情况并非俄罗斯独有,许多发展中国家和一些发达国家也存在类似情况。

俄罗斯高等教育还有一个特点,不仅决定了俄罗斯高等教育的独特性,也部分解释了为何一些大学毕业生如此优秀——他们的分析能力和创造能力帮助塑造了俄罗斯大学在世界上的形象，那就是俄罗斯教育重视建立分析工具和系统思维。但同时，俄罗斯大学的课程至少在两个方面对学生来说是超负荷的。

第一，如果将俄罗斯大学的学位课程与其他国家大部分大学的学位课程进行比较，就会发现俄罗斯高等教育模式要求的学习年限（本科为四到五年）比国际平均年限更长，要求的学习时间（参加讲座、研讨会、实验课的时间）也比国际平均水平高出 50%。这主要是高中教育时间短造成的。在中学教育结束时，俄罗斯学生的学习时间比 OECD 国家的同龄人平均少三年，部分原因是俄罗斯拥有世界上最长的暑假。因此，外语、数学、社会和经济、哲学等科目仍需在大学低年级学习，大学公共课占高等专业教育课程的 25%。

在大学低年级，课时量大是非常重要的：俄罗斯学生稳步学习着微积分等基础学科，这需要不断的练习和教师的反馈。研究苏联和俄罗斯教育的国际专家注意到，与其他国家的学生相比，俄罗斯学生的课堂学习时间较多，但独立学习的时间相对较少。

在大学高年级，这种模式显示出更多问题，主要因为规定课程的时间安排很紧，学生几乎没有时间做自己的项目或者进行独立活动。在大部分俄罗斯大学，高年级学生的出勤率急剧下降，因为高年级学习的选拔性增强，许多学生认为他们已经从学校获得了所需的知识。此外，高年级的教学计划往往过多地安排了专业性极强的科目，与劳动力市场的需求不符。这种情况在工程和技术专业以及农业专业中尤为明显。

第二，教科书"把学生扔到深水区，但没有提供任何救生工具"。"当我们在 20 世纪 90 年代和 21 世纪初开始学习西方大学系统时，对这些国家使用的教学方法和教学工具的广泛性印象尤为深刻，我们都没有做好这种准备"。（本书作者雅罗斯拉夫·库兹米诺夫，20 世纪 70 年代就读于莫斯科国立大学；玛丽亚·优德科维奇，20 世纪 90 年代就读于莫斯科国立大学）俄罗斯的传统是默认有一本教科书（优秀教师会同时使用几本教科书）和一长串推荐文章和书籍，认真的学生应该在下一次研讨课之前读完这些文章和书籍——没有学习指南，没有从原文中认真节选的入门书和读物，也没有问题集和案例集，只有一本教科书和一长串书目指南（通常能占整个图书馆的一半）。

如果说在许多国家的教育体制中，学生是被牵着手前行的，需要学生独立学习的教材数量都被仔细确认过，并力求这些教材易于理解（通常将教材数量削减到只保留绝对所需），那么在俄罗斯，这种做法历来被认为只适合能力较差的人。因此，许多院系都被"这些教材我已经读过了，让他们也读读吧"的想法所支配。这导致大约75%的学生没有为研讨课做任何准备，在剩下的学生中，教师在全部研讨小组中几乎只能找到几个值得交流的对象。俄罗斯大学的这种教育方式使优秀学生很早就全身心投入了研究型交流的模式，而经常参与研究型讨论（不论是专业研究还是社会研究）才是接近大学本质的机会，所以这种做法实际上牺牲了"沉默的大多数"。

俄罗斯和西方教育传统的一个重要差异是对学生保留率的不同态度，这在一定程度上解释了学生之间的差距。在西方教育传统中，高保留率被认为是非常重要的，相反，在大部分俄罗斯大学中，高退学率被认为是教育质量高的体现。在俄罗斯，无法实施个性化的教育方式，而个性化的教育方式可以提高学生的保留率，帮助他们顺利掌握课程。

当今高等教育系统的许多决定性因素都受到以往发展逻辑的影响。只有通过了解高等教育系统的历史变迁，才有可能理解它现在的运作方式。本书一开始先简要介绍了俄罗斯高等教育的历史。第一章介绍了18世纪第一批高等教育机构的诞生，沙皇俄国高等教育系统在整个19世纪的发展，1917年十月革命和政权更迭后高等教育的转变，以及20世纪30年代后期苏联高等教育系统的概况和一般原则。

第二章介绍了从第二次世界大战结束到苏联解体期间大规模高等教育系统发展的关键阶段；同时也探讨了苏联解体后的第一个十年中系统的变化。这一章的内容展示了负责该系统运作和决定其发展结果的一些关键机构是如何以及为何形成的，这段历史有助于理解这些机构如何在今天发生转变，以及维持其运作的因素。特别是，在本章中还将看到，不断变化的政治和经济环境确实对高等教育系统产生了影响。尽管曾尝试过彻底的变革，但其中一些因素至今依然存在，因此其余各章会经常提及一些现实状况的历史背景。

　　第三章介绍了当今俄罗斯高等教育系统的主要内容。读者将了解到高等教育机构所组成的生态系统,以及私立大学与公立大学之间、一流大学与普通大学之间,还有不同专业之间的差异。本章还特别介绍了高等教育市场的供求体系以及由此产生的平衡状态。

　　第四章专门讨论高等教育的治理模式和资源分配的逻辑。这一章讨论了政府在俄罗斯高等教育系统中的作用,以及政府是如何发挥作用的。本章还展示了中央计划经济典型的管理手段是如何在当今的市场条件下得以基本保留的,以及它们的存在如何决定了如今高等教育系统的逻辑。

　　如果不了解大学录取的对象究竟是谁,就不可能理解高等教育机构的职能;反过来,如果不了解作为大学生主要来源的中学教育系统,对高等教育机构的任何分析都将是不完整的。因此,第五章简要介绍了俄罗斯的中等教育系统。在不深入探讨其结构的前提下,本章为读者提供了一个机会,可以帮助读者了解这一系统是如何确定哪些人能进入大学,以及他们是凭借什么样的思想和知识进入大学的。在这之后,本章介绍了大学选拔制度,包括这一制度近年来的相关变化(及其原因),以及该制度在确保优质教育机会方面的成果。本章还介绍了俄罗斯的大学生群体,不仅涵盖大学生在学校的学习,还涵盖了他们的校外生活。此外,本章还特别关注了学生的兼职工作情况,包括从事兼职工作的动因以及兼职如此普遍的后果。

　　了解了俄罗斯大学教育过程的特点,读者就能更好地理解大学教师的具体职能。第六章重点介绍了俄罗斯学术职业的结构,包括大学教师的职业阶梯、工作合同,以及合同的内容和结构如何决定大学学术团体的构成。

　　第七章讨论了俄罗斯科研工作的组织。俄罗斯高等教育的主要特点之一是长期以来教学与科研的分离,这种分离并不是简单地影响了教育系统,而是基本决定了它的总体情况、模式和行为。因此,第七章作为单独一章介绍科研工作,强调了不同历史时期科研工作组织模式的体制性变化,这有助于说明科学组织、科研管理机构和国家社会经济机构(该机构负责管理前面两个机构)之间是如何相互联系的。本章的最后一部分介绍了现在为克服大学与科研之间的分离所做的尝试，以及高等教育系统在此过程中面临的新挑战。

大学是如何构建的？它们是如何从内部进行管理的？它们是如何从高度程序化的"单位"转变为独立确定发展使命、独立构建与主要利益相关者关系的学术组织的？第八章讨论了这些问题。这一章重点关注俄罗斯一流大学主要的卓越计划，这些计划也影响着整个教育系统。

第九章是最后一章，这一章的重点是俄罗斯高等教育的国际化。虽然本书几乎每一章都涉及了俄罗斯高等教育中的国际发展要素，但本章对国际化发展历史的全面回溯更加清晰地展现了俄罗斯高等教育与政治体制之间的相互联系。

本书不只尝试阐明高等教育系统内外的各种机制是如何构成的，还要尝试解释为什么该系统中这些要素是以这样的方式构成的，它们是如何相互联系的，该系统的制度设计是如何决定了它的发展逻辑，以及是如何决定了它的不同参与者的行为及其结果的，无论是大学、教师还是学生。我们认为，即使是在国家发展最孤立的时期，也不能脱离国际比较背景来评价国家高等教育。因此，我们在全书中将高等教育系统的各种要素，如大学招生规则、大学资助模式、管理结构、教师教学工作量和教学内容等，与其他国家的这些要素进行了比较。然而，在一本书中，即使在本书这样的大体量书中，也不可能像我们（也可能是我们的读者）所希望的那样详细介绍所有的内容。有鉴于此，我们提供了大量的参考文献，希望这些书目资料既能成为了解俄罗斯高等教育的信息来源，也能作为一些读者深入研究特定细节的起点。读者可以在我们的资料中找到许多档案材料。我们首先力求依据原始数据，因此，我们对档案资料的来源进行了介绍，以帮助感兴趣的读者找到有关书中讨论的任何问题的信息，并得出自己的研究结论。

我们在工作过程中遇到的最严峻的挑战之一，就是如何对复杂而多面的高等教育系统进行线性预测，如何确定叙述的优先次序以避免前言不搭后语。因此，我们首先介绍了高等教育的概况和一些系统性特征，例如高等教育系统的管理模式、大学的类型、教育项目的组织原则和资源流动，然后介绍了该系统的主要参与者:学生、教师和大学。每一章都可以单独阅读,同时前后章节的内容又是相互对应的。

本书是五年工作的成果。在这五年中,高等教育系统的变革有增无减。今天,当你阅读本书时,书中的内容可能已经过时,大学和学生的数量已经发生了变化,新的学术卓越计划已经启动,招生规则的变革也已在讨论之中。我们希望,了解书中所述系统的制度基础,可以帮助感兴趣的读者更好地理解俄罗斯高等教育未来可能的发展变化。

我们在比较高等教育领域的长期工作经验告诉我们,不了解其他国家的教育体制结构,就不可能了解本国的教育体制;没有这种了解,任何进步都是不可能实现的。因此,我们希望我们的书不仅对关注俄罗斯、关注俄罗斯的社会和经济机构,特别是关注俄罗斯高等教育的专家是有意义的,还希望它对任何想要更好地了解自己国家高等教育的读者是有意义的。读者们可以借此了解本国高等教育的结构、评价该系统中各种机构的替代方案以及这些机构之间的相互联系,并且了解该系统在全球人力资本市场以及以研究为基础的知识生产中的地位和前景。

第一章

18世纪到20世纪初的俄罗斯高等教育

在俄罗斯社会经济和政治发展的各个阶段,高等教育系统都深深扎根在历史与文化之中,探究历史有助于了解俄罗斯高等教育系统的现状。本章主要讨论俄罗斯高等教育的历史基础,时间涵盖从17世纪末到18世纪彼得大帝(Peter the Great)的改革至20世纪初布尔什维克(Bolshevik)执政的最初几十年。

关键事实

- 俄罗斯高等教育系统的支柱可以被视为由政府主导的项目,例如政府主导创建了科学院(Academy of Sciences)和俄罗斯的第一所大学。这类项目也是在与高等教育相关的各种新兴的非政府活动以及从东欧和西欧引进的教育思想和理念的影响下发展起来的。之后,这类项目的影响逐渐超越了其初期的特定影响,并扩展到更广泛的范围。

- 大学毕业生在进入政府工作方面享有优先权,国家预算是大学经费的核心来源。这些因素确保了国家对大学的课程和其他重要工作的严格监管。在整个19世纪,国家监管的程度有所不同,取决于当时的政治和社会环境。

- 俄罗斯帝国的一流大学(一般是帝国大学)大多在其位于欧洲的几个大城市。大学的入学要求很高,再加上当时人口流动性低,高质量高等教育机会的分布是严重不均衡的。

- 到 19 世纪末，俄罗斯帝国已经形成了一个发展完善、层次分明的双轨制高等教育系统：公立高等教育由主要培养公务员的大学和同等层次的高等院校组成；私立高等教育包括为满足日益增长的工业发展需求而设立的营利和非营利院校。但不适应这种政府主导体系的人，对高等教育也有着强烈的需求。

- 政权的更迭和布尔什维克的执政从根本上影响了俄罗斯的高等教育。在苏维埃政府成立后的最初几十年里，一个完全由国家监管的系统形成了，这一系统重点发展具有行业针对性的高等教育机构，旨在为计划经济提供高素质的劳动者（主要是工程师和技术人员）。

- 通过划分工人院系（为没有中学文凭的人提供高等教育预备课程）、设置招生配额，以及为工人和农民代表提供深造机会等新制度，苏维埃的高等教育系统以惊人的速度提高了受过大学教育的人在社会中的占比，并对那些在工业、科学和教育领域中担任领导职务的人群也产生了重大影响。

- 在苏维埃执政的最初 25 年，高等教育机构的数量显著增加。在 1917 年"十月革命"前，公立和私立大学的总数略高于 100 所；到了 1940 年，高等教育机构的数量超过了 800 所，人口的识字水平以及每万人中的学生人数均增长了两倍。

第一节　俄罗斯高等教育的开端：18 世纪

> 我不得不收割大量的干草，但却没有磨坊；附近也没有足够的水源来建造水磨坊。远处有足够的水源，但我没有足够的时间来修建运河，因为我们的寿命没有那么长。因此，我首先开始建造磨坊，并命令其他人开始修建运河，让我的继承人未来能够拥有水源，供应给矗立在那儿的那座磨坊。
>
> ——彼得大帝关于成立科学院的讲话[1]

　　很多国家都将高等教育的诞生与一系列重要的时间和事件联系在一起。对于俄罗斯来说,最具关键意义的事件不是成立第一所大学,而是1725 年在当时俄罗斯帝国的首都圣彼得堡(St. Petersburg)正式成立了科学院(1724 年彼得大帝签署了成立科学院的谕旨)。彼得大帝曾游历欧洲,访问了荷兰和德国的多所大学,并在筹建科学院的过程中与欧洲著名的教授和学者进行了会谈。因此,科学院的成立体现了彼得大帝将高等教育视为建立强大和开明国家的重要工具的愿景,同时也反映了当时欧洲高等教育改革的动态性和多样性,以及俄罗斯帝国内部的体制背景。

　　圣彼得堡科学院在任务、结构和体制原则方面与当时欧洲的主要科学院和学术团体大相径庭。成立之初,俄罗斯还没有一所大学,科学院是通过国家法令"自上而下"建立起来的[彼得大帝在科学院成立前的几个月去世,最终由女皇叶卡捷琳娜一世(Empress Catherine I)签署了正式成立科学院的谕旨,也就是法令]。该科学院由国家资助,这与当时欧洲的类似机构不同,后者大多是由个人或团体缴纳的费用和捐献的款项支持的[2]。此外,圣彼得堡科学院是作为一个学术研究中心建立的,而欧洲的科学院大多局限在总结大学的研究成果,两者最大的区别在于圣彼得堡科学院结合了学术和教育的功能,并以在全俄罗斯普及科学为使命(Smagina, 2007, p.43)。

　　为了使科学院更方便地将学术与教育普及功能结合起来,解决方案是把科学院建成一个研究机构,并配备一所大学和一所预科学校。该预科学校的功能是为"有科学头脑的年轻人"进入大学做好准备[3]。创建大学的主要目的是为科学院培养一批本国科学家和实践专家:"俄罗斯不能仅满足于让已经受过教育的人产出科学成果,它还需要在科学事业上培养年轻人以取代老一代人……因此,科学院需要配备一个部门,那就是大学"[4]。这种"纵向一体化"结构承担了在其他国家由多个独立实体履行的义务,并在多个层面发挥着科学活动中心的作用。

　　如今,俄罗斯科学院(Russian Academy of Sciences)被认为是未来高等教育系统中最重要的机构,是其最重要的也是唯一的驱动者和支持者。科学院的创建的确是为未来高等教育系统奠定基础的国家动议。然而,在科学院及其教育结构建立的同时，一些非政府教育机构已经在俄罗斯帝国内运转，这些机构附属俄罗斯东正教会（Russian Orthodox Church），但所提供的教育是古典基础教育，与当时一些外国学院普遍提供的教育非常相似。它们的形成是大学（作为一种教育机构）在欧洲遍地开花的结果。这些教会附属学院（与军事、民政和司法机构一起）发挥着辅助促进社会和专业事业发展的作用，它们的毕业生为进入特定的专业领域工作做好了准备。

自1724年起，俄罗斯东正教会由圣主教公会（Most Holy Synod）控制和管理，这使得国家机关需要吸纳具备学术知识的毕业生，这种需求也帮助塑造了一批行政精英[5]。原因在于这些学生学习的课程和知识要比单纯的经文广泛得多，这有助于培养行政精英阶层。

在教会附属学院学习的人来自俄罗斯帝国的各个阶层，包括年轻的贵族成员，因此这些教育机构在塑造知识分子圈子方面起到了相当重要的作用。在第一批国家教育机构[例如莫斯科数学和航海学校（Moscow School of Mathematics and Navigation），一所工程学校的雏形]出现之前，教育的主要职能一直由教会牢牢掌控。一旦国家认识到为满足自身需求培养人才的任务，就开始有计划地将各种职能合并到自己的旗下。

因此，大学和圣彼得堡科学院应被视为彼得大帝在18世纪的俄罗斯帝国创建高等教育机构的一次尝试。虽然这一尝试可能规模不大，也不甚成功，但与之前的任何一次尝试相比，它都更接近后世由国家资助高等教育的机制。

回到科学院及其组成部分的问题上，需要指出的是，科学院基本上是一个包容欧洲各类思想的场所（这反映了当时欧洲大学的非同质化发展，也是国家重新定义大学在社会中作用的最初实例），并向欧洲的优秀人才开放。最开始，科学院的学术职位大多由受邀的外国学者担任（他们通常来自当时主要的"大学强国"德国和法国），几十年后科学院才拥有了大量俄罗斯本土教授。莱昂哈德·欧拉（Leonhard Euler）、尼古拉·伯努利（Nicolaus Bernoulli）和丹尼尔·伯努利（Daniel Bernoulli）等名字都与18世纪的俄罗斯科学院有关。科学院之后的外国荣誉院士名单还包括安德烈-玛丽·安培(André-Marie Ampère)、约瑟夫·路易·盖-吕萨克(Joseph Louis Gay-Lussac)、约翰·沃尔夫冈·冯·歌德(Johann Wolfgang von Goethe)、尼古拉·孔多塞(Nicolas de Condorcet)、约瑟夫-路易斯·拉格朗日(Joseph-Louis Lagrange)、德尼·狄德罗(Denis Diderot)以及其他许多杰出的学者和思想家。

科学院最重要的任务是促进国家的科学发展,支持整个俄罗斯帝国的团体和个人科学活动。这种启蒙和推广活动形式多样[6],科学院成员支持了许多社会启蒙项目:他们推动学校改革,在国家委员会讨论他们的活动,帮助建立和开办新的教育机构,并参与教学过程。科学院的院士们积极参与编写和翻译学习指南,出版自己的著作和译著(包括科学、科普和文学作品),发行报纸和科普杂志。在科学院的倡议下,书店开张了,图书馆和俄罗斯第一家博物馆[珍品陈列馆(the Kunstkammer)]也更加积极地开展起了工作,他们为公众举办讲座,并与俄罗斯地方城镇的科学爱好者们建立联系。这些面向公众的活动是在一些更加实际的任务之外开展的,例如寻找各类自然资源、实现地缘政治目标(与亚洲国家接触)和社会文化目标(研究俄罗斯帝国亚洲部分各民族的文化)等。到了18世纪,科学院已成为一个教育中心和永久性的教育教学基地,对俄罗斯文化环境的形成具有重要意义(Smagina, 2007, p.389)。

人们期望科学院的院士们能够教导学生,为他们日后从事科学工作做好准备。然而从一开始,大学就在这项任务上遇到了许多问题,最主要的问题是没有那么多学生具备完成这一目标的能力和积极性。上文提到的莫斯科数学和航海学校,以及在随后几年中建立的教学机构[7],都在与大学争夺贵族子弟,为他们提供实践知识以及为国家和军队服务的诱人前景。在1762年之前,贵族家庭的年轻人必须服兵役,只有通过某种方式规避这一义务才能进入大学。除贵族外很少有人接受过普通教育,这也限制了其他社会阶层的人进入大学。此外,很大一部分大学生都是波雅尔(boyar,拥有世袭领地的大封建主)和贵族的子女,并不住在圣彼得堡。当时圣彼得堡这座城市正处于起步阶段,许多有特权的俄罗斯人更喜欢莫斯科更加完善的环境。

科学院的首批成员包括约 15 名应邀从事科研和教学工作的教授,但第一批招收的学生仅有八名,其中还包括从欧洲召回的被彼得大帝派出去学习的年轻人。米哈伊尔·罗蒙诺索夫(Mikhail Lomonosov)是这所刚刚起步的科学院附属大学的首批毕业生,他被许多人视为俄罗斯科学的奠基人[8]。罗蒙诺索夫后来在 1758—1765 年担任这所大学的校长,那段时期被广泛认为是该大学的兴盛时期[9]。在这所大学存在的整个过程中(该大学于 1766 年解散),它一直在为招收不到高素质的学生而苦苦挣扎,但还是培养了数十名毕业生,并且其中一些毕业生最终成为杰出的科学家和教育家[10]。但这所大学还是很难被定义为一所"真正的"大学,它不符合当时的欧洲模式,因为它不是一个由科学家组成的积极从事科研(及其他)活动的组织,而是一所聘请院士担任教师的学校。

俄罗斯第一所成熟的大学莫斯科帝国大学(Imperial Moscow University)于 1755 年开学,设有法律、医学和哲学三个系。莫斯科帝国大学成立后的最初 50 年教授短缺,大多数教授都是从国外聘请的,课程主要以德语授课为主,一些教授不得不同时教授几门不同的课程。由于国家的普通教育系统不完善,除了缺乏教授外,莫斯科帝国大学还缺乏合格的学生。莫斯科帝国大学和科学院附属大学的经历都反映出要为大学提供足够数量的、受过必要基础教育的、有学习积极性的年轻学生是一件很困难的事。这在一些情况下导致了荒唐的局面:由于学生人数急剧下降,教授们不得不互相讲课(因为他们的工资是按讲课次数而不是听课人数计算的)。因此,在莫斯科帝国大学成立后的最初几十年里,毕业班的规模很小,并且在不同的时期学生的数量波动很大。事实证明,有必要采取系统性措施(包括针对中小学教育的措施)使大学朝着成为科学研究和国家专业人才培养中心的方向发展。大部分相关变革都是在 19 世纪初实施的。

第二节　大学的形成：*19* 世纪到 *20* 世纪初

一、大学系统的形成

> 在俄罗斯建立第一批大学，不是因为社会要满足长远的需求，也不是因为社会思想和公众意识要在文化层面上发展，而是为了国家的利益，是由国家发起的。
>
> ——尼古拉·扎戈什金（Nikolay Zagoskin）《喀山帝国大学建校百年史（1804—1904 年）》[11]

1. 高等教育的目标和治理机制

在俄罗斯高等教育史上，19 世纪可以说是一个建立机构和发展制度的时期[12]。19 世纪初，俄罗斯帝国只有一所大学，招收了约 100 名学生；而到了 19 世纪末，大学的数量已增至 10 所，学生数量增加了 150 多倍，其他各种公立和私立高等教育机构也相继出现（Avrus，2001，p.34）。然而 19 世纪却很难被定义为一个高等教育兴旺发展的时期。每位君主都推行自己的高等教育政策，这些政策千差万别，不仅受君主及其幕僚个人观点的影响，也受政治（包括内部的和外部的）、经济和社会因素的影响。俄罗斯帝国的大学依照君主颁发的章程进行管理，19 世纪共颁布了四部《大学章程》（*University Charter*），分别在 1804 年、1835 年、1863 年和 1884 年[13]。激进的政治变革反映在这些章程中，使得大学内部和整个教育体系发生着系统性的变革。

总的来说，在 19 世纪，政府与大学之间交流不断，既有合作，也有冲突。一方面，国家将大学看作现代化和启蒙运动的推动者；另一方面，国家又将大学视为与现有社会秩序背道而驰的潜在思想源泉。这种不协调造就了在不断变化的政治和社会环境下推动大学发展的不同方式。并且与德国不同(在德国,科学事业与国家权力之间建立了牢固的联盟),俄罗斯的大学并未成为国家政策的核心。

在 19 世纪的第一个十年,多所大学相继成立:维尔纽斯大学[The University of Wilno(Vilnius)]、喀山大学(The University of Kazan)和哈尔科夫大学(The University of Kharkov)分别成立于 1803 年、1804 年和 1805 年。多尔帕特大学(The University of Dorpat)也重新启动:该大学于 1632 年最初在瑞典成立,随后关闭,1802 年又恢复[14]。国家颁布的章程规定了大学及其院系的结构。几乎在整个 19 世纪,被批准成立的院系仅限于数学、历史和哲学、法律,以及医学,而且并非所有大学都设有这些院系。此外,大学还负责管理地方教育区[15]。

沙皇亚历山大一世(Alexander I)于 1804 年通过的第一部《大学章程》受到多方面的影响。首先,德国中世纪大学的法人结构、自治模式和特权地位对该文件产生了影响,使俄罗斯帝国新成立的大学拥有很大的自治权,具体表现为它们在解决内部问题时采用的民主程序。其次,根据章程规定,教授们自己决定课程的结构和内容,而课程计划则由大学理事会决定并有权对其进行修改。这种制度受到了当时等级森严的法国高等教育模式的影响[16]。此外,现代德国大学的模式也被采用,体现为大学参与培训公务员,并由国家提供全部经费。因此,在德国形成洪堡大学模式的同时,俄罗斯的大学也在模仿它的一些基本特征。

与此同时,正如历史学家安德烈·安德烈耶夫(Andrey Andreyev)所列举的,俄罗斯帝国的大学在许多方面都不同于同时代的欧洲大学(Andreyev, 2005)。第一个不同之处是,在俄罗斯大学学习(并获得毕业证书)与个人在国家"官秩表"(Table of Ranks)中的职级相关[17]。符合条件的学生和大学毕业生(就像皇家学园的毕业生一样)可以在公务员的"官秩表"中拥有职级,这使毕业生有权获得国家公务员职位,并且跳过最低的学院级[18]。这一规定是在亚历山大一世时期开始实行的;尽管更早的时候已经出现了类似做法,即为提高国家官员的教育水平并鼓励贵族家庭支持其子女接受大学教育,而对大学文凭持有者在公务员录用中采取优惠政策。根据 1804 年章程,任何从国家教育部(Ministry of National Education)晋升到其他国家部门工作的大学生都会被授予个人贵族身份；截至 1845 年，最高荣誉的"博士"学位获得者都会被授予世袭贵族身份。在规定实施的最初几十年里，这种特权为毕业生提供了在国家机关快速晋升的机会，使他们收获颇丰。然而，文凭可以为获得更高的社会和职业地位铺平道路，这种学位与职级之间的直接联系吸引了年轻人为了文凭而非知识进入大学，这种现象反映为大学入学人数的迅速增加。同时，大学教授也被授予职级（以及相应的特权），这提高了他们的社会地位，使教授成为一种颇具吸引力的职业选择。

第二个不同之处在于俄罗斯大学基于课程的教学体系。大学文凭为毕业生提供了职级和进入国家机关工作的权利，并跳过了等级最低的职位，这让国家有了干预大学教育安排的理由。由此，大学的终极资格考试（后来是基于课程的资格考试）的内容由国家教育部制定。由于国家规定了一系列学生必须掌握的知识，相应地形成了一套课程体系，这导致学生不是根据自己的兴趣和理解能力选择课程，而是被迫按照严格规定的顺序学习一系列必修课程。这种制度还严重限制了大学教师的学术自由；教授们被分配到特定的教席并且只能教授与其教席相关的课程，又进一步加强了这种限制。

俄罗斯大学的第三个不同特点是内部法人自治。如前所述，这一特点是俄罗斯大学从中世纪大学模式中借鉴而来的。这种自治权包括大学拥有聘用教师的决策权、国家经费的独立管理权，以及自己的司法机构。这些特征基本上都是过时的，所以给各院校带来了许多不必要的负担。在之后的几十年里，国家曾试图限制这种自治权，但却遭到了拥有自我法人意识的大学教授们的反对。

在 19 世纪的前 25 年里，俄罗斯帝国的大学数量从一所增加到五所，学生人数从 100 人增加到 3 000 人。因此，这 25 年反映了俄罗斯高等教育系统的制度建设和蓬勃发展。这一时期也是大学相对自由的时期，但在 1825 年沙皇尼古拉一世（Nicholas I）继位后，大学的权利和自治模式开始受到限制。从根本上说，1825 年标志着大学被纳入国家行政官僚体系的开始，大学开始逐步形成与其他国家机构类似的管理结构。自此以后,大学的主要职能是为国家机关培训受过教育的人员,而不是像以前那样只关注学术。这之后的历任教育部部长都一直沿用这种模式(虽然也有一些调整)[19]。1835年通过的新的《大学章程》剥夺了教授委员会在许多教育和学术问题上的独立权,同时加强了学监的权力(学监是由教育部任命的监督员)。

在修改章程的同时,大学的发展重点也发生了变化。大学不再是一个理想的学者共同体、一个拥有自治权和自主权(虽然这在俄罗斯从未完全实现)的机构,而成为一所由国家管理和支持的国立大学。19世纪初实行的聘请外国教授的政策被培养本国学术精英的举措所取代。19世纪20年代末到30年代初,一场在欧洲大学为俄罗斯培养未来大学教授的大规模运动开始了。这一举措旨在解决俄罗斯国内师资不足的问题,也有助于培养新一代的俄罗斯学者,以及在俄罗斯大学中彰显本国特色。由此,俄罗斯开始形成自己的学术传统,对担任大学职务的要求(包括对候选人学术能力的要求)也越来越高。

俄罗斯帝国的大学发展并非一帆风顺。大学的发展阶段与保守派的反动阶段交织在一起。由时任教育部部长谢尔盖·乌瓦罗夫(Sergey Uvarov)推动的19世纪30、40年代的自由政策[20],在他1848年卸任后被"阴暗的七年"(seven gloomy years)所取代,这一时期也见证了大学的衰落(Novikov & Perfilova, 2012)。之后,在沙皇亚历山大二世(Alexander II)当权后更为自由的这段时期,大学的发展进入了一个新阶段。这一阶段注重重新评估大学的社会功能,并谋求建立具有鲜明俄罗斯特色的高等教育发展模式。亚历山大二世改革的结果是颁布了1863年的《大学章程》,这部章程被许多高等教育研究者认为是四部章程中最具自由色彩的一部。该章程再次赋予了大学在内部管理方面较大的自主权,同时还采取了一系列措施来提高大学教学整体的吸引力。在这一时期,大学向社会各阶层开放,出国留学重新成为可能,对外国书籍的审查大幅放宽,大学军事化管理和穿校服的要求也被废除。大学里开始出现学生运动和社团,包括将来自同一地区的学生联合起来的所谓"族群"(zemljaestva)[21];这些族群为其成员提供物质和道义上的支持,更重要的是它们运营着互助基金。与此同时,因共同利益而联合的小规模学生组群(约 10—20 人)也开始出现[22]。

这部 1863 年的章程仅仅施行了 20 多年。1881 年,亚历山大二世遇刺身亡后,学校实行了对犹太学生的限额招生并大幅减少录取低收入家庭的子女。1884 年,沙皇亚历山大三世(Alexander III)颁布了新的《大学章程》,大学治理机制发生了根本性转变。与之前相比,该章程更加严格地规定了大学是标准化的国家机构,以及大学教授是国家官员,学生的活动也受到了更严格的监管。

2. 初始扩张期

尽管俄罗斯帝国的大学制度和法律基础经历了混乱的变革,在 19 世纪的后三分之一,大学的规模仍在大幅扩张,科学研究不断发展,强大的国家科学院校也正在形成。

在此期间,俄罗斯的学生总数增加了两倍多[23]。这一增长与国家"工业化"的发展有关。俄罗斯在克里米亚战争(Crimean War)中的失败催生了工业化的发展以及 19 世纪 60 年代初的改革。在 1861 年解放农奴并废除农奴制后,一种新型的地方自治政府(zemstvo)出现了。这些地方自治政府需要医生、律师和教师,因此对这些专业的大学毕业生产生了需求,这对国家机关来说颇具竞争性[24]。此外,随着国民经济的增长,社会对工程师的需求也在增加[25]。

1875—1884 年间,大学生人数的增长尤为迅速,现代化进程空前活跃。值得注意的是,在这一时期大学可以自主确定每年的招生规模[26]。在随后的几十年中,大学生人数的增长速度又明显放缓。

新生入学人数的增长(见表 1-1)总体上满足了经济发展对各专业人才的需求。例如,19 世纪 60 年代后期律师数量的增加与活跃的工业现代化进程密切相关。1871—1875 年,俄罗斯帝国新成立的公司实体(股份公司)的数量是 1860—1865 年间的五倍[27]。铁路建设需要投资,又推动了货币和信贷工具的发展。1866—1871 年,莫斯科成立了六家公有制银行以支持工业的发展[28]。在这种环境下,律师显然扮演着非常重要的角色。

表 1-1 1865—1899 年俄罗斯大学各学科的学生人数

	1865 年	1870 年	1875 年	1880 年	1885 年	1890 年	1895 年	1899 年
人文科学	260	474	496	897	1 194	729	697	685
自然科学	962	1 055	904	1 714	2 465	2 438	2 826	3 837
法学	1 953	3 047	1 867	1 831	3 670	4 071	5 103	7 182
医学和健康科学	839	1 375	2 114	3 499	4 704	4 860	5 171	4 999

来源：Alston(1982, p.94)。

1865—1899 年，由于地区医疗服务机构的建立，医学专业人员的就业率变得很高，选择进入医学相关专业学习的学生比例从 21％增长到了 30％。此外，俄罗斯在化学领域的一系列成就，如德米特里·门捷列夫(Dmitriy Mendeleyev)、亚历山大·布特列洛夫(Aleksandr Butlerov)、弗拉基米尔·马尔科夫尼科夫(Vladimir Markovnikov)、尼古拉·泽林斯基(Nikolay Zelinski)等的成果，以及这些成果在化学工业和石油工业中的应用，也促进了自然科学家数量的增长[29]。

在 1890 年以前，俄罗斯帝国的高等教育支出约占国家财政总支出的 0.4％～0.5％；按面值计算，在 1860—1917 年十月革命之前，俄罗斯的高等教育支出增长了 3.5 倍以上[30]。

二、站在革命风口浪尖的高等院校

到 1917 年，俄罗斯的高等教育系统已囊括各类院校，既有公立的，也有私立的(包括营利性的和非营利性的)。在布尔什维克革命前，俄罗斯共有 124 所高等教育机构，其中 65 所公立，59 所私立(A. E. Ivanov, 1991, pp.354-368)。

大学是这些院校中的精英，就教育目标、学生的社会阶层、学校声望、教育的广度和质量而言，它们处于公立高等教育系统的冰山顶端。大学不仅是教育中心，也是主要的科学中心，它们开展世界一流的研究并与国际科学界紧密相联。教育界与学术界是密切相关的，1914 年，科学院的 38 名正式成员中有 33 名在高等教育机构工作(A. E. Ivanov, 1991, p.4)。圣彼得堡大学(St. Petersburg University)教授伊万·巴甫洛夫(Ivan Pavlov)在生理学、医学和生物学方面的研究，以及位于敖德萨(Odessa)的帝国诺沃罗西娅大学(Imperial Novorossia University)的教授伊拉·梅契尼科夫(Élie Metchnikoff)的研究成果都获得了诺贝尔奖。伊万·巴甫洛夫因其在消化系统生理学方面的突破而获奖，他的研究成果在 1904 年极大地改变和扩展了该学科的知识；梅契尼科夫和保罗·埃尔利希(Paul Ehrlich)因其在免疫学方面的研究于 1908 年共同获得诺贝尔生理学或医学奖。

大学为国家机构输送了大量专业人才，但仍然沿用传统的大学结构，即设立四个院系：物理学和数学学院(包括自然科学系和数学系)、历史学和语言文字学学院、法学院，以及医学院。因此，工程领域由大学之外的机构培养人才，并且基本上脱离了基础研究，这使得新的科学发现很难被投入生产[31]。

虽然基础科学的发展是技术创新的必要基础，但大多数推动生产工具进步和技术发展的人接受的都是大学之外的军事或技术教育。一项对当时俄罗斯发明家教育背景的分析发现，那时并没有一条所谓"标准的"职业发展道路。

对于俄罗斯高等教育而言，1917 年十月革命前的那段时期既是一个蓬勃发展的时期，也是一个在高等教育系统内部以及在该系统与政府和社会交流方面存在复杂的系统性冲突的时期。一方面，私立教育正是在 19 世纪末 20 世纪初开始发展起来的，而且是以爆炸式的速度发展。在这一过程中，出现了各种各样的创新、有别于传统大学的新专业，以及发展中的资本主义社会产生的灵活需求。此外，在这一时期获得高等教育学位对妇女和低收入阶层成员而言成为可能。另一方面，大学正在成为政治斗争的场所，被内部和外部的各种矛盾冲突所撕裂。学生成为一个高度政治化的社会群体，一些教授(当然不是所有)也倾向于支持学生们的政治期望[32]。大学本是为服务国家当局需要而建立的，却成为政治不稳定的源头。这就解释了为什么在十月革命之前那十年，人们试图对高等教育系统进行规范和改革，既包括让步，也包括严厉的镇压，但这些尝试既不连贯也不成功。

1. 站在新时代门槛的高校教师

如果不讨论高等教育系统的学术核心——教师,那么19世纪和20世纪初高等教育系统的故事将是不完整的。大学教授在其中的作用尤为重要,因为他们是俄罗斯公立和私立高等院校教师队伍的中坚力量。

那么,在19世纪末20世纪初,俄罗斯的大学教授是什么样的? 他们的职业发展背景是什么[33]? 首先应当注意的是,当时教授群体100%是男性(除去布尔什维克革命前不久出现的极少数例外)[34]。教授们的平均年龄为52岁(Gribovskiy,2018,p.215),虽然这个年龄在今天看来并不算高,但考虑到当时俄罗斯欧洲地区人口的平均寿命还不到30岁,教授们已然相当年长了(Kurkin,1938,p.83)。并且与美国的大学相比,俄罗斯教授们的年龄明显偏大;相比之下,在20世纪初,美国哈佛大学教授的平均年龄为39岁,耶鲁大学和斯坦福大学为35岁,科罗拉多大学为32岁(AAAS,1908,p.104)。

俄罗斯高校教师队伍的一个重要特点是异质性,表现在不同的职称对应不同的地位、薪酬和权利。当时俄罗斯大学教师的层级划分如下(由低到高):私人讲师[privat-docent,相当于副教授(associate professor)]、讲师(lecturer)、非常规教授(extraordinary professor)、常规教授(ordinary professor)[35]。也就是说,除了那些被学术界认可的、有特权的、担任骨干的常规教授外,大学还聘任了一些副教授,他们基本不属于终身教师之列,期望着能在大学获得更高层级的终身职位(实际可能永远也得不到)。

副教授这个层级在俄罗斯的起源可以追溯到19世纪初,但这一职称的普及是在1884年的《大学章程》颁布了薪酬制度之后;该章程规定大学教师的工资取决于所教授课程的学生人数。当时的教育部认为引入副教授职称将大大增加教学人员的数量,并能通过竞争提高大学教学的学术水平。人们期望副教授职称的存在能够"通过为大学不断注入新的精英力量而使其充满活力",并成为"教授的摇篮、加强师资最重要的工具"。然而这种期望与固化的课程体系产生了强烈的冲突,后者要求学生按照教育部给定的计划进行学习。因此,由不同职称导致的在就业保障、工作范围、社会地位和薪酬方面的不平等只会导致大学内部产生压力。

　　大学的薪酬制度鼓励教授从事第二职业,因为教授们的报酬除少量底薪外,直接取决于课程的学生人数。这种制度被认为是为了促进薪酬公平:讲课好的教授会吸引更多学生,从而获得更高的工资。但事实上,这种制度造成了不同学科教师的薪酬严重不平等。例如,医学专业的必修课程多、学生出勤率高,因此按照规定,这些专业的教师工资通常要比其他一些专业的教师高得多,比如专业课学生数中等的历史系或古典语言学系。另一方面,这种制度也促使教授们寻找其他讲课机会,包括在其他高等教育机构讲课的机会。此外,这种薪酬制度的一个间接结果是导致实验课数量不足。由于薪酬取决于上课人数,没有几个教师愿意从事学生人数有限的实验室工作,这导致许多学生只能在课堂上观摩演示实验,却没有机会自己动手做实验[36]。

　　在这一时期,教师的职业晋升与他们的学位、服务年限以及是否有职位空缺挂钩[37]。科研成果也成为其中一项重要因素。虽然在布尔什维克革命前的最后几十年中,来自城市的非特权背景的教师比例确实有所增加,但是大学教师基本由贵族成员组成。不过,富有的世袭贵族所占的比例很小[38],因为这些家族的年轻人如果担任国家官员可以获得更好的职业前景。但对于低收入贵族家庭的成员以及其他社会阶层的成员来说,具备较高的社会流动性的大学似乎是一个职业晋升的好地方。作为“科学界的公务员”,大学教授无论从收入还是社会地位来看,都处于社会中的特权地位(Vishlenkova et al., 2012)。

　　大学教师群体内部的收入差距相当大。正教授的收入与城市平均收入水平差不多,而初级教师的收入却不够养家糊口;俄罗斯大学教授的薪酬也普遍低于当时的德国和美国大学[39]。对大多数教师来说,工资差不多是他们唯一的收入来源。除了教学工资外,教师也可以通过发表期刊论文、出版专著、教科书、学习指南等获得收入,很多时候这些收入可与他们在大学的年薪相当。

　　虽然大学教师的社会流动性相当高,但地域流动性却很低[40]。教师的流动主要受两个因素驱使:一是新大学的成立。新大学主要通过邀请现有大学的教师来填补教职空缺;二是教师寻找终身职位。在某些情况下兼职教授(通常是首府城市某所大学的教授)会被地方大学的全职职位吸引,不过这种情况很少见。例如,当时托木斯克大学(Tomsk University)的薪酬远远高于首府城市的大学,但却一直难以填补教职的空缺。

从19世纪30年代到1917年十月革命前,大学的内部招聘逐渐增多。19世纪60年代以前,从初级职位晋升为正教授的人员占圣彼得堡大学教师的20%～35%,但到了19世纪末,圣彼得堡大学一半的正教授是从本大学的副教授职位晋升而来的,而到了十月革命前夕,这一比例已增至65%(Kupriyanov,2017,p.132)。其他大学也呈现类似的趋势,尽管略有不同。19世纪末20世纪初,俄罗斯大学的平均生师比约为15∶1[41]。其他国家的生师比差别较大,例如塞尔维亚较低,为10∶1,比利时则为59∶1[42]。德国为12∶1,与俄罗斯最为接近[43]。

然而在20世纪的前15年,学生人数的增长并没有带来相应的教师人数的增长。从1898/99学年到1913/14学年,大学的学生人数增长了近320%,而教授人数仅增长了80%(A. E. Ivanov,1991)。这是长期缺乏教学人员(在之前的年代就已众所周知)以及教授们普遍开展第二职业的结果。米哈伊尔·格里波夫斯基(Mikhail Gribovskiy)引用了伊万·林尼琴科(Ivan Linnichenko)教授写于1916年的一段话来说明这一点:

> "有些教授讲课的数量打破了大学预科教师的记录,他们在各高等教育机构每周要上30多节课。他们已不再是教授了,而是名副其实的留声机……他们用仅有的一本笔记本为多所高等教育机构服务。"[44]

为妇女高级课程班(这些课程班基本都不是高等院校,而是提供有限高等教育课程的机构)以及其他各类机构授课是大学教授常见的做法,并且报酬丰厚。

20世纪的前夕,各种自下而上的"草根"组织和民间活动盛行。关注社会政治事件的大学教授可以通过启蒙运动或公共知识主义活动分享他们的观点,为大学之外的广大主流群众普及科学,在更广泛的社会群体中传播他们的知识和技能。大学改变了城市居民的生活,在小城镇,大学也成为对抗落后观点的工具,它让居民了解了知识的新进展和新的休闲方式[45]。

2. 多元化的公共教育格局

在俄罗斯大学发展史的前 150 年中,整个俄罗斯帝国只有 11 所大学。就数量而言,大学只是高等教育系统中的一小部分,但就学生人数、社会地位和教育质量而言,大学的地位却是无与伦比的。

从大学数量与公民人数的对比来看,20 世纪前十年的俄罗斯落后于大多数先进的欧洲国家:瑞士每 40 万人拥有一所大学,意大利是 90 万人,德国是 110 万人,然而在俄罗斯,这个数字是 240 万人(A. E. Ivanov, 1991, p.98)。到 1908 年,俄罗斯每万人中的大学生人数达到了 36 人,比 19 世纪末增加了一倍多;德国和奥地利则超过了 100 人(分别为 114 人和 102 人)(A. E. Ivanov, 1991, p.257)。换句话说,学生人数的显著增长并没有使俄罗斯跻身高等教育强国之列,甚至没有缩小与其他国家在高等教育供给方面的差距。在识字率方面,俄罗斯也落后于欧洲先进国家:在比利时,成年人口中识字的比例为 99.8%,德国为 98%,瑞典为 97.9%,英国为 92%,法国为 85%,奥地利为 64.4%,匈牙利为 52.2%,意大利为 51.5%,而俄罗斯为 21.1%[46]。

当时俄罗斯大学学生的地域流动性很低,例如莫斯科大学 60% 的学生是莫斯科人。高等教育机会的不平等也很明显:生活在有大学的大城市的年轻人,例如莫斯科和圣彼得堡,比农村年轻人更有可能接受高等教育。此外,20 世纪初,超过一半的俄罗斯学生属于贫困生(A. E. Ivanov, 1991, pp.265 - 266)。

1905 年革命期间,一些大学完全停课,直到一年后的 1906 年秋季才复课。一些大学在 1905 年和 1906 年根本没有毕业生(Leykina-Svirskaya, 1981)。1905 年颁布的临时条例延续了 1884 年的《大学章程》,恢复了大学旧时的权利,并赋予大学新的特权,特别是裁决学生的违法案件再次成为大学的特权[47]。学生的社会分布和结构也随之扩展:除预科学校的毕业生之外,贸易学校的毕业生也有权进入大学就读;禁止女生入学的规定也被取消,这确保了女大学生人数的快速增长(见表1-2)[48];此外,犹太学生的人数也从1904年的2247人增加到了1906年的4266人(Alston,1982)。

表1-2　1900—1915年俄罗斯高等教育系统中女性人数(按学年划分)

学年	只招收女性的高等院校			男女同校的高等院校		总计
	大学	农业学院	技术学院	商业性院校	其他	
1900/01	2 588	\	\	\	1	2 589
1906/07	8 533	97	224	289	1 350	10 493
1910/11	24 588	531	485	1 084	2 730	29 418
1913/14	31 786	1 401	520	1 400	3 000	38 107
1915/16	36 164	1 753	1 200	1 500	3 400	44 017

来源:Kassow(1989, p.22)。
注:1.“\”表示数据不可得。
　　2.“其他”指的是所有男女同校的非商业性高等院校,包括公立的和非营利性的高等院校等。

　　20世纪的头几年,从19世纪70年代开始发展起来的大学之外的高等教育机构不断扩展。一些在法律意义上接近大学的高等教育机构提供大学水平的教育,开办与大学院系差不多的教育项目。这些高等教育机构包括享有特权的法学院、专门从事东方研究的学院,以及高等医学院和高等师范学院。此外,还有高等军事和航海学院、神学院、农业学院,以及工程和工业学院;其中工程和工业学院既包括为各工业领域培养工程师的综合类理工学院,也包括采矿、运输、电力、建筑、建造等单一部门的工程学院。

　　第一批此类高等教育机构与早期的俄罗斯大学同时出现:1804—1848年间共成立了七所教育机构/学院/高等学校。一些高等学校以前是军事学校,从19世纪70年代开始转变为完全成熟的高等教育机构。总体而言,1870—1900年间提供制度化职业培训的学院发展十分迅速。

　　从1862年开始,这些学院的发展速度比以前快得多:1862—1902年,共成立了18所新学院。到1917年,俄罗斯帝国的30所公立学院中,14所是工程和工业学院,9所是农业学院,4所是师范学院(都是1862年以后成立的),2所是东方研究学院,1所是医学院(1897年被批准成为学院)。因此,工程/工业和农业类的学院数量占全国学院总数的将近80%,学生数约占所有学院学生数的87%。这30所学院占当时俄罗斯帝国高等教育机构总数的近一半(46%);截至1917年,这些学院的在校生约有25 600人[49]。与此同时,帝国的11所大学约有33 500名学生,军事学院和高等军事学校约有1 200名学生,神学院约有1 100名学生。综上,到1917年,学院的学生数占公立高等教育机构学生总数的三分之一以上(39.1%)。

高等教育资源的地域集中性在这些学院的分布上也是显而易见的。截至1917年,彼得格勒(Petrograd,今圣彼得堡)和莫斯科的学院学生数占全国总数的56%,其余44%的学生分布在13个周边城市。同年,彼得格勒和莫斯科的大学生占全国大学生总数的48%,其余52%的大学生分布在九个周边城市。

1862年之前,在圣彼得堡和莫斯科这两个中心城市建立学院的计划十分明确,当时七所运行中的学院均位于这两个城市。自1862年新阿列克山德罗[Nowa Aleksandria,今波兰卢布林省(Lublin Province)普瓦维市(Puławy)]成立农林学院后,学院开始出现在更偏远的城镇。因此1862—1913年,24所新成立的学院中有15所位于圣彼得堡和莫斯科以外的13个城市[50]。

在学生的社会分布方面,大学主要招收来自贵族和特权阶层的学生,而学院则招收来自更广泛的社会阶层的学生[51]。各学院学生的社会阶层分布也不尽相同,农业和兽医学院的特权阶层学生人数大大低于工程和理工类学院[52]。在19世纪,特权阶层大学生的比例持续下降,而非特权阶层大学生(来自农民、资产阶级和手工业者家庭)的比例在1917年已超过全国大学生总数的50%(A. E. Ivanov, 1991, p. 268)。

尽管公立大学和学院种类很多,但仅靠国家教育部门无法满足迅猛发展的各经济领域对专业人才日益增长的需求。相反,公立高等院校系统中的大部分院校培养的是非工业领域的专业人才;截至1917年,共有40所此类大学和学院,占高等院校总数的61.5%[53]。大学和学院的地理分布也很不均衡:1917年,有62所高等院校(超过总数的95%)位于俄罗斯的欧洲部分,其中有36所位于彼得格勒和莫斯科(分别为25所和11所)。高等教育集中在大城市,各院校之间距离遥远,这样的高门槛导致大多数人无法接受高等教育。高等教育通常只限定在特定社会阶层的成员中,他们入学时的受教育水平就已经相当高了。对妇女而言,接受高等教育的机会也总是很有限。

3. 私立高等教育的补充作用

为应对上述问题,俄罗斯的私立高等教育于19世纪70年代开始发展起来,1905年革命后这一进程变得尤为活跃[54]。私立高等教育机构分为两类:第一类是社会性的或现在称为非营利性的高等教育机构,它们作为纯粹的教育项目,由社区或慈善家资助;第二类是营利性教育机构,它们基于商业原则为各自的创办者谋取利益。在1905年革命前夕,俄罗斯有14所私立高等教育机构,到1917年,已有了59所(Dneprov, 2011, pp. 111 -112)。在1917年十月革命前的最后十年中,私立高等教育对公立高等教育造成了很大挑战,包括对公立大学的挑战。当十月革命即将开始时,大学的在校生人数和教师人数在当时的整个高等教育系统中所占的比例均不足30%(见表1-3)。

表1-3　1916年俄罗斯公立和私立高等教育机构数量、在校生情况和教师情况

高等教育机构类型	高等教育机构数量	在校生		教师	
		人数	比例(%)	人数	比例(%)
总计	106	136 927	100	6 810	100
大学	10	38 853	28.40	1 877	27.60
女子高等教育课程班、人文学院等	24	33 762	24.70	1 508	22.10
技术学院	17	26 506	19.40	1 417	20.80
商学院	6	12 119	8.90	302	4.40
音乐和艺术学院	7	6 356	4.60	282	4.10
农林学院	10	6 222	4.50	325	4.80
医学院	6	5 203	3.80	373	5.50

(续表)

高等教育机构类型	高等教育机构数量	在校生		教师	
		人数	比例(%)	人数	比例(%)
法律和土地测量学院	7	2 682	2.00	225	3.30
师范学院	5	2 117	1.50	193	2.80
宗教学院	6	1 085	0.80	155	2.30
兽医学院	4	1 640	1.20	101	1.50
东方研究学院	4	382	0.30	52	0.80

来源:Sinetskiy(1950, p.35); A.E.Ivanov(1991, pp.56,208)。
注:宗教学院的数据是 1913 年的。

1900—1917 年间,俄罗斯共开办了 89 所非营利性的和营利性的高等教育机构[55]。这些机构包括:大学(主要依靠公立大学的教授授课,因此大多位于主要城市的中心,并且其中许多面向的是妇女教育)、人民大学(面向没有受过中等教育也没有机会接受高等教育的学习者,任何想学习的年满 16 岁的人都可以入学)、师范学院、艺术学院(几乎所有的音乐学院都是私立的),以及为国家机构或工业领域培养经济专家的国家经济学院。经济学院分为三种:商学院、农学院和工程学院。商学院大多由商人和实业家赞助,由国家贸易和工业部(Ministry of Trade and Industry)管理,是经济学院中发展最好的[56]。1917 年,商学院招收了 12 867 名学生(A. E. Ivanov, 1991, p.143)。工程学院则是这一院校系统中发展得最不好的;几乎所有的工程和技术类教育机构最初都是由资产阶级出资创办的,在之后的组织化发展阶段又由国家财政部(Treasury)出资支持。

私立高等教育机构的学生主要由贵族、官员和资产阶级的子女组成。在十月革命前的最后十年中,贵族和官员子女的比例下降了,农民子女的比例则大大增加,这在一定程度上改变了之前的模式,但不是根本性的。

4. 俄罗斯帝国的高等教育:回顾与反思

如果说难以给西欧的大学下定义,那么我们的大学就更难定义

> 了……俄罗斯的大学既不是开展应用教育的机构,也不是科学研究机构。它不提供普通教育,但主要也不是为了开展道德教育。在性质上,它不建立在庄园的基础上,不是教会机构、私人慈善机构、纯粹的官僚机构,也不仿照中世纪的法人模式。然而,上述特点又都不同程度地体现在我们的大学结构中。
>
> ——阿列克谢·菲利波夫(Aleksey Filippov)[57]

尽管对高等教育政策的调整贯穿整个 19 世纪,俄罗斯帝国的大学系统仍具备一些特点,使其有别于其他大多数国家。

俄罗斯的公立大学完全由政府资助,其他经费来源(最重要的是学费)都是次要的。由于完全依赖政府,公立大学的方方面面几乎都受到政府的监管,教学计划的构成、毕业考试的内容(用于评估毕业生的政治和意识形态忠诚度)、一些专业和培训项目的录取人数,都是如此。此外,政府的预算主要集中在精英院校,而不是发展实用教育的院校。

虽然在 19 世纪的某些阶段,教授们被赋予了一定的学术自由,但是与欧洲相比,这种自由在本质上始终是相当有限的,到 19 世纪末更是大打折扣。俄罗斯的大学只在极其有限的地方能体现出是一个"自由知识分子的团体",教授们几乎无权独立安排他们的研究或课程[58]。教授是国家官员,大学生是未来的国家官员。阿纳托利·伊万诺夫(Anatoliy Ivanov)认为这两个群体都是"大学的一次性来访者",并且大学明确规定了对这两个群体的要求(A. E. Ivanov, 1991)。在反动最严重的时期,管理部门试图强迫教师对学生的行为(包括课外行为)进行监管,尽管并不十分成功。与之相反的是,教授们在上级的压力下表现出与学生团结一致的态度,他们不把那些不合心意的或不明确的非学术工作看作自己的责任。

一旦完成课程并通过考试,毕业生将自动获得职级和进入国家机关工作的权利(与德国不同,德国的职级资格考试与大学毕业考试是分开的)。这就激励了那些希望利用教育赋予的职级(而不是知识)来谋求官职的人。鉴于大学和各类高等教育机构本身是由中央政府排名的,因此毕业生的地位主要取决于其毕业院校的地位，而不是其知识水平或个人成就。这种情况也导致了对教育计划和教育标准的外部干预。

尽管高等教育的招生规则经常变化，但其首要原则始终是维护稳定，而不是教育公正、入学机会均等、支持有天赋的学生或其他以学生为中心的做法。落后的中学教育加剧了高等教育机会方面的问题，因为一些中学基本无法培养出能达到大学入学标准的学生。由于大学招生只针对预科学校，因此大学的入学门槛非常高。此外，政府明确规定了某些专业的优先招生配额；后面的章节将说明这种配额制一直延续到苏维埃时期，并基本沿用至今。

在 19 世纪的大部分时间里，各大学都在努力聘请合格的教师。19 世纪初，大学依赖引进外国教授，许多课程都用外语讲授（主要是德语）。后来出现了为本国大学培养新兴骨干师资的制度，但实际上大学普遍采用"近亲繁殖"的方式，即优先聘用毕业于本校的教师[59]。由于这种"近亲繁殖"政策的局限性和危害，再加上需要与欧洲一流大学接轨，后来的教授大部分都在国外接受教育。尽管如此，在整个 19 世纪，俄罗斯高等教育系统一直存在大学师资严重不足的情况。

与此同时，俄罗斯大学中也形成了一些学派，有些学派在一些方面与它们所参照的欧洲学派同等甚至更优。除大学外，科学院无处不在，并致力于基础研究。科学院独立于大学，但在人力资源方面与大学紧密相连，许多院士都成功地与高等院校开展了合作。从某种意义上来说，科学院和大学在保持各自独立的同时也在相互滋养。大多数学术团体隶属于大学，并且是在大学教授的要求下成立的。

第三节　苏维埃时期的高等教育

一、新政府管理下的大学

在全球的生存斗争中，高等学校是比无畏战舰更强大的全球生存武器。

——弗拉基米尔·维尔纳茨基（Vladimir Vernadskiy）[60]

1917年十月革命后，俄罗斯高等教育进入了一个新的发展时期①。布尔什维克将教育（包括高等教育）视为建设新社会强有力的工具。他们的做法是通过直接监管教育内容、教育形式以及教育机会的分配，有针对性地塑造一种意识形态，这是独一无二的，也是史无前例的。布尔什维克执政伊始就启动了相关改革。虽然新当权者们采取的做法各不相同（当时还能有多元化的意见），但总的来说，他们的政策是以几项关键原则为基础的：高等教育必须以适当的方式尽快转变为塑造新型俄罗斯公民的工具，必须完全服从社会经济发展的需要并为新的工业经济培养人才，必须在意识形态上被全面约束，从一种潜在的威胁转变为一种由意识形态驱动的维护国家稳定的力量。

1. 大学的新建与重组

苏维埃政府在其执政的前几年，甚至是最开始的几个月，就开办了大量的新大学和新院系，这在高等教育领域是很不寻常的。仅1918年就新开办了16所大学。因为大学教育具有极高的声望，几乎每个地区都想获得许可开办大学。虽然大学确实建立了，但大部分情况下它们的开办并没有得到任何财政、基础设施或人力资源的支持，因此这些大学的教育就依赖莫斯科和彼得格勒的大学教师们定期到更偏远的地区讲课。由于交通不够发达，政府不得不设立专门的"教授车厢"将教授送到偏远地区的大学（Chanbarisov，1988）。没有本土的人才资源，没有必要的基础设施，也没有活跃的知识氛围，在农村地区办大学的尝试注定是要失败的。许多仓促开办的大学只存在了很短的时间。

这股"大学热"并没有绕过莫斯科和彼得格勒，这两个城市各开办了两

---

① 译者注：1917年俄国十月革命后成立了俄国苏维埃联邦社会主义共和国（Russian Soviet Federative Socialist Republic, RSFSR），简称"苏维埃俄国""苏俄"。苏维埃社会主义共和国联盟（Union of Soviet Socialist Republics, USSR），简称"苏联"，是1922年由苏俄及其他几个苏维埃共和国共同组成的联邦制国家，1991年解体。

所新大学,例如莫斯科以女子高等教育课程班(Higher Women Courses)为基础建立了莫斯科国立第二大学(Moscow State University-2),以沙尼亚夫斯基人民大学(Shaniavsky People's University)为基础建立了莫斯科国立第三大学(Moscow State University-3)。此外,苏联各地的大城市也开办了地区大学,第比利斯[Tiflis(Tbilisi)]、叶卡捷琳诺斯拉夫[Yekaterinoslav,后更名为第聂伯罗彼得罗夫斯克(Dnepropetrovsk)]、伊尔库茨克(Irkutsk)和辛菲罗波尔(Simferopol)都开办了大学。这些大学无疑也被作为在周边地区强化新政策的工具。

大规模的重组也影响到了之前俄罗斯帝国的大学,重组的逻辑成为整个高等教育结构更新换代的基础。一些新当权者认为大学是过时的资产阶级教育模式,与他们的新政府无关,因此必须予以废除。而新政府则采取了较为温和的方式:大学得以保留,但学生结构必须改变,教学必须进行重大调整,大学的自治权必须被剥夺,课程结构也必须进行重大改革。例如,革命前大学培养了大量律师,但新政府不需要他们(至少不需要这么多),因此从1918年开始,法学院和大学的法律系被取消,取而代之的是由法律系和历史系合并成的社会研究学院。在苏维埃执政初期,对社会科学的课程结构和内容都进行了彻底的改革。"有害的"学科和专业被取消,随后被意识形态合理、经济上有益的学科和专业所取代。新政府对有用性的追求忽视了大学教育的本质,这种自上而下的监管影响的不仅仅是社会科学。大部分院校的物理系和数学系都"被清算,因为它们表面上不切实际,是纯科学和抽象知识的温床",它们大多被分割成独立的数学系、物理系、地质/地理系和生物系(Chanbarisov, 1988, p.191),导致它们各自的教学范围非常狭窄。只有莫斯科、列宁格勒(Leningrad,今圣彼得堡)、喀山和托木斯克的大学保留了注重基础研究的物理系和数学系,其他城市都只保留了师范学院中的物理系和技术系。

革命之后十年间的变革大多是突如其来的,对教授、学生以及教育系统造成的影响是巨大的;不过很显然,整个高等教育系统的重大变革还未到来[61]。

2. 学生的无产阶级化

新政府主要目标之一是教育的无产阶级化,因此高等教育机构招收了很多来自工人和农民家庭的学生,以降低来自"贵族"(也就是"反革命")家庭学生的比例[62]。1918 年 8 月,在苏维埃俄国的第一个学年开始之前,弗拉基米尔·列宁(Vladimir Lenin)签署了一项法令,取消了高等教育机构的学费和入学考试,并向所有想学习的、年满 16 周岁的男性和女性敞开了高等院校的大门,无论他们的社会地位和收入如何,以及(最重要的)以前受过何种教育、拥有何种知识[63]。结果大量的人涌入高等院校,1918/19 学年的新生录取几乎持续了整个学年,但大多数人并不具备足够的知识去学习高等教育课程,因此能够顺利完成学业的学生比例微乎其微。例如,1925 年,完成预定课程的学生约占注册学生的 10%(Matthews, 1982)。这表明由于最贫困人口中缺乏受过良好教育的学生,列宁采取的措施无法实现学生群体的无产阶级化。为了解决这一问题,政府接下来采取了三项措施(McClelland, 1978)。

第一是引入了工人学院(rabfak)制度。工人学院主要是预备学校或衔接学校,为出身贫苦的农民或工人阶级的人提供学习机会,为他们进入高等院校深造做准备[64]。大多数工人学院都设在既有院校内,使用相同的基础设施和师资。1927/28 学年,苏联共有 147 所工人学院,在校生 49 233 人。到 1933 年,苏联共有 926 所工人学院,在校生 352 700 人(SSSR v Tsifrakh, 1934, p.130)。相应地,这些学生在高等教育中占据的比例也有所提高:1927/28 学年,工人学院的学生约占高等教育机构学生总数的 31%(不包括大学,包括大学的比例为 23%),而到了 1929/30 学年,这一数字达到了 55%(同样不包括大学,包括大学的比例约为 46%)[65]。值得注意的是,截至 1928 年,女性在工人学院学生中的比例为 15.6%,而到 1933 年,女性的比例已增至 34%(p.133)。

针对学生无产阶级化的第二项措施是在 20 世纪 20 年代采用了入学配额制。配额由不同的国家机构制定,包括工会、党、共青团以及自主寻找"合适"学生的工人学院本身。为了调整学生群体的构成,高等院校对已入学的学生进行了"清洗"。1924/25 学年的大规模"清洗"导致 1.8 万名学生被开除,其中许多人是因为"不可靠"的政治背景而被开除的。结果就是高等院校中"不可靠"学生的比例从 1923/24 学年的 36.8% 降至了 1924/25 学年的 19%(Fitzpatrick, 1979a)。

第三项措施是从 1924 年重新开始收取学费(一直持续到 1936 年)。许多类别的学生不需要缴纳学费,包括工人、农民、军人、残疾人和低收入者。因此缴纳学费的负担主要落在了剩下的"外来"社会阶层身上。

3. 教师的更新

苏维埃高等教育系统的管理规则以及最初为实施这些规则而采取的措施,立即引发了新政府与大学教师之间的冲突。布尔什维克错误理解了大多数教授和学生对沙皇政府的反对,实际上学术界主要是反对任何来自官方的外部控制,同样的想法导致了他们对新政府忐忑不安甚至敌视的态度。

因此在修改招生制度的同时,政府还采取了一些举措来改变高等教育机构的管理模式,目标是监管那些对新政府总体持反对意见的教授和课程。为实现这一目标,在学校中采取了两项举措。首先,新政府在 1918 年取消了所有的学术荣誉和职称,有独立教学经验的人可以担任教授,其他人只是教员。其次,引入了职位竞争制度,并废除了终身教职制度:所有人(包括教授)只要在同一所高等教育机构任教十年以上,或本人总共有 15 年的教学经验,就必须参与到新设立的职位竞争中。从一开始,这一举措就没有使教师队伍的构成产生实质性的改变,因为可供选择的专家并不多,年轻教师对前任的教授们又过于忠诚,因此这一举措大约十年后被废除。

这种与既有的、牢固的教师群体"交易"的做法与第二项举措同时进行:布尔什维克尝试培育自己的大学教师。社会科学领域尤其需要合格的新教员,因为政府认为意识形态非常重要。所采取的主要做法之一是在 1921 年成立了红色教授学院(Institute of Red Professorship),目标是培养专家,为所有高等教育机构的学生讲授政治经济学、历史唯物主义、社会结构的发展、现代史和苏维埃建设[66]。20 世纪 20 年代,新政府还对教育系统开展了一些改造行动。

4. 新模式的试验

1918年取消高等院校入学考试和期中考试的法令导致大量准备不足甚至完全没准备的学生涌入大学。很快,合格师资和实验设备的匮乏就表现出来了,必须找到一种教学方法以便能够用手头相对微薄的资源"加工"大量的学生。

因此,苏维埃时期的前十年也是频繁进行各种教学方法实验的时期,但这些实验往往效果不佳。其中一项实验是大规模采用分组实验室教学法[67]。由多名学生组成的小组(brigade)自主学习与教师分配的任务相关的学习材料,这种教学法意味着每个小组要共同承担学习责任,每个学生都被视为小组的一员,在考核知识时所有成员的分数都是相同的。这种方法和其他方法一起,减轻了教师在授课和学习评价上的负担(当时教师非常紧缺),不过很明显有些学生可以在没有学到任何知识的情况下获得优异的分数。分组实验室制的实施会造成大学内部的分裂,大多数教授和教员都反对这种新奇的教学方法,主张采用传统的班级授课制;与此相反的是,大多数学生都赞成这种分组的教学方式。然而鉴于科学家和教授们的意见,苏联中央执行委员会(USSR Central Executive Committee)于1932年谴责分组实验室教学法是一种"方法论阴谋",并下令废止。

在十月革命后较短的一段时期,大学生活还有一个重要特点是尝试让学生参与大学管理[68]。但这一短暂的尝试有其不合理性,加剧了大学与政府之间的矛盾。

二、20世纪20年代末和30年代的政策:新任务和新格局

1. 总体情况

许多历史学家将1928—1932年这一时期描述为"大突破"(the Great Break)时期,这种描述反映的是大规模的强制工业化和农业集体化,以及随之而来的整个苏联社会和经济基础的重组。与此同时,高等教育机构进行的重组标志着向新的苏联高等教育框架的过渡,为延续至今的高等教育系统奠定了基础;这些变革涵盖了苏联所有大学和高等教育机构。

1928年,苏联的"第一个五年计划"(The First Five-Year Plan)开始实

施,该计划阐明了经济发展的目标[69],提出要在全国各地建设约 1500 家工业企业,为此需要高素质的工程师和管理人员。此外,为了完成全民扫盲任务和提高教育水平,各级学校都需要增加教学人员(对当局来说可靠的教学人员)。然而,高等教育系统中有很多俄罗斯帝国时代的教师,他们被认为是潜在的政治异见来源。要解决这一问题,仅对教学计划或学院结构进行"表面的修正"是不够的,还需要对整个系统进行大规模重组。新的高等教育系统应该服务于工业化的目标,致力于培养未来的教师,关注"实用性"和"满足社会需求"(David-Fox, 2000)。

2. 重组高等教育系统

1928—1932 年,教育和文化领域也开展过一些大规模重组[70]。1930年,苏联大学受到了强烈的谴责,许多大学濒临停办。这种谴责来源于三个方面。第一,大学被指责过分强调基础科学研究,换句话说,就是脱离了国家重大工业发展任务。第二,教学人员的培养工作(传统上由大学负责)被移交给了新成立的专门性师范学院[71]。师范学院负责培训各级教师,而大学则被剥夺了这一职能,因此降低了其在非学术领域的"实用性"。第三,保留着"旧时代"制度习惯的大学以及其中那些革命前就存在的教师,都被视为可能的政治反对派。认为这些大学"无关紧要"、应当被解散的建议也被考虑采纳(David-Fox, 2000; Halfin, 2009)。一些大学确实被解散了,取而代之的是独立的高等教育机构:下诺夫哥罗德大学(Nizhny Novgorod University)被改组成六个不同的学院,伊尔库茨克大学(Irkutsk University)、彼尔姆大学(Perm University)、莫斯科国立第二大学等也被以类似的方式改组。就连莫斯科国立大学(Moscow State University)这所旗舰大学的校长也在庆祝建校 175 周年前夕,以"发展停滞"为由建议撤销该校的一些院系(David-Fox, 2000; Chanbarisov, 1988)。有的大学只得以保留两三个院系。

同样的分裂现象也出现在那些提供多学科教学的大规模综合性学院,并且情况更为严重。根据 1930 年 7 月苏联人民委员会(Council of People's Commissars of the USSR)的决议,综合性高校的院系被拆分重组为分门别类的独立院校,并移交给相应行业的委员会管理。这使得高等教育机构的数量激增(见图 1-1)。

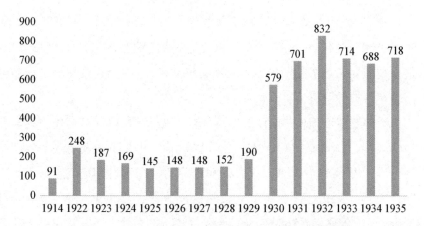

图 1‐1 1914—1935 年沙俄和苏联高等教育机构数量

来源：Kul′turnoye Stroitel′stvo SSSR：Statisticheskiy Sbornik(1940，p.105)。

从同一学院或大学分离出来的高等教育机构一般共用原学院或大学的教学楼、实验室和图书馆。有时候某一所新成立的学院会占据大部分资产，留给其他"新来者"的资源寥寥无几。例如，沃罗涅日农业学院(Voronezh Agricultural Institute)被拆分为六个独立的学院，新成立的化学技术学院(Chemical-Technical Institute)垄断了所有的实验室设施，而畜牧学院(Poultry Institute)只获得了"八条长凳、一条走廊和一间阶梯教室(还是与机械学院共享的)"(Fitzpatrick，1979a，pp.192‐193)。

成立新的衍生学院主要基于两个因素(David-Fox，2000)：一是分支化，即根据行业的分支划分教育的门类；二是"高等技术学院化"(即"VTUZ化"，VTUZ 是 Vysshee Tehnicheskoe Uchebnoe Zavedenie 的缩写，意为"高等技术学院")，也就是广泛复制高等技术学院的门类和典型的工作方式。新院校的课程针对非常细分的专业，为毕业生在特定的行业工作做准备，并且毕业生是不会在公开的就业市场上找工作的，他们会被直接分配到特定的工作岗位，因为国家在那段特定的时期里需要他们。

重组后的高等教育系统将技术教育确立为所有院校(包括大学)都要采用的模式，这意味着在专业教育或高等级的教育中，专业学习和工业实践的比重会越来越大。因此，到20世纪20年代末，在高等技术学院中理论学习和工业实践几乎是平等的。大学也被迫效仿这一模式。

1931 年，政府在高等教育政策上的大举改革有所减轻，保留下来的大学恢复了部分特权，一些院系得以恢复，一些之前被解散的大学被重组。不过这些恢复的院系并不包括人文社会科学院系，因为这些学科已经被分配给了专门的学院负责。

广泛的变革不仅仅局限于改组高等院校的结构，还针对高校里的教授和教学人员。20 世纪 20 年代末，之前暂停的教师之间的强制竞争制度被重新确立。利用这一制度，政府调整了大学的教师队伍。这一行动由 1925—1928 年间担任莫斯科国立大学校长的安德烈·维辛斯基（Andrey Vyshinskiy）负责监督实施，他当时还兼任教育人民委员部（Main Directorate of People's Education）的领导（他后来在 20 世纪 30 年代著名的政治审判中担任总检察长和主要的政府发言人）。

学院和学生人数的增加需要更多教师。1927/28 学年，高等教育系统中共有 1.8 万个职位，三年后达到了 4.7 万个，再三年后达到了 5.7 万个。管理各类院校的政府部门基本上都在争夺数量有限的合格人才。相对较低的工资和较高的师资需求导致教授们在不同学院担任多个教职。30 年代初，这种兼职行为开始受到管制。为此，1930 年开始实行了苏联教师薪酬制度：采用固定工资，取消计时工资，并设立固定职位，基本上恢复了教授、副教授、助教的结构[72]。几年后，即 1937 年，高校教师的固定职位扩充了，并形成了保留至今的结构：教授/系主任（professor/department chair）、教授（professor）、副教授（associate professor）、高级讲师（senior lecturer）、讲师（lecturer）、助教（assistant）。此外，还为主任配备了辅助人员、高级技术人员和其他技术人员，他们主要履行主任秘书的职责。一个固定的职位意味着一定的义务教学工作，并且教学工作量很大，基本上侵占了教师从事科研工作的时间。与其他体制性改革一起，这种过重的教学负担使高等院校变成了纯粹的教学机构。

3. 为苏维埃经济建设培养人才

1917 年，布尔什维克几乎没有自己的合格人才，党的领导人中只有五分之一接受过高等教育（Zhuravlev, 2000, p. 401）。即使在十年后，受过高等教育的官员在"全联盟共产党（布尔什维克）"［All-Union Communist

Party (Bolsheviks)]中的比例也不到1%。显然,培养能够完成工业化使命的工程技术人员的需求非常迫切,政府在1928年就已大致勾勒出为实现这一目标而制定的新的人事政策。与此同时,工程学院也开始大规模招收共产党员工人,以便使他们熟悉现代技术。

1928—1931年,共产党向工程学院和其他学院派遣了约一万名共产党员[73],向军事学院派遣了约8000名。1931—1932年,工会从工作岗位上派遣了约5000~6000名共产党员和约4000名非党员工人到学院学习。这些被称为"千人团"(thousanders)的学生是苏联"第一个五年计划"(1928—1932年)所制定的晋升政策(即工人向领导职位晋升)的主要对象。尼基塔·赫鲁晓夫(Nikita Khrushchev,1953—1964年担任苏联最高领导人)和列昂尼德·勃列日涅夫(Leonid Brezhnev,1964—1982年担任苏联最高领导人)就是其中的杰出代表。

在被派往高等教育机构学习的第一批"千人团"中,67%是工人,5%是农民;在第二批中,这两个比例分别增至78.6%和19.3%(De Witt,1961)。因此到1933年初,有23.3万名共产党员(约占全党人数的25%)进入了各高等教育机构学习,其中三分之二学习工程专业(Fitzpatrick,1979b)。在一定程度上,由于这一举措,苏联高等教育机构的学生总数在1928—1932年间增加了两倍多(见图1-2)。

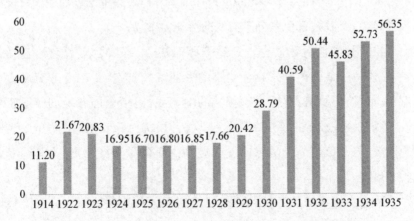

图1-2 1914—1935年沙俄和苏联高等教育机构学生数(万人)

来源:Kul′turnoye Stroitel′stvo SSSR: Statisticheskiy Sbornik(1940, p.105)。

20 世纪 30 年代中期，自上而下实施的以阶级为基础的高等教育扩张方式被废除，新的发展方式注重学生的学业成绩（这可能是 1933 年学生人数略有下降的原因）。1940 年，工人学院被关闭，为新经济培养无产阶级化专业人员的任务已基本完成。至此，苏联的高等教育系统已趋于稳定，确保质量、提升数量成为了新的发展方向。

4. 重组后的新格局

由于 20 世纪 20 年代末和 30 年代初对高等教育系统的重组，到第二次世界大战时，苏联拥有三类高等教育机构[74]。第一类是高等教育系统中的精英——古典大学，它们为科学研究和高等院校的教学工作培养人才，主要关注基础学科，并为需要经济、历史和法律人才的地方管理阶层服务。在一些地区，古典大学还培养中学教师。

第二类是以服务地方为原则的院校。这些院校的职能是为当地经济发展培养所需的人才。为此，每个地区或者大的行政区都建立了师范、医学、理工等院校。一些院校或院校集团隶属于政府的相关部委和部门，例如，农业类高等院校隶属于苏联农业人民委员部（People's Commissariat of Agriculture of the USSR）及其后继机构。在这些院校中，总校设在当地的中心城市，它们也领导当地的同类院校并为其提供人员支持。这些总校属于地区基础设施的一部分，因为其主要职能也包括为各地区相对统一的国民经济部门培训劳动力（Kuzminov et al.，2013）。除位于各加盟国首都的总校外，这一类院校都应服务于当地的劳动力市场。

第三类院校包括旨在为特定经济部门培养人才的专门院校，包括三种：一是隶属于某些苏联式行业集群的专业院校，为特定的专业劳动力市场服务，通常在地理位置上靠近相关的生产线，包括全国各地的交通工程师院校和航空院校等；二是高等技术学院性质的工厂；三是隶属于中央的行业院校，除了负责为全国工业发展提供科研资源支持外，还为其他专业院校提供支持。

这种分类体现的是"纯粹的"院校类型，而在现实生活中，许多院校以各种方式融合了多种院校的特征。这一系统通过培养训练有素的教师、管理人员、工人和研究人员，支持中央计划经济领导下的工业化发展目标。

接受高等教育的机会由政府管控,以确保各类院校具备社会代表性。因此至少在理论上,苏联的劳动力培训系统符合当时经济增长的需要。

5. "伟大的卫国战争"中高等教育的贡献和损失

"伟大的卫国战争"(The Great Patriotic War),即第二次世界大战中苏联军队在1941—1945年间参与的战争,对苏联所有经济部门都产生了巨大的影响,包括对高等教育。战争第一年,学生人数急剧下降,许多人被征召入伍或自愿参军。正常运转的院校数量缩减,一些大学转而采用简略的教学计划,课程被修改,学习时间和假期都缩短了。由于学生和教授经常承担各种劳动任务(砍柴、帮助集体农庄干活、在周六和周日参加义务劳动),教育过程的调整变得更加复杂。然而战争第一年后,这种情况发生了逆转:学生开始回到大学,教学工作得以恢复,一些大学的科研工作也重新启动。研究生的招生工作也只暂停了1941年这一年。

大学得以继续运作与重大的地理迁移有关:一些院校搬迁到了国家在地理位置上的中心区域,以便与前线保持更远的距离,并且更靠近国防生产设施。战争期间共有250所高等院校全部或部分搬迁(Drynochkin & Komal, 1980, p.21),其他大学则暂时停止运行或进行了合并。1942年3月,196所大学暂时关闭,87所大学暂时与其他大学合并。战前莫斯科有64所大学,其中57所被全部或部分转移。1942年6月,苏联的领军大学莫斯科国立大学被转移到了斯维尔德洛夫斯克(Sverdlovsk),在那里停留了一年。1942年春,38所大学从列宁格勒转移(Kruglyanskiy, 1970, pp. 77-88)。许多转移大学与接收大学之间建立了紧密的联系与合作,一些专家在战后依然留在接收大学工作,促进了当地科学院校的发展。

战争期间,共有334所高等院校被全部或部分摧毁,受影响的学生达23.3万(Sivertseva, 1995, p.41)。与此同时,新建了60所高等院校,其中15所侧重于工业和建筑,七所侧重农业,三所侧重交通和通信(Kruglyanskiy, 1970, p.130)。总体而言,到战争结束时,高等院校中很多专业的学生人数已恢复到了战前水平,一些专业,包括工业与建筑、交通与通信以及农业,甚至超过了战前的人数。

1945/46学年,共有73.02万人在苏联的高等院校学习。相当于战前

人数的 89.9％（Sivertseva, 1995, p.42）。教师人数则在战争结束一年后
达到了战前水平[75]。

小　　结

苏维埃时期的前几十年是高等教育系统发生深远变革的时期。到第
二次世界大战时，高等教育系统总体上已基本建立，但变革还远未结束。
在接下来的几十年中，新的模式不断出现，高等教育的规模不断扩大。不
断变化的社会引发了高等教育的进一步变革，下一章将继续讨论这些变革
及其产生的后果。

第二章

苏联时期和苏联解体后第一个十年的高等教育

从第二次世界大战到苏联解体后的第一个十年间,整个高等教育系统发生了重大变化。本章论述了苏联如何管理世界上最大的计划教育系统,并论述了苏联解体后第一个十年间高等教育系统的转变以及国家"从计划经济到市场经济"的转型。

关键事实

- 第二次世界大战后,苏联高等教育开始形成一个系统,它的一些特点一直保留至今。在这段时期,高等教育机构增多了,高等教育规模扩大了,教育质量变得参差不齐,函授教育规模有所增长,新的入学考试制度也形成了。大多数人都有机会接受高等教育,这导致了高等教育入学申请者的变化。
- 苏联的教育系统假定学生不会改变入学时所选择的专业。学习计划中的大多数课程(包括那些以意识形态为基础的课程)都是必修课,学业负担比较重。
- 工业部门和个体企业需要高素质的员工,它们的需求被纳入整个教育系统的规划中,这决定了高等教育机构的招生层次和结构。完成学业后,毕业生必须接受具有强制性和约束力的工作分配。
- 在苏联的大多数时期,在高等教育机构学习是免费的,学生可以获得国家提供的奖学金。虽然国家确立了平等的教育原则,但由于大多数高等教育机构都集中在少数几个大城市,而且实行校内(面对面)考试制度,家境贫寒或出身农村的学生在尝试进入一流大学学习时,仍然会遇到很多阻碍。

- 苏联时代结束时,已累积了许多系统性问题,尝试进行局部改革并没有解决这些问题。这些问题包括:大众高等教育的质量较低,高素质人才过剩,大学教师工资低、社会地位低,以及教育类型与实际应用脱节。

- 在苏联解体后的第一个十年里,高等教育经费匮乏并且管理结构薄弱,高等教育机构不得不探索其他经费来源。在这样的背景下,私立教育出现并蓬勃发展,公立大学中也出现了自费生。

- 高等教育的各学科发生了一系列变化:工程和科学学科的地位下降,经济学、管理学、金融学和法学等新学科成为热门学科。

- 20世纪90年代的经济危机以及苏联教育经费体系的崩溃,导致教师工资突然间大幅下降,学术职业和大学工作的受欢迎程度相对降低,出现了大规模的兼职现象,人才流失到非学术领域和其他国家。

第一节　第二次世纪大战后到20世纪60年代的高等教育

　　1912年,沙皇尼古拉二世仿效尼古拉一世,向部长会议(Council of Ministers)发布了关于教育扩张的指示:"我认为俄罗斯需要高等技术学校,更需要中等技术学校和中等农业学校,但现有的大学已经足够多了。请将这项决议作为我的指导性命令。"在后来斯大林(Stalin)、赫鲁晓夫和勃列日涅夫的行动中都能看到沙皇这项法令的影子。

　　　　　　　　　　　　　　——帕特里克·奥尔斯顿(Patrick Alston)[1]

一、促进高等教育发展的方式

二战后苏联实施了多项重大的国家级工业项目,这一时期也标志着冷战的开始、社会主义国家集团的建立以及苏联对社会主义国家政治和经济影响的扩大(苏联影响了其他社会主义国家包括教育在内的多个方面,本书最后一章将详细讨论这一问题)。

随着工业的发展,企业以及政府专门机构和下属部门都需要更多工程师、农业专家、教师和医生,并且还要求教育系统的扩展必须在不影响现有劳动力供应的情况下完成;此外,冷战的开始也提高了军事(包括军事技术)的重要性。这些因素为建立大规模高等教育系统指明了方向。

随着国防工业的发展壮大,许多新的高等教育机构应运而生。1946年,莫斯科物理技术学院(Moscow Institute of Physics and Technology)由物理学家、之后的诺贝尔奖获得者彼得·卡皮察(Petr Kapitsa)和列夫·朗道(Lev Landau)等人率先发起成立,莫斯科物理技术学院的目标是为科学院下属研究所培养世界一流的物理学家。莫斯科物理技术学院与这些研究所的合作非常密切,成为少见的大学和科研机构的合作范例之一,并培养了一代又一代杰出的物理学家[2]。莫斯科工程物理学院(Moscow Engineering Physics Institute)成立于 1953 年,前身是莫斯科机械学院(Moscow Mechanical Institute)和莫斯科物理工程师学院(Moscow Institute of Physical Engineers),同样承担着为新兴核工业培养专业人才的任务[3]。

20 世纪 50 年代,西伯利亚(Siberia)地区延续了二战后的发展进程。1957 年,苏联科学院西伯利亚分院(Siberian Branch of the Academy of Sciences of the Soviet Union)成立,并在西伯利亚多个主要城市设立了科学中心。1958 年,新西伯利亚国立大学(Novosibirsk State University)成立,并正式成为科学院西伯利亚分院的一部分[4]。1963 年,克拉斯诺亚尔斯克国立大学(Krasnoyarsk State University)作为新西伯利亚国立大学的分校成立,并于 1969 年成为一所独立的大学。最初组建这两所大学时,所需的师资都是从莫斯科和列宁格勒的知名高校和研究所调来的[5]。它们在开发西伯利亚和整个苏联的知识资源方面发挥了重要作用。

在二战结束后的前 25 年里,一系列新的教育机构和 20 所新大学相继成立,其中一些重点关注国家发展的关键领域。尽管如此,对相关统计数据的粗略分析显示,在这一工业发展时期,教育系统还是呈现出一定的稳定性:1950 年苏联有 880 所高等教育机构,1980 年有 883 所[6]。然而从某种意义上说,这些数字又具有误导性,因为相对稳定的数字掩盖了高等教育系统在结构、任务和规模上的根本性变化,具体包括:高等教育入学人数的增加和高等教育机构的扩展,伴随教育规模的日益扩大而产生的高等教育机构的多元化,课程和教育模式的重大调整(包括函授教育的迅猛发展),以及高等教育入学要求的改变(显著地改变了学生的社会构成)。

二、高等教育入学情况

在二战后的前五个招生季中,退伍军人在高等教育入学总人数中占了相当大的比例,并且他们可以免学费入学(1940 年苏联高等院校已恢复收取学费)[7]。学生的年龄普遍比以前大,其中不乏共产党员。直到 20 世纪 50 年代初,高中毕业生才重新成为高等教育新生的主体。当时进入高等院校学习相对容易,中学毕业生人数仅略微高于高等院校的招生名额。然而几年后,也就是 50 年代中期,申请进入高等院校学习的人数大幅增加,三、四名学生竞争一个入学名额。

1953 年尼基塔·赫鲁晓夫执政伊始,为增加学生数量,他重新制定了国家教育政策。1956 年,高等教育学费再次被取消;这一次,这一措施一直延续到苏联时代结束,并且在 1977 年,宪法明确规定各级教育将免费[8]。由此,高等教育学生数从 1953 年的 156 万增长到了 1969 年的 455 万(这两年的高等教育新生数分别为 43 万和 89 万)[9]。这些数字与不断变化的人口因素共同影响着进入高等教育阶段的难易程度(见图 2-1)、每万人中的学生数,以及接受过一定高等教育的人口比例。这些数据也越来越接近发达国家的水平:赫鲁晓夫时代初期,高校学生与社会人口的比例为 1∶120,到 20 世纪 60 年代末,这一比例上升到了 1∶53。可以比较一下,60 年代末美国的这一比例为 1∶25,德意志联邦共和国为 1∶147[10]。

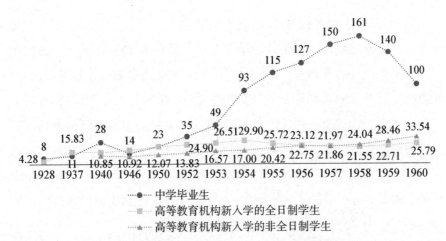

图 2-1 中学毕业生人数和高等教育机构新入学人数(万人)

来源：Narodnoye Khozyaystvo SSSR v Velikoy Otechestvennoy Voyne 1941～1945 gg.：Statisticheskiy Sbornik(1990, p.210)；Narodnoye Khozyaystvo SSSR za 1913～1955 gg.：Kratkiy Statisticheskiy Sbornik(1956, p.150)；Narodnoye Khozyaystvo SSSR：Statisticheskiy Sbornik (1959, p.835)，(1961, p.773)，(1963, p.568)，(1990, p.227)；Matthews(1982)。

高等教育机构学生人数的增加伴随着两个重大的变化。第一,当时高等教育机构对学生的容纳能力迅速提高(见表2-1)。1951 年,平均每所高等教育机构的学生数约为 1400 人,1978 年则达到了 5900 人,其中大学的学生容量最大,农业学院和师范学院的学生容量最小[11]。

表 2-1 苏联高等教育机构的规模

	学年					
	1940/41	1950/51	1960/61	1965/66	1970/71	1974/75
高等教育机构数	817	880	739	756	805	842
学生数(万人)	81.20	124.70	239.60	386.10	458.10	475.10
平均每所高等教育机构的学生数	994	1417	3242	5107	5691	5643
全日制高等教育机构数	684	930	1564	2095	2784	3015
夜校数	33	31	331	752	817	749
函授学校数	277	456	1347	2260	2089	1878

来源:Daynovskiy(1976, p.106)。

第二,随着学生人数的增长,教育模式也发生了变化。最显著的变化是夜校和函授教育的迅猛发展。这类教育模式的理念是让那些已经工作的人有机会接受高等教育。这些学生大多学习与其专业密切相关的课程,学习时间比全日制课程长一年。夜校通常是下班时间在工厂、学校或其他单位中授课。在远程教育模式下,学生使用从指定的机构和教师那里获得的学习材料独立学习,通过邮件寄送做完的测验并收取反馈,只有在考试期间学生本人才会到学校去(工作单位应提供特殊的"教育假")。如果课程涉及需要专业设备的实验室操作,学生则会被安排到当地或附近中心城市的相关机构进行操作,在需要使用图书馆时也是一样。

夜校和函授教育的新生数也不断增长(见图2-2)。这两类学校的毕业生数在高等教育毕业生总数中的占比在1953年之前不到5%,1959年达到了9%(毕业生数从1950年的2.7万人增加到了1959年的19.6万人),而且还在持续增长。在函授生中,师范专业的学生占比最大。1950/51学年,师范专业学生占函授生总数的70%,工程专业学生所占比例为13.1%;1955/56学年,这两个比例分别为58.8%和23.8%。

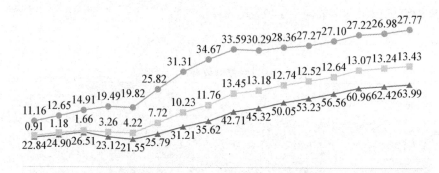

1950 1952 1953 1956 1958 1960 1962 1964 1966 1968 1970 1972 1974 1976 1978 1980

▲ 全日制高校　　■ 夜校　　● 函授学校

图2-2　1950—1980年各类高等教育机构一年级新生人数(万人)

来源:Narodnoye Khozyaystvo SSSR: Statisticheskiy Sbornik (1959, p. 835), (1963, p. 568), (1965, p.685), (1966, p.695), (1968, p.796), (1970, p.683), (1976, p.683), (1980, p.498), (1990, p.227); Narodnoye Khozyaystvo RSFSR za 60 Let.: Statisticheskiy Ezhegodnik (1977, p.591)。

到50年代中期,夜校和函授教育系统已经形成。1955年,有8所夜校和 22 所函授学校正常运行,有 205 所高等院校开设了夜校课程,412 所开设了函授课程(当年高等院校总数为 765 所)。然而,函授课程的教育质量是低于全日制课程的。函授教育意味着约 70%~80% 的课业都是学生自学的,学生没有机会定期听课,也没有机会接触高水平的教师;并且由于学生都是有全职工作的成年人,他们已经对本专业的实践有所掌握,因此考试非常随意。

即使采取了这种宽松的评估方法,函授项目中能够完成整个教育过程并成功获得文凭的毕业生也不多。平均而言,函授学生中成功毕业的比例约为 30%~40%,有些学校甚至低至 10%;而全日制学生中成功毕业的比例为 70%~80%。

全日制教育也在发生变化。1958 年的教育改革对高等教育的录取方式产生了巨大影响。传统的全日制院校只招收有两年及以上相关工作经验的学生,不过物理和数学这两个专业是例外,学生仍然可以在中学毕业后就申请。因此"有工作经验的学生"在新生中所占的比例大幅上升,1959 年还不到 50%,1961 年就达到了 60%[12]。

新规定确保了录取的学生拥有实地工作经验,然而第一批毕业生的情况表明,由于采用了这种新的录取方式,培养的专业人员质量急剧下降。因此,1965 年取消了对申请者有丰富工作经验的要求(尽管直到苏联解体前,工作经验仍以不同的形式为申请者增加优势)。此后,"有工作经验的学生"所占的比例减少了 40%,到 20 世纪 60 年代末已不足 20%,并且在之后的几年里一直保持很低的水平,不过这些学生的辍学率还是要高于中学毕业后直接进入高等院校学习的学生。一些"有工作经验的学生"在入学前曾经工作了长达十年,因此他们进入高等教育机构之后不得不"刷新"他们之前在学校学习的知识,才能掌握新的课程内容。60 年代末,一些高等院校为此开设了预科课程,实际上就是工人学院制度的再现。有的预科课程为期一年,有的则利用秋季入学前的两个月开展暑期课程。预科课程一直持续到苏联解体,经过调整后,在新的时代继续发挥作用并承担新的任务(预科课程将在第五章中详细介绍)。

三、高等教育机构的教师

二战后的前 20 年,高校教师的社会声望大幅提升,1946 年高校教师工资的大幅上涨无疑推动了这一变化。在那个时期,拥有学术学位的大学副教授和一般技术工人的工资比接近 4∶1,大学教授和技术工人的工资比为 7∶1[13]。但需要注意的是,由于缺乏市场机制的影响,国家的拨款制度也没有及时调整,高校教师的工资在 1946 年上涨后,在接下来的 40 年里没有发生实质性的变化。在 1950 年代初期,对于许多专业人士来说,这曾经是一份"梦寐以求的薪水",但在几十年内其价值大幅贬值;然而,在战后最初几年,这仍然是教师们引以为傲的收入。除此之外,高等教育机构的工作条件也很优越;大多数苏联企业、政府部门和办公室的工作安排都非常严格,高校教师则拥有一定的自由,受到的监管也不那么严格[14]。

20 世纪 50 年代初,高校教师数与高校数同步增长,到 70 年代末,整个苏联高等教育的教师人数增加了三倍多,从 84 400 人增至 390 100 人(Elyutin, 1980, p. 380)。教师工资平均约占高校总支出的三分之一(Daynovskiy, 1976, p.21)。

从 50 年代起,高校教师的聘任开始以竞争为基础。由于没有设立终身教职,教师们必须至少每五年参加一次职位竞争。竞争空缺的职位在法律上是一个公开的过程(空缺职位的信息会被公布在专门的刊物上,理论上任何满足条件的人都可以申请),但事实上,在任教师的合同总是会被延长到下一个任期,新的教师也基本都是从现有的"内部人才库"中选拔出来的。学生进入博士生阶段的学习并同时担任初级的助教职位,在当时被人们视为一个非常成功的职业起点,对许多毕业生都很有吸引力。因此,设有研究生课程的高等院校可以优中选优,录取学术能力强并且对上级忠诚的申请者,政治表现也是考虑因素之一。面临师资短缺的地区院校校长会定期联系苏联高等教育部,要求从莫斯科和列宁格勒向他们的院校派遣拥有研究生学历的专家,或从其他院校派遣拥有博士学位和职称的教师。这种调动经常发生,但并不足以解决地方院校师资不足的问题。

20 世纪 50 年代末,围绕兼职教师的管理进行了重大改革(Mavrin & Smirnov, 1984)。尽管在极少数情况下,如果教师的工作具有不可替代性(例如,拥有独特的教学经验,可以提高教学质量),允许其进行按小时计算的兼职工作,但总体而言,教师是不可以承接额外的兼职工作的。对兼职教师的严格限制导致科研机构的研究人员无法在大学任教。

有一些要求后来被放宽了,高校教师被允许在科研机构(实验室、研究所、研发站等)兼职,优秀的科学家也可以在高等院校任教(兼职人员不得超过全职人员的一半)[15]。然而,这类兼职行为仍被视为特殊情况。对兼职的限制阻碍了高等教育机构、科研机构和工业界之间的交流合作。

四、课程安排和专业划分的逻辑

在二战后的几十年中,教学和课程都受到了双重监管。一方面,它们受到思想理论的影响,高等教育要为苏联培养具备合格思想理论的成员;另一方面,它们又受到"委托雇主"的监管,因为每所高校都在为特定的企业和领域培养专业人才。当时的理念是学生接受的高等教育和之后从事的职业是一回事,为了遵循这一理念,并为了能根据当下和未来的经济发展需求对教育系统进行微调,每个学生都接受的是范围相当狭窄的专业教育。所有的职业都被分类组合,与特定的专业领域相对应。苏联时期有时强调专业划分并关注细分的专业领域,有时则相对宽松,这两类时期交替出现。在宽松时期,学生可以对所学专业有更深入的理解,专业人员也可以掌握更广泛的知识。而在严格时期,例如 1953 年,苏联高校一共有 295 个专业,该数字后来还进一步增加了[16]。

总体来说,苏联时期大学课程规定了较多的课时(平均每周 30～32 小时)[17]。一般情况下,苏联大学生每天花在课堂和自主学习上的时间为 8～11 小时,约为当时美国大学生的 1.5 到 2 倍[18]。当时学生们和高等教育专家都一致认为高校要求的课业负担过重(包括课堂学习和其他类型的学习),并且学生同时学习的课程数量明显过多。安纳托利·达伊诺夫斯基(Anatoly Daynovskiy)在 1976 年写道:

"目前，教学大纲的主要目的是让作为未来专家的学生将一定量的信息内化。学生的必修课时为每周 36 小时，有时长达 38 到 40 小时。除此之外，学生还要完成课外任务，为下一次研讨、实践和实验课做准备。这样一来，他们就没有时间做独立的创造性工作，也没有时间在图书馆里探寻知识，更不用说进行深入的研究了[19]。"

课程的必修部分（见图 2-3）包括政治课程，它们约占学生总课时量的 10%，即使是技术专业的学生也不例外。此外还包括体育课程。事实上，当时几乎整个学习计划都由必修课程组成。选修课是次要内容，且主要涉及学生学习的细分领域[20]。

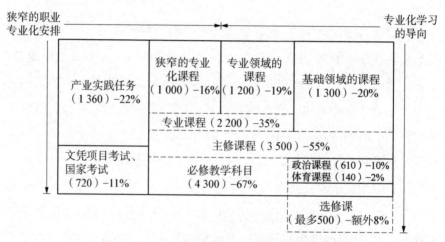

图 2-3　五年制高等教育的典型课程设置

来源：参考 De Witt(1961, p. 301)。
注：图中括号内为课程的课时数。

那些无法完成学习计划的学生确实与那些违反规定或违背意识形态要求的学生一起退出了学校。在 20 世纪 50 年代以前，这类学生很少，约占 10%，十年后，他们的占比猛增到了 30%（夜校和函授学校的辍学率一般更高）。到了 60 年代中期，辍学率稳定在了 20% 这一相对可接受的较低水平[21]。

在法律意义上，外语是课程的重要组成部分。苏联人民委员会 1940 年的决议规定，每个毕业生都要有能力阅读专业文献，并能用一门外语进行对话[22]。但总体而言,外语教学并不到位。口语教学尤其成问题,教师与外语母语者的交流都非常有限(如果有交流的话),所以学生们认为学习外语口语没有任何实用价值[23]。大部分教师从未去过使用他们所教授的那门外语的国家,甚至根本没有出过国。从 1961 年开始,所有大学和非语言学院的学生都必须在入学的头两年至少学习 240 小时的外语(在此之前,这种学习量只适用于大学生以及学习工程专业和物理专业的学生)。这种外语教学制度一直延续到 20 世纪 80 年代政治与经济体制改革(Perestroika)初期,并且没有任何实质性修改。

集中实践教育仍然发挥着重要的教育作用,占用 6 周到 12 个月不等的学习时间。这种实践教育通常在暑假进行,学生们会被分派到不同的企业,这些企业可能位于不同的(通常是偏远的)苏联地区。1955—1965 年间,学生们经常被派去参加垦荒运动(Virgin Lands Campaign)[24]。

五、奖学金和学费

苏联高等教育机构收取学费的做法始于 1940 年,一直持续到 1956 年。学费并不高,每年 300~500 卢布,在 1940 年相当于一名普通工人一个月的工资,在 20 世纪 50 年代相当于一名工人半个月的工资。学习函授课程的学生只需要支付全日制课程一半的费用。因此这些费用对于苏联普通家庭来说是可以承受的。

20 世纪 50 年代初,高等教育机构从学费中筹集的资金总额约十亿卢布,不到政府高等教育预算总额的 10%。因此,学费既不是院校主要的收入来源,也没有产生或延续教育机会的不平等。

当时,高等院校中学习成绩好的学生可以获得奖学金,一小部分学习成绩非常优异的学生可获得更加丰厚的奖学金。大多数奖学金的金额介于每月 150 到 200 卢布之间,这意味着两三个月的奖学金就足以支付全年的学费。奖学金的金额取决于高等院校的类型(技术类院校和大学的奖学金最高)以及学生的年级(高年级学生可以获得更多奖学金)。50 年代初,苏联顶级大学和学院的奖学金从 210 卢布增至 315 卢布,低等级大学和学院的奖学金从 140 卢布增至 210 卢布(De Witt, 1961)。50 年代后期,政府在奖学金方面的支出约占高等教育总支出的 10%。对于一所院校来说，奖学金支出约占其总预算的 30%(Daynovskiy, 1976, p.21)。后来，由于函授和夜校课程所占的比例越来越高，奖学金支出在国家预算中的比重越来越小。

学费和奖学金一般被看作提高高等教育质量标准的一种激励工具，但事实证明，两者的结合并没有多大价值。当时经常出现这样的情况：教师知道低分会剥夺学生的奖学金，于是会做出让步，故意抬高分数。此外，奖学金也不足以让学生过上独立的生活（尤其是住在宿舍而不是与父母同住的情况下）。做兼职工作在学生中很常见，但通常仅限于非技术性的劳动（例如搬重物、看门等）。从 50 年代初开始，在暑假成立建筑队，前往大型建筑工地工作在学生中流行。当时的电影和流行歌曲为前往针叶林、在帐篷里露营、参与新城市和新工厂建设赋予了浪漫的意义。

此外，学生毕业后必须接受就业分配[25]。理论上，年轻员工应在分配的工作岗位上至少工作三年，之后可以更换工作，但这种情况并不常见，因为在没有自由劳动力市场的情况下，考虑到当时的"寄生虫法"(parasitism law)，员工至少要得到其他单位的邀请才能换工作[26]。

这种就业分配是根据每个学院或大学每年收到的人员需求决定的。如果高等教育机构是行业性的、与特定的企事业单位有联系，那么毕业生就会被分配到这些单位。如果是国家级的大学或学院，毕业生的就业区域就会非常广泛。成绩优秀的毕业生，即使来自偏远地区，也可能被分配到莫斯科或列宁格勒，而成绩一般的毕业生则会被分配到偏远地区，并且他们将来调动到大城市的可能性有限，所以一开始的就业安排在很大程度上决定了毕业生未来的职业前景、社会地位和经济水平。因此，高等教育机构的管理部门可以利用这种制度来帮助确保学生在职业道路上的稳定性和适应性。在工作分配方面，除了学生的学习成绩，共青团(Komsomol)的意见也是需要考虑的因素之一。一般来说，成绩一般的应届毕业生只能去偏远地区工作。

工作分配也会考虑学生的家庭状况，比如夫妻通常会被安排在同一个城市。有些学生在大学毕业时就已准备成家了，一个全面的规划可以帮助年轻家庭获得合适的工作安排。

工作分配制度假设了教育项目与工作要求之间具有严格的一致性,这解释了必修课程在学习项目中的主导地位。按照细分的专业化逻辑,各行业的人员空缺与毕业生的数量在表面上应完全匹配,但在现实生活中,情况却远非如此,实际的安排往往基于之前的结果,所以想要适应实时需求几乎是不可能的,更不用说未来的需求了。因此,一些学科和专业领域的毕业生非常稀缺,而另一些则很冗余[27]。结果就是许多年轻的专业人才被派往与其专业或资格不甚相符的岗位工作。

第二节　20世纪70年代到80年代:停滞的时期

一、20世纪70年代令人担忧的趋势

1964年,列昂尼德·勃列日涅夫取代尼基塔·赫鲁晓夫成为苏联领导人。勃列日涅夫也是当年"千人团"的成员之一,在他执政期间(1964—1982年),苏联高等教育的结构最终形成,并一直延续到苏联解体和后苏联时期。到1980年,苏联高等教育机构的数量接近900所,其中500所位于苏俄(见图2-4)[28]。

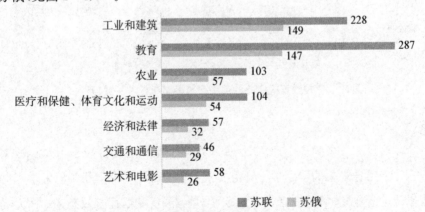

图2-4　按行业分的苏俄和苏联高等教育机构数(截至1980年)

来源:Sbornik Statisticheskikh Materialov(1981,1982, p.123)。

　　苏俄和苏联约 60％的高等教育机构属于工业和建筑类以及教育类(后者包括师范院校和传统大学)。其中行业类院校平均每所有 9 000 名左右的学生,传统大学的规模大致相同,而每所师范院校则有 3 000~4 000 名学生。农业和医学院校的数量比较多,各占高等教育机构的约 10％。由于专业的特殊性,医学院校被认为是精英院校,选拔性很强,平均每所有 3 000~3 500 名学生;农业院校每所有 5 000~5 500 名学生,这主要归功于夜校和函授学校。除此之外,经济和法律、交通和通信、艺术和电影等行业的院校数量各占 5％~6％左右,其中经济和交通院校一般规模比较大,平均每所有 6 500 名学生。

　　从 20 世纪 50 年代起,苏联高等教育学生数开始呈现上升趋势,从 60 年代到 70 年代末,学生数增加了一倍多,70 年代末苏联高等教育在校生数超过了 500 万(见图 2－5)。其中全日制学生的比例接近 60％,函授学生约占 30％,夜校学生的比例略高于 10％。

图 2－5　按教育模式分的苏联高等教育机构学生数(万人)

来源:Balzer(1991, p.134)。

　　在这 500 万名学生中,有 200 多万人在工业和建筑院校学习(见表 2－2)。几乎三分之一的学生学习师范专业;1979 年,149.95 万名学生学习师范或艺术专业,医学院校有 37.44 万名学生,经济和法律院校有 36.57 万名学生[29]。

表 2-2 1979 年苏联各类院校的学生数

院校类别	学生数(万人)	女性占比(%)
总计	518.59	52
工业和建筑	207.64	41
师范、艺术和电影	149.95	69
农业	52.33	66
医学和健康科学、体育文化和运动	37.44	57
经济和法律	36.57	66
交通和通信	29.94	34

来源:Narodnoye khozyaystvo SSSR: Statisticheskiy Sbornik(1980, pp.495,503)。

学生群体的社会结构也很不平衡。1977 年,超过一半的毕业生(55.1%)来自行政人员家庭,42.4%的毕业生来自工人家庭,而农民家庭子女的比例则仅有 2.5%。集体农庄农民和工人的子女大多追随父母的职业或选择做教师,这类学生占农业院校毕业生的 40%以上和师范院校毕业生的 20%[30]。

高等教育机构所对应的行业和所处的地理位置决定了它们的质量。一般来说,大城市的高等教育机构教育质量更高,因为它们的师资力量更强,并且吸引了来自全国各地的优秀人才。同样的,那些处于战略意义重大的行业或者由具备优质资源的国家部委管理的院校也比其他院校拥有更好的教育条件。这使得一小部分"精英"院校与其他大众院校之间的差距开始显现并不断扩大。

到苏联末期,教育机构的地理分布成为区域间和区域内教育差距的根源。到 20 世纪 70 年代中期,教育机构(及其分支机构)分布在 342 个城镇,其中超过四分之一位于莫斯科和列宁格勒[31]。

显然,无论是在总体上还是在特定专业上,那些生活在主要大城市或地区中心城市的人都有更好的教育选择,并且各地区人们接受高等教育的情况也有很大差别。在完成高等教育的人口比例方面,各地区表现出明显的差异。

专门化的高等教育机构往往位于具备特定自然资源的地区。例如棉花育种学院(Institute of Cotton Breeding)位于棉花资源丰富的费尔干纳盆地(Fergana valley)中的安集延(Andijon,在今乌兹别克斯坦),格鲁吉亚亚热带农业学院(Georgian Institute of Subtropical Agriculture)位于苏呼米(Sukhumi),阿塞拜疆石油和化学学院(Azerbaijan Institute of Oil and Chemistry)位于巴库(Baku)。

在各地区内部,城市和农村受过教育的人口比例也有差别,虽然也有少数例外。有些地区整体的教育水平相当高,而有些地区城市和农村的教育水平都很低(尤其是苏联位于亚洲的一些地区)。

20世纪70年代中期,高等教育升学的竞争达到顶峰,当时每四名中学毕业生中只有一人能够成为高等院校的全日制学生。之后,升学竞争的激烈程度有所下降,80年代中期,每两到三名申请者中就有一名能被高校录取。然而高等教育的升学竞争并不是当时最主要的问题。60年代初至70年代中期实施的普及中等教育的举措导致一些学生进入了中学但对高等教育并不感兴趣[32]。因此,中学毕业生人数与高校录取人数之间的关联越来越强,升学竞争也没有相应地增加。

一些外部条件也影响了高等教育录取规则的变化。非竞争性录取变得更加普遍,一些准大学生之前所受的学校教育没有使他们为进入高等教育做足准备,这些学生的权利也得到了肯定和加强。当时一些中学毕业生可以免试入学,如"奖章获得者",即那些因学习成绩优异而获得金质奖章的学生,他们人数不多,在其他条件相同的情况下,这些学生被录取的机率更大;中等技术学校毕业且获得优等文凭的学生也可以免试入学,他们人数更多,但对高等教育的准备情况明显不如那些金质奖章获得者。除此以外,非竞争性录取也适用于有工作经验的人报考相关专业的课程。当然,在竞争性录取中,同样有一些学生可以在竞争体制中展现出优势。

与此同时,经济需求与专业教育结构之间的不匹配也日益加剧,因此许多高校毕业生并没有在其所学的专业领域内工作。这类学生占80年代中期高校毕业生的40%以上(Konstantinovskiy, 1999)。

二、认识到改革的必要性

> 苏联在科技领域取得成功的原因在很大程度上恰恰是产生困难的原因。其中最重要的一点就是政府能够将资源用于最优先的方向和领域。
>
> ——哈雷·巴尔泽(Harley Balzer)[33]

20 世纪 70、80 年代，苏联高等教育停滞不前，前几十年高等教育系统中存在的问题继续恶化。以成本为基准发放给各学院和大学的国家拨款仍然是高等院校的主要经费来源，然而这些经费却越来越不够用：高校的宿舍条件越来越差，科学设备也越来越陈旧，因为这些设备都是在战后扩建时购买的，没有进行过更新。除此之外，尽管物价飞涨，教师的工资几十年来一直没有变化，高校教职的吸引力越来越低，社会地位也不再那么高了。教师工资降低也成为私人家教发展的诱因。私人家教帮助考生为之后进入高等院校做准备，一些位于大城市的高等院校的选拔性很强，私人家教在这些地方尤其活跃。

由于国家支持创建了新的大学，大学教育的声望也在下降。大部分情况下，这些新建的大学都是在地区师范学院的基础上扩建的，1965—1979 年间成立的 27 所新大学中有 17 所都是通过这种方式建立的。显然，这些大学没有足够的科学等相关资源来开展基础研究，或者像苏联的一流大学那样培养出同等水平的专业人才，教育项目和教学的质量也没有达到平均水平，削弱了大学教育的质量并且损害了大学教育真正的理念。

到了 20 世纪 80 年代，高等教育的危机变得十分明显并且迫在眉睫。一方面，即使在人口数量下降的情况下，学生人数仍在增长，培养的专业人才数量也在不断增加。在 70 年代后期，这种增长虽不像之前 20 年那样迅猛，但也在不断持续（见图 2-5）。另一方面，经费不足也成为一个系统性问题。用于培训技术人才的实验室设备日渐陈旧，但这些人仍在高等教育毕业生中占大部分。

高等教育机构隶属于不同的国家部委,导致了管理的混乱、冗余,专业教学的重复、狭窄,财政资源的浪费以及官僚主义的膨胀,并进一步导致资源无法被分配到有实际需求的地方。

当时各个大学和学院的质量参差不齐。以工科为主的精英院校(主要分布在莫斯科和列宁格勒)的教师仍然具备较高的素质,但非精英院校的高素质教师和高质量教育设施的数量却在下降。这些大众院校的毕业生对所接受的教育越来越不满,并且毕业生中只有 60% 是全日制学生。

专业教育与社会需求的不适应问题日益严重,尤其是在空间技术(space technology)革新的背景下。当时的工程学院毕业生后来回忆认为,教育的"意识形态要求"太多,一般科目安排过多,且过于关注理论。

据估计,在此期间逃避义务就业安置的毕业生比例高达 10%~20%,他们有的是通过个人关系逃避,有的是通过贿赂逃避。此外,当时专业人才的数量明显过多,一些企业和组织也通过相关部委和机构提出虚高的毕业生需求,这导致一些年轻的专业人才实际上从事的是不需要高等教育的技术性工作或者粗活。这进一步导致了高等教育声誉的下降,尤其是工程和经济学专业。

20 世纪 80 年代中期,国家领导人终于意识到苏联与发达国家在科技领域的差距越来越大,必须从整体上重塑高等教育系统的质量。因此,苏联启动了高等和中等专业教育改革计划,该计划于 1986 年颁布,1987 年修订[34]。改革的目标是通过在高等教育、生产和科学之间建立更紧密的联系,提高高等教育机构的教育、教学和研究质量。改革专门建议在以计划为基础的专业教育体制中引入市场经济元素。例如,企业普遍都需要训练有素的毕业生,因此它们就有动力为学生的培养提供经济支持。此外,改革还建议采用各种基于项目的教学方法,这种方法宣称用来自"客户"的外部投资作为资金。项目式教学法包含学生与教授及行业顾问的合作,改革建议用这种方法取代传统的讲座和研讨,认为它能够提高教育质量,并且使教育更符合经济发展的要求。项目式教学法的目标是培养具备综合技能和灵活性的专业人才。例如,改革要求培养现代工程师的教育项目不仅要包括经济学、管理学和社会科学课程,还需使教育项目更加灵活和个性化。

这一改革旨在通过一系列重要的行动提升高等教育系统的质量,但却注定无法付诸实践。20世纪90年代教育的格局和发展前景发生了彻底的变化:一方面,既有的问题加剧了,另一方面,又出现了新的挑战和可能。

第三节　苏联解体后:从计划到市场

苏联解体后的第一个十年是高等教育以及许多其他社会经济部门进行系统性变革的时期,这些变革涉及高等教育机构的结构和组成、目标和任务、服务范围和质量,以及所有高等教育参与者的发展路径和前景,包括学生及他们的家庭、教授、研究人员以及大学管理者[35]。

这一时期,社会形成了新的发展规则,以及反映这些宏观变化的制度规则,包括正式通过立法确立的规则,以及非正式的规则,例如正在形成的新观念,学生、雇主和学术界的倾向等。这些规则的演变是在教育系统所处的全新条件下进行的。几十年来,高等教育和科学首次不再被视为政府的优先事项,既得不到关注,也得不到财政支持。资源的匮乏促使教育系统积极寻求生存策略。

从根本上看,政府开始放松了对高等教育的监管,这导致了一种自由放任的局面。市场上出现了新的高等教育参与者,或者说,高等教育的市场条件正在形成。这样的转变提供了新的专业供学生选择,受教育条件也发生了变化(现在可以用自己的钱支付教育费用)。高等教育机构财务状况的转变也改变了其活动的性质,打乱了已有的状态,促使教育系统寻求新的平衡。理解这些短暂变化的逻辑对于理解当今俄罗斯高等教育的结构至关重要。

这一转变的起点是1992年的《俄罗斯联邦教育法》(*The Law on Education in Russia Federation*)[36]。该法律为创建新的教育机构和处理新的市场关系制定了规范性框架,确立了教育机构的许可和认证程序,由此,高等教育机构可以根据需求向市场提供新的"产品"。这也解释了为什么培养经济学家、律师、经理和心理学家的课程大量出现并迅速发展。此外，高等教育机构还可以根据市场需求设置价格。1992 年的《教育法》提供了新的机遇，但同时，至少在形式上，它也引入了新的监管工具。

在过渡时期，许多公立教育机构都希望改变自己所属的分类，获得更有声望的大学身份，它们采取的措施基本都是开设新学院（主要在社会和人文学科）或转型为行业类大学[37]。1992 年，全国共有 52 所公立大学，约占公立高等院校总数的 10%，公立大学学生数占公立高等院校学生总数的 15%。到 2000 年，俄罗斯每两所高等院校中就有一所具有大学身份，并且公立大学的学生数在公立高等院校学生总数中的占比达到了 70%[38]。

在苏联的大部分时期，基本各年龄段学生的教育都是免费的（不收学费），并且学生可以获得奖学金以及住在宿舍。教育是一种免费商品的观念在几代人的头脑中根深蒂固，包括那些子女即将从中学毕业并正在考虑苏联解体后的生活的人。随着新法律的实行，付费入学的模式即将被采用，营利性教育的时代到来了。既有的模式开始发生变化，但这种变化也并非一蹴而就。早年间，许多家庭认为那些收费的教育项目质量较差，肯定不如免费教育声誉好。学费的引入从根本上改变了许多学生及其家庭的教育观念，使人们认为付费的教育可以让学生不用怎么学习就获得大学文凭。

一、私立教育的出现与重现

在苏联解体后的第一个十年里，许多高等教育机构成立了。1992—2000 年，俄罗斯高等院校的总数增长了 80%。新的法律允许成立私立高等院校。1992 年，俄罗斯有 535 所高等院校，一年后增至 626 所，主要就归功于私立高等院校的出现。公立和私立高校的井喷式增长一直持续到 2000 年，并且由于私立高校之前一直处于边缘地位，它的增长速度远远超过公立高校。1993—2000 年，私立高校的数量增长了近四倍，总数达到了 358 所，而公立高校的数量只增长了 11%。到了 2000 年时，全国三分之一以上的高等院校都是私立的。

在私立高等教育机构成立的最初几年，它们在社会中占据了相当特殊的位置。新生的市场经济对经济学、管理学和法学专业人才的需求量很大,这些刚刚起步的私立院校也开设了这些领域的课程(见图2-6)。这些学科快速发展的原因在于它们不需要任何专业设备,拥有核心师资就足够了,而在这方面,私立院校主要依靠公立院校的师资,以兼职的形式聘用他们。这是一种互惠互利的形式,声誉好、工资低的公立院校教授可以在私立院校任教,获得更加丰厚的报酬。因此私立院校,至少是以间接的方式,吸收了历史悠久、声誉卓著的公立院校的名望和地位。

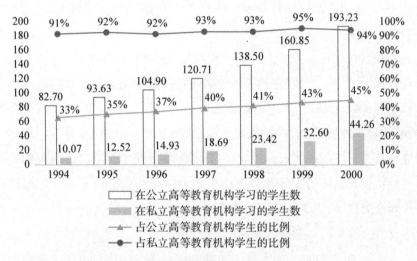

图2-6 1994—2000年俄罗斯学习经济学、社会学、管理学、法学及其他社会和人文学科的高等教育机构学生情况

来源:Obrazovaniye v Rossiyskoy Federatsii: Statisticheskiy Sbornik(2003, pp.174-175)。

注:图中学生数的单位为万人。

私立高等教育机构主要面向的群体是那些不太关心教育质量的人,他们学习的主要目的是获得一纸文凭,为自己接受过高等教育提供一个正式证明。这些院校中的许多学生来自没有足够高等教育经验的家庭,他们不了解不同院校所提供的课程质量的实际差异,还有许多学生没有足够强大的背景使他们满足公立高等院校在录取和学习过程中的严格标准[39]。

二、全新的学生、课程和学费政策

苏联解体后,俄罗斯高等教育机构数量的增长与入学人数的大幅上升相伴而生。1992 年,俄罗斯高等教育机构的学生总数为 260 万,到 2000 年,这一数字增至 470 万[40]。私立高校学生的增长尤为迅速。1993—2000 年,公立高校的学生总数增长了 68%,而私立高校的学生总数增长了近六倍。

高等院校不仅数量在增长,规模也在扩张,苏联解体后实施改革的第一个十年就是一个院校扩张的时期。1993 年,公立高校的平均在校生数为 4 600 人,私立高校为 900 人,到 2000 年,这两个数字分别增至 7 000 人和 1 300 人。换句话说,1993—2000 年间,高等院校(包括公立和私立)的平均在校生数增长了 50%。

这种增长在很大程度上与公立院校中学习社会科学、人文科学、经济学和管理学的学生人数(及其所占比例)的稳定增长有关。1994 年,这些学科的招生比例为 38%,1999 年则接近 50%[41]。在 20 世纪 90 年代的转型时期,公立高校竭尽全力朝着"适销对路"的方向扩展课程,尽管它们过去可能专攻完全不同的领域。因此,过去专为各工业部门培养工程师的非综合性院校也开始变得多元化以吸引更多学生。私立高校从一开始就依赖于培养社会科学、人文科学和经济学方面的专业人才,在这一时期,私立院校中选择这些学科的学生比例超过了 90%[42]。

这一时期,高等院校也在积极创办分校。虽然目前缺乏关于分校实际规模的可靠数据,不过从一些评估结果来看,高等院校分校的发展非常迅速,且主要开设在俄罗斯的偏远地区。1998 年俄罗斯金融危机期间也成立了 82 所高等院校分校,大部分位于西伯利亚和远东(Far East)地区[43]。

在分校设立的最初几年里,出现了一些关于教育质量的问题。第一个问题是分校的师资力量相对薄弱。在一些情况下,总校或"母校"的教授会在一个学期内多次前往分校,举办密集的讲座课程,而日常的研讨课则由"本地"教师讲授;而在另一些情况下,分校的教授只是照搬总校发来的教学材料。此外,也有一些院校总校对分校的课程和教学质量没有任何监管,只是把分校视为吸引更多财政资源的工具。第二个问题是,在大学和其他总部院校,俄语教科书的缺乏以及学生和绝大多数教师英语水平的不足,导致这些供不应求的新专业出现了严重的教学方法问题。

这一时期学费制度也逐步推行，并且不仅仅局限于私立院校。新的法律为公立院校提供了招收自费生（tuition-paying student）的机会，院校也充分利用了这一机会。1995—2000 年，公立院校中自费生人数增加了 5 倍多：1995 年，自费生约占学生总数的 10%，而到了 2000 年，每三个学生中就有一个学生是自己支付学费的。与此同时，公费生（state-funded student）人数在此期间只增长了 16%。公立院校中自费生的总数受到公费生名额的限制，但即使在这种限制下，学习经济学、社会学、管理学和法学的学生人数也在快速增长。1994—2000 年，公立学院和大学中学习社会科学、人文科学、经济学和管理学的学生增加到原来的 2.3 倍，私立院校中学习这些学科的学生增加到原来的 4.4 倍（见图 2-6）。

然而，师资规模的增长速度不及学生规模或院校数量的增长速度。1991—2000 年，院校数量增长了 86%，学生人数增长了 72%，而教师人数只增长了不到 40%，[44]并且其中公立院校的教师人数只增长了 17%。从实际上看，这种情况意味着教师的教学工作量大大增加。由于工资低，教师们一般同意承担更多课时以增加收入，并且这种额外的教学往往是教授付费课程，因为教授这些课程能获得更高的报酬。

三、高等教育的财政状况

20 世纪 90 年代初，高等教育机构及教师所面对的经济状况尤为艰难。与俄罗斯工资整体贬值一起出现的是高校教师的实际工资下降了三分之二[45]。90 年代，虽然高校教师的平均工资高于整个教育系统的平均工资，但也低于全国平均工资：高校教师的平均工资是全国平均工资的 78%，但却是教育系统平均工资的 116%。到 2000 年，这两个数值都有所上升，高校教师的平均工资是全国平均工资的 82%，比教育系统的平均工资高出近一半。

转型时期的不稳定也影响了教师的职业选择，许多教师选择兼职。低工资使教师选择在教育系统内部和外部都寻找额外的工作机会。如前所述，公立院校的教师往往也在私立院校工作。1993 年，公立院校中身兼多职的教师比例为 10.9%，到了 2000 年，这一比例上升到了 16%[46]。私立院校教师中做兼职的更多，在 1990 年代和 2000 年代初，身兼多职的教师约占三分之二[47]。

这一时期的高校教师们基本不把工作时间用于与教学无直接关系的校外工作，简而言之，传统的工作方式和社会网络被打破了。除了身兼多职，例如新兴热门专业的教师同时在多所院校工作并经常到各地讲授"强化班"或集体课，"学术创业"之类的做法也越来越流行，例如，教师们自己编写学习指南向学生出售，或在校外项目中开设课程等。

高校教师工资低只是 20 世纪 90 年代俄罗斯教育系统经费不足的表现之一。1998 年金融危机对俄罗斯高等教育机构本就很少的经费产生了负面影响。1995 年，国家综合预算中高等教育相关支出占国内生产总值（Gross Domestic Product）的 0.37%，2000 年占 0.33%。90 年代俄罗斯高校学生人均综合预算拨款也体现了国家总体的经济发展状态，1995—2000 年间，这类支出减少了约三分之一[48]。

20 世纪 90 年代，俄罗斯整个社会都处在动荡中，高等教育也不可能不受影响。社会"游戏规则"的重大改变、中央计划经济向市场经济的转变、高等教育市场新参与者的出现以及高等教育需求结构的急剧变化，这些因素都极大地影响了高等教育机构、教师以及与这个系统相关的所有人：雇主、学生、毕业生，以及所有拥有大学生或中学生的俄罗斯家庭。

小　　结

21 世纪初，俄罗斯高等教育在向市场经济转型的同时，仍保留了一些典型的中央计划体制的特征。在苏联解体后第一个十年间非常典型的政府对高等教育的监管，以及政府以往对教育和科研工作专门资助制度的崩溃，在很大程度上决定了新世纪到来之际俄罗斯高等教育的总体形势和所面临的问题。高等教育领域的变动和创新完全体现了当时俄罗斯社会的变化。下一章将通过一系列证据探讨苏联模式的某些元素是如何持续存在的，以及它们如何与新出现的元素一起影响当代俄罗斯高等教育系统的规划和表现。

第三章

当代俄罗斯高等教育

本章回顾了俄罗斯高等教育系统的基本要素及其在当代俄罗斯社会中的功能,介绍了公立和私立高等教育的基本特征、各类高等教育机构以及不同模式和层次的高等教育项目。本章还探讨了俄罗斯年轻一代和社会大众的受教育情况,以及高等教育在国家人力资本发展和经济增长中的作用。

关键事实

- 如今,俄罗斯拥有世界上最庞大的高等教育系统之一。俄罗斯共有 724 所高等教育机构,学生总数达 410 万,其中公立高等教育机构占总数的 68%,公立高等教育机构的学生数占学生总数的 92%。全国 17~25 岁的居民中有三分之一是大学生。
- 基于国家政策、历史特点和机构条件的差异,俄罗斯的高等教育机构分为三类:研究型大学(一流大学)、提供高质量专业化教育的大学,以及提供普通高等教育并致力于发展学生社会技能的大众大学。
- 目前,50% 的大学生需要支付学费,他们有的在私立大学就读,有的是公立大学的自费生。近几十年来"教育必须免费"的观念已经不再流行,如今许多家庭愿意为子女接受高质量教育支付费用。
- 学士教育、专家(specialist)教育和硕士教育采用全日制或函授模式。函授课程教学质量较低、自费生比例较高、学生平均年龄较大。

● 学生对不同学习项目的需求也不相同，这反映在新生入学人数的差异[基于国家统一考试(Unified State Exam)成绩分布]以及不同的学费水平上。

● 在过去的十年中，私立大学中质量差、录取标准低的院校几乎已经被完全清除。在俄罗斯的任何一个地区，被保留下来的私立大学的招生质量都与当地的公立大学不相上下。但与此同时，私立大学仍处于教育系统的边缘地位，很少参与国家公费教育，并且其教育项目主要还是在社会科学和人文科学领域。

● 提供高质量教育的大学在全国各地分布不均。教育市场是本地化的，学龄青年在地区内的迁移要远远高于在地区间的迁移，这导致了优质高等教育机会的不平等。

● 年轻人的教育流动包括两方面：一是从发展前景较差的地区和城市流向更有发展前景的地区和城市，二是最优秀的学生流向莫斯科和圣彼得堡的大学。

第一节　俄罗斯社会对高等教育的需求

如今，俄罗斯的高等教育是一个大规模、多样化的系统，囊括了 724 所院校。经过 30 年市场经济的洗礼，高等教育系统仍保留着许多中央计划经济时期的特征，但也正逐步向完全的市场经济迈进，这种转变不仅适应了就业市场的需求，也迎合了市场的供求关系。

高等教育是俄罗斯一项重要的社会制度。目前，约三分之一的俄罗斯青壮年劳动人口接受过高等教育，接近 OECD 国家的平均水平（见图 3-1)[1]。

调查显示，绝大多数俄罗斯人（超过 85％）都认为高等教育很重要[2]。人们对高等教育的态度偏向实用主义，认为高等教育是找到好工作并开启成功职业生涯的必要条件；但就在十年前，人们还不认为高等教育的文凭会对职业发展产生重要影响[3]。与此同时，只有不到 20％的受访者认为高等教育的作用在于提高社会地位、跨越社会阶级、扩展视野或者获取新知

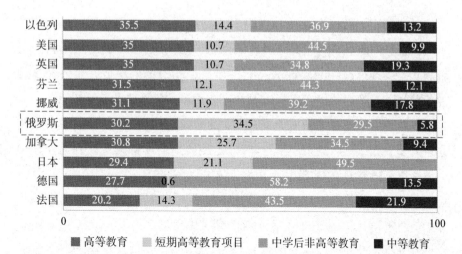

图 3 - 1　2016 年俄罗斯和部分 OECD 国家青壮年人口(25～64 岁)受教育水平(%)

来源：Indikatory Nauki: Statisticheskiy Sbornik(2018, pp. 358 - 359)。

识。四分之一的年轻受访者认为高等教育是必要的,因为接受高等教育是一件自然而然的事。

总体而言,俄罗斯人选择高等教育的动机与其他国家的人没有本质区别,无论是相对于那些与俄罗斯平均收入差不多的国家还是更富裕的国家而言。各个国家的人普遍都把高等教育视为促进职业发展的工具(也就是说教育被视为一种工具)。相较而言,通过高等教育提高社会地位或者促进个人发展这样的动机就不那么重要了,不过也不容忽视。

有三个特别的因素影响着俄罗斯人接受高等教育的动机。第一,青年男子可以免服兵役(近年来由于法律的修改,这一因素的重要性有所降低)。第二,中等职业教育的职业发展前景较差(因而许多人想要进一步接受高等教育),但不能忽视的是许多学生进入高等职业院校也并不是因为他们打算找工作,而是想通过一种简单的途径进入高等院校学习。第三个因素与俄罗斯的中学教育有关:由于学习年限较短、假期较长,俄罗斯的中小学教育比大多数发达国家短四分之一,因此很多中学毕业生不具备扎实的外语水平、社会知识(经济、法律等)、哲学或高等数学知识。而这些方面的专业知识都是在现代社会取得成功所必需的,并且是要在高等教育阶段进行深入学习的。

俄罗斯高等教育在结构和规模上的特点受四个因素的影响。其中的两个因素影响着人们接受高等教育的动机：俄罗斯的中等教育时间短并且职业教育培训（vocational education and training）的效率低。另外两个因素分别是高等教育的经费来源以及从苏联时期遗留下来的管理模式。

俄罗斯中等教育的学制相对较短，根据我们的估计，中学的教学量比世界大多数国家落后约三个学年，因此把俄罗斯的本科教育设置为四年而不是三年是很有必要的，这使得俄罗斯本科教育的学制比其他国家长了大约四分之一。高等教育的长学制也延续到了硕士阶段，俄罗斯的硕士课程通常是两年，相比许多其他国家一年的硕士课程也是偏长的。

由于职业教育培训体系的效率低下（在俄罗斯，职业教育培训结业证书仅能给毕业生增加大约一成工资，而高等教育毕业证书则能增加六成[4]），一半以上的职业教育培训毕业生不得不继续接受高等教育。约三分之一的职业教育培训毕业生没有从事过与所学专业相关的工作就立即进入了高等教育机构继续学习，还有三分之一的毕业生计划在毕业后的几年内接受高等教育。职业教育培训的学生大多来自低收入家庭，或者是成绩一般或较差的中学毕业生，这就导致高等教育中出现了一个"三低系统"，即用尽可能低的价格、通过尽可能低的努力、学习复杂程度最低（最简化）的教育项目。这种简化不是发生在课程层面，因为依据联邦教育标准（Federal Education Standards）这几乎是不可能的，而是发生在对学生的实际要求上。很多时候考虑到这三个因素，学生会选择函授（远程）高等教育（有40％的学生这样做）。但在一个拥有高效的职业教育培训体系的国家，三年制的应用型（技术型）学位项目对学生来说通常是够用的，这些项目也是高等教育系统中一个完整的组成部分。然而在俄罗斯，当政府部门也试图用这种方式构建应用技术教育时，却遭到了教育界、家庭和雇主的强烈反对。总体而言，俄罗斯社会无法接受当前这种职业教育培训机构为毕业生颁发高等教育文凭。所有这一切都导致俄罗斯高等教育具有双重性，即存在两个相互交叉的体系。相当一部分人希望获得高等教育学位，并获得与之相应的社会地位，以及习得基本的社会知识和分析技能，他们需要花费七八年而不是两三年的时间来获得学位，并且必须在没有任何政府支持的情况下自己完成学业。

当前俄罗斯的高等教育资助模式形成于苏联解体后的第一个十年。迄今为止,它仍然是完全免费的苏联式教育(甚至不收注册费)和付费教育的结合体(付费教育提供给那些无法获得公费生名额的学生)。这两种形式基本上将教育系统分成了两半。约三分之二的全日制教育由政府支付学费,约四分之三的夜校和函授教育由学生支付学费。由政府提供资助的公费生名额主要根据学生的国家统一考试分数分配,其他社会考量只占10%,所以这些资助名额大多由来自高收入家庭的学生获得[5]。因此,高等教育加剧了俄罗斯的社会分层,而不是削弱了分层现象。

俄罗斯高等教育系统的重要改革始于20世纪90年代和21世纪初,当时政府和私营企业的资金都非常有限,因此那段时期它们创办的新高等教育机构或者新企业实体数量非常少。此外,与人们认为的情况正好相反:苏联留下的高等教育遗产被认为已经足够,甚至在某些情况下显得过剩。因此,在俄罗斯转向市场经济30年后,75%的苏联式专业化高等教育机构依然被保留了下来。这些高等教育机构当然也实现了课程的多样化,特别是纳入了新的社会经济和人文科目。从2005年起,政府开始更加积极地合并高等教育机构,但俄罗斯的"综合性大学"仍然寥寥无几。尽管这样的结果令人沮丧,但拥有众多专业化高等教育机构也不是一个完全负面的事情,例如,专业化大学可以帮助学生成功地开展实践,并且根据企业的要求培养专业人才。

俄罗斯高等教育系统拥有种类丰富的教育机构,足以覆盖俄罗斯的年轻人口。近年来,俄罗斯高等教育学生数约为450万~470万,平均每万人中约有300人接受过高等教育,这与20世纪90年代末的情况大致相当,但与2006—2009年这一巅峰期(当时平均每万人中有超过500人接受过高等教育)相比则大幅下降。这种比例和绝对数的明显下降是因为国家总体人口的变化,高校学生的比例也反映着17~24岁人口的比例。

如今,约40%的俄罗斯青年都已完成了某种形式的高等教育,这一比例总体上与发达国家相当。值得注意的是,这一比例连续50年保持系统性的增长。毕竟在20世纪70、80年代,俄罗斯25~34岁的人口中还只有不到三分之一的人拥有高等教育文凭[6]。与此同时,如今女性在俄罗斯高等教育学生数中的比例略高于二分之一(2018 年为 53％,自 20 世纪 90 年代初以来一直保持不变)[7]。

俄罗斯的高等教育支出约占 GDP 的 1.15％,高于大多数发展中国家,但大大低于发达国家(见图 3-2)[8]。这一比例与德国大致相当,但远低于英国(1.87％)和美国(2.58％)。此外,俄罗斯的生均高等教育支出较低,比英国低 75％,比美国低 80％[9]。

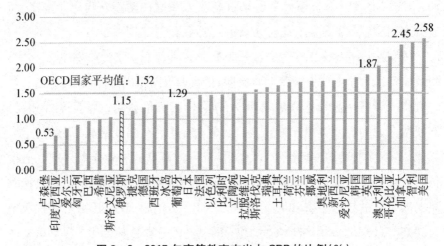

图 3-2　2015 年高等教育支出占 GDP 的比例(％)

来源:OECD 数据,见:https://data. oecd. org/eduresource/education-spending. htm # indicator-chart。

注:本图中的高等教育包括俄罗斯教育高等分类方式中的高等教育(higher education)和中等职业教育(secondary professional education)。其中,中等职业教育对应的是联合国教科文组织制订的"国际教育标准分类"(International Standard Classification of Education,简称 ISCED)中的第五级"短期高等教育"(short-cycle tertiary education)。

第二节　俄罗斯的高等教育供给

一、高等教育机构的性质:公立和私立

俄罗斯高等教育系统由公立和私立高等教育机构组成[10]。2019/20

学年开始的时候,公立高等教育机构占三分之二(495 所),私立高等教育机构占三分之一(229 所)(见图 3-3)。

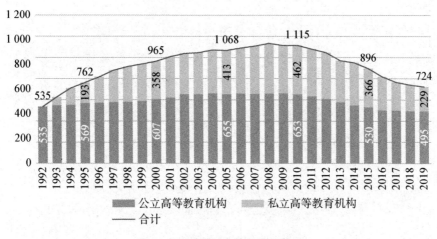

图 3-3　俄罗斯高等教育机构数

来源:Annex to Rossiyskiy Statisticheskiy Ezhegodnik(2019)。

　　然而在高等教育系统中,公立和私立高等院校的地位并不平等。政府把大部分高等教育预算都投入到了公立院校中,这些院校的整体质量更好,师资力量也更强。科研机构也基本都是公立的。私立高等院校虽然已经在俄罗斯发展了近 30 年,但仍然处于"补充"的地位,与在俄罗斯占主导地位的公立院校并不平等。

　　平均而言,在俄罗斯,私立高等院校的规模远远小于公立高等院校。就学生数量而言,公立院校在高等教育系统中占据绝对的主导地位[11],超过 90%的学生在公立院校学习(见图 3-4)。尽管私立院校在俄罗斯高等教育系统中占有一席之地,但无论从学生人数还是从公众认知度来看,它们都处于边缘。本章在讨论俄罗斯的高等教育系统时,主要关注的是公立院校,但首先会对公立和私立院校进行比较,以便读者了解私立院校在整个高等教育系统中的作用和地位。

　　公立高等教育机构中部分学生拥有公费资助的名额,可以免学费(他们通常被称为公费生),其他学生则需要支付学费(他们被称为自费生),学费由学生本人或其家庭支付[12]。在许多国家,本国学生的高等教育学费是

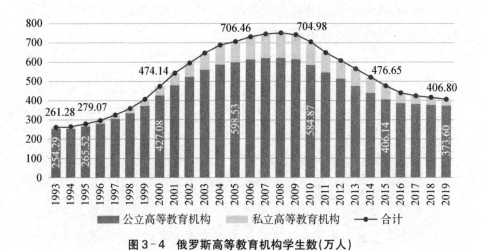

图 3-4　俄罗斯高等教育机构学生数(万人)

来源：Annex to Rossiyskiy Statisticheskiy Ezhegodnik(2019)；2017—2019 年俄罗斯教育和科学部 VPO-1 模版数据。

由政府出资的。2010 年，奥地利、捷克、丹麦、芬兰、希腊、冰岛、挪威、波兰、斯洛伐克、土耳其和瑞典所有学生的高等教育学费都由政府出资。与此同时，比利时、荷兰和英国(苏格兰除外)所有学生的高等教育都是学生自费的。在法国、意大利和西班牙，超过三分之二的学生自己支付学费，而在德国和斯洛文尼亚，自费的学生不到三分之一。在俄罗斯，2010 年时公费生和自费生的比例分别为 45% 和 55%[13]，现在这两类学生的比例大致相当。理论上，私立高等教育机构有权使用拨款(即从政府而非学生那里获得的经费)组织教学工作，但一般情况下私立院校的教学专用拨款远远比不上公立院校[14]。

自 20 世纪 90 年代私立高等教育机构成立之初，它们就被定位为"简化的高等教育"，这背后有几个因素。早期的私立高等院校并不依靠国家拨款(当时的拨款数额很低)，而是依靠学生家庭支付的费用(大多是低收入家庭)。私立高等教育在当时对很多人来说是有利的、有前景的。90 年代社会需求较大的专业是经济(尤其是会计)、法律和管理，对外语和计算机科学的专业人员也有一定需求，因此当时的高等教育市场几乎只关注这五个专业。公立高等院校也参与了这种竞争，导致市场上出现了投机性需求。当时高水平的教授很少，雇主的能力也不足，但他们都想雇用有高等教育文凭的专业人才——尽管当时的劳动力市场对技能的要求很低，实际上也并不需要文凭，并且学生们都希望做尽可能少的工作，并支付尽可能少的学习费用。

当时私立高等院校的设施不由政府提供，私立院校通过租赁或分期付款的方式获得场地，这就进一步减少了它们能用于实际教育的资金。

政府对私立高等院校的监管不严。私立高等院校几乎得不到国家的预算拨款（预算的分配将在第四章中详细介绍），政府也没有坚持对私立院校的教育项目进行强制性评估。长期以来，这种情况实际上将它们排除在了保证教学质量的一系列关键措施之外，但同时也为它们提供了向新兴的经济学和社会科学领域发展的机会。

私立高等教育机构最早出现在 20 世纪 90 年代初，当时政府实力还比较薄弱，采取了自由放任的态度，允许一切可能的事业蓬勃发展。如第二章所述，私立高等院校占据了低质量高等教育这一市场，主要满足的是人们对正规高等教育的需求。后来，在 2012—2018 年间，俄罗斯教育和科学部（Ministry of Education and Science）①开始积极监管教育质量，关闭或重组效率低下和不合格的院校（包括公立和私立院校）。在此期间，高等院校的数量减少了近三分之一（从 1046 所减少到了 741 所）。政府的要求之一是通过设定最低国家统一考试分数线来控制录取学生的基础知识水平。由于这项政策，私立院校开始相对稳定地招收那些想接受高等教育但无法在考试中取得理想成绩的学生，这对公立和私立院校的招生质量都产生了影响。

对于刚从中学毕业的学生来说，通过国家统一考试无疑比那些已经工作了多年的学生更容易。因此，私立高等院校对于已经从中学毕业多年的申请者来说特别有吸引力，这导致私立院校基本一直招收的都是成绩较差

---

① 译者注：俄罗斯联邦教育和科学部（Ministry of Education and Science）成立于 2004 年 3 月。2018 年 5 月，该部拆分为科学和高等教育部（Ministry of Science and Higher Education）以及教育部（Minstry of Education）。前者负责管理联邦的高等教育和科学机构；后者负责管理中小学教育，又称普通教育部（Ministry of General Education）或启蒙教育部（Ministry of Enlightenment）。

的学生,包括许多从学校毕业后很长时间才找到工作的学生(他们有可能是在职学习)。

付费的函授高等教育仍然是私立高等院校重要的特色产品,它的费用最低,并且让学生能够在上学期间继续工作以获取报酬。这两个因素对于低收入家庭的学生来说非常重要。

近年来,一小部分私立高等院校通过竞争接到了政府委派的培养全日制学生的任务(由政府提供经费)。这样一来,这些私立院校录取的学生质量与大多数公立院校是相同的。但私立院校中公费生的人数很少,2018年,六所顶尖私立院校中的公费生一共不到1000人。

二、高等教育机构的类型:新形势下的苏联遗产

如何描述俄罗斯的高等院校? 它是如何分层的? 应该依照何种标准将其有效地划分成不同的部分?

能够提供大学教育是一件卓有声望的事,这种观念起源自苏联时代。因此,在20世纪90年代,俄罗斯的许多高等教育机构都渴望获得大学身份,事实上在一段时期内,院校想要获得这种崇高的身份是相对容易的。当时许多行业院校都实现了多样化发展,扩大了招生规模,成为具有大学身份的综合性院校。

1996—2012年,俄罗斯的《高等和职业教育法》(*The Law on Higher and Vocational Professional Education*)对高等教育机构进行了分类,包括联邦大学(federal university)(2009年起设立)、大学(university)、学院(academy)和研究所(institute)。联邦大学处于这个金字塔的顶端,实施的是"融入国际教育市场"的创新高等教育,并且对整个高等教育系统起着持续不断的更新作用。大学有权在各类学科中开展教育和科学研究活动,其中莫斯科国立大学和圣彼得堡国立大学(Saint Petersburg State University)不受这一分类的限制,因为它们由单独的法律管理[15]。学院是专门的高等教育机构,培养特定学科的专业人才并在相应领域开展研究[16]。研究所实际上与学院差不多。

当时专业人士们普遍认为这种对高等教育机构的分类极其不清晰。

政府制定的关于法定资源分配的政策没有将这种分类纳入考量范围，在实际操作中也没有体现这种机构之间的标准化差异，更不用说在具体的拨款上了。因此，高等教育机构的分类成为纯粹的声誉游戏。俄罗斯各地区的政府部门逐渐开始向联邦政府施压，希望提升它们辖区内高等教育机构的地位。由于学校地位的升级并不意味着联邦政府开支的增加，所以它们取得了成功。到 2000 年代末，俄罗斯大多数公立和私立高等教育机构都改变了自己的身份，成为大学。2012 年新的《俄罗斯联邦教育法》通过后，之前的高等教育机构分类（大学、学院和研究所）不再是一种官方的分类方式了，但这种分类在俄罗斯仍被使用。2017 年底，俄罗斯所有高等教育机构中约一半为大学，约三分之一为研究所，12％为学院，2％为其他类型的专业高等院校[17]。同年，在俄罗斯高等院校就读的全日制学生中，大学的学生占 90％以上（217 万）[18]，学院和研究所的学生分别占 5％（11 万）和 4％（9.2 万）。现行的《俄罗斯联邦教育法》不再对高等教育机构划分类型，这意味着政府在高等教育项目、发展目标以及分支机构方面都不再被这种分类影响。

因此，大学与其他高等教育机构在类别上的差异仅存在于表面，它们之间的实际差异是由这种分类方式以外的因素决定的。下文将高等教育机构统称为"大学"，除非在特定的情况下需要说明其是否确实是一所大学（university），或是其他类型的高等教育机构。

自苏联时期到现在，俄罗斯还一直存在着一种重要的大学分类方式，即以行业为基础进行分类。根据主要专业，俄罗斯的大学被划分为不同的类别，为不同的行业培养专业人才，例如制造业、农业、交通与通信、经济与法律、医学与健康科学、教育以及艺术等[19]。这种基于行业的分类方式沿袭自苏联，当时大学的主管机构是国家的各个部委，高等教育普遍在为特定的行业培养专业人才（上一章对这一情况作了详细介绍）。如今，这种基于特定行业的高等院校包括医学、农业和文化类的院校，它们与其创始机构（即相关部委）紧密相连，继续沿用最初的形式[20]。

如今，俄罗斯高等院校之间最主要的区别在于它们是否参与了政府自 2005 年以来启动的一系列发展计划，这些计划侧重于提供项目支持，有针对性地推动院校的发展。换句话说,如今俄罗斯高等院校的一个重要特征是其是否入选政府发展计划并在竞争中获得了特殊地位(这种地位通常与政府拨款中的某些优惠和特权息息相关)。以下这几类高校都被赋予了特殊地位:

■ 顶尖古典大学(leading classical university);

■ 联邦大学(federal university);

■ 国家研究型大学(national research university);

■ 参与俄罗斯一流大学竞争性改善项目[如"5 - 100 计划"(Project 5 - 100)]的大学;

■ 支点大学(anchor university),即地区支柱型大学。

本书会多次提到这几类大学,因此在这里对其进行详细说明。

1. 顶尖古典大学

自 2009 年以来,莫斯科国立大学和圣彼得堡国立大学这两所大学被认定为顶尖古典大学。它们拥有特殊的法律地位,受专门的联邦法律管辖[21]。它们还享有特殊的权利,可以制定和实施自己的教育标准,并在招生季举行额外的入学考试。此外,它们的校长由俄罗斯总统直接任命。

2. 联邦大学

联邦大学是一类特殊的高等教育机构。它们的任务是成为其所在区域的发展中心,为地区经济建设培养人才,推动地区创新,并将有天赋的学生留在本地。首批的两所大学,西伯利亚联邦大学(Siberian Federal University)和南联邦大学(Southern Federal University),分别由该地区已有的四所大学合并而成,2006 年正式成立。2009—2014 年,又有几所联邦大学效仿这一形式成立,但不包括位于加里宁格勒(Kaliningrad)的波罗的海联邦大学(Baltic Federal University)。该大学已更名为加里宁格勒国立大学(Kaliningrad State University)。联邦大学有权制定自己的教育标准。

联邦大学负责设计自己未来十年的发展计划,并且可以从政府获得与此相关的有针对性的资助。这种资助包括一系列投资,前五年的经费来自国家预算,但从第六年到第十年,大学必须利用自己的资源筹措经费,且必须与政府前面五年提供的经费完全等值。设立联邦大学，是俄罗斯政府以项目为中心为大学提供支持["以钱养债"（money for liabilities）]的首次尝试，现如今，在最初十年的资助结束后，联邦大学通过联邦专项经费，以及与当地政府和商业机构进行科研合作等方式获得了额外的政府支持，这些经费也受到不同因素的影响。

目前很难评估联邦大学的发展效果如何。除了极少数大学，大部分联邦大学尚未像政府设想的那样成为地区经济发展的驱动力。各联邦大学的成果和产出千差万别，它们也不全是一流水平的高校。联邦大学是联邦政府在各省的教育前哨，反映的是一种自上而下、等级严格的教育体制。通过对联邦大学的定向资助，联邦政府又一次向其他大学指定了"最好、最优异"的效仿对象；尽管在这项竞争中获胜的往往是那些已被承诺可以取得佳绩的高校，而不是那些实际上表现更好的高校。俄罗斯现在一共有十所联邦大学[22]。

3. 国家研究型大学

国家研究型大学也是一类被赋予了特殊地位的大学，国家研究型大学建设的第一阶段自 2008 年的《俄罗斯联邦总统令》（*Decree of the President of the Russian Federation*）颁布后启动[23]。莫斯科工程物理学院和莫斯科钢铁合金学院（Moscow Institute of Steel and Alloys）这两所高校最先成为国家研究型大学。在随后的几年里，通过两轮竞争性遴选，又有 27 所大学获得了国家研究型大学的身份。入选的大学发布了自己的五年发展计划（2009 年有 12 所大学发布，2010 年另有 17 所发布）。联邦政府为这些大学提供了额外经费，目的是为教育和科学提供创新发展环境，为俄罗斯经济发展培养一流专业人才。在各个高等教育发展规划中，国家研究型大学首先提出了要在高等教育机构开展基础研究，并将专门化大学融入全球教育和科研市场；然而政府提供的经费只用于提升大学的基础科研设施，而不直接用于支付科研人员的工资。这反映了时任教育和科学部部长安德烈·福尔申科（Andrey Fursenko）的理念，他认为科学的发展必须得到市场的支持，在这种模式下，国家研究型大学应该通过与大公司签订合同、参与联邦内的竞争来赚取收入，除此之外它们也可以通过国家各个科学基金会的拨款获得收益。

但实际情况是,俄罗斯的研发市场不够大,各专业的发展不平衡,研发市场主要依靠行政措施和政治力量推动,并且各地区的研发市场发展不充分。这导致一半的国家研究型大学没法完全发挥其潜力,因而需要国家为它们的基础研究提供直接支持。

尽管国家研究型大学的建设规划存在一定局限性,但也确实在俄罗斯高等教育系统中留下了自己的印记。该规划低估了教学与科研相结合的价值,并且一些学科得到的支持要比其他学科多得多。因此,在入选国家研究型大学的 29 所大学中,有 17 所是技术类院校(包括三所航空大学),9所是普通大学,1 所是社科类大学,1 所是医学院,还有 1 所是隶属于俄罗斯科学院的物理研究中心,没有农业或交通专业的大学。

尽管不时有人提出要根据实际表现重新评估这些大学,迄今拥有国家研究型大学身份的高校依然是 29 所。

4. 入选"5‐100 计划"的大学

那些最具国际竞争力的俄罗斯大学都被列入了"5‐100 计划"[24]。该计划的目标是到 2020 年至少要有五所俄罗斯大学进入世界主要大学排名的前一百。截至 2020 年,"5‐100 计划"中的许多大学都已在某些学科领域进入了世界前一百名左右,提升了自身在全球学术界的竞争力和知名度。一个由世界知名高等教育专家组成的国际理事会(International Council)也参与制定了这项计划。"5‐100"大学均可以获得政府的额外资助,而入选该计划最重要的条件之一就是在世界大学排名中的位次。2012年,经过第一阶段的遴选,有 15 所大学入选,2015 年又增加了 6 所大学。如今,"5‐100 计划"共包含 21 所大学。

5. 支点大学

支点大学是指那些专注于地区发展的高校,它们旨在成为促进地区知识、教育和创新资本发展的催化剂[25]。2016—2017 年举行的支点大学遴选是以竞争为导向的,被选上的大学可以获得政府资助,用于合并多所地区性高校。这种合并的目的是让支点大学成为所在地区的科学和教育中心,推动地区经济发展,提高当地劳动者的素质。但事实上,许多高校并未获得实施既定发展计划所需的额外资助,或者获得的资助非常少,无法实现预计的目标。目前,俄罗斯有 33 所大学属于支点大学。

6. 俄罗斯一流大学

需要强调的是,以上所有大学类别都是俄罗斯政府设定的,各个大学的地位和目标也是政府确定的。

在本书中,我们将使用"一流大学"(leading university)这个一般性名称,来统称那些具有特殊地位的最重要的大学,那些被选入政府发展计划并获得额外资助的大学,以及那些在教育教学方面享有特权的大学。具体而言,"一流大学"指的是 21 所参与"5 - 100 计划"的大学、29 所国家研究型大学,以及莫斯科国立大学和圣彼得堡国立大学[26]。

有一些大学拥有不止一个身份,因此在宏观上"一流大学"包含 40 所公立大学(占全部公立高校的 8%)。通常情况下,这些大学都是学生众多的大型院校。2018 年,俄罗斯一流大学的学生数占全国全日制学生总数的 22%,这些大学录取的新生质量要远远高于全国平均水平。此外,一流大学新生中公费生的比例也要高于普通公立大学,但差距不大:分别为 63% 和 58%。[27]

三、高等教育的级别:学士、硕士和专家教育

从苏联时期保留下来的培养专业人才的传统教育形式,即长达五到六年的专家教育(specialist program)[28],在 20 世纪 90 年代中期得到了补充,后来几乎被国际高等教育界通用的学士和硕士教育所取代[29]。1994 年,俄罗斯的联邦教育标准以法令的形式颁布(联邦教育标准详见第四章),自那时起,俄罗斯大学培养专业人才必须符合这些详细的要求。该法令根据毕业生所获得的文凭确定了教育的等级:第一级是不完全高等教育,第二级是学士教育,第三级是硕士/专家教育。这项法令通过后,学士和硕士正式成为俄罗斯高等教育系统的一部分。

专家教育的最后一次大规模招生(招生占比超过总招生数的 60%)是在 2011 年,也就是在联邦教育标准颁布了十几年之后。由于学士课程一般为四年(比五到六年的专家教育短),俄罗斯教育和科学部决定将硕士阶

段公费生的名额增加一倍以上,这样一些本科生就可以继续免费接受教育。无论是大学还是学生,都将这一举措视为专家教育向学士和硕士教育的转变已完成的标志。因此,硕士生的录取率在 2015 年上升到了 17%,2016 年为 20%,2018 年为 21%。

2000—2010 年,俄罗斯约 90% 的大学毕业生获得的是专家教育的文凭。2010 年后,专家教育开始大量被学士教育取代;2015 年,获得专家学位毕业生的比例降至 49%,2018 年降至 11%。与此同时,2010—2018 年间,获得学士学位的毕业生比例从 9% 上升到 71%,获得硕士学位的毕业生比例则从 2% 上升到 18%。可以说,俄罗斯的专家教育如今已经被学士和硕士教育取代了。

根据俄罗斯"教育市场和组织监测"(Monitoring of Education Markets and Organizations,简称 MEMO)的数据,雇主们普遍认为持有学士学位和硕士学位的毕业生之间没有本质区别,只有三分之一的雇主关注求职者的文凭。71% 的雇主认为毕业生的个人素质和经历更重要,59% 的雇主认为求职者的工作经验和专业实践经验也同样重要[30]。但硕士毕业生在就业市场上确实更受欢迎[31]。

四、高等教育的模式:全日制和非全日制

从苏联时期开始,学生的高等教育模式就分为三种:全日制(full-time)、函授(correspondence)以及全日制/函授混合(full-time/correspondence mixed)模式[32]。全日制教育主要是面对面授课,课时在每周内安排得比较均匀,且主要集中在白天。函授教育和全日制/函授混合教育的面授时间较少(通常集中在短模块教学),学生主要通过远程通信工具(邮件和电子邮件)与教师联系[33]。这三种教育模式的学生都有机会通过竞争获得公费生名额。

1. 全日制教育

全日制学生约占俄罗斯高等院校一年级新生的 60%,在这些新生中,又有近 60% 属于公费生(见表 3 - 1)。

表 3-1　2018 年俄罗斯全日制学士和专家教育项目新生情况

	总数	公费生	自费生
新生总数(万人)	90.34	37.89	52.45
全日制新生数(万人)	54.21	30.63	23.58
全日制新生数在高等院校新生总数中的占比(%)	60.00	80.80	45.00
中学或中等职业教育毕业后直接入学的全日制新生数(万人)	41.79	23.86	17.93
中学或中等职业教育毕业后直接入学的全日制新生数在全日制新生总数中的占比(%)	77.10	77.90	76.00

来源:2018 年俄罗斯教育和科学部 VPO-1 模板数据,见:https://minobrnauki.gov.ru/action/stat/highed/(仅俄语版本,无英语版本)。

政府现有的高等教育补贴政策主要针对全日制学生,根据每年的入学人数,全日制公费生约占全部公费生的 80%,因为绝大多数全日制大学新生都是 17 岁或 18 岁,完成高中阶段教育后就直接进入了大学。全日制大学生中约 80% 是中学毕业,其余 20% 是职业学校毕业。

2. 非全日制教育

函授教育和全日制/函授混合教育一般都被视为非全日制教育,它们都属于远程教育,可以将学习和工作结合起来。这两种教育模式之间的区别在于远程学习的量,以及学生与教授交流和前往"母校"学习的次数和频率。理论上远程学习的学生可以通过增加自主学习时间来弥补与教授"全日制交流"的不足,但现实却并不是这样。非全日制(函授教育和全日制/函授混合教育)的学生一共占学生总数的 43%[34],但全日制/函授混合教育(也就是"夜校")学生的比例实际上很低,约占 3%~4%。后者需要一定的面对面教学,但自 2010 年以来,政府对夜校教育的资助比例仅为全日制教育的 25%。因此自那时起,各大学对此类国家资助项目的申请减少到原来的十分之一。付费的夜校教育也未能发展起来。自 20 世纪 90 年代中期以来,夜校已被补充教育项目所取代,即三年制的"第二高等教育"(second higher education),而不是常规的五到六年的夜校高等教育。

一些"简化版"的全日制高等教育课程也承担全日制/函授混合教育的任务,这些课程主要由私立院校提供,完全以学生的需求为导向,根据学生的需求调整课程表、课时量和家庭作业。学生们大多希望在不离开现有工作的情况下,以尽可能少的努力获得高等教育文凭。

与苏联时期一样,函授教育属于低质量的高等教育。选择函授教育的主要是在职学生,并且一般是自费接受教育[35]。

但相比全日制/函授混合教育,函授教育在高等教育系统中占据着更重要的位置——俄罗斯高等教育学生中有将近40%接受的是函授教育。一方面,国家对函授教育的资助甚至低于全日制/函授混合教育,仅为全日制教育的10%,这导致各高校几乎都拒绝开展此类教育项目。另一方面,自费的函授课程(费用通常约为全日制课程的30%~40%)非常受欢迎,主要面向中等职业学校(secondary vocational school)的毕业生。这些学生往往来自低收入群体,已经获得了一定的专业培训认证,而且基本都正在实践自己的专业技能,期望提高社会地位。这些综合因素导致高校对函授学生的要求很低。

此外,不能把非全日制教育与通过数字和在线技术实施的全日制教育混淆。2020年初席卷全球的新冠疫情迫使俄罗斯高校转向远程教育,全日制课程也不例外。这种远程全日制教育的特点是通过 Zoom 和 MS Teams 等应用软件组织线上课程(包括讲座、研讨和考试)。教师和学生的课堂准备和课堂参与度与以前一样,在一些情况下甚至还有所提高。

全日制/函授混合教育和函授教育的学生约占俄罗斯高等教育一年级新生的40%,每年约有20%的学生获得公费生名额(见表3-2)。在函授教育中,约一半学生在前一等级教育毕业后就立即入学。

表3-2　2018年俄罗斯非全日制学士和专家教育项目新生情况

	总数	公费生	自费生
新生总数(万人)	90.34	37.89	52.45
非全日制新生数(万人)	36.13	7.27	28.86
非全日制新生数在新生总数中的占比(%)	40.00	19.20	55.00

（续表）

	总数	公费生	自费生
中学或中等职业教育毕业后直接入学的非全日制新生数(万人)	14.00	3.40	10.60
中学或中等职业教育毕业后直接入学的非全日制新生数在非全日制新生总数中的占比(%)	38.80	46.80	36.70

来源:2018 年俄罗斯教育和科学部 VPO-1 模板数据。

　　全日制/函授混合教育和函授教育还面向那些工作了几年之后又进入高等院校学习的学生招生。通常情况下这些学生中的大部分已经工作了一到三年,或者是已经服了一年兵役的男性。考虑到这两种教育模式的平均时间为四到五年,大多数人在 30 岁之前就完成了高等教育。因此 30 岁以上的大学毕业生人数低于 20%(见图 3-5)。

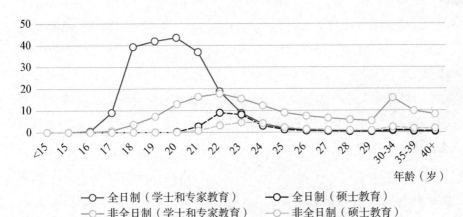

图 3-5　2018 年俄罗斯高等教育机构学生年龄分布情况(万人)

来源:2018 年俄罗斯教育和科学部 VPO-1 模板数据。

　　在私立高校中,函授学生约占学生总数的 80%,可以说私立高校主要关注的就是函授教育这个市场。然而从非全日制学生的总体情况来看,这类学生中的大多数却是由公立高校培养的——公立高校培养了 80% 以上的全日制/函授混合模式学生和函授学生。表 3-3 展示了公立和私立高校不同教育模式的学生情况。

表 3-3　2018 年俄罗斯高等教育机构中各类教育模式的学生情况

		全日制		非全日制		总计	
		人数（万）	占比（%）	人数（万）	占比（%）	人数（万）	占比（%）
公立高等 教育机构	总计	229.29	96.75	148.97	83.10	378.25	90.90
	公费生	148.14	62.51	42.36	23.60	190.50	45.80
	自费生	81.15	34.24	106.60	59.50	187.75	45.10
私立高等 教育机构	总计	7.69	3.20	30.22	16.90	37.91	9.10
	公费生	0.57	0.20	0.10	0.10	0.67	0.20
	自费生	7.12	3.00	30.12	16.80	37.24	8.90
总计		236.98	100	179.19	100	416.17	100

来源：2018 年俄罗斯教育和科学部 VPO-1 模板数据。

全日制和非全日制学生在毕业后的就业成功率方面没有本质区别，但在一些细微之处有所不同。虽然职业分布相似，但非全日制学生的就业率（82%）略高于全日制学生的就业率（80.7%）。非全日制学生毕业后的就业率较高，但创业的比例较低。在 30～39 岁的非全日制毕业生中，担任管理职位的有 13.1%，而全日制毕业生的这项比例为 11.1%，这可能是由于非全日制学生有着更丰富的工作经验。非全日制毕业生更多从事不需要高等教育文凭的工作（比例为 56.9%，全日制毕业生为 51.9%），较少从事需要高学历的专业性工作（比例为 30.8%，全日制毕业生为 37%）。完成全日制高等教育可以增加个体在社会阶层中的流动性，因为非全日制毕业生的职业生涯更多从较低的职位开始（比例为 11.6%，全日制毕业生为 7%），这减少了他们在职业上取得发展的机会。全日制毕业生和非全日制毕业生对薪酬的满意度几乎相同，都在 45% 左右[36]。总之，当今的就业市场并不十分重视上课的形式，而更关注其他因素。

五、高等教育机构的分支

苏联解体后，俄罗斯公立和私立高等院校的分校是高等教育系统中发展很快的一个部分。高校的分校网络是高等教育大众化的关键，可以为偏远地区的居民提供更多教育机会。偏远城镇分校的出现，使那些不便于跨地区流动的学生能够以较低的成本在离家较近的地方接受高等教育[37]。除此之外,高校的分校还有机会扩展学生群体,吸纳那些因经济能力不足而无法离家到远处求学的人[38]。公立和私立高校在各地区设立分校的出发点是相似的,都是希望通过大规模招生来增加收入。然而,公立高校比私立高校更为积极地发展分校网络(见图3-6)。公立高校更容易获得公共资金用于扩展教育项目,而私立高校总是会受到学费的限制,所以公立高校在扩张分校网络方面投入更大。

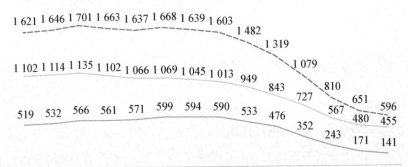

图3-6　俄罗斯高等教育机构分校情况

来源:Indikatory Obrazovaniya: Statisticheskiy Sbornik(2018, p.123); Obrazovaniye v Rossiyskoy Federatsii(2010, p.354),(2012, p.325)。

直到前几年,大多数高等教育机构分校依然存在一些不利的情况:缺乏合适的基础设施、师资水平低、总校监管不力,并且总校往往把分校视为一种收入来源,因此分校的教育质量一般都不如总校。从2013年起,政府不得不关闭那些提供低质量教育的分校,因为这些分校仅仅被总校视为创收的途径,向那些教育要求不高的学生提供廉价且低质的教育。

截至2018年,俄罗斯共有596所高校分校,比2010年减少了64%(其中公立高校分校减少了57%,私立高校分校减少了76%)。因为关闭了那些低质量分校,如今分校的教育质量与总校几乎没有差别。

在公立高校中,俄罗斯总统国民经济与公共管理学院(Russian Presidential Academy of National Economy and Public Administration)的

分校网络处于绝对领先的位置：截至 2019 年，该学院拥有 52 所具有高等教育机构地位的分校，分校的学生人数超过了总校的学生人数[39]。在私立高校中，俄罗斯协同大学（Russian University of Cooperation）的分校数量最多，在 2019 年一共有 15 所。这些内部分校的公费生数量约占俄罗斯高等教育公费生总数的 10％。

第三节　俄罗斯高等教育的供需关系

一、专业结构

1. 招生

从不同的专业来看，俄罗斯高等教育的招生结构是怎样的？在俄罗斯高校的学士和专家教育项目中，工程学是最主要的专业方向，几乎占总招生人数的三分之一。约 20％的学生学习经济学和管理学，20％的学生学习社会科学和人文科学，10％的学生学习教育学和师范专业，8％的学生学习医学和健康科学专业，其他专业的学生约占 11％。硕士生的情况也差不多：工程学的学生占总招生人数的 30％，经济学和管理学占 20％，社会科学和人文科学占 26％。医学专业则不同，不招收硕士生。与 20 世纪 80 年代末相比，现在高等教育不同专业的学生比例发生了重大变化。1988 年时45％的苏联学生学习工程学专业，21％学习教育学和师范专业，15％学习经济学，8％学习医学和健康科学专业，只有 2％学习社会科学和人文科学。学习自然科学、物理、数学等其他专业的学生占总数的 8％[40]。因此，自1989 年开始，工程学和教育学的学生比例开始下降，经济学、管理学、社会科学和人文科学的学生比例则大幅上升。

不同专业录取的自费生之间没有明显的质量差异，但录取的公费生质量会有所不同，这表现为那些更优秀的（成绩更好的）学生更倾向于选择学习社会科学和人文科学，而不是工程学。

根据招生模式的不同，可以将专业分为以下四类：[41]

第一类专业:公费生和自费生名额都很多,竞争很激烈,录取的学生质量很高,例如医学和健康科学专业。可以预见的是,鉴于这一类专业的竞争程度,如果政府不采取任何特别的引导措施,这些专业对申请者的要求将会越来越高。

第二类专业:公费生和自费生的名额都比较少,录取的学生质量一般甚至较差。这类专业包括武器装备、海洋设施、冶金等。从国家工业优先发展的领域来看,这些都是基础的专业方向,必须配备适当的人员,因此限制招生几乎是不可能的。那么如何提高招生的质量? 如何吸引更优秀的申请者? 这不仅与工业本身的发展密切相关,也与学生眼中的专业发展方向和职业发展前景密切相关。除此之外,开设这些专业的院校自身的吸引力和声誉也起着重要作用。

第三类专业:公费生名额多,自费生名额少,录取的学生质量普遍较低。这些专业的公费生名额录取的是那些成绩平平的学生,自费生名额则被国家统一考试分数最低的申请者占据。这种情况在农业、渔业、交通运输等技术类专业中十分常见。国家政策要求尽可能多地培养工程师和技术人员,增加了对社会经济发展至关重要的专业的公费生名额,却并没有重视录取质量,也没有关注到企业对这类专业人才的需求是很低的,因此这种做法很难(实际上也没有)产生任何积极效果。当学生看到这些专业对应的工作岗位数量只有毕业生数量的一半(甚至更少),提供的工资也很低,即使最优秀的学生也会丧失选择的动力,不会考虑这类专业。

第四类专业:公费生名额少,自费生名额多,录取的学生质量高。这类专业在年轻人中很受欢迎,主要包括东方研究、语言学、广告和公共关系等。然而这类专业中也存在不平衡的现象,公费生名额受到了人为限制,与实际中的高需求不匹配。试想,可以将第三类专业的公费生名额调配到此类专业中,以实现平衡。

2. 毕业

不同专业大学生的毕业情况如何? 目前,约三分之一的毕业生获得的是经济学和管理学文凭,大大超过了其他专业(见图3-7)。2010年时这一数字高于40%,后来被政府有意地降低了。工程学的毕业生约占毕业生总数的四分之一,另有 20% 左右属于社会科学和人文科学。学士和硕士毕业生在专业分布上差别不大。

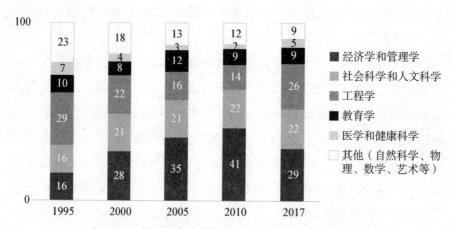

图 3-7　俄罗斯高等教育机构主要专业的毕业生情况(%)

来源:Rossiyskiy Statisticheskiy Ezhegodnik(1999, p.208),(2003, p.236),(2011, pp.245-247),(2018, p.196)。

与欧盟国家相比,俄罗斯社会科学和人文科学的学士毕业生要多得多,与美国的情况类似。除此之外,俄罗斯各个专业的毕业生比例与德国类似(见图 3-8)。

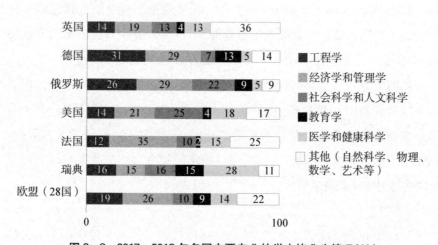

图 3-8　2017—2018 年多国主要专业的学士毕业生情况(%)

来源:Eurostat;Snyder, Brey & Dillow(2019,表 322.10); Rossiyskiy Statisticheskiy Ezhegodnik (2018, p.196)。

二、学费

在苏联时期的最后几十年里,俄罗斯青年接受高等教育是完全免费的,这一政策使社会大众形成了一种牢固的观念,那就是高等教育是不应该付费的。高等教育被视为一种必须免费的福利,而不是一种可以按市场价格购买的服务。总体而言,这符合苏联计划经济体制下的非市场化观念。如今这种社会观念已经改变,但改变的过程复杂而漫长。长期以来,自付学费仅仅被视为是那些不够优秀、无法获得公费生名额的学生的选择,因此大学不得不面对数量庞大的、成绩较差的自费生(特别是相较于公费生的成绩而言)。大学常见的做法是将公费生和自费生分开,向他们提出不同的要求和条件。因此从广义上讲,自费教育和公费教育并存是俄罗斯高等教育的一个重要特点;在 21 世纪初,约 65％的学生(包括自费生和公费生)都认为自费教育的声望不如公费教育[42]。在实际中,学生选择自付学费纯粹是因为以这种方式上大学更容易。

如今,俄罗斯近一半的学生属于自费生,自费教育所占的比例不断增加,并且社会大众也基本都接受了要为高等教育支付学费这一观念(根据有代表性的统计结果,约 80％的俄罗斯人已经做好了这种准备)[43]。

更进一步地说,如今很多人不仅愿意为接受高等教育付费,而且愿意为接受优质的高等教育付费。虽然半数家庭仍倾向于接受免费的高等教育(包括家长自己和子女),满足于基本达标的、普通的教育质量,但也有很大一部分人认为教育质量非常重要,即使他们已经能够接受免费的普通高等教育,他们也愿意为更优质的教育付费(见图 3 - 9)。关于后一种观点,全国约 40％的人表示支持,而在高收入群体中,支持者的比例接近 70％。

公立和私立高等院校自费课程的费用差距有多大? 20 世纪 90 年代末,俄罗斯私立高校一学年的学费平均比公立高校高出 25％,后来差距逐渐缩小,到 2005 年前后,两者的学费已基本持平。如今,公立高校自费课程的费用比私立高校要高出约 13％[44]。

自1998 年以来,大学每年的学费在社会平均收入中的占比一直在缩

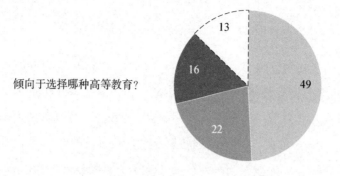

倾向于选择哪种高等教育?

■ 自己和子女都接受公费的普通高等教育
■ 自己和子女都接受自费的较优质的高等教育,费用占家庭收入的5%
■ 自己和子女都接受自费的最优质的高等教育,费用占家庭收入的15%
☐ 难以回答

图 3-9 选择公费和自费高等教育的人的占比(%)

来源:俄罗斯国家研究型高等经济大学(National Research University Higher School of Economics,以下简称"俄罗斯高等经济大学")2018 年开展的"对变化的开放态度"(Openness to changes)调查,该调查的样本为 15~72 岁的俄罗斯人(N=6 000)。

小,个人收入的增长速度远远超过学费的增长速度。1998 年,每个学生平均要支付年收入的 75% 或 94% 分别用于公立或私立高等教育的学费,2018 年时这两个数字降至 27% 和 23%。2018 年,一流公立和私立高校的学费比普通公立高校高 39%,比普通私立高校高 60%。平均而言,此时一流大学一学年的学费要花费个人年收入的三分之一以上。

公立和私立高校的学费结构不同。一方面,约三分之一的私立高校学费是相对低廉的,而公立高校只有 6% 属于低收费。但另一方面,大部分公立高校的学费处于中等水平或略高于平均值,高收费院校占公立高校的 12%,占私立高校的 15%(见图 3-10)。对学生来说,艺术和医学是最昂贵的专业,农业和教育则是最便宜的。

对社会大众而言,高校的地位和专业哪个更重要?对俄罗斯家庭进行的相关调查表明,受访者愿意为子女在名牌大学接受教育或学习热门专业支付费用。2015 年,近 80% 的受访家长表示愿意支付子女的教育费用,约 20% 的家长愿意为子女在名牌大学攻读热门专业支付更高的费用,11% 的家长愿意为子女在名牌大学学习支付一定的费用(但专业不那么重要)。

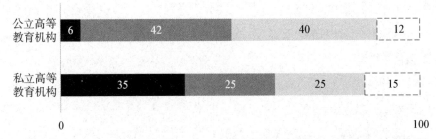

图3-10　2018年公立和私立高等教育机构一学年的学费情况(%)

来源:"俄罗斯大学招生质量监测"(Monitoring of Enrollment Quality,简称 MEQ)(2018)。
注:本书中所有汇率都按"购买力平价"(Purchasing Power Parity,简称 PPP)汇率换算,下同。

半数的受访者表示如果子女在名气较小的高校学习非热门专业,他们更倾向于选择公费学习,而不是自己支付学费。

　　根据 2019 年的学生数据,公立和私立高校分校的学费总体上要比总校低得多。即使总校在其他地区而分校在莫斯科,情况也是如此[45]。公立高校分校的学费平均比总校低 20%,私立高校分校的学费平均比总校低35%[46]。公立分校的学费大约是私立分校的 1.5 倍。非全日制函授教育的费用平均约为全日制教育的一半[47]。

第四节　高等教育机构的地区分布和教育流动

　　一直以来,俄罗斯的大学都设立在全国及各地区的经济文化中心城市,19 世纪的俄罗斯帝国政府和 20 世纪的苏维埃政府都遵循这一原则。如今,莫斯科和圣彼得堡这两个"首都"拥有 113 所公立高校,几乎占全国公立高校总数的四分之一(23%),俄罗斯最主要的 15 个城市(以莫斯科和圣彼得堡为首)拥有全国将近一半的高校,因此大学的地区分布非常不均衡。在几个面积较大的地区,高等院校的数量非常少。例如,亚马尔·涅涅茨自治区(Yamalo-Nenets Autonomous District)是俄罗斯的第五大联邦主体,面积为 77 万平方公里,却没有一所高等院校;马加丹州(Magadan

Region)是第九大联邦主体,面积为 46.2 万平方公里,也只有一所高等院校。因此对大学申请者来说,最近的大学可能也在几百公里之外,路程需要花费数小时。

这种情况导致不同地区的大学申请者接受高等教育的机会差异很大。在高等院校比较集中的地区,公费生的名额最多,例如圣彼得堡和托木斯克地区平均每名 11 年级毕业生拥有将近两个公费生名额,莫斯科是 1.5 个。公费生名额较多的地区主要是俄罗斯的中心地区,以及南部、乌拉尔(Urals)、西伯利亚和远东的一些地区。总体来看,公费生名额在各地区的分布差异很大。

大学分校的分布也呈现明显的区域性。到 2014 年,几乎每个俄罗斯联邦主体都新设立了公立和私立大学分支机构(在总共 85 个联邦主体中,公立高等教育机构在 79 个联邦主体设立了分支机构,私立高等教育机构则在 78 个联邦主体设立了分支机构)。当年,在设有分校的地区中,莫斯科州(Moscow Region)是当之无愧的"赢家",全部公立高校分校的 7% 和全部私立高校分校的 10% 都设立在莫斯科州。2014 年,公立分校数量最多的三个联邦主体是莫斯科州、克拉斯诺达尔边疆区(Krasnodar Krai)和罗斯托夫州(Rostov Region)。同年,私立分校数量最多的是莫斯科州、鞑靼斯坦共和国(Republic of Tatarstan)和克拉斯诺达尔边疆区。到 2018 年,在高校分校总数减少一半以上的背景下,情况发生了变化,拥有公立分校的联邦主体是 74 个,拥有私立分校的是 62 个。莫斯科州在设立这两类分校的数量上仍处于领先,分别拥有全国公立分校总数的 5% 和私立分校总数的 9%。莫斯科州、克拉斯诺达尔边疆区和罗斯托夫州仍然是设立公立分校数量最多的联邦主体。设立私立分校最多的联邦主体也没有变化,仍然是莫斯科州、鞑靼斯坦共和国和克拉斯诺达尔边疆区[48]。

高等教育机构不仅总体上在各地区分布不均,其中的一流大学在地区分布上也很不均衡。一流大学为学生提供最好的教育,并积极参与科学研究。在 40 所一流大学中,一半以上位于莫斯科和圣彼得堡。离中心区域越远,一流大学的密度就越低,只有不到 30% 的一流大学位于俄罗斯中心区和西北部以外的地区。

　　自 2000 年以来,俄罗斯各地区的学生分布情况没有发生根本性变化。2018 年,莫斯科、圣彼得堡和托木斯克是大学生最集中的城市,每万人中的大学生数超过了 500。在全俄罗斯,有 16％的地区每万人中的大学生数在 300～410 之间,这些地区主要集中在中部和南部。每万人中的大学生数在 200～300 之间的地区(占全俄罗斯的 44％)主要分布在乌拉尔、西伯利亚和远东。约 30％的地区每万人中的大学生数低于 200,主要集中在俄罗斯北部。

　　2018 年,在俄罗斯 65％的地区,公费生的国家统一考试各科平均分数为 60～65 分,有 18％的地区低于 60 分,约 10％的地区在 70 分以上[49]。公费生录取质量最高的是莫斯科和圣彼得堡,最低的是车臣共和国(Chechen Republic)和卡拉恰伊·切尔克斯共和国(Karachay-Cherkess Republic)。北高加索南部地区、东西伯利亚南部地区和远东地区也是公费生录取分数较低的地区。录取分数较高的主要是各联邦管区的中心地带:莫斯科市、莫斯科州、卡卢加州(Kaluga Region)(中心地区),圣彼得堡市和列宁格勒州(北部地区),克拉斯诺达尔边疆区(南部地区),以及托木斯克州和新西伯利亚州(Novosibirsk Region)(西伯利亚地区)。从图 3－11 可以看到各联邦主体公费生和自费生的录取情况[50]。

　　在俄罗斯的不同地区,学生接受高等教育的机会和获得的教育质量差异很大,这种不平衡的格局导致中学毕业生跨区流动大。学生在自己的家乡完成了中等教育,但如果不离开家乡,他们就没有机会接受高质量的高等教育,因此毕业生们往往向教育条件较好的地区(主要是中心地区)流动。各地区可分为"流入区"和"流出区"。流入区拥有发达的高等院校网络,对中学毕业生的需求量大并且经济发达,流出区的学生来到这里接受高质量的教育,之后进入当地的劳动力市场,获得更好的就业机会。与此相反的是,流出区的教育基础设施落后,经济状况不佳,就业条件也较差。流入区主要分布在中心地区(莫斯科、圣彼得堡),在乌拉尔[斯维尔德洛夫斯克州(Sverdlovsk Region)]、西伯利亚(新西伯利亚州)和远东[滨海边疆区(Primorsky Krai)、哈巴罗夫斯克边疆区(Khabarovsk Krai)]也有分布[51]。

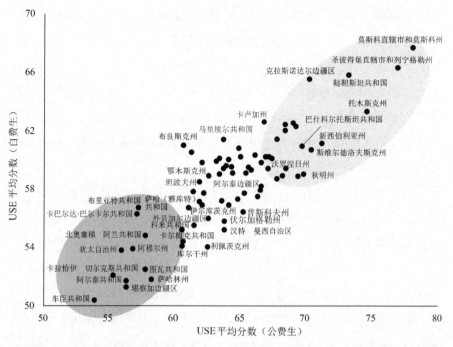

图3-11 2018年俄罗斯各联邦主体高等教育机构公费生和自费生的录取质量(基于国家统一考试的平均分数)

来源：参考 Dobryakova & Kuzminov(2018, p. 31)。

小　结

俄罗斯的高等教育系统包括公立高等教育和私立高等教育，其中公立高校在学生数和教育质量方面都占主导地位。教育模式包括全日制和非全日制，后者是苏联时期留下来的遗产。与几十年前一样，现在高等教育机构在全国各地区的分布很不均衡。大部分大学都位于大城市，其中相当一部分位于莫斯科和圣彼得堡。

高等教育机构内部也存在严重的分层。除了少数在教育和科研水平上能与世界其他高校竞争的一流大学之外，还有很多面向大众的高校[52]。因此，各高校在录取质量、教育水平和学生毕业后的就业前景方面有较大差别。

　　未来的高等教育会是什么样的？这个问题同时出现在高等教育系统的好几个层面。第一，非全日制教育的前景如何？鉴于全日制教育的学习形式越来越灵活，并且全日制和非全日制教育之间的界限也变得模糊，非全日制教育还能继续存在吗？新冠疫情迫使大学寻求新的教育模式，使学生不需要在教室上课，教师和学生也不需要同步交流。这使得人们能够更好地了解高等教育的哪些方面在转移到远程教育时质量会下降，哪些方面质量会提高。与此同时，高质量远程教育的成本很明显会高于传统的全日制教育，因此，廉价的函授教育会进一步被归为低质量教育。总的来说，数字教育技术的发展，特别是世界一流大学课程的全球传播，为学生和大学都带来了新的机遇。这就引出了第二个问题：大众高等院校在未来高等教育系统中的地位和作用是什么？一方面，这类高校可以通过采用一流大学的课程，提高自身的教育质量；另一方面，如果学生能够进入一流大学，与最优秀的教师在一起学习，那么他们选择在大众高校就读的动力也会降低。那么这些大众高等院校将选择什么样的发展战略？大学之间的各类合作在高等教育市场上将发挥什么样的作用？这些问题的答案还有待探索。

　　我们注意到，高等院校（包括一流大学）在各地区的分布不均衡会产生教育流动。这种流动通常体现为放射状：从各边远地区向中心城市流动，而边远地区之间没有明显的人力资本流动。如今国家正在采取措施，使边远地区的大学吸引更多优秀学生，让毕业生成为推动地区发展的重要力量。我们认为这项任务应该由地区政府和大学共同承担，最好的方式是采取积极的激励措施，而不是直接施加额外的义务和限制。

　　如前所述，俄罗斯高等教育系统的特点是政府高度参与，特别是国家在赋予高等院校地位方面发挥着关键作用。高校的地位基本上决定了它们的声誉、经费和选择权，并在一定程度上固化了它们的发展战略和市场定位。下一章将讨论俄罗斯高等教育系统的管理情况，以及政府在其中发挥的作用。

第四章

俄罗斯高等教育治理和经费资源

俄罗斯高等教育的一个关键所在是它的治理方式和经费资源。俄罗斯高等教育系统的显著特点是国家(特别是联邦政府)在其中发挥着关键作用。

本章详细分析了俄罗斯高等教育的治理机制和管理工具。基于政府制定的任务分配制度、入学配额制度和教育标准形成的治理机制,监管着高等教育的结构、课程和质量;与此同时,还有一系列工具直接管理着高等教育,例如国家发布的教育活动许可和教育项目认证等。

本章还分析了俄罗斯基于双轨制的高等教育资助原则:政府资金是高等教育经费的核心来源,市场资金和其他预算外收入作为补充。本章进一步解释了政府资助机制、大学补充(预算外)收入管理以及这种"二元经济"对整个高等教育系统的影响。

关键事实

● 俄罗斯的大学是由政府监管的非营利性机构,它们在经济和资源使用方面选择有限。高等教育治理是在联邦政府层面实施的。

● 在联邦层面,大学的管理按照行业部门划分。一半的大学隶属于科学和高等教育部(Ministry of Science and Higher Education)①,农业大学隶

---

① 译者注:俄罗斯联邦科学和高等教育部(Ministry of Science and Higher Education)成立于2018年5月,前身为2004年成立的教育和科学部(Ministry of Education and Science)。

属于农业部（Ministry of Agriculture），隶属于卫生部（Ministry of Health)和文化部（Ministry of Culture)的大学数量排在第三位，其余大学分别隶属于旅游、铁路、渔业等部委和机构。

● 各教育项目的课程和质量，包括对毕业生知识水平的要求，都是由国家的教育标准体系正式规定的，所有高等教育机构都必须遵守这一体系。只有约 50 所大学（绝大部分是一流大学）获准制订自己的标准。

● 政府在高等教育质量评估方面发挥着关键作用，但内部、专业、社会以及国际评估的工具尚未得到充分发展。目前监管大学教育质量的主要工具是授予大学许可证（允许大学开展教育活动）和国家认证（允许大学颁发国家批准的文凭、向男生提供延期服兵役的机会）。

● 政府为高等教育提供经费受到法律保障。按照联邦预算，每万名 17～30 岁的俄罗斯居民应当拥有至少 800 个公费生名额。与其他国家相比，俄罗斯高等教育领域的经费不足，学生人均经费只有美国、英国和瑞典的一半。

● 公立大学教育活动的主要经费来源是政府拨款（根据招生配额和生均经费标准确定）以及自费生缴纳的费用。

● 大学最主要的支出是工资（平均约占总支出的 70%）。在这些工资支出中约 60% 是教师的薪酬。

第一节　高等教育治理

一、总体治理框架

1. 高等教育机构隶属关系的层次和逻辑

俄罗斯联邦政府高等教育政策的基本原则是什么？总体而言，俄罗斯的高等教育政策是政府为集中管理所有公立和私立高校而制定的规章制度。通过详细的规则和监督机制，政府制定了具体的激励办法，这在很大程度上决定了大学的发展目标和发展战略。因此，要了解大学的战略和表现,有必要先了解政府的政策背景。

国家通过三个途径发挥着强有力的作用。第一,高等教育系统的主要组成部分是公立高校或由政府管理的高校,私立高校由于规模较小(私立大学学生约占学生总数的 10%)并且声望一般(除了少数几所外,私立高校不属于学生的首选高校[1])发挥不了太大的作用。第二,公立高校隶属于政府部门,在行政上受到政府的管理,例如,每个联邦部委每年都会向下属大学发布几十项具有约束力的命令、指示和建议。这使得俄罗斯的制度不同于许多欧洲国家,后者一般是由创始者(实体)批准大学章程,之后就不再对大学进行直接管理。第三,高等教育(所有大学,包括非公立大学)的治理权在联邦一级,这点也很不同,因为许多国家的大学治理主要由地方政府负责[2]。

州政府和市政府确实有权建立高等教育机构,但是根据联邦、州和市政府间财政关系的法律规定,它们建立的大学没有资格获得联邦政府的资金。因此,州政府和市政府是否建立高等教育机构取决于当地对特定专业人才的需求,这些专业人才毕业之后可以留在本地工作[3]。不过,这类大学非常少见,其学生数不到学生总数的 3%(见表 4-1)。

表4-1 2016 年不同主体管辖的高等教育机构的学生情况

	高等教育机构数量	学生数占比(%)	全日制学生数占比(%)	非全日制学生数占比(%)
联邦政府	452	85.80	93.60	75.50
州政府	43	2.50	2.40	2.70
市政府	7	0.10	0.10	0.10
非公立大学	266	11.60	3.90	21.70

来源:Platonova, Kuzminov & Froumin(2019, p.103)。

在政府机构中,联邦的科学和高等教育部负责高等教育治理。该部门对高等教育进行监管,负责制定和实施政府在高等教育方面的政策,包括战略规划和大学表现监测。

约三分之二的大学隶属于不同的政府部门,这种分部门的管理结构是苏联时期遗留下来的(第二章对此有详细介绍)。统计数据表明,隶属于科学和高等教育部的大学最多,第二多的是隶属于农业部的农业大学,第三多的是隶属于文化部和卫生部的大学。2020年,33所师范类高校划归启蒙教育部(Ministry of Enlightenment)管理,该部负责实施政府的普通教育政策。

俄罗斯大学的一个重要特点是法律地位。绝大多数大学都属于"单位"(establishments)。根据俄罗斯法律,"单位"是由创办者创立的非营利性组织,旨在执行严格定义的管理、社会、文化或其他非营利职能,并由创办者(实体)提供全部或部分资金[4]。基于经营管理权,单位拥有一定的资产,不仅包括创始者移交的资产,还包括其利用自身收入获得的资产。也就是说,单位在处置或转让任何有价值的资产方面权利受限,必须与创始者协同行动。

因此,大学不能在金融或股票市场上有大的行动,特别是,它们不能以财产作为抵押为投资项目借款,也不能向学生或教师提供贷款。它们的采购活动与政府的采购活动受到同样的法规约束。

俄罗斯的一些顶尖大学拥有自治单位的身份,可以向金融机构借款和划拨资金,它们的采购活动受到的监管也不那么严格。但是这些权利只涉及预算外资金,也就是由大学自己赚取的那部分,政府转让给大学的所有资产(占有形资产的90%以上)都不适用于这种管理方式。

单位的另一个特点是,活动受到章程(由创始者批准)的限制。这一点对俄罗斯大学的社会和文化活动以及为学生提供的医疗服务产生了一些限制。除此之外,这种限制的问题还在于大学很难创建自己的衍生机构,例如风险基金和创新公司,而在大多数国家,这些衍生机构是技术和人力资源从大学向经济领域转移的传导机制。俄罗斯政府曾多次试图通过立法来解决这一问题,但法律的修订总是自相矛盾,因此这一障碍至今仍未彻底消除。

这种以单位为基础的模式并非俄罗斯独有。除了苏联加盟国外,中国和法国的大学也是单位[5],其他一些国家的大学主要是围绕章程运转的公司制组织。但与这两类国家都不同的是,在大学之外、在国家的管理体系中，俄罗斯的大学没有任何独立的代表，不像英国、德国、法国、美国和日本那样[6]。即使在大学制度与俄罗斯十分相似的中国，大学的治理也存在一定双重性：中央教育主管部门和省级教育主管部门都代表政府参与大学的治理；公共管理由大学的党委实施，相对独立于大学的行政部门（Wang & Yang, 2018；Yang & Wang, 2020）。这些模式都可以被认为在大学治理的过程中体现了公众利益，也可以被理解为引入了在政府和学术团体之外的第三种力量。

而在这方面，俄罗斯的大学是与众不同的，是一个特殊的、非常有趣的案例，由教师和科研人员组成的专业（学术）团体几乎不受限制地管控着大学的内部活动。这当然不包括分配预算、选择公用事业供应商等相关决策。然而，对教师至关重要的决策——包括课程结构、学术聘用、教学和科研质量评估等，大多是在与外界隔绝的学术团体内部进行的。有关教育、科研和人事政策的一系列决策都是由学术团体做出的，完全不受外界意见的影响。

因此，政府或大学创办者的地位只是在形式上稳定。俄罗斯的大学本应由联邦政府颁布的详细规定来管理，然而，正如我们将要看到的，这些详细的规定实际上只覆盖了大学日常事务的一小部分。

这种"局部学术垄断"（local academic monopoly）会产生一系列有意思的后果。与其他国家的大学相比，俄罗斯的大学能够在更长时间里保持内部独立，不理会公众的需求或不满。在某些情况下，甚至可以无视市场持续发出的信号，或者至少是抵制这些信号（主要由自己承担代价，但也使政府和纳税人承担了一定代价）。许多大学保留下来的专业和研究领域都已经明显过时，并且已经失去了主要客户（苏联时期的一个部委），甚至失去了曾经雇用其毕业生的整个行业（企业倒闭，从市场上消失）。

大学人事、科学和教育政策的封闭性使其有可能保留和复制现有的科学流派和教育分支。对于不同的大学来说，这种特性的作用各不相同。对一流大学来说，这确保了其人员的独立性，有助于他们迅速做出关于组织和人事的决定，并有助于为那些与大众（世俗）想法背道而驰的专业创新提供支持。对实力较弱的大学来说，这种封闭性会留存过时的方法，导致"近亲繁殖"现象，并且周而复始。衡量这种特性是否有益的标准其实简单明了：如果大学教师们在各自的研究领域融入了全球学术界，那么他们的高度独立性就是一种优点，否则，就是一种缺点。

最后，俄罗斯大学的社会封闭性和孤立性严重限制了为国家高等教育发展争取支持的机会。虽然对家庭来说，接受高质量的高等教育是他们追求的重要目标；但与此同时，大学从联邦政府获得的经费支持却在不断减少，近年来这部分经费已经从 GDP 的 0.8% 降至 0.5%（Indikatory Obrazovaniya: Statisticheskiy Sbornik, 2020, p.105）。这种矛盾现象的唯一解释是各方对教育领域的极低参与度。

在俄罗斯，大众媒体对高等教育问题的参与度历来不高。大众媒体和社交网络的报道大多带有意识形态色彩，缺乏合理评估和深度报道（Kiriya, 2020）。联邦大部分大众媒体都没有记者专门报道教育政策或教育面临的挑战。

俄罗斯大学匮乏的资源使大部分大学的内部决策变成了零和游戏。但与此同时，自 2010 年以来得到政府额外支持的一些俄罗斯大学发展非常迅速，这证明了无限制的学术垄断所拥有的创造潜力。

2. 什么在管理之下？

所有国家的高等教育系统都必须管理三个关键参数，以确保其效率：①大学的招生，这主要解决两个问题：帮助最有能力和最想上大学的学生进入大学（大学的期望）；确保学生有机会接受高等教育（公民的期望）；②大学的科研表现；③课程的质量（应符合社会和经济发展要求）。

俄罗斯高等教育系统以其独特的方式实施管理，管理机制大多沿袭自苏联，效率也各不相同。

1）大学的招生

苏联时期，青年接受高等教育完全免费，并且提供住宿和奖学金，确保学生至少能维持最低生活水平，因此他们接受高等教育的机会可以得到保证。对工农家庭和少数民族家庭子女的特殊照顾，以及为曾在军队服役或在生产部门工作多年的人提供的预科和衔接课程，弥补了他们面对教育背景良好的家庭时的劣势。学生从预科班进入大学一年级学习参照的标准是他们的期末考试成绩，而不是综合竞争水平。

普遍来说，许多西方国家对来自社会弱势家庭的申请者采取了与苏联相同的特殊照顾模式。这种模式确保了社会稳定，将大学变成了社会的大熔炉。

自苏联解体以来，俄罗斯不再积极实施这种特殊照顾政策，甚至几乎完全放弃了。现在大学的招生名额非常多，确保了学生接受高等教育的机会，但其中一半是自费和函授教育的名额，来自社会弱势家庭的学生通常会选择这种，因为他们通过公费生名额进入顶尖大学的可能性非常低。

从学生选拔的角度来看，俄罗斯大学的招生效果是很好的，选拔出了能力最强、准备最充分的学生。由于防止了来自社会弱势阶层的人才流失，因此可以说这一招生制度是公正透明的。该招生制度采用了两个主要工具：一是国家统一考试，这也是中学的期末考试；二是针对中学生的学科奥林匹克竞赛制度。后者涉及 25％ 以上的 10～11 年级学生，是一种替代性的选拔申请者的工具，尤其适用于一流大学，使人们能够关注到在中学和大学的学科上都有突出能力的申请者。这类奥林匹克竞赛的优胜者可以获得很大优势，他们可以优先被自己心仪的大学录取。基于国家统一考试分数的录取方式使申请者能够参与全国性竞争，每人最多可以向五所大学提交申请材料，在每所大学中最多可以选择三个专业。

这种选拔过程强化了俄罗斯大学现有的分层。对于整个社会来说，大学最重要的特征不是科研资源的质量或大学排名，而是本科的平均录取分数。有平均录取分数 90 分以上的大学（满分 100 分），有 80 分以上的大学，有 70 分以上的大学，依此类推，也有 50 分以下的大学（这是中学的最低分）。因此，毕业生的人力资本也各不相同。平均而言，高等教育的人力资本附加值比例约为 60％～70％，但在一流大学，这一附加值要高得多（高出三到四倍）；在录取质量较低的大学，高等教育的附加值只有一半甚至更低。一言以蔽之，俄罗斯的大学就是迈克尔·斯彭斯（Michael Spence）理论的生动证明[7]。尖子生云集在一处，强化了同伴效应，确保了俄罗斯顶尖大学本科毕业生极高的质量[8]。

2）大学的科研表现

俄罗斯大学在科研表现方面相对缺乏有效管理，因此不同大学的科研水平差异很大。大学提升自己的科研水平,投资建设实验室和研究所,聘用独立于教师队伍的专职研究人员等行为,都是被鼓励的(这种鼓励体现在授予大学国家研究型大学的地位、增加科研基金拨款以及分配政府和企业的应用研究任务),对大学声誉也有积极的作用。在此之外,高校也可以什么都不做,但仍然保有高等院校的地位,甚至是大学的地位——俄罗斯有几十所大学的人均研发经费每年只有几百美元。

这种情况是两个因素共同造成的:一是苏联时期的大学与科研工作最开始是分离的,二是 20 世纪 90 年代的科研经费几乎降为零。因此大学的科研职能变得可有可无,并且不断退化,高等教育也逐渐变得虚幻,失去了创新性。

3)课程的质量

在大多数国家的高等教育系统中,质量保证(无论是学科核心内容,还是分析能力和专业技能的培养)都属于大学关注的重点,并且大学对学科核心内容方面的质量评估效果是相当好的。课程体系属于大多数西方大学的传统,学术团体的统一性为其提供了支持(大学之间长期的流动性也为学术团体的统一性提供了支持,阻止了学术上"近亲繁殖")。教授们的学术团体是国家层面的,甚至超越了国家层面;他们定期参加科研会议和研讨,讨论和检查各类问题和实践案例。许多大学都为重要的考试成立了包含外部人员的考试委员会,并邀请其他大学的教师对有资格参评的论文进行评估。

在那些拥有发达高等教育系统的国家,这种以教授学术团体为核心的质量评估体系还得到了其他补充,包括由专业和学术协会自愿进行的教育项目认证;此外,涵盖主要学科的全国大学排名也对教育质量进行了评估。这些评估有时候能超越国家的界限,例如《美国新闻与世界报道》(*U. S. News & World Report*)大学排名(简称 U. S. News 世界大学排名)和大多数国际评估系统,它们主要面向的是校友和有兴趣评估教育质量的外部机构(主要是相对于专业人员而言的外部机构,如基金会、监管机构、赞助商和雇主)。这些评估鼓励大学在专业学术团体之外,对教育的内容和质量进行维护和审查。

近年来,一种新型的(外部)质量监管机制开始形成。一流大学在一些全球性的在线学习平台(Coursera、EdX)和一些国家的在线学习平台(例如中国的"学堂在线"、俄罗斯的 Open Education、墨西哥的 MéxicoX、法国的 FUN、印度的 NPTEL)开设的公共在线课程提供与现有学位课程相关的学习内容,并受到了高校教学人员的关注。这些在线课程具有双重作用:一方面,这些课程本身就是学生所学课程的一部分;另一方面,其他大学的学生在学习相应科目时也会参考它们。在后一种情况下,全球在线学习平台的内容成为俄罗斯"传统"大学教学内容和质量的体现。

这种间接的监管体系与科学技术的自由市场类似,其背后没有任何行政框架,但是其中力量最强大的参与者对市场产生着决定性作用。这种体系建立在独立的外部评估和比较之上,并且依赖于高效透明的信息传播。是否考虑外部评估是大学自己要决定的。总之,在线教育形式适合变化快、具有独特性的高等教育内容,同时也为课程的有效更新提供了选择。

在俄罗斯及其他几个苏联国家,影响课程结构、内容和质量的并非传统监管工具,而是政府使用的或代表政府意志的规范性工具,这使得监管过程变得行政化。现行监管制度背后的意识形态也源自苏联时期,但其法律机制基本上是 20 世纪 90 年代后才演变成现在的形式,主要包括:

- 科学和高等教育部批准的"联邦国家教育标准"(Federal State Education Standards);
- 联邦政府为每所大学分配的任务,具体指的是在严格限定的领域和专业中,由国家出资培养严格限定数量的学生(即所谓的公费生配额);
- 各领域的联邦学术方法协会(Federal Academic Methodological Association)制定的有关课程和教学方法的建议;
- 国立的许可、认证、监督和管理机构,主要负责高等教育市场的准入。

与此同时,虽然间接的和传统的监管工具依然存在,但与其他国家相比,这些工具的发展程度不够成熟,使用也很零散。有的大学使用得相当积极,有的则完全无视。不过无论如何,这些工具确实存在,并且是整个高等教育系统的一部分。

二、课程的治理：教育标准

各级教育的课程质量都要依照联邦政府制定的教育标准进行监管[9]。实际上联邦教育标准已经被写入宪法[10]，在法律中它的定义是："联邦国家教育标准是由制定教育领域政策和法规的联邦行政机构批准的对某一级教育和（或）行业、专业及研究领域的一整套强制性要求"[11]。包括高等教育在内的各级教育都制定并实施了联邦标准，其中高等教育的联邦标准最终是由科学和高等教育部批准的。

高等教育领域的第一部联邦国家教育标准于1994年颁布[12]。该标准对课程结构和课程实施条件在总体上提出了统一的要求，并规定了学生人均学习负担和对毕业生的知识水平要求。此后，这一标准进行了多次修订，目前使用的是第三次修订版[13]。在不断的修订过程中，这一标准从对教育过程和所有重要元素的严格监管转向了更加灵活和宽松的管理方式，主要规定教育的形式和内容，同时注重评估。

如今，该标准为所有领域的课程（无论是核物理还是俄罗斯文学）确立了三个方面的要求：①课程学习的结果（毕业生在课程结束时应掌握的知识）；②课程的结构（毕业生应学习哪些必修课程）；③课程实施的条件（需要多大的空间，即如何配备教室和图书馆等）。课程学习的预期结果体现为技能[14]，这种基于技能的评估方式（以及以学分作为衡量课业量的工具）主要受到了欧洲高等教育的影响。此外，"博洛尼亚进程"（Bologna Process）也导致了联邦教育标准的变化[15]，例如将课程和相应标准按照学士教育、专家教育和硕士教育划分。

联邦国家教育标准规定的技能分为三类：一是通用技能，在高等教育的各个阶段都相同；二是一般专业技能，即某一类知识（或某几类密切相关的知识）特有的技能；三是专业技能，即某一学科领域特有的技能[16]。课程内容由专业团体制定，例如各领域的联邦学术方法协会。

联邦学术方法协会是基于不同的研究领域设立的。这些协会（不是法律实体，而是自愿组成的专业协会）通常由来一流大学的教师和科研人员，以及其他大学职工和雇主代表组成。由于联邦学术方法协会除了个人参与之外没有基本的组织结构，因此缺乏开展专业工作和独立参与教育质量评估所需的资源。为了解决资源匮乏的问题，许多联邦学术方法协会在该领域一流大学的指导下，针对不同的学术领域和重点方向成立了指导（咨询）委员会，并且负责组织相关的工作和承担相应的费用。联邦学术方法协会的主要任务是参与起草相关学术标准和课程大纲，但它们也参与和教育标准实施有关的其他指导工作。例如，它们参与评估在线开放课程的课程设置和评分机制，参与教育质量的独立评估，参与社会和专业认证，参与制定教科书的长期出版计划（这一项最终由联邦的高等专业教育机构批准）。

联邦学术方法协会发布的第一批教育标准严格监管着教育项目的结构及其所包含的课程。在实际中，这种做法意味着大学在整个项目课程的具体设置上几乎没有调整的空间。在各个学科，大学需要重点关注相应学术方法协会批准的课程计划和课程草案。例如，在 20 世纪 90 年代，联邦标准是一个强有力的工具，它要求刚刚联合起来的经济学家和社会学家划分他们各自专业的课程内容。除此之外，当时还普遍存在一些不道德行为，例如受到人们对经济学和社会学文凭大量需求的刺激，开设此类专业的大学往往会在这些教育项目中加入各种无所用处的课程并冠以有吸引力的名称，联邦标准阻止了此类活动的蔓延。

各教育项目不仅评估学生通过学习应掌握的知识和技能，对必读（必修）书目和选读书目也提出了要求。许多大学使用的是推荐的标准教材。这些教科书的印刷量非常大[17]，可以为教科书的作者带来很大的利益，因而也容易滋生腐败。虽然大学也可以使用其他教科书，但那些教科书必须通过标准检查，获得联邦学术方法协会的特别标注："经联邦学术方法协会批准作为某某学科教科书"，并印在书籍的扉页上，置于作者姓名和书名的下面。

在联邦一级制定（各级教育的）课程是为了确保全国教育的统一，并促进学生在不同教育阶段之间顺利升学。课程体系（至少在形式上）应确保中学和大学之间在知识和技能方面没有任何滞后或重叠，此外它还应确保不同大学同一专业的毕业生掌握差不多相同的技能。当然,各大学的教育质量并不统一,但课程体系通过设定最低门槛,确定了对毕业生的基本要求和期望,并且可以在各大学之间进行比较。有了统一的课程设置,俄罗斯大学之间以及俄罗斯大学与外国合作伙伴之间就有可能开展联合办学项目,并且统一的课程设置还确保了学生的流动性(这种流动依据的是他们已完成的课程和所学习的内容)。课程应当是一个由政府主导的范畴,并且教育市场参与者、利益相关者和雇主之间应当达成一致。

但与此同时,将联邦标准作为课程和教育质量的基准也会产生一些问题。首先,统一的标准不能降低高等教育课程的复杂性,也不能阻止人们简化课程要求。教师在编写自己设计的课程时很难理解实际需求是什么,或者为什么有必要详细描述各种能力和要求,而这些能力和要求本应按照"原样"解释清楚,因此当所有教学材料都是用此类语言风格和专业术语编写时,就更加剧了课程的复杂性。结果就是,教师们往往认为关于课程设计的诸多要求是多余的,这反过来又导致他们试图通过复制来走捷径。大学设有指导部门,负责检查所有课程是否符合联邦标准(这是以前用来检查一些特定课程和教育项目的办法),但这些部门并没有真正帮助教师理解课程设计的要求,而是充当教师与学术方法协会之间的"翻译者"。达到联邦标准是大学领导者的责任,不是教师的责任,因此教师们往往会忽略这些标准,甚至可能从未仔细看过这些标准。

其次,修改课程标准是一个非常复杂且漫长的过程。任何一项标准一旦被接受,其内容就开始过时。换句话说,标准本身缺乏灵活的调整工具,而这类工具在一些情况下,例如就业市场发生重大变化时,是非常必要的。

最后,统一的标准往往会将各个专业分离开来,包括本应有所重叠的那些专业。这不是因为课程本身,而是因为课程必须与联邦政府已经批准的教育项目和专业对应。"老派"专家们根深蒂固的理念是,如果没有教育项目,就不可能有与之同名的课程,这就导致了专业的分离[18]。这种人为分离(例如工程科学与自然科学的彻底分离)给跨学科教学带来了问题:生物工程专业应如何设置? 数字人文科学又该如何? 课程标准的逻辑是各个课程应当分离(但同时在这个逻辑下,所有课程内部都涉及传统上分立的不同专业之间的交叉)。也就是说,这种标准体系导致了专业的极端固化。

法律允许一些大学自己开发课程。哪些大学能获得这项权利,由它们的教育和科研成果决定(其中,课程质量的替代指标是申请者之间的竞争程度、学生在国际学科奥林匹克竞赛中的成绩,以及大学科研工作的规模和成果等);联邦大学和国家研究型大学也在这些大学之列。获得此项权利的大学有权制定自己的课程标准(但不得低于政府标准),并根据自己的标准设置学位项目。这一规定为大学创设了"灵活的环节",因此也为特定大学提供了优惠,相关大学利用这种灵活性与外国大学建立了伙伴关系(开发联合课程和合作网络)。目前这样的大学有 56 所(约占公立高等院校总数的 11%),它们作为试点被批准开发"先进的"课程。

但直到现在,许多大学仍然没有积极利用这些机会[19],这是为什么?首先,联邦国家教育标准是针对一部分教育项目和专业制定的,不包括创新教育项目,而后者一般是跨学科的,并与那些有发展前景的、新兴的科技发展趋势相关。其次,联邦标准与既定的专业标准之间的联系很死板。由于这些专业标准的审查时间不同,新制定或更新的专业标准在实践类课程中的应用受到了限制,这就导致联邦标准与毕业生未来发展之间的联系被削弱了。最后,联邦标准不允许教育标准中的条款在各类课程的开发和个人教育选择上有任何改动(包括但不限于学制长短、课程模块等)。

在联邦学术方法协会还负责向大学推荐教科书的时期,联邦标准的实施是相当有效的,因为国家可以据此对大学的工作进行检查。当时各领域联邦学术方法协会的目标是通过采用统一的课程和教育方法来确保高等教育质量的统一,那时它也能够跟上科学发展的步伐:通过将新知识纳入必修或获批使用的教科书,确保所有学生(自然也包括所有教师)"被迫"了解新的信息。

联邦标准从规定学科知识和相应的教育内容发展到现在的规定技能,从规定或推荐教科书发展到可以自由使用任何教科书,这实际上是一种与人们的直接反应不匹配的发展趋势。改革者的失误在于忘记了这种自由会被人们用来走捷径,而不是创造更大的利益;会使教师停止更新自己的技能,而非提高教育质量。目前,联邦标准的要求既不能保证教育项目内的学习质量,也不能保证相关教育内容符合新的发展方向。

同时,许多与课程的统一要求和质量评估相关的程序都以一系列联邦标准为基础。例如,教学人员培训体系(主要针对各级中等教育)就是基于毕业生在未来的教学实践中应遵循的标准设计的;除此之外,各中学和高等院校教师和员工的技能发展和表现评估也与联邦标准相关联。换句话说,在能够对课程内容进行有效管理的市场机制缺位的情况下,联邦标准可以说是(并非在全部情况下)教育内容和质量监管体系的基础。对大学课程质量的评估也是以其是否符合联邦标准的要求为基础的,这种评估的过程包括许可和认证程序,具体将在下一节中介绍。

三、监督和管理

保证高等教育质量的主要机制包括许可(licensing)和认证(accreditation)。在俄罗斯,这些职能通过联邦教育监管局(Federal Regulatory Agency in Education)集中在联邦政府[20]。国家教育认证机构(National Accreditation Agency for Education,俄语为 Rosaccredagentstvo)是联邦教育监管局的下属机构,负责教育质量的管理和监督[21]。

此外,俄罗斯高等教育管理体制的另一个基本特点是实行双重管理,即要求教育项目既获得许可证也获得项目认证(必须定期重新获得批准)[22]。

1. 许可和认证制度

1)许可制度

任何新成立的大学在开始运行之前都需要获得许可证,这是高等院校得以开办须遵循的法定程序。教育机构的创建过程包括注册法人、登记税务和统计资料、提交文件、获得教育活动许可证,然后才可以开始运行。许可制度确保该机构具备实施高等教育的必要条件:拥有符合卫生和安全规定的必要的安全场所,以及必需的教师和书籍资料。高等院校开办后,要定期接受许可制度的监督,检查其是否符合相应的条件和要求,从而确保教育质量[23]。

在俄罗斯,许可制度是教育系统的一个强制性要求,被视为一项能帮助打击不合格教育提供者的机制。2019 年，俄罗斯有 42 所大学（包括总校和分校）因教育过程和教育质量被联邦教育监管局认定为不合格而被吊销了许可证[24]。此外，暂停许可证也是政府对高等教育机构施加压力的一种机制[25]。例如，2017 年，俄罗斯最好的私立大学之一圣彼得堡欧洲大学（European University at St. Petersburg）的教育许可证就被暂停了一年。

2）认证制度

俄罗斯高等教育系统中大学的认证程序是怎样的？要获得许可证，大学必须首先确定计划实施的课程项目。从项目实施的第一年起，大学就可以申请认证，由教育监管机构对其进行质量核查。认证的目的是确定课程是否符合教育标准。如果大学的课程项目都没有通过认证，该大学就没有资格获得政府资助，而政府资助占普通大学全部收入的一半以上[26]。私立大学与公立大学一样，必须将课程项目提交认证，只有认证通过后，它们才能颁发政府认可的文凭。

俄罗斯的认证制度包括根据教育标准审查课程材料（包括教学大纲、课程表等）以及检查学生的知识掌握情况（包括对学生知识水平的抽查）。主要的认证程序包括审查各种文件（学科方案、课程表、评估材料，特别是与认证学科有关的测验和考试文件）、课程实施的条件以及后勤情况（包括教室、体育馆、食堂的设施条件以及图书馆是否有必需的书籍）。鉴于参与评估（但评估并非总是可行）的课程和机构多种多样，在实际中要求高校通过认证制度来确保课程质量是不现实的[27]。由于缺乏透明的、成熟的标准去检查课程的文件和实施的条件，认证的过程变得更加复杂，更有可能做出有失偏颇的决定[28]；并且在实践中，联邦标准的要求往往被解读得比理想情况更严格且不够直截了当。

2. 对俄罗斯高校表现的监测

国家对高校表现和高校决策的监管，无论是优先支持一流大学，还是近年来打击效率低下、弄虚作假的大学，都是通过一年一度的"俄罗斯高等院校表现监测"（Monitoring of performance of Russian HEIs）来实施的，这项监测机制作为一种年度测量工具，持续为数据库提供数据[29]。2013 年这项监测进行了初步测试，使用的是截至 2012 年底的有效信息。现在，所有高校每年都要根据一长串能体现高校各项表现的项目列表提交相应信息，要求的项目现在已经超过了 120 个。

监测审查要求高校提交能体现发展情况的六组主要数据和两组附加数据[30]。主要数据包括：教育表现（包含 15 项数据）、科研表现（16 项）、国际表现（13 项）、经济和财务表现（4 项）、基础设施情况（8 项）以及人事情况（5 项）。附加数据包括大学培训本地区干部的情况（5 项）和一系列其他项目（56 项）。

教育表现是根据国家统一考试平均分、学科奥林匹克竞赛获奖人数、教育类型和教育项目级别（学士、专家、硕士、博士教育）以及这些数据的相对份额来评估大学的录取水平。科研表现是根据每百名学术人员（包括教师和科研人员）和高校的研究成果发表情况，以及研发活动的绝对数量和资金规模来评估高校的出版情况。国际表现是根据教育项目的级别、聘用外国科研人员和教师的规模，以及外国公民和单位提供的教育和科研服务规模来评估国际学生的录取规模。经济和财务表现是根据每名教师为大学创造的收入，以及教师的平均工资与该地区平均工资的对比进行评估的。基础设施情况是根据大学运营的教学和实验设施的绝对数量，以及每名全日制学生的个人电脑、纸质书籍和手册的数量评估的。人事情况是根据教师的学位以及全职教师所占的比例进行评估的。

高校表现监测是一个很好的实证数据来源，不仅能帮助高等教育的管理和决策，也有助于学术研究，例如评估政府的各类政策措施对大学和大学群体影响的研究[31]。

第二节　高等教育经费

一、一般原则

目前俄罗斯高等教育系统在教育经费方面确立了三项原则。第一项是在宪法保障下，以竞争为基础提供免费的高等教育；如前面章节所述，约一半学生接受的是免费的高等教育。第二项是由中央划定公费生名额(此项原则可追溯至苏联时期),并规定了公费生的对象、地区、每个学科领域的名额。第三项是大学在特定学科领域的自费生名额及学费方面拥有基本的自主权[32]。

现行的大学招生制度结合了准市场和标准市场两种模式。苏联时期建立的公费生准市场招生制度,是基于公费生名额的"分配"与申请者的自由选择。由于未来录取学生的结构和范围是政府基于预测集中规划的,因此有必要回顾这一制度的修订历程,并与苏联时期的类似制度进行比较。在苏联,即使在相对自由的20世纪70、80年代,企业也是国有的(或由国家管理的,例如集体农庄)。对劳动力需求的预测无非是在地区和专业层面上规划劳动力分配,企业(组织)对专业人才的需求也为这种预测提供了支持。政府通过自上而下的集中体制或更直接的"企业—大学"渠道,将这些信息传递给毕业生,应届毕业生必须在他们被分配的企业工作一段时间并担任预先给定的职位。因此,这种集中规划的方式影响了大学申请者在理性上对大学的预期:在大学,他们能够获得足够的专业经验,让他们有能力了解潜在的发展方向及可能的薪资水平,并且明白这两者取决于他们自身的努力和学业成绩。

在这种理想的情境中,准市场元素被引入了,即中学毕业生在大学申请上的自由选择,以及他们父母的价值观、经济水平和社会资本。一些大学和专业非常受欢迎,吸引了成绩更好的申请者,因此竞争激烈、选拔性强;其他一些大学和专业则没那么受欢迎,因此申请者的成绩较差,在没有设立自费教育的时候,这些大学和专业成为申请者的备选项。

国家承认这一准市场的存在,试图从社会或政策角度出发对其进行干预。在录取来自某些种族和某类社会背景的申请者时,国家会给予他们一些公开或非公开的名额,例如一部分一年级新生就是从工人学院选拔出来的。但不同于集中规划以及为录取名额设置数量标准,这种干预工具在苏联时期并没有被长期采用。

在市场经济条件下,劳动力市场是完全自由的,因此苏联这种基于配额的集中规划模式因为缺乏合理的基础而成为一种政治幻想。可以说自

1992 年以来,联邦政府没有开发出任何证据性工具来预测各地区和专业的劳动力需求,从而无法为专业人才的培养打下初步基础。

此外,苏联解体后,政府放弃了将毕业生按计划安置在社会各企业和组织的集中规划模式。各个企业和组织在劳动力市场上被赋予了与私营企业基本相同的权利,对毕业生就业不再承担任何义务,因此也不能保证毕业生一定会选择其作为雇主。在必要的情况下,企业和组织可以与大学及学生(申请人)签订民事合同,开展有针对性的培训。

现在教育部门的规划主要基于各地区的建议,而各地区的建议基本上都是依据大学的偏好来制订的。任何试图提高这种机制准确性的措施只能进一步证明其固有的不合理性。特别是在某些领域,学校录取(和毕业)的专业人才数量明显比企业实际聘用的专业人才数量更多,这样做是要确保所有职位一直有合格的候选人,尽管薪资明显缺乏竞争力,但仍要保证提供充足的劳动力资源。随着时间的推移,毕业生过剩导致了一些工作岗位和相应专业(主要在技术领域和一些交通运输领域)越来越不受欢迎。政府仅有过一次打破这一恶性循环的尝试。2011 年,弗拉基米尔·普京(Vladimir Putin)宣布,必须提高学校教师的平均工资,使之与当地的平均工资持平。五年后,师范专业的录取质量开始提高;目前师范专业的国家统一考试平均录取分数接近 70 分。

自费高等教育自从在俄罗斯出现以来,一直以自由市场为导向,以民众的偏好和劳动力市场的预期为基础。20 世纪 90 年代和 21 世纪初,自费高等教育发展效率低下的主要原因是信息的严重不对称。高等教育两端的参与者:家庭和企业在所谓的市场类职业(经济学家、经理、律师、营销人员)方面缺乏经验,而这些职业则普遍被认为能为个体提供最佳的快速发展机会。

那么如今,高等教育系统是如何运作的?《俄罗斯联邦教育法》规定了政府对高等教育系统的经费保障:"联邦预算拨款必须确保高等教育经费,按照每一万名 17~30 岁俄罗斯公民中至少有 800 名高等教育学生计算"[33]。这确保了政府经费能够为俄罗斯约一半的学生提供高等教育。

如何确保这些措施的实施? 这些措施如何实施? 在回答这些问题之

前,需要先回顾一下俄罗斯在高等教育经费方面几项标志性的基本数据。在俄罗斯高等教育经费的三个主要来源——国家预算、家庭资金和其他非政府资金(商业性和非营利性组织的资金)之中,国家预算占绝大多数(见图4-1)。具体而言,俄罗斯高等教育支出的64%由政府支付,家庭和其他非政府资金分别承担约23%和12%。俄罗斯高等教育的公共支出水平与匈牙利、西班牙、意大利和捷克大致相同,家庭支出水平与以色列、印度尼西亚、爱尔兰和拉脱维亚大致相同,其他非政府部门的支出水平与澳大利亚、捷克、智利和瑞典处于同一水平。总而言之,俄罗斯的高等教育经费结构与英国、美国和韩国有很大不同,这些国家的家庭支出和其他非政府部门支出一共所占的比例差不多是俄罗斯的两倍;此外,俄罗斯的支出结构与奥地利、德国和斯堪的纳维亚国家也很不同,这些国家非政府部门支出所占的比例要比俄罗斯低得多(只占不到10%)。

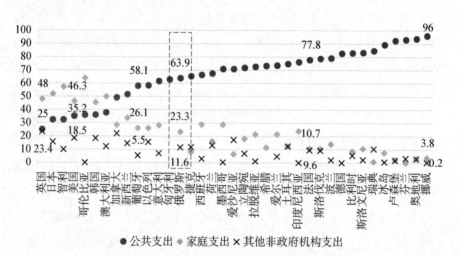

图4-1　2016年各国高等教育支出结构(%)

注:数据为各类支出占高等教育总支出的比例,根据 OECD 数据。

近年来,俄罗斯高等教育总投入约占俄罗斯联邦 GDP 的 1.15%,比 OECD 国家的平均数低 24%,比发达国家(美国和加拿大)低一倍多,但与南欧和中欧的一些国家相当(见图3-2)。考虑到此类支出与 GDP 呈正相关,这种情况也是合理的(见图4-2)。

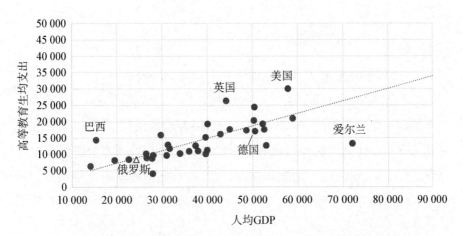

图 4 - 2　2016 年各国高等教育生均支出和人均 GDP 分布情况(美元)

来源:根据 OECD 数据。

注:本书中所有汇率都按"购买力平价"(purchasing power parity,简称 PPP)汇率换算,下同。

俄罗斯政府每年向高等教育提供的经费约为 4 630 亿卢布,接近 180 亿美元[34]。近年来,政府投入的生均教育经费一直在下降,且大大低于发达国家:美国是俄罗斯的 2.2 倍,德国是俄罗斯的 3.4 倍,而生均教育经费最高的卢森堡是俄罗斯的近十倍(见图 4 - 3)。

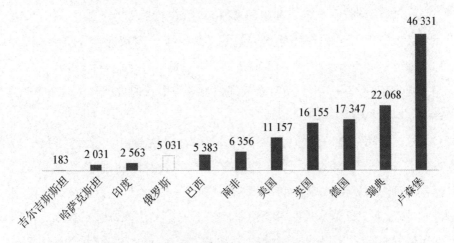

图 4 - 3　各国政府的生均高等教育支出(美元)

注:1. 图中的数据包括维持、资本和转移支出,参考 UNESCO 数据"政府的生均初始支出"(initial government funding per student)(美元)。

2. 各国数据年份:印度的数据为其 2013 年的,巴西和卢森堡的数据来自 2015 年,英国、德国、俄罗斯、美国和瑞典的数据来自 2016 年,吉尔吉斯斯坦的数据来自 2017 年,哈萨克斯坦和南非的数据来自 2018 年。

二、制定预算的原则

1. 近年来的变化:从保障到服务

1)监管制度的早期调整

前面讨论的那些数字的背后是什么?高等教育机构的目标、条件和经费筹集方式是什么?这些问题对于了解俄罗斯高等教育系统的整体运行情况非常重要,但要找到这些问题的答案,需要先回溯该系统的历史。当今俄罗斯的高等教育系统基本是由历史决定的,并且苏联时期的结构特征在一些方面仍然很明显。

苏联时期的社会是一个由各类附属机构(包括幼儿园、中小学、大学、文化中心、医院、门诊部等)组成的社区,并且形成了一个能够确保政府在教育、文化、医疗和保健方面提供保障服务的系统。单项拨款制度(苏联式经济的典型做法)意味着相关经济实体可以获得用于完成特定任务的专项经费,即这些经费必须严格用于预先确定的目标,任何偏离单项拨款制度的行为都会被视为挪用经费,最少也会被提起行政诉讼。节省下来的所有经费按照规定都会被联邦政府收回。

在苏联时期,所有企业和组织都在苏联政府的职权范围内运作,采用单项拨款制度似乎是这种计划体制的必然结果。国家计划委员会(State Planning Committee,即 Gosplan)是当时唯一的计划部门,负责在经费和数量方面平衡投入和产出。所有企业都相当于中央政府的代理人,它们的活动受到既定框架的限制。

这一时期存在一种不切实际的错误理念,认为这种管理方式可以"自上而下"地"提前"考虑到所有可能的需求、资源及其流动;单项拨款制度正是这一理念的体现。20 世纪 80、90 年代初,当苏联的计划经济体制逐渐崩溃时,拨款方式逐渐从采取单项拨款转向了依据民法原则进行拨款。然而在短暂的中断之后,通过单项拨款、报告和监督来执行政府预算的做法又在 90 年代中期回归。这种变化与意识形态无关,而是因为经费预算极其有限,需要将国家的财政义务降到最低。经批准的联邦预算(以及随之而来的地区、市政和企业预算)每年都会按照 10%、20% 或 30% 的幅度缩减数次。

在这样的情况下，很有必要单独列出当年不能减少开支的项目。这些项目主要是教师和学校其他雇员的工资以及学生奖学金，20 世纪 90 年代末还包括建筑维护费（即水电费）。预算中这些受保护项目的开支受到严格监管。

1992—2005 年间，大学的经费不足，无法提供高质量的教育，并且政府分配给大学的经费依照的是单项拨款制度，这就要求大学全年的支出模式是固定的。为了应对各种各样的低效管理问题，所有与预算相关的活动都仅限使用预算项目内的经费，但这种做法又导致了其他问题，例如行政部门可以利用预算资源购买设备，却拖欠员工数月的工资。

每年各大学依据单项拨款制度获得的经费变化取决于之前所获经费的水平，具体做法是基于前一年的经费进行估算，并根据当前可使用的预算进行调整。如果公费生数量变化较大，还要依据人数再进行调整，但学生数以及实验室、各类设备和图书馆的情况不在考虑的范围内。因此一所大学平均每个学生或教师获得的经费可能是另一所大学的两倍，尽管它们的基本情况并没有明显差别。

2）国家服务和规范拨款

在 21 世纪初的预算机构改革中，社会义务被国家服务的概念取代[35]。在国家职能中，一部分服务职能被单独挑选出来，假定他们有特定的客户（例如医疗保健和教育服务），这些就是国家服务，由国家提供并承担其费用。在确立了国家服务体系之后，根据国家行政部门和地方自治政府之间的权力分配情况，在联邦和地区层面都制定了国家服务清单。基于这些新的清单，为这些服务提供经费的方式也有必要改变。

因此，如何向国家服务提供经费就成为一个问题。"客户优先，资金随后"（customer first, money follows）的基本原则得到了广泛传播。在这种情况下，政府是主要客户，也是（更加有限的）国家保障的负责人——一个由国家保障负责人参与客户竞争的市场正在形成。提供有偿服务（就大学而言，指的是用收到的学费培养学生）也是这一共同市场的一部分。

但是显然，这种简单的模式可以被宣布确立，却难以被真正实施。像高等教育这样结构复杂的系统不可能完全依赖纯粹的市场机制运行。造成这种不可能的原因包括传统的市场失灵(Stiglitz, 1989, 1998),以及对市场机会的滞后反应,这些都导致市场竞争机制的有效性大大降低。如果没有监管,一些地区可能会出现需求过剩(例如许多年轻人希望去莫斯科上学),而其他地区则可能缺乏教学设施,一些专业也会变得无人问津。因此,市场机制必须配备监管措施,以确保"客户优先,资金随后"的原则能够被有效实施。21世纪初曾进行过一次这样的试验。

3) 教育券试验

该试验的理念是在大学的政府资助模式中引入市场元素,允许大学为所提供的付费教育定价。试验的设计者认为,政府提供的经费必须通过教育券的形式分配给大学,录取的学生也要向他们选择的大学递交教育券。这些教育券代表了国家应履行的财政义务(state registered financial obligation),也是学生国家统一考试分数的证明。学生的考试成绩决定了所获教育券的类别,反映的是不同的国家财政义务。因此,教育券是政府向大学提供经费的依据,用于按照国家教育标准培养本科生。

在教育券制度下,最优秀的学生可以像过去一样获得国家预算的完全资助,也就是说这些学生获得的教育券可以全数支付大学的教育费用;而其他无法申请全额资助的学生则要支付部分教育费用,他们需要支付的费用相当于大学规定的教育费用与他们持有的教育券价值(对应相应的财政义务类别)之间的差额。学生的国家统一考试分数越高,需要支付的余款就越少(T. Abankina, 2005)。这就摆脱了以往要么自费、要么公费的二元模式,转而采用政府预算和个人自费相结合的更复杂的模式。

在之前的制度下,学生要么获得免费的高等教育,要么全额支付学费。全自费的学生绝大多数来自收入最低的家庭,但与此同时,大部分免学费的学生是有能力支付学费的,学费对于他们的家庭来说并不是一个难以承受的负担。新制度的理念是让大学有机会制定教育的价格,让家庭在有机会综合考虑自身经济条件和子女的国家统一考试分数的情况下选择大学。事实上,仅仅能够为子女承担三分之一学费的家庭远远多于能够将子女送入同类大学并支付全部学费的家庭,所以教育券应当是有助于普及优质高等教育的。

教育券试验于 2002 年 1 月宣布实施,最开始是在俄罗斯联邦的三个联邦主体——马里埃尔共和国(Mari El Republic)、萨哈(雅库特)共和国(Sakha Yakutia Republic)和楚瓦什共和国(Chuvash Republic)的六所大学实施的[36]。基于国家统一考试分数,教育券被分为五类。该试验在 2004年延长实施了一年,却在 2005 年宣告失败而暂停。为什么专家们(例如Markina, 2004)会认为这样的国家财政义务试验失败了呢?

首先,与未参与教育券试验的大学相比,参与教育券试验的大学获得的经费要多 30% 以上。造成这种差距的原因之一是无法准确预测中学毕业生的国家统一考试成绩,因此也就无法预测有多少大学新生会获得教育券。结果就是分配给参与试验的大学的拨款增加了,却减少了对该地区其他大学的拨款。该试验还有一个特点:教育部不规定入学指标,因此"教育券大学"的招生数远远超过了以往设定的指标(有些大学几乎超了一倍),这反过来又大大增加了预算支出。为此,在 2003/04 学年,教育部干脆减少了对各类"教育券大学"的资助,但同时这些大学的学费也提高了(平均提高为了之前的 1.5～2 倍)。

其次是招生结构的变化。工程专业的申请者减少了,经济和管理专业的申请者增加了。这与该教育券试验没有考虑到不同专业教育成本的客观差异有关。国家对所有专业的教育券资助水平都是一样的,不论是那些热门专业(例如经济学和法学,从大学的教学成本来看这些专业其实是相当"便宜"的),还是那些不热门的专业(例如技术专业,这些专业的录取配额冗余,虽然早些时候它们曾对学生很有吸引力,但 21 世纪初也面临着学生流失的问题)。

最后,教育券的分级方式被证明是低效的。在参与试验的大学中,大学的规划和资助方式都要求将预算资源用于持最低等级教育券的学生,这些学生的国家统一考试分数反映了他们的知识水平并不高。由于国家资助教育券专用的预算资源不充足,这种做法实质上意味着以优秀学生的利益为代价培养水平较低的学生。

一些失败的原因是可以纠正和调整的,那么政府为何还是决定放弃这个试验? 很大一部分原因是教育专家们对教育券制度十分警惕(教育券意味着可能会废除招生配额制度），担心它会使大学无法获得有保障的经费预算。当时三分之二甚至更多的教育项目都是招生配额制的受益者，远远多于教育券的需求者。因此，一直以来颇具影响力的技术院校校长和科学家们联合起来反对教育券制度，他们认为，如果永久地实施教育券制度，会使他们的大学失去足够的申请者，进而走向末路。

2. 招生配额和标准生均经费

教育券试验终止后，国家开始走一条更加循序渐进的路。"客户优先，资金随后"的原则被政府分配原则以及国家为大学设定的目标所取代，大学经费的成本预估原则也被放弃，转而采用"为服务付费"的原则。因此有必要让大学变得更具有服务意识。《俄罗斯联邦教育法》第83条概述了许多要点，成为俄罗斯预算制度改革的基础[37]。

在不采用"客户优先，资金随后"模式的情况下，俄罗斯高等教育系统的年度总体招生目标是固定的，并且会依据招生配额分配给各大学[38]。教育部基于招生配额确定预算的总数和结构（每个专业有多少，各地区如何分配），并确定政府保障性经费的目标、执行方式和具体要求，但对政府保障性经费的内涵并没有明确的认识。所有的计算都是基于"每一万人中有800名大学生"的标准进行的[39]，这意味着在不同的人口条件下（当相关年龄段的人口偏多或偏少时），政府的保障性经费也会随之变化。考虑到国家重大的财政负担，在制定预算时如何应对这种波动呢？答案就在于采取竞争性的招生名额分配。

1）公费生名额总数

如何确定高等教育项目经费预算的上限？目前，科学和高等教育部作为负责政府高等教育政策的联邦行政机构，根据年轻人数量和"每一万人中有800名大学生"的法律规定（以下简称"公费生名额规定"），确定了在特定时间内公费生的数量。在了解了大学毕业生人数和各年级学生的"存活率"（survival rate）后（即进入下一年级学习的学生比例，整个高等教育阶段的平均"存活率"为93%），教育部就可以根据"公费生名额规定"确定资助名额，然后再按学士、专家、硕士教育阶段和不同的研究领域分配预测的名额。

2）公费生名额在大学中的分配

现在俄罗斯的公费生名额是通过竞争分配到各个大学的。这种竞争由联邦行政机构科学和高等教育部负责组织和实施[40]。竞争性分配的一般原则如下：大学之间的竞争性分配在预计准备招生的前一年进行，大学每年要提交各专业公费生名额的申请，并且大学要先根据各专业在某些关键指标上的表现对其进行排名，之后政府会结合专业排名以及大学的申请，确定相关年份的公费生名额。

对各专业的排名要考虑国际学生在大学生总数中所占的比例，以及大学从每名教师或科研人员的知识产权及相关事项中获得的收益，例如 Web of Science 和 Scopus 数据库中学术成果的数量，以及大学从研究、开发和生产活动中获得的收入。

当大学开设新专业时，"协商谈判"在确定招生配额方面起着不那么正式但十分重要的作用。协商的结果既取决于大学的总体水平（基本体现在大学在其他教育项目中的专业人才培养效果），也取决于一些外部因素（如人口条件或当前的劳动力市场情况）。在实际情况中，决策过程通常会通过协商加以补充，这些协商旨在达成关于专业领域的妥协与折衷（例如，提高大学优势专业的招生配额、削减其他专业的配额）。

近年来，科学和高等教育部的决策导致社会科学、经济学和管理学专业的公费生名额大幅减少，人文学科也是一样，而工程专业的公费生名额则有所增加。科学和高等教育部的这种决策是多种因素共同作用的结果。自 20 世纪 90 年代上半叶以来，社会科学、经济学和管理学专业的需求一直很旺盛（例如，与 2016 年相比，2017 年适龄学生的数量减少了 3％～5％，但这些专业录取的自费生数量却增长了 3％以上）[41]。这些专业教育的很大一部分是由教育质量不高的大学提供（目前对大学活动和认证结果的系统性实时监测证实了这一点）。此外，科学和高等教育部的这种决策还受到总统和联邦政府指令的影响，要求加强对工程师的培养。最后，在 2004—2016 年间，教育和科学部的主要领导都具有工程专业背景。这些因素共同导致许多大学削减了上述专业的招生配额及公费生名额。

实施配置招生名额的做法存在两个问题（Dobryakova & Kuzminov，

2018)。第一个是某些专业的招生名额总是非常有限。例如，2018 年，80%的大学中都存在一些专业的公费生名额只有 25 个甚至更少的情况。以法律研究专业为例，2018 年在 172 所拥有政府分配指标的大学中，有 127 所获得的公费生名额少于 25 个。此外甚至有的大学每个专业只能获得一个、三个或五个零星名额。人们可能会认为这种情况只存在于最受欢迎的专业中（比如经济学、法学和管理学），但事实上也发生在不那么热门的专业中。

出现这个问题的原因是什么？考虑到如今大学教师的数量是按照不低于 1∶12 的师生比调整的[42]。如果学生数量是 25 人，大学可以获得的教职是 2 个，但平均一学年的科目就有 8 门。如果政府想在不投入大量经费的情况下提高高等教育质量（事实上也并没有此类投资计划），那么就有必要实施专家们自 2005 年左右就开始提倡的管理措施，也就是说每个专业的最低招生配额应控制在不低于 25 个，而对于那些公费生名额足够多的专业，则不应低于 50 个。因此与政府有这类合约的大学就能有足够的财力聘请教师，包括各类重要学科的专家。

第二个问题是大学、地区和专业之间招生名额分配不合理。大学获得的招生名额往往与实际条件不匹配。有的大学中的一些专业的国际声誉非常好，学生质量也很高，但招生名额却非常有限。但与此同时，公费生名额（有时数量很多）却分配给同一地区师资力量没有那么强的一些大学。地区间招生名额分配的不合理同样存在：在缺乏高水平大学的地区，招生名额会被分配给水平较差的大学，这些大学接着又录取了知识水平较低的学生。此外，学科之间也面临同样的问题。有些专业，特别是和技术相关的专业，招生名额过多，因而能力较差的学生也能被录取；但有些专业（比如东方研究和语言学）对高水平学生的要求很高，招生名额却很少。将招生名额从非热门专业调剂到热门专业，可以提高政府预算的使用效率[43]。

3）经费标准

大学为每名获得公费资助的学生提供经费的依据是什么？在 2005 年前后，每名公费生的预算支出在不同大学之间的差异很大，这种现象只能用路径依赖（path dependence）来解释。当时关于新型大学资助制度的争论很激烈,主要是因为摒弃既有的制度、制定统一的大学资助制度很有必要,因为在单项拨款制度下,与当权者关系最好的大学可以获得很大的优势。2013年,政府决定向标准生均经费制度(normative per capita funding)过渡。经过两年的时间,俄罗斯教育和科学部为这项制度建立了法律基础,这项制度正式落实[44]。

标准生均经费制度的精髓在于,每个主管公立高等院校的部委都要制定一个标准体系,确定下属高校的生均经费以及基础设施经费。为此,部委要计算出一个基准值,覆盖教师的工资总额、培训材料费、学生实习组织费、师资开发费、公用事业服务费等,在基准值的基础上,再纳入以下指标:[45]

- 教育级别:包括学士、专家、硕士教育。
- 学科基本情况:学科分为三类,根据对复杂设备的需求和教师工作产生的额外费用设置了不同的费用标准,其中人文学科费用最低,工程学科费用最高。
- 地区调整系数:考虑地区平均工资水平,拉平不同地区之间大学教师的相对收入水平。
- 资产维护费。
- 针对一些具体专业的修正比率,比如一些大学(主要是一流大学)有权实施自己的教育标准,为此有必要采用一定的修正比率。
- 大学教学和科研活动的数量和效率(依据每名教师的科研收入估算的科研活动数量,以及其收录在 Web of Science 和 Scopus 数据库中的科研成果数量)。
- 大学中残疾学生的比例。
- 教育模式:包括全日制、非全日制函授、全日制/函授混合模式。

标准生均经费不完全覆盖宿舍、建筑维护以及各类教育设备的费用,因此大学不得不重新分配教育经费,并且往往以牺牲教育质量为代价,或者忽视基础设施的维修和翻新。虽然将教育设备费用(对于有需求的专业来说)以及主要建筑和宿舍的维护费用纳入经费标准是合理的,但目前并没有这样做。

　　对学士、专家、硕士教育的学生来说，上述指标的标准生均经费值并没有本质区别（差距在10％～12％之间），但不同学科的标准值可能相差一到两倍。上面已经提到学科根据费用标准分为三类，第一类专业是费用最低的，包括经济学、社会科学和政治学、教育学和师范、哲学、历史学、计算机科学等；第二类是自然科学，包括生物学、（除了核工程、航空工程、水处理技术以外的）工程学科、医学和健康科学等；第三类包括核工程、航空工程、水处理技术、部分医学专业、艺术等。大部分公费生就读于第二类专业。根据俄罗斯教育和科学部的数据，2016年61.5％的一年级新生就读于第二类专业，第一和第三类专业的公费生分别占总数的31.7％和6.8％。

　　不同教育模式的经费标准也有很大差异。全日制/函授混合教育的标准比较低，为基本标准的25％，非全日制函授教育的标准则仅为基本标准的10％。这种下降情况（仅相当于苏联时期标准值的一半）导致全日制/函授混合教育和函授教育的公费资助结构走向崩溃，因为拨款远不足以支付正规课程的教育成本。因此，全日制/函授混合教育和函授教育的招生主要依靠国家额外资助。

　　不同的调整系数适用于经费标准的不同指标，包括教师工资及其进修费用、其他员工的工资等。经费分配还可以根据一些其他特点进行调整，体现为乘法系数的级差。比如说，较高的国家统一考试平均分可以使经费标准中的某些指标提高10％或25％，学科奥林匹克竞赛获奖者在大学中的比例也有同样作用，等等。

　　提升标准经费最重要的因素之一是每名教师对应的全日制学生人数。在不同时期，一些公立大学规定了特殊的生师比，从2～8不等（标准生师比为10）。这种情况存在于一些顶尖大学（莫斯科国立大学、圣彼得堡国立大学）、技术类大学（莫斯科物理技术学院）以及艺术和创意类大学［莫斯科国立柴可夫斯基音乐学院（Moscow State Tchaikovsky Conservatory）］之中。特殊的生师比最多可以使标准经费的数值上下浮动五倍（标准生师比为10，当生师比下降时，额外开支会按比例增加）。根据我们的评估，有70～90所俄罗斯大学的标准经费存在不同比例的上浮。

　　关于标准生均经费制度的实施，有两点值得注意。第一，不同专业结构的大学获得的资助不同。只有法律或《俄罗斯联邦总统令》允许制定自己独立教育标准的大学,才会增加体现大学总体水平的指标。如果一所大学有权制定独立的标准,那么就会采用质量相关的指标,从而为这所大学带来更多经费,这成为一项基本原则。第二,质量指标产生的价值每年都在变化(比如大学中的学科奥林匹克竞赛获奖者可能会减少,或者人均论文发表量可能会增加),这意味着指标会随之调整,指标的总体结构也会不断更新。

三、大学的补充收入来源

总体而言,目前俄罗斯大学的办学经费主要有四个来源:①政府对大学的直接拨款(这是大学获得的主要经费);②预算外收入:学生支付的学费以及延长教育项目产生的费用;③主要研发活动产生的收入:与企业签订的合同收入以及政府基金会的拨款;④其他收入(见图4-4)。补充收入的一个重要组成部分是各种社会转移支付,包括预算内转移支付(政府奖学金和大学向学生发放的社会援助金)和预算外转移支付(学生为使用社会基础设施缴纳的费用,如宿舍费、伙食费等),还有一小部分补充收入来自人们为租用大学设施或利用其开展非教育类活动支付的费用(例如,许多大学都帮助建设和维护邻近楼宇的公共设施)。

1. 国家教育经费

如前所述,国家教育经费是以政府拨款的形式发放给大学的。近年来,各类预算拨款占大学总经费的比例略高于50%[46]。而在一流大学,特别是"5-100"大学,这类经费所占的比例要小得多(见图4-4)。如果只估算用于实施教育项目的国家经费所占的比例,考虑到公费生法定的奖学金,国家教育经费约占大学总经费的65%[47]。

2. 主要高等教育项目

高校收入的一项重要来源是自费的高等教育项目。平均而言,学费收入约占高校总收入的20%,但具体数额也因高校而异。对于一流大学来说,自费教育项目带来的收入平均占其总收入的16%;对于在教育市场上较为成功的高校来说,自费学生人数多,科研活动数量少,这一比例可达

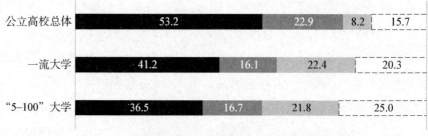

 公立高校总体 53.2 / 22.9 / 8.2 / 15.7 一流大学 41.2 / 16.1 / 22.4 / 20.3 "5-100"大学 36.5 / 16.7 / 21.8 / 25.0

■ 从教育活动中获得的收入比例(公共来源)
■ 从教育活动中获得的收入比例(非公共来源)
▨ 从科研活动中获得的收入比例
⬚ 其他

图4-4 公立大学各类活动的收入分布情况(%)

来源:根据"俄罗斯高等院校表现监测(2019年)"数据。

50%;而对于那些积极开展营利性科研活动,但自费学生人数很少的技术类大学来说,学费收入所占的比例约为10%。对于那些既要努力招收自费学生又要努力开展科研工作的大学,这项比例约为13%[48]。

学生支付学费属于大学的市场活动,它的成功与否取决于潜在的学生如何评价大学的声誉、市场战略的效率、课程的质量以及教育项目的价格。但大学在制订课程的价格策略时也并非完全自由。2010年左右,一些大学开始降低教育项目的学费,这种行为实际上是用政府提供的经费交叉补贴自费生的学费,会降低大学总体的教育质量(因为这种行为导致大学的生均支出在总体上会低于联邦标准,而联邦标准本身已经相当低)。因此,联邦政府出台了一项规定,要求大学的学费不得低于联邦资助标准(即联邦对公费生的资助标准)。大学可以为不同专业设定不同价格,但平均每名学生的学费不能低于生均预算拨款标准。

需要指出的是,在大学的总体预算中,自费项目带来的收入所占的份额并不是很大。这是因为现行制度导致贫困学生更可能需要支付学费,而不是那些经济状况更好的学生更可能需要支付学费。如果实行教育券制度,在政府参与程度相同的情况下,自费教育所产生的收入至少会比现在多30%~40%。因为在较为富裕的家庭,如果子女比较优秀,他们可以选择为进入更好的大学支付一部分费用。

除了主要高等教育项目之外,各大学还可以开设不同层次的教育项目,包括职业选修课。这是大学的重要收入来源,平均约占高教系统内收入总额的 7%[49]。位于地区工业中心的大学有时通过开展职业教育获得的收入可以高达总额的 30%~40%。

3. 科研活动

大学另一项重要的收入来源(约占总收入的 13%)是科研活动。形式包括:执行政府任务的补贴(约占 38%)、其他补贴(22%)、基金会拨款(21%)以及其他类型的竞争性资助(19%)[50]。这些资金来自政府、各类组织或企业。目前的账目没有披露非国有商业机构向大学提供资产的占比[51]。根据我们的专业评估,商业机构向大学提供的资金约占大学年收入的 4%~5%。第七章将详细介绍大学科研活动的资金情况(包括与政府相关的资金)。

4. 其他来源

大学的其他收入约占总收入的 21%,其中一半以上是大学承担各类社会义务获得的国家资金,包括用于奖学金和其他补偿金的资金(例如俄罗斯北部地区大学的员工在年假期间的交通费年度补偿金),此外还有来自合同和拨款的联邦项目资金,用于支付未纳入标准生均经费的费用(主要是高校建筑和校舍的建设和翻新费用、设备采购费用等)[52]。

大学的其他预算外收入包括学生支付的各种服务费用(宿舍住宿费)、大学合作方支付的费用(在大学里举办各种活动)以及慈善收入(约占大学总收入的 3%)。

5. 高校缺乏的收入来源

在上述内容外,还应注意到俄罗斯大学所缺乏的收入来源。俄罗斯大学的收入几乎从不涵盖校友或相关人士的捐赠。尽管在一些国家,校友捐赠能占到大学总收入的 6%~8%,但这一传统在如今的俄罗斯尚未形成[53]。只有不到 15%的俄罗斯大学拥有捐赠基金。并且俄罗斯大学的收入结构中缺乏面向公众的服务,如医疗、出版等[54]。大学不对外出租任何东西,特别是由于法律禁止大学收取"市场"费用,它们无法通过住宿费赚取足够的收入,这种情况是《俄罗斯联邦教育法》解决不了的一个难题。住宿服务不属于教育服务，大学虽然可以从政府那里获得最低的宿舍维护费用，但无权从学生那里收取超出法定最低标准的额外费用。因此，宿舍非但没有成为可能的收入来源，反而成为了大学的财政负担——大学不得不亏本提供住宿服务。

四、大学的支出

俄罗斯大学的支出与收入大致相等。联邦政府（向大学提供 95％以上的经费）将所有未在年度内使用的经费视为超额拨款，因此公立大学的负责人会在年末监测经费的剩余情况，并利用各种行政手段督促校长将经费全部花掉。

大学最主要的支出是教职工的工资（约占总支出的 70％）。这项支出包括直接支付给教职工的薪酬和各种法定税费（退休基金、法定医疗保险金）。工资中约 60％支付给教师，剩余约 40％支付给其他员工。

大学约 30％的支出用在了各种活动和服务，包括通信、交通、公用事业服务、清洁服务等。与其他国家相比，俄罗斯大学用于支付工资的费用比例要高得多。这种差异也反映出俄罗斯大学用于发展的资源相对较少，大部分支出都用在了完成当下的工作以及承担对员工和其他单位的义务上。

小　　结

在俄罗斯高等教育系统中，大学受到政府的严格监管。尽管该系统中蕴含着许多市场元素，但公立大学的运作在很大程度上仍遵循集中规划的逻辑。政府制定专业结构以及各专业的课程，还监管着大学遵循相应的标准。在公立大学，政府是主要的资金来源，这又进一步加强了政府的监管。一个重要的问题是，大学是否能够改变其模式，更多地利用市场作为经费来源，以及这种经费来源的多样化是否会导致政府对高等教育机构的监管方式和态度发生变化。

公费生的人数和他们的学费来源也是集中规划的，正如前面所讨论的那样,这就造成了资源利用效率低下以及教育项目供需不匹配的问题。下一章将重点讨论俄罗斯高等教育系统中的学生以及这些学生是如何被录取的,还将详细介绍俄罗斯中小学教育的结构,因为中小学教育为学生进入大学奠定了基础。

第五章
从中小学到大学

俄罗斯高等教育学生的总体特征主要取决于中小学教育的结构以及高等教育的选拔机制。本章重点关注俄罗斯中小学教育的基本特点，包括教育结构和课程设置。此外，本章还详细介绍了俄罗斯高等教育选拔学生的方式，以及标准入学考试制度转变为国家统一考试制度所产生的影响。

本章还探讨了俄罗斯高等教育学生的特征，包括人口学特征以及他们对于高等教育的价值观和态度，详细介绍了俄罗斯大学的教育是如何组织实施的，以及俄罗斯大学中存在的课程固化、专业狭窄现象及其导致的后果。与此同时，本章还特别探讨了学生融入大学的情况以及边学习边工作会产生的问题。

关键事实

- 俄罗斯的儿童从 7 岁开始进入小学学习，中小学教育持续 11 年。与许多国家相比，俄罗斯中小学教育的总体学习负担较轻，但由于学校假期较长，目前中小学的平均课时量和家庭作业都相当多。因此可以说，虽然俄罗斯义务教育阶段课程的时间长度较短，学习强度却高于许多国家。
- 俄罗斯家庭普遍积极地投入时间和金钱，让子女接受基本教育和补充教育。在花时间辅导孩子做作业方面，俄罗斯家长能排在世界前列。
- 一般的大学申请者在中学毕业后会立即进入学士或专家教育项目学习。

近年来,从职业教育机构(学院)毕业后立即进入大学学习的新生比例也有所上升,目前约为 20%。

- 高等教育录取基于学生的国家统一考试成绩,该考试同时也是中学的毕业考试。之前的大学现场考试制度转变为国家统一考试制度后,学生的总体流动性提高了,这种转变几乎消除了录取环节的腐败现象,并且扩展了低收入家庭子女和来自大城市以外地区的年轻人接受高等教育的机会和途径。
- 俄罗斯约 73% 的高中毕业生能够进入高等院校学习。
- 与苏联时期一样,俄罗斯的大学教育也采用"先分专业"的方式。大部分大学都以稳定的班级为单位实施教育,每学年都是如此,并且学习计划规定得非常严格,很少有选修课。
- 俄罗斯大学生会边学习边工作,工作往往与他们未来的职业相关,而不是与他们所学的专业相关。工作经验被雇主认为是证明年轻求职者能力的一项重要标准。
- 获得公费生资格的学生可以获得政府奖学金。大规模发放奖学金给国家财政预算带来了沉重的负担,然而由于奖学金的金额相当低,几乎没有为学生带来任何经济助益。
- 社会对高等教育的需求使人们必须进入大学,但这并不意味着必须勤奋学习。学业失败是大学辍学的主要原因。

第一节　通往高等教育之路

一、中小学教育

俄罗斯与其他大多数国家一样,中小学教育(以及学前教育)对每个人都是免费的,这一点受到宪法保障。中小学教育不仅是普及教育,更是义务教育[1]。不同学校(尽管大部分学校都是公立的)在教育环境和教育结果方面存在很大差异,这对于学生的家庭来说很重要。这种差异表现在毕业生进入职业教育和高等教育的比例,特别是进入重点院校的比例。

俄罗斯的义务教育通常从孩子七岁开始[2],为期 11 年。学生在校学习的时间至少为九年,之后可选择是在职业教育机构接受中等教育还是继续在普通高中就读。这两类教育机构的毕业生在总计完成至少 11 年的学习后,都能获得进入高等教育机构学习的资格。与大多数国家相比,俄罗斯儿童进入正规教育系统学习的时间较晚。在 OECD 国家中,超过 70% 的国家的儿童入学年龄都是 6 岁。

在 11 年的时间里,俄罗斯的学生要连续经历三个教育等级。"教育等级"(education level)一词已经写入了俄罗斯教育工作的主要规范文件《俄罗斯联邦教育法》中[3]。该法规定了普通义务包括以下教育等级(见表 5-1):

- 小学教育(学制四年)。
- 初中教育(学制五年)。
- 高中阶段教育(学制两年)。

表 5-1　俄罗斯的教育机构和教育等级

	普通教育阶段				专业教育阶段		
	学前教育（通常为一到三年，取决于儿童开始上幼儿园的年龄）	小学教育（一到四年级，四年）	初中教育（五到九年级，五年）	高中阶段教育（十到十一年级，两年）	高中阶段教育（九年级后入学的为三年，十一年级后入学的为两年）	高等教育	
						学士教育（四年）或专家教育（五年）	硕士教育（两年）
幼儿园	深灰						
中小学	浅灰	深灰	深灰	深灰			
职业教育机构/学院				浅灰	深灰	浅灰	
高等教育机构						深灰	深灰

注:深灰色=该教育机构主要提供的教育等级,浅灰色=该教育机构可选择提供的教育等级,白色=该教育机构通常不提供的教育等级。

小学教育和初中教育几乎都是由正式名称为"普通教育机构"(general education institutions)的学校提供的。最后两年的高中阶段教育可以由学院(college)或高中提供,其中学院的正式名称为"职业教育机构"(vocational education institutions)[4]。

1. 教学时长、课程设置和教育成果

1) 教学时长

与 OECD 国家和欧盟国家相比,俄罗斯中小学生在校学习的总时间较短。俄罗斯小学的开学时间比较晚,导致小学生第一年的学习量大大减少(见图 5 - 1)。

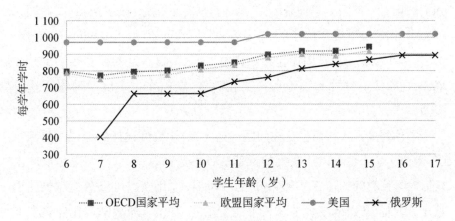

图 5 - 1　俄罗斯等国普通教育阶段的规定教学时长(每学年学时)

来源:Education at a Glance(2017, p. 346)。

不过,俄罗斯学生在家庭作业上花费的时间相当长[5]。家庭作业弥补了较短的课堂教学时长,俄罗斯学生的家庭作业量通常排在各个国家的前列,学生完成课后作业所需的时长约占每周在校学习时长的三分之一。如果计算总时间,就会发现俄罗斯学生在普通教育上花费的时间(不论是按周还是按学年计算)是多于 OECD 国家学生的。

2) 课程设置

俄罗斯中小学的课程设置与其他国家有很大不同。在小学阶段,俄罗斯在自然科学教育、基础知识和技能(例如阅读和语言技能)的教育上花费的时间更多,一些在俄罗斯小学必修的自然科学知识在其他国家并不讲授

(例如生物科目的生命周期、繁殖、遗传等知识)。俄罗斯中小学在本国语言和文学的教育上花费的时间分别排在参与统计国家的第二和第三位(教学时间占比分别为 36%和 23%),仅次于传统上非常重视母语和文化教育的法国、希腊和意大利(Education at a Glance, 2018, pp. 340 - 341)。

但俄罗斯中小学的课程组织方式严重限制了各种教学方法的使用。例如,生物课和地理课的安排十分紧凑(就教学时数而言)而且设备简陋(就实验室设备而言),这使得俄罗斯的教师无法像其他国家的教师那样组织实验研究(Pentin et al., 2018)。

对俄罗斯教学实践和教育组织方式的分析表明,学校教育缺乏多样化和个性化。一项国际调查显示,按照选修科目的数量,俄罗斯在 35 个国家(OCED 国家及其合作伙伴)中排在第 21 位(Education at a Glance, 2018, p. 340),并且这些选修课还包括所谓的"地区科目",这些课程实际上是必修课,比如母语教育和当地历史文化教育,它们在很多地区都属于这一类型。

学校的选择权方面也存在问题。近年来,学校可选择的课程教材减少了,例如文学课仅可以从获批的推荐书目中选择教材,这种情况也反映出政府对学校教师的信任不够。虽然这样的标准化模式可以避免学校使用低质量教材,从而减少各地学校可能会犯的"错误",但教师们仍然希望有权对自己的课程进行调整;超过 80%的教师认为自行选择教材对他们来说非常重要。减少推荐书目实际上也减少了教师的选择。

联邦教育标准规定了学校的课程要求,包括对外语教学的要求。联邦所有在校学生都要学习一门外语,并且几乎都是英语。但俄罗斯学校教育中的语言教学量是低于其他国家的,主要是因为中学里外语课程的占比相较而言几乎比其他国家少一半,所以学生的外语水平普遍较低。

3) 教育成果

俄罗斯中小学教育与其他国家的差异,以及教育系统自身的特点导致一些专家认为俄罗斯的学校结构陈旧、与时代脱节,但这并不妨碍俄罗斯学生在"国际阅读素养进展研究项目"(Progress in International Reading Literacy Study,简称 PIRLS)和"国际数学和科学趋势研究"(Trends in

International Mathematics and Science Study,简称 TIMSS)中取得优异成绩[6],超过许多其他国家的同龄学生。在解决实际问题以及开展实践应用方面,俄罗斯学生的表现明显比大多数国家的学生更优异,但是在解释现象和描述观察结果方面却不如别国的同龄人,这一点在"国际学生评估项目"(Programme for International Student Assessment,简称 PISA)测试结果中体现得尤为明显。

此外,也不应该预设学校的教育成果与学生的社会背景直接对应,或者认为处于弱势环境中的学校(如位于乡村地区、贫困城市社区,教师资质较低,基础设施较差)所培养的毕业生就一定会表现不佳。韧性学校现象(the phenomenon of resilient schools)已经说明了这一点[7]。

2. 家庭的作用

基于在俄罗斯实施的国际测试及其结果,一些专家指出了俄罗斯学生取得好成绩的几个原因。第一,俄罗斯学生家长的平均受教育水平高于许多国家,他们为子女的学业提供了很多帮助,70%以上的俄罗斯家长每天督促孩子完成家庭作业(Pentin et al., 2018)。一项 2017 年底到 2018 年初对 27 500 名家长进行的独立研究显示,俄罗斯家长平均每周花费 7.5 小时辅导子女学习(这项数字在美国约为 6.5 小时,在德国约为 5 小时,在法国约为 3.9 小时,在英国约为 3.6 小时)[全球家长调查(Global Parents' Survey),2017],家长们积极参与子女学业是因为他们认为学校教育质量较低。这项研究还显示,很大一部分俄罗斯家长(47%)认为现在的中小学教育没有为孩子的未来做好准备,在 29 个参与调查的国家中,俄罗斯的这项比例第二高,仅次于韩国。

第二,家长对子女教育的参与不仅限于辅导家庭作业。在俄罗斯,除了完成普通教育需要的基本费用(文具费、书本费等)之外,中小学教育还要花费大量其他费用。官方统计数据显示,2016 年俄罗斯平均每个家庭每年为一名学生的教育花费约为 10 万卢布(约 4 100 美元,按"购买力平价"汇率换算,下同),约占家庭平均年收入的 13.5%。

对家长的调查显示,约 30% 的家长还要为学校组织的课外活动付费,平均支出的金额为 15 800 卢布(650 美元)左右,约占家庭平均年收入的

2%。将这些费用按照 2016 年超过 1 350 万名在校生推算,可以估算出从家长手中流入学校的金额:官方的估算是 600 亿卢布左右(25 亿美元),这还不包括一半以上的学生还要参加校外扩展活动的花费。

民调结果还展现了所谓"学校公用事业支出"(即学生们在学校的伙食费、安保费、校舍翻新费等)的统计结果。这项费用对每个学生家庭来说都很熟悉。俄罗斯有三分之一多一点的家庭(2016 年的数据为 37%)需要缴纳此项费用(Bysik et al., 2017),每月的开支约为 4 000~4 500 卢布(约 165~185 美元),不到家庭年收入的 1%。从统计数据来看,学校并未通过任何正式的方式将这些收费项目备案。

3. 学校之间的不平等

依据学生学业成绩对学校进行的评估(包括毕业生进入大学,特别是重点大学的比例,以及学科奥林匹克竞赛获奖学生的比例等)展现的是学校的地位和水平,然而却没有相应的措施来激励那些针对困境儿童或社会边缘儿童(主要来自单亲家庭、低收入家庭或贫困地区)实施的有效帮扶工作。

家长们对各个学校及其优势的评估非常重要。俄罗斯和世界上几乎所有地方一样,一直存在着普通学校和精英学校,即使在非常关注社会平等的苏联时期也是如此。

在 20 世纪 90 年代苏联解体之后,社会特权的界定变得模糊不清。像苏联时期一样,能力强的孩子仍然可以上好学校,但高收入家庭也可以将孩子送进这些学校。高收入家庭中父母的受教育水平和社会资本通常比较高。

当时无论学生的学习成绩如何,只要家里花钱,几乎可以将他们送进任何一所学校,但现在情况已经发生了变化。一些激励工具被引入,并被用于激励学校管理部门展示自己的优秀教育成果。俄罗斯联邦各主体都引入了学校排名系统,该系统以监测学生及其学习成果为基础。通常情况下,学校管理部门会监测并努力维持学生的学业水平,因为学校排名是学生在申请学校时的一个重要参考因素,尤其是对于那些好学校来说,它们倾向于寻找能帮助维持或提高学校排名的优秀学生。但一个不能忽视的情况是,富裕家庭如果想提高孩子的学习成绩,可以随时额外聘请教师或教学组帮助他们。

相关法律在 2012 年进行了修订,将"独立学校"(individual school,具有特殊地位,提供人文或自然科学的深度课程)转变为了普通学校。但是由于这些学校已经建立起的良好声誉和高水平的师资队伍,它们在学校排名中仍占据前列。"进阶学校"(advanced school,原来的大学预科学校和特殊类型学校)的学生数约占在校生总数的 5%,这类学校的学生与其他学校很不一样,学生家长通常受过高等教育,收入也远远高于地区平均水平(Cherednichenko, 1999, p. 8)[8]。

最近这些年,有关地区间教育差距的信息并没有向社会大众公布,各种测试(包括国家统一考试)的数据也没有公布。联邦教育监管局对此给出了直截了当的解释:不希望地区政府歪曲或篡改国家统一考试数据。有报告称,2015 年俄罗斯各地区国家统一考试数学分数的差距至少达到了30%,俄语分数的差距至少达到了 20%[9]。一些间接数据(如每十万人中联邦学科奥林匹克竞赛的获奖人数)也揭示了地区之间的差距[10]。

4. 中学与大学的合作

俄罗斯有一些中学与大学合作密切,被称为大学附属学校(university school)、主干学校(anchor school)、大学学园(university lyceum)等。这些中学与大学进行合作的目的显而易见:它们的管理者希望大学尽可能多地招收本校学生。如今在家长的心目中,进入高等院校(尤其是名牌大学)的学生比例是中学教育质量的体现。媒体发布的中学排名也会参考其毕业生的大学录取情况,以此体现毕业生水平[11]。教育质量较高的中学可以根据学生的知识水平选拔学生并确定他们的等级,那些更优秀的中学则有机会选拔最有前途的学生,比如日后能成功进入大学或者在学科奥林匹克竞赛中获奖的学生。

与大学合作使中学有机会接触大学教师,邀请他们教授个别科目、开展教学方法研究等。由于一些客观差异,比如受教育时间更长,大学教师的教学水平往往优于中学教师,所以他们的工资也更高。2018 年大学教师的工资约为中学教师的两倍。

　　大学与中学合作的动机也很明确。与中学的接触使大学有机会在家长中宣传自己的教育项目，既有助于开拓高等教育市场，也有助于形成一个黏性较大的社群，吸引更多申请者。

　　"特色教育项目"（profile education program）是中学与大学的一种合作模式，这些项目的课程为期三到四年，招收七、八年级以上的学生。在这种模式中，中学和大学保持相对独立，但共同指导学生。要进入这类项目，学生必须通过特殊的入学考试，并在学科奥林匹克竞赛中取得优异成绩或拥有其他突出表现。这类教育项目对学生通常是免费的，费用由当地财政支付。

　　另一种合作模式是由为数不多的一流大学成立附属学校。这类大学附属学校大多创建于苏联时期，目的是选拔和培养最有天赋的学生进入俄罗斯最好的大学继续深造，通常采用寄宿制；设立附属学校的大学包括莫斯科国立大学、新西伯利亚国立大学和莫斯科物理技术学院等著名学府[12]。从官方角度讲，这些大学附属学校的毕业生在申请大学时与其他学生一样，但事实上，由于他们接受了更高难度的教育并且大部分都是学科奥林匹克竞赛的获奖者，他们进入大学会更加容易。

　　目前还没有汇总数据显示中学与大学之间的合作情况。不同的大学会采用不同的合作模式，有些大学直接进入中学与学生合作，有些则参与到中学教师的进阶培训中去。每所大学的中学合作伙伴数量也不同，举例来说，一直与中学合作密切的俄罗斯高等经济大学目前与联邦内半数以上地区的300多所中等教育机构都开展了合作，其校区内还设有一所中学。一些重要的技术类大学（比如莫斯科物理技术学院和莫斯科工程物理学院）既有全日制中学，也有函授学校。总体而言，俄罗斯前100名的大学基本上都通过某种形式与中学建立了伙伴关系。

二、本科教育的招生

　　本科的学士教育（包括专家教育）是俄罗斯高等教育中的第一级教育，涵盖各类学生：有高中毕业后直接入学的学生（约占一年级新生的52％）、有从职业教育机构毕业后入学的学生（约占16％），也有就业后入学的学生

（约占 32%）[13]。

前两类学生是根据他们入学前就读于哪类教育机构简单划分的。大部分学生都是由正规教育系统培养出来的，因此超过一半都是从高中毕业后就直接进入大学。这些学生通常没有任何连续的工作经验（除了做过零散工作之外），因此他们对职业道路和未来工作的想法往往基于自己的推测，与劳动力市场的现实状况脱节。

就业以后再入学的学生也有其自身的特点。这些学生选择上大学往往是因为雇主的某些要求让他们认识到有必要掌握一些特定的知识和技能，接受高等教育可以巩固他们在职场中的位置。他们往往专注于解决他们所设想的具体工作任务，一般会选择非全日制函授模式或全日制/函授混合模式，很少参与学校的活动。如果对比大学获得的经费与所提供教育服务的成本，这类学生是大学一项重要的收入来源；但从绝对数字上看，这类学生为学校创造的收入不如前两类。这一点需要一些更详细的解释。

第三章提到过，在俄罗斯，一些通过竞争进入大学的学生可以凭借自身能力获得免学费的资格。这种录取制度的细节将在后文中进一步讨论，但在这里有必要强调的是，就业后又继续接受高等教育的学生中，73%的新生（2019 年数据）都需要支付学费[14]。

从高等院校的财务结构来看，自费生支付的学费约占高校收入的40%[15]。自费生还能减轻教师和高校基础设施的负担，因为他们大多学习的是函授课程或者全日制/函授课程。根据俄罗斯联邦国家统计局（Russian Federal State Statistics Service）的数据，2016 年学习这两类课程的自费本科生（包括学士教育和专家教育的学生）约占全部自费本科生的三分之二。这意味着，贡献了约 40%学校收入的自费生的教育只需要使用10%～15%的学校资源。这一估计结果肯定还是保守的，但无论如何，平均每名自费生实际获得的资源是要低于公费生的。

这种情况在实践中意味着什么？对大学声誉有何影响？公费生中的大部分都是从高中或职业教育机构毕业后立即入学的学生，从教育的组织和实施所需的资源和费用来看，这些学生是大学的主要"用户"。反过来，公费生在国家统一考试中取得的高分也帮助提升了大学的声誉。

综上,学生进入高等教育学习的路径不止一条:他们可以从高中或职业教育机构毕业后直接进入大学(这些学生通常修读全日制课程,必须参加国家统一考试),也可以在工作几年后再进入大学(这些学生通常修读函授课程,不要求通过国家统一考试[16])。全日制学生中,毕业后直接入学的学生占大多数,在一流大学,绝大多数一年级新生也都是前一级教育的应届毕业生。因此,本章将重点关注这一群体从中学到大学的过渡。

在苏联时期,大学的录取制度是一个重要的社会选拔工具。从教育作为社会阶层提升工具的角度来看,录取制度规定了哪些人可以在何种条件下使用这个工具,他们可以进入社会的哪一层级,以及将以何种身份出现。正如第二章所讨论的,苏联时期这些规则改变了不止一次,每次改变都体现了"选拔"的要求:考察各个社会群体中哪些年轻人可以进入高等教育并由此走入更高的社会阶层。

到苏联末期,高等教育的入学考试制度已经形成,这种制度假定每所大学都需要组织一系列笔试和面试,为招生决策提供必要的信息。该制度为大学选拔学生提供了一定的自由度(虽然在不同历史时期也有不同限制),产生了深远的影响。对这一制度的了解有助于理解苏联解体后教育的一些问题,以及这些问题在20世纪90年代的进一步发展。接下来的内容将详细讨论这种制度。

为了解俄罗斯高校学生的性质(本章稍后将讨论这一问题),也有必要先研究大学的招生制度。总的来说,招生方式决定了学生的特征,而随着招生方式的变化,学生也会随之发生变化。

1. 2009 年之前:分散的大学自主考试制度

根据传统的大学招生制度(苏联后期开始实行,此后近20年一直沿用),每所高等院校都有权举行自己的招生考试(由该院校的教师负责,在高校内部举行)。按照官方规定,各大学的考试大纲应符合统一的标准,即不包含学校课程范围以外的内容,但实际上这些考试的要求可能会相当具体。这就迫使申请者进行特殊的考试准备,如(付费)参加某些大学的预备课程,或跟随辅导教师(通常来自申请者的目标大学)学习。除了帮助学生提升知识水平,预备课程还会提供特定大学入学考试的具体信息,这一般是取得成功最重要的因素。因此,预备课程在目标大学以外其他大学的录取方面帮助极为有限,学生必须提前选择目标大学。

学生的尽早选择至关重要。尽管在理论上他们可以同时被好几所高校录取,但在事实上却无法实现,因为各个高校的考试都在不同地区的同一时间举行,考生必须向自己心仪的大学提交相关证书的原件才能参加考试。但也有几所国内一流大学(包括莫斯科国立大学和莫斯科物理技术学院)例外,它们的招生时间比竞争对手们提前了几周,原因是要让未被录取的考生(水平也都非常高)有机会去下一梯队的院校就读。

这种情况表明学生对大学的选择在很大程度上是有限的,他们必须提前选择并做好准备[17]。在许多家庭,这项准备工作会在中学的最后一学年持续进行。这项制度与其他很多因素一起,共同导致了高等教育机会显著不平等。居住在心仪大学所在城市的学生,如果父母有足够的钱支付他们的各种准备活动(参加预备课程,或者更昂贵的,跟随目标大学的辅导教师学习),那么对比那些所居住的城镇没有大学或并未开设自己所选教育项目的不太富裕的学生,他们就具备了明显的优势。在城市的各类学生中,社会关系发达的家庭优势更大。由于信息不公开,他们可以拥有最好的辅导教师,而且还能有机会对大学的招生委员会施加影响。

这种招生制度要求学生为将来进入特定大学学习进行专门投资,也导致一对一的课外预备培训迅猛发展。通过从辅导教师和任课教师那里获得的关于考试要求和必需技能的信息,或者通过"祖护制度"——辅导教师在考试中帮助自己的学生或在录取过程中偏袒上过预备课程的学生,一些学生提高了自己被录取的可能性。

因此毫不奇怪的是,2006 年近 60％的申请者在大学招生前学习了预备课程。大学附设的预备课程是最常见的预科类型,平均每四名学生中就有一人参加。与目标大学的辅导教师一起上课也很受欢迎,有 13％的申请者选择了这种方式,16％的申请者选择跟随其他高校的辅导教师学习。一些情况下,付费上课被各方视为一种为了提高考试成绩以及获得公费生名额的隐性(或显性)投资。实际上,由于辅导教师往往是管理高校入学考试的教授,他们可以给"自己人"打高分[18]。

这种制度一方面复制了社会不平等,因为它明显偏向来自大城市(特别是莫斯科和圣彼得堡)、高收入家庭以及拥有丰富文化和社会资本(这是寻找辅导教师和选择大学所必需的条件)家庭的年轻人;另一方面,它也为一些大学提供了选拔来自低收入家庭和小地方学生的机会,尽管这些学生在实际录取中的占比很低。大学的等级制度在某种意义上是学生社会结构的再现:重点大学的学生基本上来自较高的社会阶层(也就是苏联和后苏联社会体系中的"白领"阶层)。

无论如何,到20世纪90年代末,随着中学毕业生的增加和公费生名额的限制,既有的制度逐渐走向崩溃。公费生名额与中学毕业生的实际数量不匹配,导致腐败现象日益严重,这促使一种新的大学招生模式在21世纪初开始被试行。经过差不多十年的试验,大学自主招生考试被国家统一考试完全取代。目前,国家统一考试制度主导了新生的高等教育录取。

2. 国家统一考试制度

国家统一考试于2009年起在俄罗斯全面实行,这是一种完全以申请者的学业成绩作为入学标准的高等教育招生制度,不考虑申请者或其家庭的收入水平及其他社会经济条件[19]。

全俄罗斯的中学生都要在同一时间参加国家统一考试,这一考试具有双重功能:既是中学的毕业考试,也是大学的入学考试。每个人参加的考试都相同,因此可以通过考试成绩在学生、学校甚至地区之间进行比较。拿到国家统一考试成绩后,申请者最多可以将成绩提交给五所高等院校,在每所院校中最多可以申请三个专业。在这项制度下,申请者很快发现他们的入学机会增加了;国家统一考试实行两年后,约75%的大学一年级新生表示他们向不止一所大学提交了材料(Ampilogov, Prakhov & Yudkevich, 2013, p.7)。与此同时,俄罗斯一流大学收到的申请数增长了数倍,例如,2007年俄罗斯高等经济大学收到了4 200份申请,两年后申请数就超过了2.6万份。

所有大学(除了少数例外)无权对申请者提出额外要求[20]。各院校只能协调实施这一制度,很少干预。大学收到申请后会根据相关专业所要求的国家统一考试总分对申请者进行排名,申请者的排名(连同分数和姓名)

以及拟录取名单会在每年夏末在网上公开,被拟录取的申请人向高校提交自己的中学毕业证原件,在初步录取程序结束后就可以成为该校的学生。分数未达到录取要求的申请者可以选择自费入学,也可以冒险等待下一阶段的录取。由于申请者通常会向多所大学提出申请,在第一阶段的录取结束后会有一些名额空出,最初未能被录取的申请者可能会在第二阶段被递补录取。国家统一考试分数有助于申请者了解自己的水平、形成相应的期望,并且参考往年的录取分数线,评估自己被录取的机会。

3. 新旧制度的比较

新的招生制度在许多重要方面都与旧制度不同(见表 5-2)。首先,在新制度下,中学毕业生在自己的家乡或附近地区参加国家统一考试,不需要到大学所在的城市考试并承担路费和住宿费。其次,学生不再需要为达到某些大学的特定要求做特殊准备,因此与这些大学的辅导教师(讲授的是保密内容)一起上课不再具有特殊价值。再次,辅导教师也不再能影响入学考试的结果。最后,如果说旧制度下学生只能选择申请一所(最多两所)大学,在新制度下,申请者可以选择申请多所大学。

表 5-2　大学自主考试制度与国家统一考试制度的比较

特点	大学自主考试制度	国家统一考试制度
允许同时申请的高校数量	通常是一所	最多五所,每所最多选择三个专业
考试相关的费用	高	低
准备方式	为特定高校的考试作专门准备	为全国统考作统一准备
录取过程的透明度	低	高
产生腐败的风险	(就大学自主考试的过程而言)高	(就国家统一考试的过程而言)低
家庭经济条件的重要性	高	中等

这一转变对低收入家庭学生的备考策略影响最大,这些学生可以考虑报考更多大学,参加更多科目的准备课程,从而使他们的国家统一考试准

备工作更加多样化。国家统一考试的实施为这些学生提供了更多进入大学的机会[21]。

新的大学招生制度与许多国家采用的基于统考成绩的招生制度类似,但不完全相同,因为俄罗斯这项制度的招生决策完全取决于学生的考试成绩。这种以国家统一考试成绩为基准的招生方式是防止申请环节"黑色腐败"的一个重要手段[22]。21世纪初,"黑色腐败"每年涉及的金额最低也有8 000万~9 000万美元(平均为一个家庭五到六个月的收入,超过俄罗斯人均年收入的90%);在被录取的学生中,大约有11%从这种做法中受益(Galitskiy & Levin, 2004, p.19)。

除了国家统一考试分数,其他信息在招生决策中都不重要。对美国大学来说很重要的学生入学动机、推荐信、志愿服务经历和体育成绩对俄罗斯大学的招生影响都很小[23]。在这方面,俄罗斯的制度更接近于中国,即大学录取完全取决于国家统一考试的成绩[24]。与替代了中学毕业考试的国家统一考试不同,中国的大学入学考试(高考)是单独设置的;但与俄罗斯一样,中国的高考也是全国所有地区都在同一时间举行。俄罗斯大学在录取公费生时并不会考虑学生家庭支付教育费用的能力,因此目前的这种制度只是建立在权利平等的基础上,如果来自富裕家庭的学生以高分通过了国家统一考试,他们也能获得免费学习的权利。

取消大学自主考试导致学生备考工作的类型和形式都发生了变化。家庭将主要精力转移到了国家统一考试的准备工作上,与以前一样,他们在考虑孩子希望就读的第一志愿院校的同时,一般也会对多个选择进行评估。

招生改革不仅改变了备考的具体内容,也改变了申请者对大学的选择模式。一些申请者先确定自己的专业方向,在得知自己的国家统一考试分数后,再选择可能接收自己材料的大学;另一些申请者则只考虑特定的一所或几所大学,对他们来说被这几所大学录取比选择专业更重要。

4. 英才学生的奥林匹克竞赛

在了解大学的招生制度时,也有必要了解另一种招生方式:学科奥林匹克竞赛。虽然这种奥林匹克竞赛对大众并不是都具有决定性意义,但依然非常重要[25]。学科奥林匹克竞赛已经存在了几十年,1964 年首次举办了一系列全俄罗斯数学、物理和化学奥林匹克竞赛,1967 年开始举办全苏联学科奥林匹克竞赛(以下简称"学科奥赛")。这些竞赛在不同阶段发挥了不同的作用,是学生进入大学的一种途径。在苏联时期,全苏联学科奥赛的优胜者和国际学科奥赛的参赛者有权免试进入大学,当时有数十名在学科奥赛中取得优异成绩的男女学生被自己选择的一流大学录取。20 世纪 90 年代末到 21 世纪初,随着政府对高等教育机构的管控减弱,学科奥赛制度开始进一步发展,各大学有权举办自己的学科奥赛,并招收其中的优胜者成为全日制项目的公费生,许多大学还为有机会参加此类奥赛的学生开设了预备课程。在几年的时间里,学科奥赛成为大学的重要收入来源。由于奥赛作品是由大学教师亲自评分的,这一竞赛也成为各种腐败现象滋生的温床。除此之外,当时的奥赛制度已不再是优中选优,而是成为一种大规模的招生机制,不再仅仅适用于有限的几所一流大学(主要是莫斯科和圣彼得堡的大学),也适用于许多质量参差不齐的大学,从而确保合格学生的稳定流入(对学生而言,这是对能否被大学录取的一个初步尝试)。

　　如今,学科奥赛在大学招生方面受到严格监管,奥赛优胜者可以获得何种优惠由联邦统一决定。大部分学科奥赛都是由少数一流大学组织的,这也让结果更加可信。一些学科奥赛的优胜者确实可以获得一定的好处:一些情况下,获得奥赛的第一名或第二名相当于在国家统一考试的相应学科中获得 100 分(也就是满分),这大大增加了申请者被大学录取的机会。根据教育和科学部的数据,约有 1.4% 的中学生因学科奥赛经历被大学录取,其中约 40% 进入了"5 - 100"大学,33% 进入了俄罗斯高等经济大学、莫斯科物理技术学院、俄罗斯国家信息技术、机械学与光学研究型大学(Information Technology, Mechanics and Optics University,简称 ITMO 大学)、圣彼得堡国立大学、新西伯利亚国立大学或托木斯克国立大学[26]。由于学科奥赛获奖者很少会选择普通院校,他们在这些优秀大学的入学人数中所占的比例可高达 40%。

　　到目前为止,本章已经讨论了中小学教育的结构以及中小学与大学之间的衔接。俄罗斯的大学招生制度在过去十几年中发生了重大变革,基本上为拥有不同经济水平和社会资本的申请者们都提供了高质量的高等教育,使不同成绩的申请者进入了不同的大学。下一节将讨论学生在大学中面临的问题,并介绍高等教育是如何组织实施的,它的相关逻辑和结构,以及学生的特点。

第二节　俄罗斯的大学生

一、大学生的社会特征与大学选择

1. 俄罗斯大学生的社会结构与国家统一考试结构的对比

俄罗斯的大学生有什么特征?虽然这些学生在一些方面存在很大差异,但还是有一些共同特点。大学生主要来自受教育程度高于平均水平的家庭:大学生家庭中,父亲拥有高等教育学历或学位的比例约为 55%,母亲拥有高等教育学历或学位的比例约为 60%,而普通大众中这两项的比例分别约为 23% 和 30%[27]。父母双方教育水平的相对平等表明了这些学生家庭中父母的受教育背景具有同质性[28]。

几十年以来,俄罗斯在高等教育机会方面一直都不存在对女性的歧视,并且女生的录取比例还略高于男生。但与此同时,在大多数国家,接受高等教育的女性比例都在增长,而俄罗斯的这一趋势却是相反的。20 世纪 80 年代,俄罗斯完成高等教育的女生和男生比例分别为 58% 和 42%,21 世纪初为 57% 和 43%,现在则为 53% 和 47%[29]。

俄罗斯将大学招生制度转变为国家统一考试制度的目标之一,就是提高优质高等教育的普及性和公平性。从表面上看,新的制度规则意味着来自不同经济水平家庭的学生拥有平等的机会被重点大学录取,因为申请者们在招生和录取方面所要付出的精力和金钱大大减少了。事实上,在实行国家统一考试制度之后,不同经济水平家庭中的公费生在重点大学和其他公立高校中的分布情况几乎完全相同。但公费生仍然更多地来自高收入家庭,这就意味着此类家庭的年轻人仍然处于一种优势地位:他们的父母有能力为课外培训投入更多,使他们的备考更有效[30]。

家庭经济状况会对低收入家庭的学生在其他地方(通常是在当地首府城市)求学造成很大障碍:生活费更高、大部分情况下需要支付住宿费、教育的相关费用也更多等等。不过只有一小部分家庭直接表达了对这些问题的担忧,更常见的障碍是父母不愿意让孩子去其他地区上学,他们认为离家较近的地方也有好大学。

然而,国家统一考试的实行还是大大提高了俄罗斯大学申请者的整体流动性。就个人而言,高中毕业时的学习成绩与去外地求学的机会之间存在明显的正相关关系[31]。大学招生程序的简化有助于提高教育流动性,但即使那些以荣誉等级毕业的优秀学生在这一过程中也必须克服许多障碍,包括社会和经济方面的障碍。大学申请者的流动性受到地区的影响,例如高等教育的情况(该地区是否有高质量的大学)和经济发展的情况(包括申请者的家乡和要去往的目的地的经济情况)。因此一些地区吸引大学申请者进来,另一些地区则向外输送大学生(Kozlov, Platonova & Leshukov, 2017)。

这种"流动效应"在一流大学中也很明显。这些大学不仅对当地的申请者来说知名度很高,对全国其他地区的申请者来说也很知名(但他们一般对各院校的信息掌握得并不全面)。各地国家统一考试分数较高的申请者都瞄准了这些大学,在这种情况下,他们就会遭遇"马太效应"(Matthew effect),从而将录取分数线推得更高[32]。

2. 选择大学和教育项目:学生对教育的态度

当今的大学申请者如何选择大学? 哪些因素对他们尤为重要? 俄罗斯与许多国家一样,大部分申请者关注的是大学本身,而不是专业方向(Startsev, 2013)。在做决定时,申请者会重点考虑从大学毕业后的就业前景(Mishel' et al., 2019)。除此之外,申请者主要关注的因素是大学的学术声誉。大学声誉是一个关键的影响因素,在一些情况下会影响学生最终的决定,优秀的申请者可能更愿意成为一流大学的自费生,而不是普通大学的公费生[33]。自2010年以来,居住地的远近和是否提供免费(或负担得起的)教育已变得不那么重要。如今的申请者更加了解教育的具体功能,也更加重视教育(而不仅仅是关心形式上的学位)。他们也更了解在教育中进行投入的必要性,不仅投入金钱,还有自己的时间和精力。出于惰性而做出的决定越来越少——实际上,申请者都在努力寻求最好的教育。

影响申请者做选择的一系列价值观念主要是由他们家庭所处的社会阶层和经济状况决定的。对于来自富裕家庭的申请者来说,大学的声望、地位以及从中获得有利社会关系的机会尤为重要。对于来自低收入家庭的申请者来说,实际问题是最重要的:是否有宿舍、路费有多高、在当地的生活成本如何,等等(Mishel′ et al. , 2019)。

俄罗斯申请者与其他国家的申请者所要考虑的因素是相似的[34]。但是只有在俄罗斯,很大一部分申请者是在最后一刻才根据具体情况做出决定[35]。这是因为大约三分之二的申请者申请的是公费生名额,不需要任何针对特定大学的投资或准备工作,而且申请过程完全自由。

二、教育过程和学生表现

俄罗斯教育有两个典型特征,这对俄罗斯人来说是不言而喻的,但对那些在其他国家接受高等教育的人来说却十分惊奇:学生入学就先分专业,以及课程设置较为固化。苏联时期的计划体制曾与很多因素一起为国家的整个教育系统奠定了基础,这两个特征都是从苏联的计划体制中继承下来的,由此产生了教育系统的高效率等积极影响;但它们也解释了在社会、经济、技术和信息都不断变化的现实要求进行灵活改革的时候,俄罗斯的教育系统为何仍如此僵化。

1. 先分专业

学生在选择本科教育时(如今是学士教育,早期是专家教育),从一开始就选择了要学习的学科方向[36]。以前的大学入学考试是分学科的,例如,选择医学专业的学生必须通过生物和化学考试,选择经济学专业的学生必须通过社会研究考试,选择社会学专业的学生必须通过历史考试,等等。由于国家对各个专业的需求不同,对申请者的要求实际上也不同。各个学科方向的入学考试科目由联邦的教育和科学部制定,各专业考试的具体要求因年份而异。如今,根据申请者选择的不同学科,他们需要通过不同科目的国家统一考试。

苏联的计划体制传统体现了这一制度的便捷性。在苏联时期,各个部委和机构可以非常可靠地估计出国民经济各领域对专业人才的需求,进而在此基础上大致估算出所需的毕业生数量,以及相应的所需录取的申请者数量。如前面第四章所述,一些专业的教学工作量及其他行政和后勤需求,基本上是以中央计划经济为基础的,至今仍然是这样。

这种先分专业的做法有什么后果?苏联的强制就业制度是根据毕业生的专业来分配具体工作,因此尽早决定专业有助于节省政府进行专业培训所需的资源。然而,如今这种提前选择往往意味着学生的决定并不是基于足够的信息做出的。一般来说,高中毕业生对各个专业以及大学毕业生在各个领域的发展前景了解非常模糊,学生通常是选择一所他们希望就读的大学,然后根据自己的国家统一考试分数查看他们在该大学可以就读的专业。申请者可能会考虑许多完全不同的专业,有些专业(如社会学和政治学等选拔性较低的专业)经常被学生当作备选专业,以防他们的分数达不到第一志愿的门槛。

一方面由于教育的"定制"性质,另一方面由于近几十年来劳动力市场的系统性变化,目前俄罗斯近60%的适龄工作者的工作与其教育背景不符(Bol′shaya Zarplata ili Rabota po Spetsial′nosti?, 2019)。如今,许多学生在学业中期就明白自己无法从事与所学专业相关的工作,他们自然也不会认真对待学业,而是更愿意花费时间和精力去学习与就业有关的技能,这些技能通常是在大学之外习得的。简而言之,专业化或职业化的概念如今相当模糊,相当多的学生确信专业知识在他们毕业后的生活中不会有任何用处。

一流大学和普通大学的学生对专业相关工作的态度有着不同的变化。一流大学的大一新生往往对专业相关的工作不太关心(可能是因为他们对自己作为一所优秀大学的未来毕业生很有安全感,无论所学专业是什么),但后来参与专业项目后,他们逐渐改变了自己的看法。与此相反,普通大学的学生在学业中期往往对自己是否能从事与专业相关的工作持怀疑态度。

通过选择不同于本科课程的硕士课程，可以部分解决专业与未来职业道路之间不匹配的问题。一些年轻人确实做出了这样的战略性选择[37]，不过这种模式尚未成体系。大学通常都希望他们的本科毕业生能留下继续攻读硕士学位（他们会创造各种方式来简化这一过渡），而学生们则会选择最简单的途径（尤其是当他们在本科毕业时已经有了工作，那么硕士学位证书也不过是一种形式而已）。硕士课程的结构很少允许学生跨学科或学习新专业，除此之外，对于没有学士学位的学生来说，攻读硕士学位也是相当困难的。出于同样的原因，大学也不可能在硕士课程中提供太多新知识，因为他们已经在学士课程中提供了所有可用的信息。因此，硕士课程往往成为了前四年本科课程的另一种形式。

2. 固化的课程设置

学生在选定了专业方向后，最初几年要按照严格的课程设置进行学习，包括要按照一定顺序学习必修课，选修课很少甚至没有。课程设置的这种刻板性是俄罗斯高等教育系统从苏联继承的计划体制传统造成的。在苏联时期，学生的专业方向从一开始就已确定，相应地，他们应学习掌握的技能也被严格限定。这些预先确定好的必修技能奠定了课程设置的基础，一直到今天，这导致大部分专业的课程都不是以培养拥有复合技能的人才为目标。课程一般都包含一些在专业方面不太必要的通识知识，这反而会为劳动者向相关领域的横向迁移提供支持（但一般不是大规模的）。目前，俄罗斯的高等教育基本是在一个非常狭窄的领域培养专业人才，所教授的技能严格限定在特定专业所要求的范围内。不过在这一过程中，学生们在基础知识方面都得到了很好的培训，毕业时所掌握的专业必修知识基本都有深度、在专业领域内有广度。

俄罗斯高等教育在课程和教学方面有几个共同的特点。第一，学生在稳定的集体中学习。通常情况下，大学第一年的授课以班级为单位，而研讨会、实验课和实践课则在稳定的小组（包含 20～40 人）中进行，所有新生都会被分成小组。在一定程度上，这种做法可以监管学生的交流圈（因为他们大部分时间都在集体中度过）；学生还可以在这些集体的基础上组成小型集体，一起做项目、完成团队任务等。

　　第二，俄罗斯的高等教育系统建立在一个隐含的假设上，那就是学生在未来工作中所需的技能已经被了解得很清楚了，教育的任务就是培养学生掌握这些技能。然而，该系统对学生们掌握这些技能的程度没有先验的评估，所有学生都被假定为不具备这些技能。技能的培养方式是通过相同的教学技术和工具，在相同的时间范围和课程安排下对所有相关人员进行教育，过程中几乎不存在个性化。此外，如果假定这些技能是通过不同学科培养的，而且并不总是同时形成的，那也就是说每个新学科在培养技能时都没有考虑学生已有的基础。一个默认的假设是，如果学生升入当前的课程，就意味着他们已经掌握了之前课程所传授的内容（掌握得如何并不是重点），并且已经积累了足够多的知识，但实际情况如何并不重要。

　　第三，这一系统的重点并不在于培养学生终身学习的能力，因此肯定不能很好地适应劳动力市场的新情况——劳动力市场总是迫使人们在职业生涯中多次更换工作。

　　第四，这一系统没有根据普通学生（就勤奋程度而言）的情况对课程做出经常性调整。在很多情况下，学生需要同时学习六到七门课，这显然超出了他们的能力，只会导致过度疲劳。依照个别学生的兴趣和要求调整教学计划的情况非常少见（如果真的有的话）。

　　这些细节往往会让学生产生挫败感，这是可以理解的，因为他们无法用任何其他东西来替代自己不感兴趣的科目——尽管学习了很多其他科目，不感兴趣的这个科目还是必须要学。这一过程没有把学生当作教育服务的消费者，让他们像在商店里挑选商品一样挑选教育服务[38]，而是将他们当作一块"白板"（tabula rasa），要求他们为未来的发展吸收一套必要的知识。事实上，教师以及整个评估体系的任务就是确保这些知识得以被传授出去。

　　由此言之，俄罗斯大学存在于一个以教学为中心的范式而不是一个以学生为中心的范式之中[39]。

　　近几十年来，情况慢慢发生了变化。由于人口原因，现在高中毕业生越来越少，大学不得不开始争夺生源。为了吸引学生，一些大学开始发展多种多样的教育项目，并增加选修课的数量。一流大学也开始制定学生的流动学习计划，尽管进展还非常缓慢。

俄罗斯的高等教育还存在一个共同的特点，即与其他灵活性较强的教育系统相比，俄罗斯学生现在接受的教育限制了他们与其他专业的同学交流以及接触其他教育文化的机会。这种固化无疑局限了学生的教育经历和视野。但学生生活的严格规律性在很大程度上避免了很多学生在刚刚入学、没有任何稳定的同伴圈子（包括学习圈子）的情况下，面临选择课程等复杂决策时可能产生的挫败感和困惑感。

俄罗斯的高等教育系统以单一学科为重点，并假定学生只想掌握一门专业。在其他国家的教育系统中，学生可以选择主修和辅修专业，并且这些专业在主题内容上不一定要有联系；而俄罗斯的学生则不同，他们只能成为一门学科的专业人才。他们在某一专业领域的学习更加复杂和基础，因为所学的大多数科目都是围绕这一领域展开的。讨论这种以学科为中心的做法的利弊当然是有必要的，但很明显，对于跨学科问题，以及当专业人才的工作需要涉及传统学科的交叉时，这种教育模式就显得过时。

最后，由于一些科目是必修的，并且要按照一定顺序学习，学生如果在其中一门科目上没有通过，就自动排除了继续学习的可能性。如果考试不及格，学生还有两次考试的机会，如果第三次考试还不及格，他们就不能继续学习，也不能在下一年重考，而是会被大学开除（或者获得机会从公费生转为自费生）。

经过几年的必修课学习后，学生会选择更加具体的专业（通常在第二或第三学年末进行选择），之后他们通常可以选择一些与专业相关的选修课。选修课的目的在于帮助学生加深对未来从事的专业的某一方面的理解，而不在于拓宽视野。在完成两三年严格规定的课程后选择专业，这基本上是学生必须自己做出的第一个重要决定。由于缺乏独立决策的经验，在信息匮乏的情况下学生往往会听从朋友的意见进行选择（Poldin, Valeeva & Yudkevich, 2015），也就是说他们对未来专业的选择在很大程度上取决于自己当下拥有的人际网络。热门专业一般还需要进一步选拔学生（通常基于当前的学习成绩），而非热门专业则接收成绩较差的学生。基于计划体制的教育系统在这方面也显现出了问题：非热门专业往往被那些毕业后不打算从事该领域工作的学生占据。

俄罗斯绝大多数大学都采用五级评分制。优秀(5)、良好(4)和及格(3)这三个等级代表学习水平合格。如果参与评估的几个维度(考试、小测验、作业)出现了不合格且需要重新进行评估,则给予学生不及格等级(2)。等级(1)在实际操作中不使用,因此五级评分制事实上只包含四个等级。

学生如果在至少75%的评估中取得优秀并以高分通过最终的国家综合考试,就可以获得荣誉证书。与封面为深蓝色的政府颁发的标准文凭不同,荣誉文凭的封面是红色的[通常被称为"红色文凭"(the red diploma)]。如今,红色文凭并不能确保持有者在劳动力市场上获得优先权,仅仅是过去遗留下来的一种仪式。

3. 国家统一考试、同伴效应和社交网络

以集体为基础的教育过程(以及集体的稳定性)如何对学生的学业成绩产生同伴效应?多项研究表明,预测学生学业成绩最重要的依据是个人能力,通常通过学生以往的成绩进行评估[40]。同样,申请者的国家统一考试分数也能很好地预测他们未来的学习成绩。一些论文在对俄罗斯的数据进行分析后表明,中学的学习成绩(特别是国家统一考试分数)对学生的大学成绩有很大影响[41]。这些论文还指出,预测大学成绩的最佳指标是学生在国家统一考试中数学学科的成绩,而非俄语的成绩。

在大学的头几年,学生大多在同一个集体中学习,因此同伴效应的出现不足为奇,也就是说学生的学习成绩不仅取决于自身的能力和努力,也取决于同伴的能力和努力[42]。在学习能力强的集体中学习可能会对学生的成绩产生积极影响,在学习能力弱的集体中学习则可能会降低学生的成绩(Androushchak, Poldin & Yudkevich, 2013)。造成这种情况的原因有很多。在学习能力强的集体中,教授可以为学生提供更多学习材料并在学生身上投入更多时间,学生们一起预习功课和写作业也更容易。这样学习能力强的同伴能提高学生的学习积极性,学生对学习成绩的重视也对学习积极性有正面作用。此外,竞争在学习能力强的集体中很常见,这也是一种额外的激励。如果学习成绩弱的集体对他们当中的模范学生持消极态度,可能会产生与上述情形相反的效果。

在大学期间,学生们大部分时间都与他们集体中的同学在一起(一起度过课余时间,一起预习功课)。在集体内部,他们建立了稳定的社会微观互动关系,这种微观环境对学生个人和整个集体都有重要影响。社会微观群体的出现往往来源于社会选择,即实力较强的学生与实力较强的同伴关系更紧密,实力较弱的学生与实力较弱的同伴关系更紧密。有趣的是,学业失败可能会导致集体内部社会关系的变化[43]。由于这种社交网络会影响学生选择自己未来的专业,因此学习集体在多个层面上都具有重要意义。

4. 重考和中途退学

目前,在俄罗斯大学就读的所有学生中,超过 25％的学生会在完成学业前退学[44]。这一数字远低于美国,因为美国近年来只有约 56％的大学生能够毕业(Shapiro et al., 2014, p.58)。

俄罗斯高校学生中途退学的主要原因是教育安排僵化导致的学业失败。如果考试不及格,他们还有两次重考机会(重考通常在常规考试日期后的一到两个月举行,如果不及格的考试是夏天举行的,则在秋季学期开学时举行重考)。如果两次重考都不通过,学生一般就没有机会重修该课程或用其他课程代替。各个教育项目不仅在科目设置上严格,在考试方面也是如此。在苏联时期,学业失败也是学业中断最常见的原因。如今,俄罗斯大学的教师倾向于将中途退学归咎于学生个人。大学和教师都认为自己与该问题无关(Terentev, Gruzdev & Gorbunova, 2015)。与此相反,其他大部分国家都从文森特·廷托(Vince Tinto)"自杀模型"(model of suicide)的角度来思考中途退学问题。廷托将大学退学与自杀相提并论,因为他认为这两种行为都与未能建立归属感有关(Tinto, 1975)。在俄罗斯的大学中,退学从形式上看是由学业失败造成的,但学业融入不足(缺课、未完成作业、参与课堂活动不积极)也会导致学业失败,增加退学风险[45]。

学业失败的一个重要预测依据是学生的一系列个人特点,其中最重要的是他们的学习能力[46],其他特征也有一定预测意义。学生对待风险的态度也可能会作为一个重要的预测依据(Kochergina & Prakhov, 2016)。更倾向于冒险的学生往往退学更频繁,可能是由于他们的风险承受力较高,使他们更有可能拖延备考；这些学生在学期中也不太努力挣分，而是依赖于期末能取得一个优异的考试成绩。

除了学生自身的特点和努力之外，大学的教育政策在退学现象中也起着重要作用。当今政府与大学之间的互动模式使得大学更有可能开除学生，尽管它们一般并没有太多理由这样做。大学一般认为开除公费生并没有什么好处，因为这可能会立即导致大学的经济损失，也可能会导致之后政府资助的教育项目减少，而不开除自费生的经济理由显然更充分。因此，大学为了留住成绩不达标的学生（以及从他们身上获得的收入），往往会降低对他们的要求。根据大学经费预算的规定，学生的退学比例有一个界限值（每个专业不超过 10％），如果超过了这个界限值，大学就必须退还退学学生的教育专款。在实际操作中，大学管理层会对各个教育项目进行监管，以避免达到界限值（Terentev, Gruzdev & Gorbunova, 2015）。

对于高退学率是否是大学教育政策的一种积极特征，是否是对大学教育的肯定、对学生严格要求的肯定，众说纷纭。有些选拔性很高的好大学招生严格，但退学率很高，尤其是在第一学年。但也有许多研究人员认为退学率过高可能表明教育过程的组织效率低下，特别是缺乏依据学生需求进行个性化调整的工具[47]。

三、学生的学习生活

1. 学习参与和学术诚信

在分析了俄罗斯高等教育的背景之后，现在来谈谈学生的学习参与。比较研究表明，俄罗斯学生很少在课堂上积极参与讨论。与美国学生相比，俄罗斯学生在讲座、研讨会和实践课上花费的时间要多得多（与中国学生类似），但他们的总体参与度却低得多（Maloshonok, 2020）。俄罗斯相对较低的生师比并不意味着师生之间有紧密的合作。

俄罗斯大学和整个教育系统存在的一个共同问题是学生违反学术诚信，主要是抄袭和作弊（Polishchuk, 2010；Titayev, 2012）；10％～20％的学生经常作弊，约 50％的学生时不时作弊，只有 25％～30％的学生从不作弊。

在成绩不佳的学生中,作弊行为更加普遍,他们中只有十分之一能坚持做到诚信。作弊行为最常见的表现是一群人一起做个人作业、抄袭,以及下载并提交仅供参考的文献作为自己的学期作业或大论文。鼓励学生在所学专业领域内工作虽然可以减少作弊的动机,但并不能完全禁止这类行为。平均而言,计划在专业领域内就业的学生中有四分之一会避免作弊,但在那些不打算在本专业就业的学生中,这一比例仅为 15% 左右。因此,作弊倾向与学生对高等教育的总体看法、他们的学习成绩以及在各类教育活动中的参与程度有关[48]。

违反学术诚信在许多国家都很常见(尤其是当高等教育成为一种大规模现象时),但在俄罗斯,正如已经看到的,违反学术诚信已经成体系了[49]。造成这种情况的原因有很多。其一是学生的智力资本和社会资本与大学的要求之间存在差距(Leont'yeva, 2010)。对许多一年级学生来说,掌握教育项目所要求的内容实际上是不可能的,这并不是因为学习内容繁多,而是因为他们的知识水平达不到。有些学生面对大学相对自由的教育环境(不同于中学时通过各种形式实施严格的纪律规定),无法做到自律和自我组织,这导致他们不得不在考试前试图掌握大量学习资料,但这是难以做到的。对他们中的许多人来说,以诚实的学术态度顺利完成学习任务已经不可能了,因此各种作弊行为就变得很有吸引力。

学术不端的另一个驱动因素是,对诚信行为利弊的比较往往会促使学生走向不诚信。学术诚信的要求很高,但在俄罗斯,作弊的风险和成本却相对较低。总体而言,教授们对作弊行为相对宽容,几乎没有人认为作弊可以成为开除或严惩学生的理由。换言之,如果教师不能容忍作弊行为,学生就不太可能作弊[50]。

众所周知,学生选择是否作弊主要取决于他们对大学环境的看法(Pulvers & Diekhoff, 1999)。在这方面,起重要作用的制度因素包括教师和学生要遵循的规则的透明度、教师和管理部门对学生的要求,以及学校整体的学术诚信水平(Maloshonok, 2016)。如果学生认为他们所处的环境在很大程度上是不诚信的,并且其他学生都在破坏规则,那么他们也更有可能采取不诚信行为(Borisova et al., 2014)。

马格努斯(Jan R. Magnus)等人首先比较了以色列、荷兰、美国和俄罗斯的大学作弊行为的普遍程度和容忍度方面的差异,并指出了导致俄罗斯大学对作弊普遍持容忍态度的几个制度性因素(Magnus et al., 2002)。他们指出,在美国的大学里,学生之间的竞争会影响他们之间的关系(作弊被视为不公平竞争,因此受到谴责),但在俄罗斯的大学里,这种态度要弱得多,至少直到近年来都是如此。其次,不同国家对法律和官员的态度也有所不同。在俄罗斯,自苏联时期以来,官方权威人物(包括大学教职工和行政人员)被视为"敌人",因此欺骗他们并不被认为是错误的。最后,马格努斯等人指出俄罗斯教育体制的设计本身,即学生在固定的小集体中接受教育,会促进集体成员之间的团结,包括对抄袭和作弊者的宽容;而那些向官方举报不诚信行为的人则会受到集体成员的强烈谴责,并往往会被污名化和抵制。

同时值得注意的是,学生在学习期间的校外就业情况也会对学术不端产生影响。由于许多兼职工作的学生学习时间很少,而且疲惫不堪、无心学习,他们会尽量减少在一些课程的学习或获得文凭方面所要付出的努力。

2. 学习之外的学生

在学习之外,学生如何与大学产生联结?他们参与的课外活动有哪些?他们的课外活动包括娱乐活动、志愿服务、学生俱乐部或社团活动、体育活动和运动、大学和工作地点之间的通勤,以及睡觉。

首先来回顾一下俄罗斯、美国和中国高水平大学的学生调查数据(Maloshonok, 2020)。俄罗斯大学生平均在娱乐活动上花费的时间与美国大学生一样多(但比中国学生少得多)。平均而言,美国和俄罗斯每五名大学生中有一名每周花费五个小时以上的时间看演出、看电影及从事其他娱乐活动,而在中国,几乎每名大学生每周都要花费这么多时间在娱乐上。

俄罗斯和中国大学生参加志愿活动的比例总体都在 16% 左右,美国大学生的这一比例要高得多,达到了 56%。俄罗斯大学生参加学生俱乐部和社团工作的比例大大低于美国和中国:平均只有不到三分之一的俄罗斯大学生提及了参加此类活动(28%),美国的这一比例为 66%,中国为 76%。不同国家的大学生用于体育运动的时间大致相同,三个国家都约有 40% 的大学生每周花费五个小时以上的时间参与体育活动。体育活动对俄罗斯大学很重要,但重要程度还是远远不及美国大学。

　　促使大学生参加课外活动的因素有哪些? 奇里科夫和马洛肖诺克(Chirikov & Maloshonok, 2015)列出了以下几项。首先,课外活动可以作为中学的延伸,因为大学生可能在中学时有过各种课外活动的经历,在大学里他们可能会继续积极参与那些课外活动、继续承担与之前相同的角色、履行与以前相同的职责。这也是对已经相当刻板的专业教育的一种补充。其次,学生们往往认为学生时代的许多经历都是要通过课外活动才能获得的,由于这种经历以后无法复制,大学时光的重要性被进一步拔高了。这也表明课外活动经历对大学生来说具有独一无二的重要意义。最后,大学生也希望自己的经历能更加多样化。在实际中,一些积极从事某类课外活动(尤其是创意活动或体育活动)的学生在入学前夕就会面临一个问题:是应该通过接受专业教育继续从事此类活动,还是应该选择与这些活动无关的另一条发展道路? 由于研究的特殊性,我们的研究只包含那些选择了第二种方案的学生。这些学生利用课外活动来锻炼他们以前形成的兴趣爱好:参加运动队,在各种体育比赛中捍卫学校的荣誉,参加戏剧演出等。

　　大学在多大程度上为学生参与课外活动创造了机会? 传统上,许多国家的大学都不只关注学习,大学时代是一个人经历智慧发展和社会演变的时期,是努力在社会中寻找自己位置的时期。大学一般会在这些方面为学生提供帮助,为他们的未来开辟明确的道路。

　　如今,许多大学都有学生科学协会、体育俱乐部、智力游戏俱乐部、创意俱乐部等组织。此外还有学生会,这是一个学生选举出的组织,由学生互选产生的学生代表组成,负责处理各种社会和学习方面的问题,在与大学管理层打交道时负责保护学生的利益。然而,学生对大学生活的真正参与是相当有限的。总体而言,学生将大学视为一个提供教育服务的官方的官僚主义实体,这意味着学生与大学之间的关系很难被称为"伙伴"。很少有大学能够始终如一地认可和考虑学生的意见,如果有,通常也是通过在学生中实施教学质量调查来实践的:在学期结束时,学生们会填写调查问卷,评价对课程和教授的满意度,行政部门会以某种方式将他们的反馈纳入考量(不过一般只是将其当作有用的信息,很少作为人事决策的基础)。

导致学生消极参与课外活动的部分原因是大多数大学都缺乏校园基础设施,除此之外,即使在宿舍,学生也受到管理部门的严格监管。学生生活在管理部门制定的一系列规则之中(并且不会以任何有用的方式讨论或质疑这些规则),违反这些规则可能会受到处罚,甚至被开除。

四、教育费用及其支付方式

俄罗斯的大学教育涉及哪些费用? 2005—2016 年间,学生的经济压力增大了,年均实际支出增加了三分之一(见图 5-2)。这期间主要的费用项目保持不变,包括额外的辅导教师和辅导课的费用、购买和维修计算机设备的费用以及交通费等,但结构发生了变化:购买和维修计算机设备以及上网的费用缩减了(按实际价值计算缩减了三分之二),交通费也是如此(缩减了 40%),书籍和文具的开支却增长了 50%,辅导教师和辅导课的费用也大大增加了(增长为了原来的五倍)。最终,2016 年俄罗斯大学生的年均花费(不包括自费生的学费)约为 49 155 卢布(2 032 美元,约为 2016 年俄罗斯在职者平均年薪的 11%)。高等教育带来的总体经济负担加重了,并且昂贵的信息技术设备和软件被额外的课程和辅导服务取代。

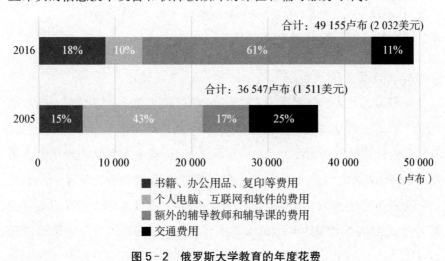

图 5-2　俄罗斯大学教育的年度花费

来源:MEMO 数据(2006 年和 2017 年学生调查);俄罗斯联邦国家统计局数据。
注:费用按照 2016 年的价格计算。

传统上,大多数俄罗斯学生选择在家庭所在的城市学习,约 45% 的学生继续与父母住在一起[51],这些学生在求学期间的住宿花费很低。公立大学全日制学生中约有三分之一住在学生宿舍[52]。2016/17 学年,学生宿舍的费用约为每年 1.1 万卢布(约 455 美元,不到 2016 年俄罗斯在职者平均年薪的 2%)。约 22% 的全日制学生(主要是高年级学生)租住在公寓,与住在大学宿舍的学生相比他们的住宿费用增加了七倍[53]。

学生在校期间的主要收入来源是奖学金、家庭资助,以及工作带来的报酬。公费生和自费生收入来源的结构不同(见图 5-3)。

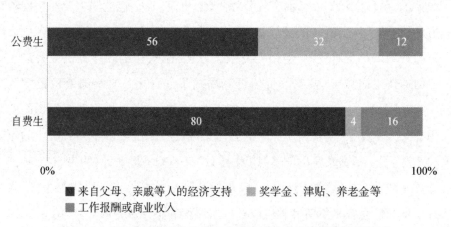

图 5-3　公立高等院校中公费和自费本科生收入来源的结构(%)

来源:MEMO 数据(2016 年学生调查)。

1. 奖学金

政府为学生奖学金划拨了大量经费,约占联邦高等教育经费预算总额的 15%。法律规定了俄罗斯高校学生多种类型的政府奖学金。

学业公共奖学金(public academic scholarship)是最常见的奖学金类型。2018 年,此类奖学金占所有奖学金支出的近 80%[54]。学业公共奖学金分为普通奖学金和增额奖学金,普通奖学金发放给成绩优秀或良好且未拖欠学费的学生,增额奖学金发放给在学习、科研或其他活动中取得特殊成就的学生[55]。获得增额奖学金的学生不能超过获得学业公共奖学金学生总数的 10%。截至 2018 年,学业公共奖学金的平均金额为最低生活费的 36％,即平均月薪的 8％[56]。这表明在俄罗斯大学学习所获得的奖学金数额在绝大多数情况下都大大低于最低生活水平。

社会公共奖学金(public social scholarship)是俄罗斯的第二大类奖学金,发放给孤儿、残疾学生等,金额取决于学生的具体情况。2018 年,此类奖学金占所有奖学金支出的 15％。同年,社会公共奖学金的平均金额为最低生活费的 27％,即平均月薪的 6％[57]。

截至 2018 年,俄罗斯用于支付奖学金的公共开支约为 524 亿卢布(21亿美元)。考虑到上述公共奖学金的金额和获奖人数,资源分配似乎是很不合理、很不公正的。这就导致最普遍、金额最高的奖学金——学业公共奖学金——的绝大多数都分配给了不需要额外经济支持的学生(如家庭经济条件较好的学生);与此同时,贫困学生只能获得仅相当于最低生活费三分之一的社会公共奖学金。由于公共奖学金覆盖面广,并且是按类分配的,其作用被大大降低了。对于俄罗斯大学生来说,公共奖学金主要作为他们在求学期间获得的一笔不错的奖金,而不是一项实际的、能覆盖他们花费的收入。奖学金的实际价值很低,可以说是象征性的(不到俄罗斯平均月薪的 10％)[58],这使其无法真正成为一种维生的手段,而只能作为一笔零花钱。

2. 家庭经济支持

许多俄罗斯家庭都会为子女在求学期间提供经济支持。一般来说,60％的俄罗斯家庭都会在子女完成高等教育之前为其提供经济支持,而不是让子女依靠自己的收入[59]。数据表明,这种资助在实际生活中其实更加普遍。2013 年,约 80％的俄罗斯学生接受家庭的经济资助,他们中的 40％没有工作,在经济上完全依赖父母或其他亲属(Roshchin & Rudakov, 2014)。低收入家庭使用上一代人的积蓄来支付子女的教育费用,或者借钱支付,收入较高的家庭则大多以现收现付的方式支付教育费用(Zakharov et al., 2004)。这种经济支持不仅体现为直接的金钱资助(支付子女的教育及后续费用),还体现为子女可以与父母同住[60]。

这种来自家庭的支持是非常重要的,因为在俄罗斯几乎不存在可以帮助学生将教育产生的经济负担延迟到未来某个时候再支付的金融工具。

美国和许多欧洲国家都有多种补助金、贷款、教育信贷等，而在俄罗斯，由于银行对申请人的父母（或提供经济支持的人）的财政情况有严格的审核要求，此类经济支持工具（尤其是教育信贷）并不普遍。

五、从大学生到毕业生

1. 学生兼职工作

俄罗斯大学生有一个重要的共同经历，那就是在大学期间兼职工作。一系列因素导致了学生兼职工作的普遍性：教育相关的费用高、奖学金少且无法提供足够的经济支持（尤其是对那些远离家乡求学的学生来说）、劳动力市场的要求（以及学生自己希望获得工作经验）等。

超过一半的学生在本科最后几年兼职工作，约 75％ 的硕士生平均每周工作超过 20 个小时，远高于发达国家的平均水平[61]。只有不到四分之一的学生在攻读硕士学位期间没有工作经历。与美国学生相比，俄罗斯学生在本科最后几年和硕士刚开学时不太可能会被校内的工作岗位聘用[62]。

在俄罗斯，每两名大学生中就有一名通过各种网络渠道（例如在招聘网站上发布个人简历等）找到工作，近年来这种求职方式发挥着越来越重要的作用。四分之一的大学生利用学校资源找到工作，例如教师推荐或学校组织的招聘会等。另外四分之一的大学生通过朋友或亲戚找到工作，但近年来这种"弱连接"（weak ties）在求职中的重要性明显下降：2005 年左右，一半大学生都是通过这类关系找到工作的[63]。

在苏联时期，学生也在上学期间兼职工作，但他们的工作大多是比较初级的，不要求任何特殊的资格或严格的工作时间，例如夜间工作（看守、装卸工、体力工人等）。如今，大学生的兼职工作被看作他们职业生涯的起点，工作类型（而非教育背景）往往与学生未来的职业相关联。学生在选择工作时，经济方面的因素固然重要，但获取工作经验的愿望更加重要（见图 5-4）。这与（大多数）学生不需要支付教育费用，以及家庭提供了大量经济支持有关。学生兼职工作可以减少他们之后的求职时间，并帮助他们避免在职业生涯刚起步时获得低薪（Roshchin，2006），对许多学生而言，这是非常重要的。

图5-4　俄罗斯大学生兼职工作的原因(%)

来源:Roshchin & Rudakov(2014, p.164)。

注:图中比例表示占接受调查的高年级大学生的比例。

因此,俄罗斯的青年专业人才市场达到了一种平衡,并且衡量员工素质最重要的指标不是大学文凭或学位,而是工作经验(Apokin & Yudkevich, 2008)。雇主将工作经验作为一种参考工具,约一半的雇主认为文凭和学位以及与专业相关的工作经验都是决定聘用的关键因素。因此学生围绕这一状况制定了他们的学习和工作策略。只有三分之一的雇主关注学生的学习成绩[64]。大多数学生都能将学习和工作平衡得相当好,他们的工作并不会干扰学习(在某些情况下工作还会对学习产生看似矛盾的正面作用)(Rudakov et al., 2016)。在对学生要求较高的大学中,最优秀的学生往往能更成功地将学习和工作结合起来。

现在俄罗斯的大学都积极围绕这一平衡状态制定政策。许多大学不得不接受学生大规模兼职工作的情况,并在制定教学计划时考虑这一点。例如硕士阶段许多课时都安排在晚上和周六,因为工作的学生通常都会错过安排在工作日白天的课程。社会学家指出,在做兼职工作的所有学生中有15%会因为工作耽误上课[65]。在许多大学,需要去工作是一个相对合理的缺课理由。

出乎意料的是,一流大学的学生更经常边学习边工作。他们既然能够接受更高质量的教育,难道不应该尽可能多地探索这种学习机会吗?然而,由于他们实力较强(作为一流大学的国家统一考试高分学生),以及一流大学的良好声誉,这些学生在劳动力市场上更受欢迎。这使他们在学习期间做兼职工作的可能性大大提高了(Roshchin & Rudakov, 2014)。

来自富裕家庭并得到家人经济支持的自费生由于经济负担较小,因此较少边学习边工作。此外,年龄较大或已婚等人口特征带来的额外经济需求使学生更有可能边学习边工作(Roshchin & Rudakov, 2017)。

2. 从大学向就业市场的过渡

如今约 60% 的俄罗斯大学生计划毕业后在所学专业内就业。这与实际情况相差无几:在本专业外就业的毕业生约占 30%(根据毕业生的自我评价调查判断)~40%(根据官方的专业人数和当前的就业人数判断)[66]。

医学以及艺术相关专业的学生最常在本专业内就业。医学专业的学生选择在本专业内工作是因为他们接受的教育使他们获得了一种非常特殊的人力资本,如果他们在本专业之外工作,这种人力资本就几乎完全没价值了(Nordin, Persson & Rooth, 2010; Robst, 2007)。在医学专业中,在本专业外工作的"代价"最高,因此医学生们要么在本专业内工作,要么在最初几年就被大学开除了[67]。医学生的这种偏好也是由医学的专业特点造成的:入学时在专业上的高要求带来高度的选拔性,进而使得学生在专业道路上坚定而专一。尽管艺术类专业的选拔性是由其他原因造成的,但这些专业的情况与医学专业类似,从事创造性工作必须具备某种天赋或才能。

许多毕业生都能顺利地从大学过渡到就业市场中,每年都有越来越多的学生毕业后立即开始工作,并且多达 50%~55% 的毕业生在毕业时就已经找到了工作(见图 5-5)。根据 MEMO 的数据,俄罗斯约一半的未就业毕业生在毕业后第一年内就找到了工作,这意味着在毕业一年后,约 75% 的毕业生已经就业。其余的要么是非正式就业,要么是在休产假或育儿假,要么是失业(俄罗斯的登记失业率约为 7%~9%)[68]。

根据"国际成人能力评估调查"(Programme for the International Assessment of Adult Competencies,简称 PIAAC),总体上俄罗斯受访者在工作中能够很好地掌握识字、数学,以及使用数字技术和通信设备的技

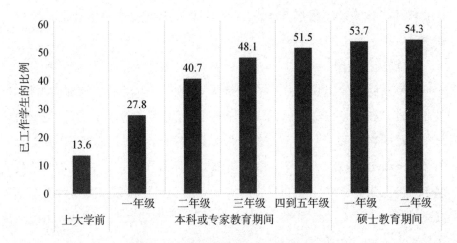

图 5-5 受访学生开始工作的时间（%）

来源：MEMO 数据（2016 年学生调查）。

能（俄罗斯在这些技能水平最高的国家中名列前茅）。但与此同时，俄罗斯高等教育对这些技能几乎没有产生影响（见图 5-6），这导致在高等教育如何培养在职成人技能方面，俄罗斯在被调查的国家中排在后五分之一。

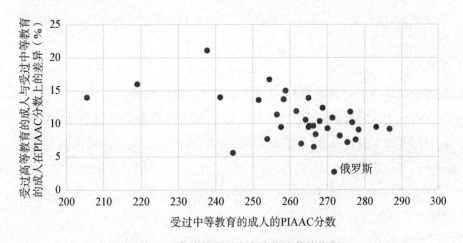

图 5-6 高等教育对成人技能培养的作用

来源："国际成人能力评估调查"在 2016 年发布的调查：《技能很重要：成人技能调查的进一步结果》（*Skills Matter: Further Results from the Survey of Adult Skills*）。

约 7% 的俄罗斯雇主认为大学毕业生的综合知识水平较低，仅有 25% 的雇主在这方面表示满意。毕业生之间的差距与他们接受的基本教育和职业教育都有关系。超过 65％的雇主认为大学生在本科毕业后应继续深造^[69]。

3. 校友和母校

俄罗斯的大学组织模式一直假定校友对大学生活的参与非常有限。平均而言,校友无论是在组织上还是在经济上都不参与大学生活,他们对母校活动的兴趣和参与度都很低。根据俄罗斯最大的招聘机构"猎头公司"(Headhunter)对 2 000 多名俄罗斯雇员的调查,只有 7％的大学毕业生偶尔与母校互动交流,15％的毕业生在毕业后与母校的教授或管理者互动交流过一次,77％的毕业生则从未与母校互动交流过(Kuteynitsyna, 2014)。

在国家计划经济体制下,毕业生的义务安置制度并未对校友与母校之间的互利和互动产生促进作用。从某种意义上说,大学只不过是外部企业的人才供给者,因此校友并不是能影响大学在用人单位中声誉的重要资源(由于没有劳动力市场,这种声誉信号的价值微乎其微)。在互联网、电子通信和社交网络出现之前,现在由网站、电子邮件和网络社群承担的组织同学聚会、提供母校及校友的最新信息(这是最受欢迎的信息类型)的协调职能根本不存在。

如今的现实情况已完全不同了,但许多俄罗斯大学才刚刚开始认识到校友群体作为一种资源的价值。大学认为校友在事业上的成功对大学的声誉有相当大的贡献,因此大学对了解校友的职业发展动态非常感兴趣。俄罗斯借鉴了其他国家(尤其是美国)的经验,即一流大学的校友能对大学产生重要作用并为大学提供资金。俄罗斯的大学希望获得同样的机会,同时也意识到了自己目前的情况与这种状态相去甚远,不知道如何才能缩小差距。

前几年各大学还几乎不关注校友的状态、薪资、职业路径等信息,直到最近,除了少数时候,各大学仍不关注校友事务,认为这些事务严格说来没有任何意义。但现在有了充分的理由关注校友事务,各大学已开始注意这方面。一些大学成立了专门的部门,负责收集校友信息、对校友进行民意调查、与校友建立联系、组织专门的活动。迄今为止,大学所做的校友工作主要集中在就业问题上,包括跟踪了解校友的薪酬,以及组织旨在帮助学生和应届毕业生就业的活动。但校友对大学生活的实际参与程度仍然很低。

少数几所大学的校友确实表现出与母校互动交流的兴趣。2016 年俄罗斯高等经济大学制度研究中心(Center for Institutional Studies)对该校校友进行调查的结果显示,超过 40％的校友表示愿意通过某种形式回到母校教课,例如开设工作坊课程或举办一次讲座。特别值得一提的是,26％的校友表示愿意帮助应届毕业生就业,20％的校友表示愿意接收学生在他们的公司实习。不到 5％的校友愿意为学校提供一般性的资金支持,略微多一些的校友愿意为具体项目提供资金支持。将校友的这种潜在意愿转化为他们对大学生活的真正融入是摆在俄罗斯大学面前的一项任务。

小　　结

目前各大学的学生选拔过程以及教育培养工作再次清楚地表明,俄罗斯高等教育系统是如何将苏联时期遗留下来的计划体制要素与近几十年来出现的市场逻辑要素结合在一起的。

因此,大学选拔学生的机制并不是以"钱随学生走"(money follows the student)的市场原则作为补充,而是与决定公费生名额的计划制度相结合。进入大学学习的学生要么完全由国家出资(各专业的名额由中央确定),要么不得不自己支付全额学费,这就导致了某些相对冷门专业的名额被那些毕业后并不热衷于在本专业就业的学生占据。因此,学生及其家庭能够为学生在自己选择的大学攻读喜欢的学位课程提供一部分资金,是提高高等教育公共支出效率的一项重要的推动因素。

俄罗斯大学的教育过程同样具有苏联时期遗留下来的一些特点,其中最重要的是入学后先分专业、教学体系以课程为基础、课业负担重、必修课程多、个性化程度低。俄罗斯很多大学生都是边学习边工作,他们的工作往往与未来要从事的职业有关,但不一定与他们所学习的专业有关。

事实上，许多大学教育项目的设计仍然以培养学生胜任劳动力市场的某些职位或进入某些部门为基础。在这种情况下，大学的任务被理解为吸收这些职位所需的知识和技能的变化，并相应地调整课程内容。如今劳动力市场在不断变化，当新职业层出不穷、旧职业不可避免地过时的时候，大学也面临着新的挑战。培养学生的软技能以及适应和掌握新知识的能力，是俄罗斯大学刚刚开始意识到的一项必要任务。

如今的俄罗斯大学基本仍然保留着以教学为导向的模式。教育并未体现以学生为导向，也很少或根本没有体现个性化；相反，学生的任务是融入相对标准（尽管有一定宽容性）的教学过程。在大部分大学中，以个性化教育为导向的真正的教育选择现在才刚刚开始出现。这种创新对高校来说并非易事，因为高校不得不适应国家对教育标准的严格规定所带来的限制，但创新的确是大学在新的现实条件下取得进一步发展的基础。

今天，全世界的大学都面临着学生群体的根本性变化。面对新一代年轻人及他们新的价值观、对所学知识的态度、吸收信息的各种方式，以及面对日益激烈的争夺年轻人的竞争，大学不得不寻找新的教育工具、技术和原则来构建教育过程。如何确保学生的参与，以及如何使大学经历成为影响年轻人未来职业和生活的系统性因素，这些都是大学的关键任务。所有这些任务都对俄罗斯的教育机构提出了严峻的挑战，不仅要求对教育过程进行彻底的重组，还需要那些有能力解决这些问题的人员参与其中。下一章的重点就是那些教育学生的人，即大学的学术核心——教师。

第六章

俄罗斯大学的学术职业

本章将介绍俄罗斯大学教师的整体情况,包括他们的基本特征(例如性别、年龄、职称和学位的分布情况)、大学教师的职业路径和薪酬结构,以及这些关键要素在过去几十年的变化。本章还将讨论高等院校全职教师、兼职教师以及外聘教师的聘用情况,包括教师的时间分配、教学活动内容,以及(相对于大学内部的)外部聘用的类型和范围。

本章还将回答以下问题:当前俄罗斯大学学术团体遵循哪些规范? 是什么影响了这些规范的发展?

关键事实

● 俄罗斯大学教师的教学工作量非常大,行政负担也很重。
● 考虑到俄罗斯大学教师繁重的教学负担、对教学的偏好以及他们的专业技能,教师们大多属于教学人员,而不是研究人员。
● 俄罗斯大学教师的流动性较低,在规模较大的大学中,教师自始至终只在一所大学工作仍然是最常见的职业状态。
● 俄罗斯的大学没有终身合同制度。前些年由于大学教师的竞争性低,并且公开招聘形同虚设,终身聘用在事实上或多或少得到了保证。现如今大学与教师签订的合同都是短期的,续约也很难保证。
● 近年来,俄罗斯大学教师的工资一直在上涨。这是政府坚持政策、将教师最低工资与更广泛的地区劳动力市场挂钩的结果。但目前大学教师的基本工资仍不足以达到中产阶级的标准，并且教师之间的薪资差距也在不断扩大：在学术上取得了一定成就并且获得了各种内外部资助的教师可以通过科研工作获得高收入。

- 在 20 世纪 90 年代和 21 世纪初，教师兼职的情况非常普遍，但现在这种情况正在减少。现在约一半的教师有校外收入来源，其中一些是在其他大学兼职。

- 大部分俄罗斯大学教师都希望在国内期刊而不是国际期刊上发表论文，他们通常把发表论文的要求视为一种负担。

- 大多数教师不愿到其他院校任职或改变自己的工作类型，这基本反映了他们在学术界之外的职业上竞争力较低。

- 俄罗斯学术人员的培养是通过研究生教育实施的。虽然研究工作主要在科研机构进行，但 90％的博士生在高等院校学习。研究生教育的规模很大，但一般效率不高。奖学金少、很多学生选择不在学术界就业，以及导师指导的质量低，共同导致了实际通过学位论文答辩的研究生比例非常低。

- 在如今的俄罗斯，学术职业的地位非常低。只有 7％的家庭认为学术职业是有声望的职业，并且只有 10％的学生考虑过从事学术职业。

第一节　俄罗斯大学的教师：总体概况

在苏联时期和苏联解体后，大学的教师队伍经历了快速增长和急剧下降两个时期。这些变化是由政府政策导致的：政府政策规定了高等院校的数量、规模和学生数。例如，从 20 世纪 50 年代初到 70 年代末的 30 年间，大学教师人数增长了两倍多（其中苏维埃俄国的大学教师从 8.7 万人增至了 20 万多一点）[1]。如今俄罗斯大学约有 23 万名教师，比 2007 年减少了 40％（2007 年大学教师人数最多时曾达到 37.8 万人）[2]。2010 年左右，大学教师数减少了，一方面是由于学生数减少（这是 20 世纪 90 年代出生率骤降的结果），另一方面是由于政府采取了旨在提高高等教育实施效率的措施,其中就包括提高大学的生师比。

　　在过去的 30 年中,经济因素对教师规模产生了重要影响。20 世纪 90 年代初,大学经费的大幅削减与私立高等教育的诞生和发展相伴而行。经济大环境的衰退,包括高科技产业生产的下降,与大学经济活动的爆发同时出现,促使一些科研公司、科研和生产组织以及其他利用大学资源的人,在解除了官方管控的、更加自由的新社会环境下推出了金融、经济和法律等新领域的高级课程,这些课程非常受欢迎。俄罗斯大多数公立和私立高等院校都开设了此类课程,由公立大学教师和私营企业人员共同主导。20 世纪 90 年代初,俄罗斯大学教师数的增长速度超过了学生数的增长速度:1985 年,全日制学生与教师的比例为 8.6∶1,十年后为 7.6∶1。

　　20 世纪 90 年代末,高等教育取得发展的一个重要因素是 80 年代初的婴儿潮导致的学生人数大幅增长,越来越多的人接受高等教育。因此直到 2005 年,尽管教师人数不断增长,教学工作量也在持续增加。1995—2005 年的十年间,每名大学教师对应的全日制学生增加到了将近 11 人。而 2005—2015 年,由于学生人数的减少,这种增长转为了下降[3]。

　　就教师群体的绝对数量而言,俄罗斯仅落后于印度、中国、巴西、美国和德国等少数几个国家,但就相对数量而言,俄罗斯的生师比属于最低之列。即使考虑到近几年的优化措施,俄罗斯每名大学教师平均指导约 11 名全日制学生,而美国为 14 名,中国为 18 名,印度为 24 名,巴西为 25 名。

　　如今俄罗斯大学教师中一半以上是女性。大学教师女性化是近几十年来一个明显的发展趋势。20 世纪 90 年代初到 2010 年这种趋势尤为明显,这一时期新入职的教师大多为女性。1995 年,男性在大学教师中所占的比例接近 60%,2000 年时男女教师的比例几乎持平,2010 年时男性教师所占的比例稳定在 42%～44% 左右,并持续至今。这种转变主要是由于 20 世纪 90 年代至 2010 年大学的潜在收入相对较低造成的。

　　自 2010 年以来的十年间,俄罗斯大学教师的年龄结构彻底改变了,并且这种变化基本被认为是不利的,尤其是俄罗斯目前正面临着教师老龄化的问题。2005—2017 年,俄罗斯大学中 30 岁以下教师的比例从 16.1% 大幅下降到了 6.1%,而达到退休年龄(男性 65 岁、女性 60 岁)的教师比例反而有所增长,达到了 28.2%,这种变化趋势自 20 世纪 90 年代末以来一直持续[4]。老龄化问题与 90 年代俄罗斯中青年教师的外流(去从事各种非学术类工作),以及从 2010 年一直持续至今的年轻教师流入少(原因之一是学术职业声望低)有关。

与其他国家相比,在俄罗斯大学教师的年龄分布中(见图 6-1),60 岁以上教师的比例(28.2%)远高于西方国家的大学(英国为 9% 左右),并且 40 岁以下教师的比例(26%)远低于发展中国家的大学(中国为 58.4%)。需要注意的是,在俄罗斯,一旦教师达到退休年龄(男性 65 岁,女性 60 岁),他们可以选择继续工作,高校无权与达到一定年龄的教师解除合同。

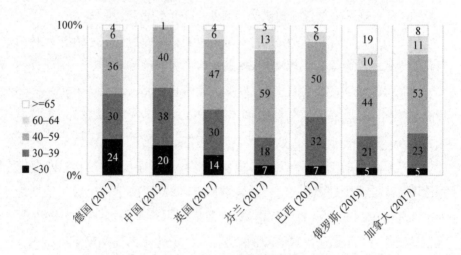

图 6-1 俄罗斯等国大学教师的年龄结构(%)

来源:俄罗斯科学和高等教育部 2019 年 VPO-1 模板数据;高等教育统计局(Higher Education Statistics Agency)数据;OECD 数据。
注:图中数据为各年龄组教师的百分比。

第二节 学术职业的结构

一、学术职业的发展路径

俄罗斯大学的职称结构自 1937 年以来一直未变。最初级的职位是助教(assistant),通常由没有工作经验或相应博士学位的人担任,他们往往是边学习边教学的博士生。再高一级的职位是讲师(lecturer)和高级讲师(senior lecturer);与助教类似,这些职位也通常由没有博士学位的人担任[5]。再往上是副教授(docent/associate professor)职位,需要有工作经验、已发表学术成果,并且拥有博士学位(俄语为 kandidat nauk,科学博士候选人/副博士)。最高级的职位是教授;从正式角度来说,要担任教授职位必须获得更高的博士学位(俄语为 doktor nauk,科学博士)。在实践中,尤其是近几十年来,教授职位通常由拥有高水平科研成果的博士学位获得者担任。总体而言,每个职称都与教师在大学的服务年限相关,但也有例外。例如,没有博士学位的教师可以担任高级讲师数十年,而学术成就较高的教师则只需要在职业生涯的早期阶段担任这一职位。同样,没有获得更高的博士学位的教师也可能到退休时依然是副教授,而不是教授。图 6-2 展示了各职称大学教师的分布情况,直观地表明副教授占俄罗斯大学教师的大多数。此外,男女教师在职称分布上不平等,平均而言,女性在学术界高级职位中所占的比例明显较低。

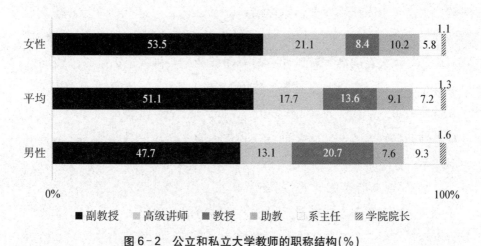

图 6-2 公立和私立大学教师的职称结构(%)

来源:俄罗斯科学和高等教育部 2019 年 VPO-1 模板数据。
注:图中数据为各个职称等级的教师占全职教师总数的比例。

没有博士学位也能在高校担任教职(至少是初级教职)的情况导致俄罗斯只有 60%的高校教师拥有博士学位(绝大多数是在俄罗斯本国获得

的),这是苏联解体后低等级学位持有者逐渐增多的结果。与此同时,一个明显的积极变化是科学博士获得者在全体教师中的比例有所上升,20世纪80年代初是5%,现在则是15%。在过去十年大学教师人数普遍下降的背景之下,这意味着离开大学教师队伍的大多是没有博士学位的人。

以上内容对俄罗斯大学的教师进行了概括性介绍,没有对公立大学和私立大学进行区分。本章接下来的部分将主要关注公立大学。这样选择的原因在于私立大学的教师在整个大学教师群体中只占很小一部分,目前仅略高于5%。他们大多专注于教学,很少参与科研工作[6],并且许多人都是兼职的。私立大学的合同和工资不受政府监管,而政府的监管措施以及随之产生的机会和限制对公立大学的人事政策则至关重要。

二、学术职业晋升

大学的组织形式,包括教师的激励机制和学术标准,都受到这样一个事实的影响:终身在同一所大学工作是最常见的职业状态。在苏联时期,从一所大学调动至另一所大学工作是相当复杂的(Kugel′,1983)。工作调动主要出于个人原因而非学术原因(如配偶搬到了另一个城市)。在少数情况下,一个人可能凭借政治因素或社会关系而被调往更优秀的院校,或者因为必须为新的高等院校配备师资而被调离。俄罗斯大学教师流动性较低至今仍是一个典型的现象。根据APIKS-2018的数据,截至2017年,俄罗斯大学流动教师的比例约为15%,而职业生涯大于或等于十年的非流动教师的比例为57%。十年前曾在其他大学工作过的教师约占样本总数的28%[7]。

学术"近亲繁殖"现象在俄罗斯大学很常见,也是学术人员不流动的主要原因。这种聘用本校毕业生担任教师的做法阻碍了大学进入外部劳动力市场以及从外部获取经验[8]。这种做法非常普遍,毕业后一直在本校工作的教师比例接近40%[9]。不同学科之间存在一些微小的差异(技术工程类和医学类专业的这项比例更高,分别为52%和61.7%),但总体而言,学术"近亲繁殖"是现行制度的一个典型特征。

俄罗斯大学的学术"近亲繁殖"现象是由许多内外部因素共同造成

的[10]。一些因素与大学本身无关，而与大学所处的环境有关。其中最重要的因素可能是学术市场的缺位，也可以说，是本校毕业生去其他大学就职和其他大学毕业生来本校就职所面临的竞争压力过大。另一个外部因素是地区间的人口流动性低。在俄罗斯，由于各种居住方面的问题以及缺乏社会基础设施等原因，即使有工作机会，人们搬到另一个城市也是一件很复杂的事，因此人们找工作大多局限于目前的居住地[11]。除上述外部因素外，还有一些内部因素也造成了这种学术"近亲繁殖"，最重要的一个是大学的教学使命。大学一般寻找的是教学人员，但在大部分情况下，只有通过实际工作才能了解该教师的教学水平和潜力。通过简历、发表的学术成果，甚至论文展示（或公开讲座）来评估候选人的教学质量要比评估其科研能力复杂得多。

研究生学习的特殊性质与大学招聘新学者的工作相辅相成，发挥了重要作用。研究生（以前是本校的本科生）在研究生学习结束时通常会积极参与大学的工作，他们一般会参与教学，并且在博士论文答辩通过后很快就会留校工作并获得副教授的职位。经费不足是导致这种现象的另一个因素：当大学无法提供有竞争力的薪酬时，一种解决办法就是在学生进入劳动力市场之前就聘用他们。此外，许多研究人员认为导致学术"近亲繁殖"的原因是俄罗斯稳定的文化、社会和学术标准，是这些标准导致了系统的封闭性。但经验表明，这一因素的影响力往往被高估了；当其他条件发生变化时（例如，当大学需要聘用有实力的科研人员并通过资金吸引他们时），"近亲繁殖"的情况就会减轻[12]。

这种做法影响了学术生活的许多方面。没有在除母校之外的任何大学工作过的教师很少在国家级或国际级的期刊上发表论文（他们更倾向于在本校甚至本院系的期刊上发表），很少参加国际会议，学术方面的关系网也较窄（通常仅与本院系的教师联系）[13]。教师们也更倾向于教学而非科研[14]。这是有道理的：教学可以获得大学的特定经费，而科研（以在校外发表的论文来衡量）则不然。内部人员（即毕业于受聘大学，没有任何外校工作经验的教师）更偏向"近亲繁殖"的就业政策；而那些有外校工作经验的教师以及毕业于其他大学的教师则更偏向聘用外校人员、确保新鲜血液流入的政策。在大多数教师都是内部人员的团队中,支持外部聘用的人却占多数[15]。

学术"近亲繁殖"的做法在很大程度上促进了资历较深和资历较浅的教师之间、高级职称和低级职称的教师之间、资深专家和新教师之间非正式的契约关系(相互之间的承诺和期望)。这种做法也助长了教师在聘用和职业晋升上的家长式作风和偏袒行为(体现在教师现在和之前的学生的工作晋升方面),在一些情况下,这种做法会导致各种派系和密切的非正式网络的形成[16]。

对某一特定院校的大量投入和在同一所大学多年的工作经验迫使那些不流动的教师向学校里的非正式网络倾斜。与此相反的是,选择流动职业生涯的教师花在教学和行政事务上的时间较少,他们将时间投入到了更有可能受到外部学术界青睐的科研工作当中,并且他们主要专注于建立自己的校际关系网,而不是校内关系网。流动型教师的价值观更面向世界,非流动型教师则倾向于依照本地标准并忠于本校。

但同时应当指出的是,学术"近亲繁殖"的做法有助于俄罗斯(以及其他苏联加盟国)的大学克服高校工资低、学术工作缺乏吸引力所带来的局限性。显然,在俄罗斯劳动力市场上寻找更优秀的教师需要提供更高的工资,并产生用于建造或购买设施的额外支出,而大学有限的预算往往阻碍了这类政策的实施。学术"近亲繁殖"的另一个重要的积极影响是,它促进了大学学术团体的稳定性,使教师能够承担集体责任,并愿意在低工资的条件下优先考虑教席、院系和组织的利益,而不仅是自己的个人利益。

近年来,俄罗斯大学的外部招聘呈上升趋势。一些以前喜欢聘用本校毕业生和从本校学生中培养年轻教师的大学,已转而采用公开竞争的外部聘用制度[17]。这一趋势在一流大学中最为明显,并逐渐向其他大学扩展。这些变化使我们相信,文化和价值观因素在学术"近亲繁殖"现象中的作用被高估了。当大学的优先事项(以及大学工作的体制条件和财务条件)发生变化时,当大学的使命从纯粹的教学转向科研,以及当大学的财务状况有所改善时,大学对教师聘用政策的态度就会发生重大变化。

第三节　教师的收入

教师是大学的核心，他们的福祉关系到大学的福祉。教师们选择从事学术职业主要都不是出于经济因素。在任何国家，大学教师的收入都不会高于受过同等培训、在学术界以外工作的专业人才的收入。在一些国家，大学教师的平均收入还达不到中产阶级的水平[18]。

但与此同时，经济因素也很重要。从广义上讲，教师的薪酬以及利用这些收入维持良好生活水平的机会决定了教师的行为。因此，教师的收入水平影响着大学的形象和功能，从长远来看也影响着大学在国内和国际学术市场上的竞争力。本节将详细讨论俄罗斯大学教师基本收入的水平和结构，以及他们额外收入的主要来源（Kuzminov，2004；Kuzminov & Yudkevich，2007）。

本章的大部分内容重点讨论公立大学的情况。政府针对大学作为公立机构而制定的政策（例如，各个教职职位的最低固定薪资金额）与大学具体的内部人力资源政策（例如，针对某些成果或活动的奖金制度）之间的互动，会影响学术核心的建设、教职工的积极性和表现，以及大学的行为和战略。

教师的工资

1. 影响工资的因素

21 世纪初，俄罗斯学术界的收入水平已经比危机四伏的 20 世纪 90 年代要高了，但仍比全国平均水平低 25%～50%[19]。在随后的几年中，这一差距开始缩小（主要是由于政府增加了对高等教育的经费投入），到 2010 年，这一差距缩小到了 10% 以下。

近年来，政府的优化措施对高等教育系统产生了重要影响。从历史上看，俄罗斯劳动力市场存在一个典型的情况，那就是当高等教育系统的规模缩小时，大学管理部门宁愿大幅减少员工的工作量，也不愿解雇他们。

这种做法虽然抑制了失业人数,却降低了工资。

2012 年,《俄罗斯联邦总统令》通过了逐步提高公立大学薪酬的政策,政府为执行该决定提供了大量额外资源[20]。根据该法令,大学教师工资的增长额度与该地区的平均值挂钩。截至 2018 年,大学教师工资的目标值固定为大学所在地区平均工资的 200%。大学教师工资的提高主要是由于公立大学系统获得了额外的预算支持,且绝大多数大学教师都在公立大学工作[21]。

如今,俄罗斯大学教师的工资与学术界以外行业的工资持平,甚至超过了其他行业,但还是没有超过管理岗位专家的工资。由于教师的平均工资与各地区的平均工资相比有所增长,地区之间教师工资的差异也开始增大。根据联邦国家统计局的数据,截至 2019 年底,俄罗斯公立大学教师的平均月工资约为九万卢布(约 3 500 美元,按"购买力平价"汇率换算,下同),而社会总体平均月工资约为这一数字的一半,即 4.8 万卢布(1 870 美元)[22]。各地区的平均工资差别很大,并且不同类别的大学之间工资差异也相当明显(见图 6-3)。

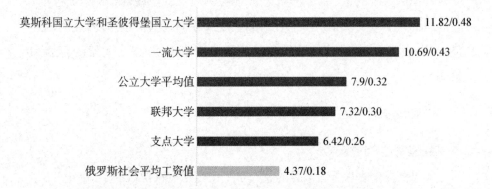

图 6-3 截至 2018 年底不同类别的公立大学教师平均月工资的比较(万卢布/万美元)
来源:科学和高等教育部"俄罗斯高等院校表现监测(2019 年)"。

大学教师工资的低竞争力导致了这一职业在劳动力市场上的状况。大多数大学根本没有资源聘用国际知名的科研人员,许多大学甚至没有能力聘用国内知名的科研人员。反过来,地方大学(工资与当地劳动力市场挂钩)也无法阻止他们最优秀的专家前往莫斯科或圣彼得堡工作,因为那里的工资标准要比本地高 1 倍或至少 50%。这种情况影响了学术界的封闭性传统,但作用远不止于此,因为实际中的情况更加复杂:这是人才外流的一种体现,即最优秀的科研人员从地方大学流向大城市的大学,再进一步流向世界一流大学。

然而,这种现象与其他国家几乎没有什么不同(除了俄罗斯各首府城市的大学发挥的作用过大之外)。俄罗斯的独特性体现在大学明显地按其科研资质和师资质量进行分层,低层级的大学由于资源有限,改变现状的机会也十分有限。换言之,与其他类似高等教育系统的国家相比,在俄罗斯,大学政策的调整产生的影响力要小得多。

对教师而言,这种现象在因大学层级而异的多个方面上都对学术标准产生了影响。

2. 工资的结构

大学教师的大部分收入都来自大学本身(即内部收入),对于 53% 的教师来说,这是他们唯一的工作和唯一的收入来源。对于有校外收入的教师来说,大学工资约占其总收入的 20%。教师们约 80% 的内部收入是基本教学工作的报酬,其余是校内行政和科研工作的报酬。

由于大学生对不同学科课程的需求不同,而且不同学科的专家在学术体系之外的收入也不同,人们可能会认为大学不同学科教师的工资差异很大[23]。但是在公立大学中,这种差异其实并不明显。自然科学和外语专业的教师是唯一的例外,因为他们的工资相对较低[24]。

第四节　大学与教师之间的合同关系

一、工作合同

大学的效率不仅取决于用于教师的预算金额,还取决于教师的薪酬结构。薪酬结构最终决定了谁在大学工作、以何种条件工作,以及对他们(教育和科研方面)的表现和成果的激励措施。因此,保证大学效率的关键在于工作合同的制订。

俄罗斯大学工作合同的结构有许多特点,基本上决定了教师核心团体的特点和教师激励机制的特点。俄罗斯大学的工作合同很难被简单概括,因为自 2010 年左右以来,这些合同一直在频繁变动,合同本身的结构以及签订和延长合同的标准和程序都一直在变(Panova & Yudkevich, 2011; Panova, 2017)。

本节将首先介绍俄罗斯大学在 2005 年前后形成的合同和雇用制度,接着探讨这些制度反复变化的主要方向和原因。了解变化背后的原因和动机非常重要。

首要原因是,大学的经济效益越来越重要。大学不再遵循由政府全额出资的"单位"运行逻辑,而是转向了吸纳多种资金来源并力图高效使用这些资源的经济组织逻辑。大学也开始在学术人才的市场上相互竞争。这种最近才开始的竞争主要集中在一流大学,但也迫使其他大学开始想方设法吸引优秀学者。

此外,这种变化的一个重要驱动力是大学使命及活动模式的转变。直到前几年,俄罗斯的大学(甚至是一流大学)仍以教学为主导。教职工主要被聘任为教学人员,甚至俄语中的教职工一词"prepodavatel"也是"教师"的意思。在大部分情况下,教师的聘用决定是基于教学需要、候选人资质,以及是否准备好教授大学和学生所需的课程等条件做出的。普通教师的科研成果一般不重要,他们的科研表现(如一定时期内发表论文的数量)也能得到认可,但通常被看作一种形式上的要求,而不是聘用所要参考的条件。如今,随着许多大学的科研工作不断扩展,科研的重要性也与日俱增,这反过来又反映在教师的合同中。

1. 过去的合同

俄罗斯大学教师不是公务员,不能保证终身聘用,他们签订的合同有一年、三年或者五年的固定期限。教师签订的第一份合同通常为期一年,之后的合同为三年,此后如果大学和教师双方未出现投诉或其他复杂状况,合同每五年续签一次。

大学教师的主要工作是教学，教学工作有着严格的规范。教师总体的教学工作量与大学的层级挂钩，大学层级规定了各个职位的教师在课堂内外最低的教学总时长。每所大学都有一套详细的计算工作量的标准，涵盖了各类教学活动（见表6-1）。这些标准（哪类活动应累计多少课时）会被不定期审查，但用于统计各类教学活动的总体标准系统（制定于20世纪70年代中期）一直保持不变（Gromov，2014）。

表6-1　俄罗斯大学教师工作量的大致标准

教学活动类型	标准值
讲课	45～120分钟为一课时
主持研讨会	45～60分钟为一课时
进行测试	每名学生15～30分钟
进行考试	每名学生20～60分钟
指导学期论文	每篇3～5小时
指导毕业论文	每篇10～20小时
指导博士学位论文	每年50小时

大部分大学教师的年教学工作量为700～1 000小时，其差值取决于教师的职位：职位越高，教学工作量越低。

教师的教学受到严格管理，必须遵循严格的标准。除教学以外，教师还可以做自己的科学研究。然而，科研工作并没有被制度化，而是作为纯形式化的"学术工作"成为教师个人计划的一部分；理论上教师们应当在教学之余从事科研。苏联早期的一种做法至今仍在许多大学沿用，即事先制定科研工作计划（由教师个人或教席统一制定），并列出计划发表的论文数量和主题。这种做法多年来（也可能是从一开始）就被公认为只是一种形式，然而因为大学需要在对外发布的报告中展示科研成果，所以教席和院系的领导们都希望增加相关指标。因此，为了提高这些指标，大学在当地出版的资料、大学或院系编写的工作文件，以及当地的学术会议记录都被计算在内。近年来，一些质量不高甚至鱼目混珠的国际期刊迎合了这一趋势，帮助提高了论文数量[25]。

　　所有教师合同中的条款都是标准的，由教师职位和大学政策（后者影响程度较小）决定，教师的薪酬也是标准的，因此在聘期之内，教师的基本义务和基本付酬条件无须再协商。大学管理部门一般会尝试通过合同中并未规定的临时附加费和奖金来规范所有偏离标准条款的情况。资源充足的大学通常会为教师提供一部分与基本薪酬接近的灵活薪酬。

　　与教师本人有关的程序，如签订或延长合同，受到 20 世纪 50 年代苏联时期大学引入的正式规范的影响。但从一开始，实际中的做法就与这些正式规范不符。半个多世纪前，绝大多数大学[内务部（Ministry of Internal Affairs）、国防部（Ministry of Defense）和克格勃（即国家安全委员会，the Committee of State Security）的大学除外]都需要通过公开招聘的方式聘用教师，但当时所谓的竞争制度几乎从未让任何人失业。到了 1962 年，公开招聘制度被评估制度所取代，即在当前的工作合同即将到期时，教师要参加内部评估。一般来说，这种内部评估是为了将教师的合同合理地延长到下一个周期，而竞争性聘用基本上仅限于新教师。因此这种制度实质上有助于保护现有的教席和院系。

　　从形式上看，大学教师的聘用是以竞争为基础的。如果一所大学有一个空缺职位，或者某位教师的合同即将到期，学校必须公布现有的空缺职位，同时要考虑招聘的时间限制，公布时应让所有希望申请这一职位的人都有机会申请。此类招聘公告会在大学网站、大众媒体（通常是专业性媒体）上发布，有时也会通过招聘机构，包括私人服务机构发布。但直到现在，在公开市场上招聘教师都只会在新院系开设时或现有院系大幅扩招时进行，并且聘用决定是在竞聘之前做出的，参与评估的也是之前安排好的候选人；除此种情况之外，大学教师的聘用都不存在公开竞争（或任何竞争）。尽管空缺职位的信息被广泛传播，但很少有外部候选人会将这种招聘视为一种获得大学教职的可行的方式，因此教师职位竞聘吸引的外部参与者寥寥无几。大多数教师都认为邀请外部候选人不过是为了满足形式上的要求，这些人实际上没有机会与内部候选人展开真正的竞争。大学中的初级教职通常由本校的研究生和应届毕业生担任[26]。

通常情况下,只有在发生特殊事件时,或者教师与同事或管理部门发生冲突时(这种情况很少见),学校才会拒绝与在任的教师续签合同。不过在续签合同时,教师也应满足形式上的要求:合格地履行教学职责并在合同期内发表一定数量的成果。就发表的成果而言,数量通常比质量更重要。

造成这种情况持续多年的因素有很多。首先,因为大学在劳动力市场上不会遇到任何激烈竞争,也很难确保大学教师这一职位存在竞争,所以教师的薪酬也不具有竞争力。其次,从 20 世纪 90 年代到 2010 年,大学教师们都在出售他们的教学服务(尤其是那些抢手的教师)[27]。大学不得不接受一项事实,即教师拥有与大学相关的额外收入来源:一方面,教师们从事着第二职业,但另一方面,他们仍然是大学的雇员。最后,政府对大学的投资并不多,对大学的要求也不高。然而,当社会形势开始发生变化时,大学内部与工作合同相关的政策也会发生变化。

2. 现在的合同

近年来,大学在教师的合同和聘用方面似乎转变了战略。如前所述,这既与市场环境的变化有关,也与大学使命和职能的转变有关。由于现在俄罗斯人口在下降并且大学数量在减少,对大学教师的总体需求也在下降。政府为大学分配了大量资源,反过来又对大学提出了高要求。现在大学不能简单地与全体教师续签合同,因而不得不做出艰难的决定——解聘部分教师。此外,大学还设定了一个相对较新的目标:聘用更高效、表现更优的学者取代现有的教师,并期望他们在科研方面有出色的表现。大学还不得不建立起新的激励制度,以期实现这些新目标。

如今,许多大学的合同期限都由学校政策规定,并被用作提高教学和科研质量的激励措施。总之,大学开始遵循自古以来就存在的一些十分正式的传统做法。但是,合同期限缩短和延期的不确定性在教师中滋生了不满,这种现实与他们长期以来的期望大相径庭。现在俄罗斯的大学中正在进行一场"无声的革命",即之前相对较长的五年合同、内部评估制度,以及几乎能保证的续约制度正在被一至三年的短期合同取代,根据实际竞争情况进行续签;但这一转变尚未得到教师们的认可,其对正在考虑开启学术生涯的年轻毕业生的影响也尚未得到评估。

就在大学不再被视为纯粹的教育场所之时,对受聘教师资格的考量也进入了另一个层面。现在,科研工作的分量不仅在教师聘用中增加,而且很多情况下变得至关重要。一流大学对其论文发表情况(每年人均发表的论文数量及其引用率)负首要责任,这迫使大学管理部门在聘用教师时对候选人的科研潜力给予了极大关注。

重视科研在教师工作中的重要性不仅限于研究型大学,其他大学也开始这样做。俄罗斯科学和高等教育部在最近出台的"俄罗斯高等院校表现监测"中,将科研作为重要的评估标准之一,如果科研成果少,大学就有可能被关闭或重组。

近年来,俄罗斯大学教职的竞争日益激烈,合同的标准条款也发生了变化,这与其他国家的变化趋势如出一辙。例如,美国大学中提供优越工作条件和就业保障的终身合同所占的比例正在缩小(Finkelstein et al., 2015;Schuster & Finkelstein, 2006)。大学对兼顾教学和科研的优秀教师的争夺日益激烈,使得这些教师有机会就工作合同的细节(如教学工作量和薪酬水平)与大学进行谈判。

科研在教师工作中越来越重要,这在合同条款中也有所体现。如今,教师工作的准则是"要想成为一名优秀的教师,就必须做科研"。在一流大学,这种追求与学校想要取得某些科研成果并在学术界占据一席之地有关。而在普通大学,这种追求则主要来源于政府的政策,因为现在政府已经将科研表现列为评估大学成果的依据之一。

但是在任何情况下,教师的标准工作合同都不会明确规定分配给教师做科研的时间或期望获得的成果。俄罗斯大多数大学中的大多数教师甚至没有固定的工位,他们在课间休息时都待在分配给该教席所有教师共同使用的办公室里。在这种情况下,任何试图正式规定教师要在教学和科研上各分配多少时间和精力的做法都很难取得成功。

直到这几年,俄罗斯的大学还没有确立起一个统一的教师表现评估体系。这一体系不应该用于管控结果,而应该用于监管教师在教学、开发教育资源,以及制订将来课程的详细计划上花费的时间(Sivak & Yudkevich,

2013；Yudkevich, 2019)。不过这样的情况也正在发生变化,大学也面临上级部门对其表现的评估,开始要求教师产出成果。因此,大学与上级教育管理部门之间关系的改变正在推动大学与教师之间关系的改变。

表6-2比较了过去和现在俄罗斯大学教师合同和聘用条款的特点。总体而言,合同和聘用制度的基本内容没有变,但由于制度条件的变化,与大学一起做出了一些调整和修改。一个漫长的转变过程似乎正在开启,转变的主要驱动力是显而易见的:科研成果越来越重要,教师聘用逐渐走向公开竞争(不仅是法律上的,也是事实上的),对长期合同的保障也越来越少。合同条款在教师的职责和薪酬方面预计也会有更大的变化,不过,现在讨论这类举措的实际变动还为时过早。

表6-2　过去和现在俄罗斯大学教师合同的比较

特点	过去	现在
合同期限	一/三/五年	一/三/五年
终身聘用的保障	高	无
对科研工作的要求	几乎没有	高
合同(重新)签订时的竞争程度	低	高
教师就合同条款进行谈判的机会	很低或没有	在科研方面取得很高成就的教师具备此类机会
聘用依据	1. 具备教学能力和讲授所需课程的能力 2. 满足论文发表方面的基本要求	1. 具备教学能力 2. 具备科研生产力

3. "有效合同"

今天的俄罗斯大学在法律上和财政上都是自治的,这有利于为教师提供个性化薪酬,以及利用高薪、额外奖金和其他优惠条件(包括工作条件)争取最优秀的教师。虽然以前俄罗斯大学也可以通过相互之间的竞争聘用教师,但由于大学资金有限、学术市场缺位(学术市场能直接反映教师和大学的学术水平),以及很可能造成教师之间关系紧张,这些年大学都没有这样做[28]。此外,俄罗斯的大学系统里还出现了一个新趋势,即强调科研的重要性,并要求大学设立与科研表现相关的奖金。许多大学还推出了新的学术薪酬制度,也就是根据各种标准和可衡量的成果(例如科研成果)来确定教师的一部分薪酬,并不时进行更新。

制定教师薪酬的新模式以"有效合同"(effective contract)的理念为基础[29]。"有效合同"是一个非正式概念,指的是那些根据俄罗斯总统的"五月政令"(May Decrees)制定和使用的专门劳动协议[30]。这些协议的实施以 2012—2018 年的政府方案为指导,该政府方案正式确定了政府部门实施此类合同的模式和程序[31]。根据俄罗斯教育和科学部以及劳动和社会保护部(Ministry of Labor and Social Protection)的要求,公立大学开始使用专门的劳动合同模板,其中详细规定了正式教师的职责、薪酬条件,评价教师工作表现的指标和标准,奖金也根据评价的结果确定。

这一理念的重点在于强调:重要的不仅是教师的薪酬总额,还有薪酬结构。教师要想专注于自己的主要工作(教学和科研),就应该得到合适的报酬,这样他们就不用寻求额外的收入来源。有了经济上的保障,教师在选择大学时就能首先考虑学校的专业水平,进而充分发挥自己的潜力,使大学和教师自己共同受益。显然,落实"有效合同"的关键在于寻找和聘用这样的教师,以充分满足大学在教学和科研质量上的目标。在学术市场不发达、许多学科的教师都存在供应短缺的情况下,"有效合同"就会向所谓的"激励合同"(incentive contract)转变,即用相对较低的基本薪酬取代高额的保证薪酬,并在教师取得一定成果或者达到一定质量或数量上的绩效标准时给予奖金作为补充。

"激励合同"在各大学的实际应用情况差别很大,这取决于各大学的特点、财力和总体学术水平[32]。发放奖金的条件也有所不同。在一些大学,薪酬中可变动部分的金额在一年中是固定的,但在大部分大学,奖金是按季度发放的,也有的是每年底或每半年发放一次。各大学发放的奖金数额也不固定,在基本工资的 20%～200%不等[33]。

决定大学教师工资的因素包括教师的职位(决定国家的出资等级,从而确定联邦政府承担的工资金额）、学历、教学工作量（额外的教学工作量尤为重要），以及参与行政工作的情况。工资收入平均占大学教师总收入的约 70％，另外 30％作为奖金支付（主要基于"激励合同"中的规定）。四分之一的大学教师因承担额外的教学任务而获得额外报酬，五分之一的教师因参与行政工作而获得额外报酬[34]。

从根本上说，"有效合同"的实施基于两组指标。第一组指标规定了对教师工作表现的最低要求（例如，发表成果的数量、获得的基金资助数额、参与的各类学生工作），如果达不到这些要求，就会导致合同终止、工资条款被重新审查或无法签订下一年度的合同。第二组指标规定了对超过最低要求部分的奖励，是根据大学的目标确定的（例如，提高大学在总体或学科排名中的位次、获得拨款或其他资金、在教学过程中采用新的信息技术手段等）。奖励可以重点关注个人的成就（如在一流国际期刊上发表论文或学生评价优异），也可以重点关注大学的成就（在整体上或在特定领域中）。

二、教师是否同质化？

前文已不止一次指出，俄罗斯的大学在历史上是以教学为导向的，科研任务要么不存在或只存在在形式中，要么被严重压制。这就对大学教师的工作产生了影响，使他们大多专注于教学。如今，随着大学科研任务的重要性不断扩展，并反映在对教师的工作内容和工作成果的要求上，教师团体的同质化问题正变得越来越有争议。许多大学都在调整人事政策，也有一些问题值得探讨。是否真的需要每位教师都同等地参与教学和科研？一所大学中是否可以设定不同的职业发展方向？比如，专职教师完全专注于教学（完全以其教学方法和教学质量作为评价标准），教师兼科研人员除教学外还积极参与科研工作（如发表论文），专职科研人员专注于科研工作而不分心去教学。对于外语教师来说，专职教师的模式是合理的（在俄罗斯的大学里，外语教师可以占到教师队伍的 25％）[35]，但这种特定的合同模式是否也适用于其他学科？学界在这一问题上尚未达成共识。此外，是否必须对专职教师的教学工作量和教学质量提出更严格的要求？与其他教师相比,专职教师合同中的职业保障是否应该更弱? 他们的合同是否应该与其他职业发展路径挂钩? 对大部分大学而言,这些都是悬而未决的问题。

俄罗斯大学还有一类教职是"实践导师"(professors of practice),获得这类职位的都是经验丰富的专家,他们的校外经验使他们对教学有着非常重要的价值。学校可能不要求这些教师发表论文,而是希望他们能为学生提供对未来工作有价值的实践应用知识。

无论如何,当今俄罗斯大学政策的主导思想是教师应将教学与科研相结合,而其他类型的教职(专职教师或实践导师)则被迫成为了偏离主流的选择。与 2012 年之前的情况相比,这是一个重大的变化。

第五节　教师的时间分配和额外收入

一、大学里的主要工作:教学和科研

俄罗斯大学教师的大部分工作时间都花在教学等相关工作上,讲课、辅导学生、批改试卷和编写教材占据了他们一半以上的工作时间[36]。从表面上看,教学工作量大(远高于大多数国家)和生师比低似乎是矛盾的。既然每名教师负责的学生较少,为什么他们的教学工作却如此繁忙?

造成这种明显矛盾的原因有几个。第一,正如第五章所述,俄罗斯大学生的课业负担很重,他们的课堂活动很多,自主活动很少。第二,在许多国家的大学,教师负责讲课,助教(由研究生担任)负责实践课和辅导课,而俄罗斯的大学则不同,教师要参与所有课程。第三,教学涉及的备课、准备考试材料和问责制表格等程序的官僚化要求很多,这些工作也是教师的责任。

在俄罗斯大学中,教师的身份大多与以上这些教学工作紧密相连。根据国际项目"变化中的学术职业"(The Changing Academic Profession)的数据,俄罗斯的大学教师与其他 19 个国家相比更注重教学(Sivak &

Yudkevich, 2017)(见图 6 - 4)。

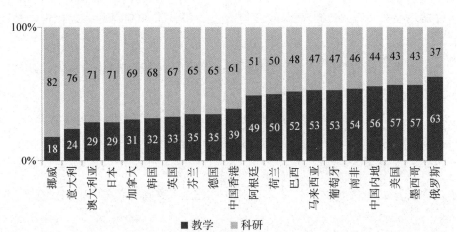

图6-4　大学教师对教学和科研的偏好(%)

来源：Teichler, Arimoto & Cummings(2013)。
注：俄罗斯的数据由本书作者根据 2017 年 MEMO 教师调查(N＝1446)的数据添加。

　　此外,俄罗斯的大学教师们还认为他们在行政工作上花费了很多时间,主要是在完成官僚式的任务,如撰写各类材料(包括编写计划、准备报告、做自我评估等)。结果就是,对于大部分教师而言,教学任务繁重导致的科研时间不足成了一个系统性问题。平均每位教师只能将 10% 的时间用于科研,尽管大学管理部门对科研的要求越来越高,但这一比例近年来一直没有什么变化,很多教师主要是为了能得到一些形式上的成果而用剩余的时间做科研。因此,尽管不少教师都撰写论文,但很多人实际上并没有做任何科研工作,或者参与任何基金项目和研究项目。如果汇总一下每位教师的时间分配,就会发现他们可以把时间花在准备论文上,却不会花在与科研相关的交流工作(研讨会、学术讨论、实习等)或阅读学术文献上。

　　大部分大学教师都积极主动地准备发表论文。在 2017 年参与 MEMO调查的教师中,约三分之二表示他们在调查的前一年参与了这类工作。约一半的教师参与的是由所在大学直接资助的研究。约三分之一的教师由外部资金(来自各种科学基金会、政府组织等)资助开展了一系列研究工作[37]。对比 2017 年和 2009 年的数据可以看出,参与不同类型科研工作的教师比例大幅增加。例如，参与由研究基金资助的独立或联合项目的教师比例增长了 50%～100%；参与政府等权力机构资助项目的教师比例增长了 50%。在参与调查的教师中，超过 80% 在期刊上发表过论文。俄罗斯教师的大多数论文都用俄语撰写并发表在俄罗斯本国的期刊上，在国际期刊上发表论文的教师比例不到 13%。

根据 APIKS-2018 的数据，2015—2017 年这三年间，在各类成果中，俄罗斯大学教师在学术期刊上发表的论文数量最多，这些教师三年中平均每人发表了将近九篇论文（见图 6-5）；具体而言，平均每人在俄罗斯本国的同行评审期刊上发表了 6.6 篇论文，在国外的同行评审期刊上发表了 2.3 篇论文。

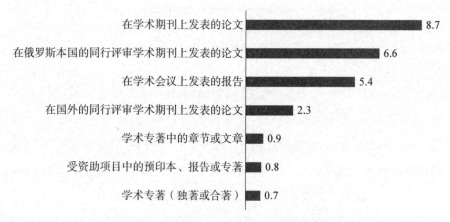

图 6-5 2015—2017 年俄罗斯大学教师的科研成果

来源：APIKS-2018 数据（N=1416）。
注：图中数据为所有科研活动、论文及成果数量的平均值。

但如此高的成果数量也不能说明俄罗斯大学教师是特别高产的。在 2015—2017 年的全部成果中，只有略多于一半的论文发表在了同行评审期刊上[38]，并且只有五分之一发表在了 Scopus 或 Web of Science 评审的期刊上。在这三年中，约 15% 的论文在外国的期刊上发表。大部分论文的撰写都不包含与外国同行的交流合作，与外国研究人员合著的不到 3%。教师们的大部分论文都发表在俄罗斯本国期刊上（包括以本校教师为主要读者群体的大学论文集），这些期刊对论文质量的要求很低，读者也很少[39]。

不同大学的教师参与科研的情况差异很大。2018 年,在俄罗斯一流大学中,平均每 100 名教师在 Web of Science 收录的期刊上发表了 81 篇论文,而在其他没有任何特殊地位的公立大学,这一数字为 15 篇(大约是前者的五分之一)。在 Scopus 收录的论文数量方面,两者的差距为 109 比 20[40]。其中表现最好的是那些入选"5 - 100 计划"的大学,它们发表的论文数量是其他大学的 8 倍左右,是一流大学总体水平的 2.5 倍。

二、兼职和第二职业

如今,公立大学中约一半的教师在其他机构兼职,而在 2005 年,这一比例约为 65%[41]。20 世纪 90 年代,随着大学经费水平的大幅下降,教师兼职成为了一个系统性问题。在本校做额外的教学工作(在自费教育项目和拓展项目教学,或者担任额外付酬的职位)成为许多教师重要的兼职收入来源。与此同时,全职工作之外的一些工作类型也开始出现,包括同时在不同大学(公立和私立)工作,以及给学生上辅导课(主要是为准备国家统一考试的申请人提供私人辅导)。

20 世纪 90 年代末和 21 世纪初,大学教师中常见的一种工作模式是将公立大学(学校名气高但报酬低)的工作与私立大学(学习几乎没有名气但报酬高)的工作结合起来。这是一种互利的共生关系,因为当时私立大学几乎没有自己的全职教师,私立大学的大部分教学项目都由在那里兼职的公立大学教师负责(见图 6 - 6)。这种模式在人文和社会科学领域非常典型,因为当时这些领域对高等教育文凭或学位的需求是最高的。

如今,教师做第二职业的情况已不同于十多年前。在 2009 年将国家统一考试作为大学录取的主要途径之后,辅导活动明显减少;2005 年,在《俄罗斯高等院校表现监测》的受访者中,16% 的人提到了参加辅导,而 2015 年这一比例只有 6%[42]。大学里学术工作工资的增长使许多教师放弃从事非学术工作,他们转而开始在校内或其他学术机构寻找兼职。作为曾经很常见的一种额外收入来源,(在其他公立大学或私立大学)讲课显然正在失去其重要性。

目前,大学教师四分之三的收入来自于他们在大学教学的主业,虽然

图 6-6　俄罗斯公立、私立大学聘用兼职教师情况的变化(%)

来源:Indikatory Obrazovaniya: Statisticheskiy Sbornik(2007, pp.110,112),(2010, pp.120,122),(2013, pp.206 - 207),(2018, pp.256 - 257);俄罗斯科学和高等教育部 2019 年 VPO - 1 模板数据。

注:图中数据为大学聘用的兼职教师的百分比。

他们也承担一些行政工作。第二大收入是科研工作的报酬,占总收入的 8%多一点(见图 6-7)。

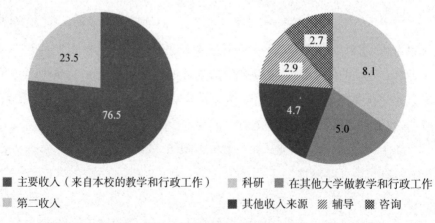

■ 主要收入（来自本校的教学和行政工作）　　　科研　　■ 在其他大学做教学和行政工作
第二收入　　　　　　　　　　　　　■ 其他收入来源　　辅导　　咨询

图 6-7　俄罗斯大学专任教师的收入结构和第二收入的来源(%)

来源:2017 年的 MEMO 教师调查数据(N=1425)。

　　在不同学科领域,教师选择第二职业的情况存在一定差异。这主要与不同学科在学术之外的市场所面对的情况不同有关(经济学家和律师有很多职业选择,而历史学家和工程师则不同)。例如,对于在研究所工作、主要参与有偿的独立或联合研究项目的自然科学家和数学家来说,做额外教学工作的人要少得多。

有趣的是,现在最优秀的那些教师和科研人员又回到了"身兼数职"(隶属于多个机构)的模式。大学希望发表更多的研究成果,因此希望以兼职合同的形式聘用一些教师,从某种意义上说就是出钱购买他们的成果。

第六节　大学教师面临的状况和其价值观

一、腐败带来的挑战

苏联解体后,即在 20 世纪 90 年代末和 21 世纪初,俄罗斯教育系统被认为腐败严重。本节将回顾造成这种观念的原因,并探讨这种观念在今天是否依然成立。

在苏联时期,高等教育的招生腐败非常常见,尽管规模不是很大。当时大学生不需要支付学费,也没有私立大学,因此进入大学的唯一途径(除了固定配额等)就是通过入学考试。因此,招生腐败就出现在大学举行的笔试和面试中,某些申请者会受到照顾。面试(一般安排在笔试之后进行)的模式本身就为举办考试的机构提供了腐败的机会,它们可以用完全不同的标准衡量不同的考生,使受到照顾的考生获得更高的分数,即使这些考生可能对该科目一无所知。腐败现象当然也存在于高等教育系统的上层(Titayev, 2005; Shishkin, 2004)。大学管理部门为满足各种招生要求,会向大学招生委员会下达相关指示。如今,实力较弱的考生可以选择成为大学中的自费生,而在苏联时期和苏联刚刚解体时(实行国家统一考试制度之前),这类考生有可能会取代那些实力较强但没有"关系"的考生进入大学,那些没有足够社会资本、无法通过"关系"被录取的考生则只能尽自己的最大努力,通过跟随大学招生委员会中合适的辅导教师一起学习来确保自己能被录取。

当时这种腐败现象并不普遍,因为任何相关行为的扩散都会大大增加参与者和大学管理部门的风险。参与这些操作的人数始终受到严格限制。此外,腐败也有一些限定的要求,正如在一切非现金交易中一样,仅有金钱是不足以获得这种非正式的录取机会的,大多数情况下社会资本才是最重要的。

在苏联刚刚解体时,由于以下两个因素导致的招生腐败开始迅速增加。其一是大学教师的工资大幅减少,这使得教师更容易为自己参与非法操作并获得非法收入进行自我开脱。其二是招生过程中的监管放松了,降低了腐败相关行为的风险。因此在短期内,一个原本抑制腐败的教育系统就转变为了一个容纳腐败的教育系统(腐败成为了该系统运作的必要关键因素)。据估计,2002/03 学年俄罗斯高等教育系统的收受贿总额达到了214 亿卢布(相当于 19 亿美元),约占 GDP 的 0.2%(Galitskiy & Levin, 2005)。与高等教育招生有关的灰色支出约占 GDP 的 0.75% (Konstantinovskiy et al., 2002)。

招生腐败的扩散助长了腐败行为在整个教育过程中的蔓延。那些未按照标准(合法)条件入学的学生往往比其他申请者实力更弱,其中一部分人认为他们可以规避一般的规则,继续花钱享受特殊待遇。

可以说,苏联解体后高等教育中的腐败现象是大学与教师之间社会契约破裂的表现之一。在某些大学,腐败现象已经根深蒂固,"伪教育"现象十分普遍。其中的学生,尤其是自费生,认为他们通过支付学费或直接向教师付费就可以买到文凭,无须自己付出任何努力。教师则以学生学习积极性不高、学习基础差,以及自身工资低为由,认为可以向学生设定付款标准并理所当然地收钱(Froumin & Dobryakova, 2012)。因此,颁发此类文凭的大学所提供的教育质量实际是非常糟糕的。

1990—2009 年间,这种不良的平衡状态导致劳动力市场中的企业对大学毕业生需求很低,这大大降低了学生努力习得较强专业能力的积极性。这种现象导致俄罗斯的高等教育系统转向了生产"教育符号",实质上只能提升学生的社会资本,而不是专业知识。

当低效的平衡状态持续存在时,往往需要外在的冲击迫使其从根本上进行改变。对于俄罗斯的高等教育系统来说,2009 年引入的国家统一考试制度就带来了这种冲击。国家统一考试作为一种选拔考生的工具,意味着大学不再对学生的招生发挥作用。此外,各大学必须公布提交材料的申请者名单及其统一考试的分数。在这种公开透明的背景下,各种不诚信操作就变得非常复杂且危险。因此,2006 年时 44％的俄罗斯人都对高等教育中的各种腐败行为有所耳闻,但到了 2015 年,这一比例已大幅下降至 18％[43]。

在引入国家统一考试制度之后,俄罗斯高等教育招生的腐败程度以及系统内部的腐败程度都开始下降。当然,这也不仅仅与国家统一考试有关,另一个重要因素是劳动力市场形势的变化。在 2005 年以前,劳动力市场最看重的是文凭和学位(雇主倾向于关注这些形式上的特征而不是求职者的技能),后来情况发生了变化,劳动力市场的形式转变,开始要求求职者的实际技能。因此,求职者没有实际的知识,只是花钱买文凭的做法变得不再划算。

二、大学教师的社会地位

在苏联时期,大学教师的社会地位相当高,大学教师职业意味着高薪和一些重要的不以金钱衡量的特权;这些特权在计划经济时代相当重要,例如较长的年假和更大的生活空间。学术的相对自由也让这个职业看上去很不错——在一个绝大多数人都必须朝九晚五地上班,过着完全受控的规范生活的社会里,大学教师确实享有一些自由。

苏联解体后,大学教师工资骤降,人才大规模外流,多家高等院校都在为有支付能力的学生提供低质量教育。在这样的背景下,大学教师的社会地位降低了。学术职业不再神圣,在大部分人的心目中,大学教师转而成了低薪的服务人员。在 20 世纪 90 年代的俄罗斯社会中,人们开始形成一种刻板印象,即大学是那些不适应学术之外劳动力市场的失败者的庇护所。

当时俄罗斯只有不到 7％的学生家长认为学术职业是子女应当选择的一份值得尊敬的职业,从这一事实中可以看出学术职业在当时社会的声望如何[44]。认为中小学教师职业值得尊敬的家长就更少了。近年来，学术职业的社会地位正在慢慢恢复。2005 年，只有约 3％的大学教师认为学术职业是有声望的；但到了 2014 年，这一比例已增至 10％[45]。社会对大学教职的看法也影响着教师的自我认知。许多教师都认为在当今时期开启学术生涯是相当困难的，2017 年，约三分之一的大学教师同意这一观点；而1992 年，在苏联刚刚解体后的危机时期，这一比例也大致相同。

三、大学教师的价值观

1. 大学被视为工作场所

尽管经济条件一般，俄罗斯大学的教师们普遍都不后悔选择学术职业，近三分之二的人表示他们现在还会做同样的选择。只有不到五分之一的人认为大学教师的工作给他们带来了巨大的压力，而大多数教师尽管面对着繁重的教学任务和越来越高的科研要求，仍然认为教学与科研是相辅相成的。但是只有三分之一的教师对他们目前的工作条件（工资、合同条款等）感到满意，尽管这种不满已经被专业的工作环境抵消了一部分[46]。

大部分处于职业生涯早期的教师都认为自己未来几年会留在大学工作。约 10％的教师希望到国外大学担任教师或科研人员，但只有约 1％的人认为这一目标能够实现。约 7％的教师希望到其他大学或学术界以外的地方工作，认为这一目标很快就能实现的比例也差不多。约 5％的教师希望到高等教育系统以外的地方任教或从事科研工作，但只有 2％的人认为这一目标能够实现。只有约 3％的教师希望在大学或研究所担任非学术性职务，但只有 1％的人认为能真正实现[47]。

俄罗斯学术界的价值观和所谓的俄罗斯学术文化主要是在苏联学术体系的影响下形成的。在 20 世纪 90 年代这个复杂的时期，在金融危机以及大学重心逐渐偏移的背景下，这些价值观在应对各种问题和挑战的过程中发生了重大变化。

调查显示，无论是从绝对值（APIKS－2018 数据显示在受访的大学教师中，40％的女性和 49％的男性对工作表示满意）还是从相对值（俄罗斯的相关指数是 19 个受访国家中最低的）来看，俄罗斯大学教师的工作满意度都相当低(Davydova & Koz'mina, 2014)。分析表明,工作满意度主要与大学提供的物质资源有关。

对人们来说,大学里的工作有何种吸引力? 首先是一些无形的因素,例如可以做有意思的创造性工作,并且工作与个人喜好、能力和教育程度相契合;以及与更加按部就班的工作相比,大学里的工作比较具有舒适性:拥有灵活的时间安排、高度的独立性、大量的自由时间。但工资水平和工作保障绝对不在这些因素之列(在大城市里和受过高等教育的群体中,失业率本身就很低)。这并不意味着俄罗斯大学的教师都是不在乎工资的利他主义者,而是说明如今大学教师的收入潜力并不能吸引那些最看重经济条件的人[48]。近年来,对教师们来说物质因素变得更加重要(包括工作环境、良好的资源和可用的设备),这似乎与物质和技术条件的改善有关,但作为影响因素之一的工资,发挥的积极作用依然很有限。

近些年,不想更换工作的教师比例增长很快,从 2005 年的 60% 增长到了 2017 年的 80%[49]。在希望更换工作的人中,考虑在其他教育机构从事教学工作或者在研究机构或中心从事科研工作的比例也在增加[50]。首先,这表明学术流动性越来越大,但考虑离开学术界工作的比例却在缩小。这种变化的原因很难确定,但有可能是教师们并不看好他们在学术市场之外的就业前景。

2. 教师与大学的隶属关系:观念的转变

教师队伍成熟的一个重要特点是教师们能够从一所大学的专业工作中获得主要收入。许多国家的学术制度对教师同时在不止一所大学工作有很大的限制(或完全禁止)。俄罗斯高等教育系统在这方面的规定在不同时期有所不同。19 世纪末和 20 世纪初,教师同时在几所大学工作的情况比较普遍,许多私立大学和公立大学的核心教师都是帝国大学和其他公立高等学校的教授,教师们的工资按小时结算。

大学教师兼职的现象一直持续到十月革命后的最初几十年。虽然大学和学生的数量都在增长,教师的数量却不够,因此很多人都同时在不同的大学教学。教师需要在不同的工作地点之间奔波(有时一天不止一次),他们往往仅在做讲座或授课的时候才待在大学里[51]。显然,在大学重组的动荡时期,教师与具体工作场所的隶属关系并不重要。20 世纪 30 年代末,工资制度逐渐替代了按小时计酬的方式(并对大学的人员结构进行了调整),教师兼职受到了严格限制,一名教师只能在一所大学工作。50 年代末,教师兼职进一步受到限制(基本被禁止)。70 年代,禁令有所放松,但只在一所大学工作仍是主要的职业模式。

到了 90 年代,情况迅速发生了变化。大学教师的工资少得可怜,不足以维持正常的生活水平,许多私立大学和课程应运而生,为教师提供高额报酬。教师对特定教育机构的归属感开始变得模糊,教师和大学之间的隶属关系也是如此。如今,当教师的工资较高并能作为主要收入来源时,教师们可能会将精力集中在一所大学,但情况并非总是如此。在对科研工作的要求越来越高的背景下,大学希望教师发表更多论文。那些成果丰硕的教师和科研人员很受欢迎,他们会受邀在多所大学工作,或同时在一所大学和一家研究所工作。近年来,在俄罗斯教师发表的论文中,被引次数最多的那些作者隶属的工作单位数量明显增加(见表 6 - 3)。在这种情况下,大学主要关心的是教师在形式上的产出,但也承认教师们对大学生活的参与度不高,这无疑是很令人担忧的。

表 6 - 3　在被引次数最多的前 50 本期刊发表论文的俄罗斯作者隶属工作单位的数量

	平均隶属的工作单位数量	
	2008 年	2016 年
数学	1.21	1.62
物理学	1.56	1.83
经济学和商科	1.17	1.65
社会科学	1.13	1.42

来源:Web of Science,使用了 InCities 研究分析工具进行分析。

注:为了计算各年份、各领域作者隶属的工作单位的平均数量,从被引用次数最多的论文中挑选了 50 篇作者数量小于或等于五人并且其中包含俄罗斯作者的论文,还计算了每篇论文中不只有一个工作单位的俄罗斯作者的单位数量(其他国家的共同作者的单位数量不计算在内)。同一单位内的不同分支机构算作不同的单位。由此得出了所有论文中每一位俄罗斯作者隶属的单位数量,进而计算出了平均每位作者隶属的单位数量。

小　　结

俄罗斯大学教师的显著特点是，他们是教学人员，主要体现在他们的时间安排、价值观和偏好之中。本章介绍了大学教师工作合同的结构、这些合同所产生的激励机制以及教师的主要收入来源。

教师队伍老龄化、教师在全球学术界参与度低、年轻人对学术职业兴趣不高，这些都是整个俄罗斯高等教育系统以及各大学所要面对的问题。今天，这些问题非常重要，但它们并不是唯一需要被关注的。当大学与产业界、大学与整个社会之间的界限正逐渐发生变化时，大学需要新型人才。这些人才不应该仅仅是那些选择了学术职业、把自己封闭在大学的空间里、完全专注于"内部工作"（即大学内部的教学和科研）的人。现在俄罗斯高等教育亟需的是那些积极参与非学术市场工作的教师和科研人员，以及那些在将基础知识转化为市场和社会所需的技术方面拥有宝贵经验的人。

由此产生的问题包括：在既有的教师团体仍在制定和维护学术标准的情况下，如何吸引新一代教师进入大学工作？如何确保大学之间的学术流动性？是否应将学术"近亲繁殖"现象视为一个问题？大学面临的新挑战也给教师带来了新挑战。大学如何吸引那些在产业界取得成功的人到大学任教，同时保持和维护传统的学术核心团体？如今，当从事基础研究的机会不再被大学及研究所垄断时，人力资本的竞争就变得尤为重要。

不改变教学与科研之间的关系，就不可能找到这些问题的答案。俄罗斯大学教师繁重的教学工作量（正如本章所展示的，在世界上都名列前茅）将科研挤到了他们工作的边缘。如果不从根本上修改和变革教师的合同模式，就无法系统地在大学中开展高质量的科学研究。

第七章

俄罗斯大学的科学研究：分离与重聚

本章将回顾科学研究在俄罗斯帝国时期和苏联时期的发展历程，特别是影响当今大学科研工作的组织和内容的因素，并将重点回顾高等教育和科学研究分离的原因，这种分离造成的后果，以及改变这种状况所面临的困难。本章还将介绍科学研究在当今大学中的作用、科研工作的组织方式，以及培养新一代科研人员的途径。最后，本章将展示俄罗斯大学科研表现的量化评估结果。

关键事实

- 苏联时期高等教育领域的一个显著特点是高等教育与科学研究的分离。当时科研工作主要在科学院下属的各个研究所以及各部委下属的行业性研究机构开展。时至今日，科研工作的这种分立状态基本保留。
- 从计划经济向市场经济的转型扰乱了科研工作的财政资助体系，科研机构面对大规模的人才流失，尝试采用了各种生存策略。
- 目前，大学的科研工作由政府的科研基金资助。少数一流大学会收到政府委派的科研任务。大学的研发支出在全国总研发支出中所占的比例非常低（目前低于 10%）。只有少数大学能从科研相关的工作中获得可观的收入。
- 现在俄罗斯在国际上发表的科研成果很大一部分都来自大学，并且近年来这些成果的数量和质量明显提高。大学之间的国际合作以及大学与科学院研究所之间的合作也在不断增加。

● 各大学的科研成果水平参差不齐。大多数科研产出都来自少数那几所一流大学，除莫斯科国立大学和圣彼得堡国立大学外，基本都是参与"5-100 计划"的大学。

第一节　大学的科学研究：历史基础

> 　　科学在发展过程中会有一些波折，生活也是如此，有时这些波折会交叉，但社会的每一次转型、动荡或灾难总会反映在科学发展中，并进一步影响大学的生活。
>
> 　　　　　　　　　　——尼古拉·皮罗戈夫(Nikolay Pirogov)[1]

读者可能会觉得奇怪，本书在接近结尾时才开始讨论科学研究在俄罗斯高等教育领域的作用和地位，前面几章都关注的是大学的教育职能。自苏联时期以来，在相当长的时间里，科研在大学中一直处于从属地位，所有高等教育机构，甚至是大部分大学，都主要侧重于教学，而不是科研[2]。这种情况直到最近几年才开始改变，主要是因为政府将教学与科研融合的政策，以及政府将俄罗斯的一流大学转变为了研究型院校。

一、俄罗斯帝国末期的科学研究

在 20 世纪的大部分时间里，俄罗斯的科研与教学基本是分离的。人们可能会认为在俄罗斯的启蒙运动（范围包含教育，但比教育更广泛）期间，科研一直与大学分离，但事实并非如此。

19 世纪下半叶，俄罗斯的科学研究在各类机构中都发展起来了，大学也是其中之一，且与其他机构紧密相连。那时的大学教授们积极从事科研工作，他们的科研水平和发表的成果数量是决定工作聘用和晋升的重要参考依据。大学之外的其他机构也在做科研，包括圣彼得堡科学院、工业企业的科研实验室，以及科研协会，并且其中一些已经成为科研的中心，一些（如大学和研究所的实验室及观测站）越来越注重科研工作，还有一些（如工业企业的实验室）则是新兴的科研基地。

1917 年十月革命之前，俄罗斯的大学是科学知识的枢纽，并基于此不断发展。当时的政府时断时续地尝试对大学进行管理，甚至将国家的目标和优先发展事项强加于大学，但这种做法还只存在于形式上。当时，所有涉及体制和人事的决定都要立足于科研工作和大学声誉，所有价值观的确立都要围绕着对真理的自由探索以及对科学的不断探究。这对于形成俄罗斯知识分子不太关注经济地位的思想有很大的影响。

二、布尔什维克的科学政策

> 如果说 18 世纪是科学院的时代，19 世纪是高等教育的时代，那么 20 世纪初正在形成研究所的时代。
>
> ——谢尔盖·奥尔登堡（Sergey Oldenburg）[3]

苏联时期的大学沿袭了对科研工作的关注（通过留存下来的教师），但苏联政府明显倾向于政治和实践工作（非学术工作）。本质上，政府与其政策目标在苏联所起的作用与宗教和政府机构在西方国家所起的作用一样，不过前者对苏联的影响力要大得多。

布尔什维克在执政初期就对高等教育和科研进行了大规模改革，不仅对教育项目和机构进行了彻底调整，还对整个教育和科研领域进行了重组。针对每个教育和研究分支的政策都不尽相同。布尔什维克从变革组织和人事的角度出发，开始重组高等教育体系，并很快摒弃了陈旧过时的部分（详见第二章），但在他们执政的头十年，他们对待科研的态度却与之后有所不同。

新的苏维埃政府将科研视为国家发展和树立威信的有力工具，因此首先要关注的当然不是个人单独的研究或者间接零散的工作，而是一整个科研系统，包括大型实验室、研究设备，以及基础科学与涉及经济发展的大规模应用问题之间的联系。在十月革命后的第一个十年中，科研人员仍然可以从政府获得科研经费，但与大学不同的是，这些科研人员基本是独立的；作为交换，他们需要以专家的身份参与国家发展方针的设计，以帮助重建工业、农业和医疗。新政府与科学界之间形成了一种共生关系，双方都利用这种相互依赖的关系来解决各自的问题。

因此，在布尔什维克执政的最初五年（1918—1922 年），苏维埃俄国共成立了 65 家研究所等科研机构，在随后的五年中又成立了约 30 家。在这些科研机构中，26 家是医学研究机构，9 家是物理学研究机构，8 家是农业研究机构[4]。由于管理体制和正规程序尚未最终确定，许多开设新研究所的决定都是由政府官员本人做出的。

科研机构的这一发展是在布尔什维克采取的一项重要的体制性行动的背景下进行的，这项行动基本决定了科研工作之后几十年在俄罗斯的发展，那就是科研与大学的分离。

有学者指出，至少有两个因素推动了科研与大学的分离，使科研被归入了一个独立的、不涉及教学的学术领域。第一是政治因素[5]。布尔什维克认为将教育转变为无产阶级运动是他们的首要任务（具体做法详见本书第二章），他们需要根据工业和新社会经济发展的需要重新对教育进行调整，这意味着必须从根本上改变学生群体的社会构成，并监管教育内容。大学教师也参与到为新政府培养各行各业人才的过程，从而发挥了重要的职能并影响了新一代学生。与此同时，科学研究也需要发展（为了解决纯实用的技术任务等），但从思想上讲，科研工作与新的政治体制是分离的。

第二个因素与现实的经济情况有关（D. A. Aleksandrov, 2002）。20 世纪 20 年代的苏联大学教师和科研人员（与国内其他人一样）生活在挨饿的边缘。许多人从事好几项工作（例如在多所大学授课），并且愿意在新的组织架构下启动新的科研项目，而不一定要在大学或其他高等院校开展这些项目。在大学之外建立的、在法律上独立于大学的组织有机会获得新的资金；但相比之下，在大学内部建立的新组织则很难获得资金支持。因此，独立于大学的各类科研机构（这些机构的创建者在苏维埃初期实际也在大学任教)如雨后春笋般涌现,这些机构更关注实用主义,也得到了新政府的支持。

研究所(research institute,俄语为 nauchno-issledovatel′skiy institut)成为组织科研工作的主要模式,它在整个苏维埃政府时期都发挥着重要作用,至今依然如此。格兰汉姆(Graham, 1975)归纳出了影响研究所模式形成的三个因素(见图 7-1)。第一是国际因素。其他国家(主要是德国、法国和美国)的科研组织经验表明了研究所的结构以及它们的职能要如何与大学活动相对应,但苏联借鉴这些经验的原因可能与这些国家最初形成此类模式的原因大相径庭。例如,德国将威廉皇帝学会(Kaiser Wilhelm Society)的研究所从大学中分离出来的驱动力是把研究人员从过重的教学负担中解放出来,帮助他们专注于研究;这种做法在苏联也很典型,但其背后的原因却大不相同。

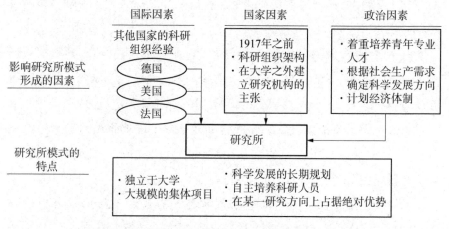

图 7-1　作为一种科研活动组织模式的研究所

注:参考 Graham(1975)绘制。

第二是国家因素。到 20 世纪 20 年代中期,学术界已经组织了一些研究项目,其内容和组织方式都表明科研不能局限于现有的大学实验室。一些积极的学者有志于成立研究所,但在旧政府中没有取得成功,而是在新政府中获得了支持。

第三是政治因素。新政府选择研究所模式,以便更好地培养新一代专业人才,减少旧制度的影响。此外,建设计划经济体制也要求成立科研部门,以满足工业社会的发展需求。

上述原因形成了苏联的研究所模式,该模式具有一些特点:独立于大学并享有所有相关制度的自主权(包括独立的研究人员培训制度),对科研项目和政府拨款进行长期规划,在某些研究领域占据绝对优势。此外,研究所模式意味着要重点实施大规模的联合项目。这种模式从 20 世纪 20 年代后期开始形成,在整个苏联时期持续存在,并继续影响着现在的研究机构。

因此,最初统一并相互关联的教育和科研,已然分裂成了两个独立的部门,各自承担不同的任务。高等教育的任务是依照布尔什维克的社会主义价值观为国民经济发展培养合格的人才,科学研究的任务是建立强大的工业经济和同样强大的军事系统。政府在这两个不同的公共管理领域实施的政策以及所采取的措施也不同。虽然存在一些相互干扰和影响的情况,但这些情况能被控制、不是系统性的。

这种分离是如何影响教育领域的呢? 首先,高等教育失去了本来的社会地位:学术研究机构变得比大学更有声望,而大学后来则成为被控告和尖锐批评的对象;大学教师和研究所的研究人员在经济上的不平等以及教授向科研机构的流失又加剧了这种状况。教育和科研分离之后,社会经济目标影响着高等教育目标,这些目标又影响着高等教育的发展。科研离开了大学[6]。新的科学研究知识进入大学的时候已经严重滞后了,随着时间的推移,这种脱节会变得越来越严重。

20 世纪 30 年代,各研究所合并为了一个单一的机构:苏联科学院(Academy of Sciences of the Soviet Union),它在形式上是俄罗斯科学院的继承者,但在目标和工作原则上却与之截然不同;它成为苏联最强大、最具影响力的专业官僚机构之一[7]。1917 年 10 月,帝国圣彼得堡科学院(Imperial St. Petersburg Academy of Sciences)更名为俄罗斯科学院时,只拥有 58 名院士和 87 名准院士(Dzhokhadze, 2015, p.26),设有物理和数学系、俄罗斯语言文学系,以及历史和语言学系。1925 年,苏联政府颁布法令,将俄罗斯科学院更名为苏联科学院,并正式宣布其为"国家最高学术机构"。在不到十年的时间里,科学院的科研人员数量比 1917 年增加了三倍。在科学院系统之外的机构(大学、分院等)工作的科研人员也开始进入院士的选拔范围。

1934 年,苏联科学院的常务委员会和一些学术研究机构从列宁格勒迁到了莫斯科[8]。次年,在新章程通过后,科学院被明确认定为国家最主要的研究机构。到 20 世纪 30 年代末,科学院的组织架构中包含的院系覆盖了所有领域:物理和数学、技术科学、化学、生物、地质和地理、经济和法律、历史和哲学、文学和语言。它由数千个研究所、实验室、实验站、观测站等组成。

科研工作受到了监管,被纳入国家长期的发展规划之中(与所有其他工业部门一样),科研部门开始转变为苏联计划体制下的一个重要部门。简而言之,科学已经转变为工业的一个分支。这种转变基于一种观念,那就是要对科研成果进行长期规划,并且要将财政和人员的基本建设与科研相联系。计划体制避免了课题和任务的重复,但这也导致新成立的研究机构在一些课题研究领域占据绝对优势,并在一些学科确立了唯一"正确的"研究方法和优先事项。新体制也导致了资源在一些优先领域的集中以及科研团体内部的分层(研究者的地位不再由研究成果决定,而是由管理部门决定)。

科研与政治的关系也变得更为紧密[9]。科研工作在社会中的地位受政府目标的影响。在某些阶段,这种做法推动了科研的蓬勃发展,尤其是在政府优先发展的领域,但后来却在财政和体制上都造成了严重的危机[10]。

三、苏联大学中科研的作用和地位

由于科研体系的构成方式,大学的科研工作与研究所的科研工作是分离的,但这并不意味着两者没有合作或相互影响。双方是存在竞争的,比如争夺青年科研人员,有时也争夺已经有所成就的科研人员;还有时候,竞争的目的是承认某个(大学里的或大学外的)团队是某个研究课题的引领者。研究所的活动可以对大学工作和教育政策产生重大影响。例如,以特

罗菲姆·李森科(Trofim Lysenko)为首的反门德尔(anti-Mendelian)派获
胜后,许多重大决定(在一个月内)迅速出台并从根本上改变了苏联高等院
校生物学的教学,导致遗传学专业的教师被解雇或替换(Krementsov,
1996)。这些决定都是由政府最高层做出并立即执行的。此外还应指出的
是,当时个别学术机构与大学之间的合作虽然存在,但并没有得到鼓励或
获得制度上的支持[11]。

在大学,科研工作是次要的。科研的发展战略由科学院下属研究所和
其他独立研究所制定,接受了科研培养的工作人员(大学毕业生和年轻的
博士)从高等教育机构进入研究所。但与此同时,在被迫分离的这几十年
里,高等教育饱受幻痛之苦,认为自己缺乏科研,试图通过某种方式加以弥
补。跨部门就业的禁令时不时颁布,影响了大学教师的工作,也阻碍了研
究所的专家到大学任教(详见第二章)。

此外,政府也渐渐回归在大学开展科研活动的理念,不断颁布加强和
整合大学科研工作的法令。1957—1987 年的 30 年间,有十多个政府法令
颁布,目标是改善大学科研状况、提高科研效率、加强产学研结合。其中一
些法令标题为《关于改进高等院校科研工作的措施》(*On measures for
improving research at higher education institutions*)、《关于进一步发展高
等院校科研工作的措施》(*On further development of research at higher
education institutions*)、《关于提高高等院校科研工作效率的措施》(*On
improving the efficiency of research at higher education institutions*)[12]。

然而,法令的冗余和内容的重复使得这些尝试并不十分成功。例如,
1956 年颁布的法令规定,1957—1958 年间需要在 25~30 所大学里建立实
验室,并且这些实验室应配备现代化设备,研究至关重要的科学问题,推进
苏联科学和经济某一方面的发展。1961 年的法令指示苏联科学院"帮助大
学组织科学和人文理论问题的研究"。1962 年的法令规范了大学的科研工
作,根据该法令,各部委和机构可以向大学捐赠用于教育和科学工作的新
型实验机器、工具、装置、发动机和其他设备。大学被允许成立科研实验
室,对重大科学问题进行研究,费用由国家预算支付。

1964 年的法令要求政府各行业和工业部门的委员会、部委、专门机构

和国民经济委员会加强大学在科研领域的参与度(经费自然由大学科研活动的客户——部委和专门机构——提供)[13]。1978 年的法令要求在一些大学成立研究机构。这些机构由主管科研工作的副校长领导,它们的经费和运行方式与研究所相同(有 27 所大学获得了这一机会,其中 22 所位于莫斯科和列宁格勒,3 所是位于莫斯科的函授大学)[14]。此外,24 所大学(其中 12 所位于莫斯科和列宁格勒)被要求从事对国家经济发展具有重要意义的科学研究工作。值得关注的是,这其中许多大学现在都是入选"5‐100计划"的国家研究型大学,这说明大学的发展历史确实很重要。

从 20 世纪 70 年代起,大学的科研经费主要委派给相关部委负责。这些部委需要为科研经费提供担保,包括管理科研合同的签署以及与下属企业直接合同的签署。根据当时的苏联高等教育机构部(Ministry of Higher Education Institutions)1979 年的命令,各分支部委必须向大学划拨政府科研经费;该部 1987 年的命令规定,大学的大部分科研运行工作必须由大学所属的部委(或专门机构)负责[15]。

尽管大学的科研工作由政府资助,但经费的划拨缺乏协调。大学获得的资源基本取决于所属部委的经费水平,以及该部委在全体部委预算协商中的地位,而这种地位又主要取决于其在军事和重大工业任务中发挥的作用。

总之,在苏联解体后,国家的科研体制呈现出一种三足鼎立的结构:一方属于科学院体系,约有 15 万人从事科研相关的工作;一方是行业性研究所,属于工业体系(包括军事工业),约有 65 万人从事军事方面的研发工作;还有一方直接属于大学,大学教师约有 54 万名(见表 7‐1)。因此,高等教育机构的人员约占全部研发人员的 40%。所有这些专家以及他们的科研用品和设备都由政府根据中央集中计划的原则全额资助。

表 7‐1 20 世纪 90 年代初苏联科研人员的构成

	高等教育体系	科学院体系	行业体系
全苏联	苏联教育人民委员部	苏联科学院	各工业部门、国防部

（续表）

	高等教育体系	科学院体系	行业体系
苏联加盟国	加盟国的相关部委、高等和中等特别教育委员会	加盟国的 14 所科学院，包括农业科学院、医学科学院、教育科学院，以及工程学院	/
地方层面	1078 所高等教育机构，包括大学和其他院校，也包括位于莫斯科和列宁格勒的重点大学	位于新西伯利亚的苏联科学院西伯利亚分院、其他分支机构	工业研究所、保密的军事研究所
科研人员数量	539 600	149 700	652 500
总体研发预算分配	6%	12%	82%
基础研究预算分配	15%	64%	21%
应用研究预算分配	9%	13%	78%

来源：《俄罗斯国家经济档案》(*Russian State Archive of the Economy*)第 1562 卷第 70 辑第 5201、8464 和 8465 项数据；Graham & Dezhina(2008)；Piskunov(1991)。

注：1. "总体研发预算分配"根据各部委和专门机构的研发任务总体报告中的"执行的研发任务（按合同价格）"[Research and development assignments executed (in contract prices)]的数据计算。该报告没有分机构类型统计数据，因此我们在统计时使用了如下方法：先假定"国家教育机构"（包含51%的高等教育机构）之外的高等教育机构或多或少地平均分担了研发费用，然后按比例放大国家教育机构的全部研发费用，由此得出表中的数值 6%、12%和 82%。

　　2. 高等教育体系中的科研人员数量包括担任教职的人员。

　　3. 行业体系中的"工业研究所"指的是蒸汽轮机研究所(Steam Turbines Institute)、煤矿研究所(Coal Mining Institute)、电子研究所(Electronics Institute)等。

第二节　大学的科学研究：现状

一、新的转型

1. 总体背景：旧观念消亡，新观念出现

20 世纪 90 年代初，大学的科研工作进入了一个全新的时期[16]。这一

时期的经济危机对科研造成了沉重的打击,以往对科研工作的优先资助消失了,只剩一些残余的资助;在经济不景气时,这些资助也差不多归零了。这种状况既影响了大学里的科研工作,也影响了高等教育系统之外的科研工作。科研失去了在社会总体结构中的特权地位,政府经费大幅削减。政权更迭使科研工作的长期规划、与政府的合同,国家对管理工具和优先发展事项的监管都无法继续了,并且用于辅助性专业评估和独立专业评估的竞争性工具和策略也根本不存在,只能寄希望于未来。

除了工资严重缩水之外,科研人员还面临着科研用品和设备经费的缩减(甚至彻底取消)。这些因素阻碍了正常科研活动的进行,再叠加上经济危机,导致了大学以及整个学术界大规模的人才流失,这种情况在 90 年代初最为严重[17]。在这种情况下,大学教师可以找到一些机会继续从事相关工作,如参与辅导,或者在多所大学兼职、参与多个补充性教育项目的教学,但大学之外的科研人员在寻找这种非学术类兼职时却非常受限。

但与此同时,科研也开始获得新的资助机会。这与新资助机制(大多基于赠款原则)的产生以及新资金来源(特别是来自外国政府、慈善基金会及项目)的出现有关。在苏联解体后的几十年间,诞生了不少政府资助基金会,它们从一出现就为独立科研人员和大学科研团队的工作起着重要的支持作用,不过近几年此类资助才开始支持大型机构的研究项目。

2. 转型时期:国际项目和国际组织

如果不提及国外援助,20 世纪 90 年代俄罗斯高等教育转型的故事将是不完整的。与整个大学系统相比,这些来自国外的力量向大学以及教师和学生提供的援助规模并不大。然而,在俄罗斯面临着深重的财政预算危机、大量的人才外流,亟需吸纳新知识和新管理方式的时期,这种援助是非常宝贵的。

欧盟提供的技术援助项目以及个别国家(如法国和德国)提供的有针对性的支持,主要是基于与俄罗斯政府签订的国与国之间的协议实施的。这些资助项目包括来自欧洲大学的教师实施的各种教育活动、俄罗斯大学的教师在欧洲高校的实习、学习和研究访问,以及科学文献和教科书的大规模采购。俄方独立承担这些项目在国内的开支。

文化倡议基金会[Cultural Initiative Foundation,基于开放社会基金会(Open Society Foundation)的资金运行]的资助项目以小额赠款的形式资助最优秀的俄罗斯教师,所提供的资金用于将新的研究和教育文献翻译成俄语并进一步出版,且用于组织联合研讨会、专题会议和暑期学校[18]。其他基金会[比如富布赖特项目(Fulbright Program)、麦克阿瑟基金会(MacArthur Foundation)等]也做了大量类似的工作[19]。

这些援助工作对俄罗斯的高等教育产生了哪些影响?首先,及时的资金支持使俄罗斯许多杰出的科研人员得以继续在国内从事学术研究,同时也帮助确保了很多研究生以及刚刚开启职业生涯的科研人员和教师不会放弃自己的学术职业。其次,由于引进了西方教育方法,许多大学(包括莫斯科和圣彼得堡以外的大学)的教师都有机会掌握现代教学方法,并依照国际标准改进他们的课程。与苏联传统的教育方式相比,西方教育方法的特点是为学生提供更多方法论方面的支持;对一些学科(如经济学、社会学和管理学)而言,这种帮助尤为重要,因为这些学科的教学标准是在20世纪90年代才开始形成的。翻译的教科书和学习指南也为俄罗斯最顶尖大学的教学提供了指导。最后,这些国际项目还促成了许多俄罗斯科研人员和教师的首次国际接触与合作,使他们得以加入国际合作项目,真正成为国际学术界的一员。如果说在自然科学领域,此类合作在苏联时期就已经存在(尽管通常仅面向顶尖学者),那么这一时期的合作范围则要广泛得多,特别是对于人文和社会科学来说,这种国际合作则是崭新的天地。此外,代表着世界科学精华的成千上万本外国和俄罗斯作者所著的书籍也被引入了全国的科研和教育领域。

开放社会基金会在俄罗斯的最初几届董事会和理事会成员都是声名显赫的俄罗斯公民,正是他们制定了该基金会在俄罗斯的政策。后来,基金会的中央决策权开始从他们手中转移到西方,这使得该基金会直接与民间社会合作。现在人们对开放社会基金会的态度模棱两可,导致不时有人试图对其在俄罗斯科研和教育工作中的贡献重新进行负面评价,特别是,其在20世纪90年代的活动被不合理地视为导致了俄罗斯的人才流失。但正如上文所指出的,20世纪90年代的前五年,该基金会的活动恰恰起到了与此相反的作用——它们为人才留在俄罗斯(以及俄罗斯教育领域)工作创造了条件。如果没有这些项目,许多曾经的苏联大学教师就会放弃自己的学术职业,有些则会移居西方。

来自西方政府的援助项目则有着不同演变方式。起初,这些项目主要是国与国之间的,是由西方大学实施的技术援助项目,因此通常能够在西方国家与俄罗斯的大学及科研中心之间建立合作伙伴关系。在这些项目结束后,这种合作关系依然存在,转变为了意义深远的、经济平等的合作关系,并得到了双方的资金支持。如今,俄罗斯的一流大学和科研中心仍有许多这样的合作项目,其起源可以追溯至 20 世纪 90 年代的技术援助项目[20]。

3. 结构性转变:重新思考学术界的作用

2013 年,俄罗斯启动了科学院的改革[21]。之前的分院——医学科学院(Academy of Medical Sciences)和农业科学院(Academy of Agricultural Sciences)成为了科学院的一部分。联邦科学组织管理局(Federal Agency for Scientific Organizations)成立,规模扩张后,科学院的不动产和其他资产被移交给该局,这意味着科学院各机构失去了支配其财产的权力[22]。联邦科学组织管理局一直保留至 2018 年,此后由于又一次重组,科学院财产的管理权又被移交给了联邦科学和高等教育部。目前,科学和高等教育部作为相应预算资金的主要协调机构,负责管理科学院各研究所的科研活动经费。该部门还采用一种专门的方式对各研究所的表现进行评估,并在此基础上确定进一步的资助。人们可能会认为将科学院下属的研究所划归科学和高等教育部管理意味着学术机构与大学的整合,但事实并非如此。这些机构在组织方式上继续保持独立,尽管它们的活动由同一个部门监管,但这种监管是依据不同的原则和规定进行的。因此,下文将俄罗斯科学院各研究所视为独立于大学的机构。

如今,科研工作在大学财政中的地位并不突出。大学的研发收入仅相当于政府资助的 10%、非政府资助的 17%[23]。一流大学与普通大学之间还存在着明显差异:一流大学的这一指标比平均水平高出约 50%,普通大学则比平均水平低 50%[24]。科研相关收入在教师总收入中的占比也微不足道。

在苏联时期，外部资金流入大学，主要是以赠款或分配给特定科研团队的拨款的形式。当时，流入大学的资金通常只占相关资金的 10%～35%，科研项目负责人也无意建立任何形式的正式组织，大学的大部分科研工作都是由临时项目小组承担的，其中包括大学员工、学生和外包合同的科研人员。

然而，国家分配的科研拨款更多的是作为主要报酬或补充报酬发放给了大学的正式员工。发放的方式由正式学术机构的领导负责；这些机构可以是教席或其他一般学术部门，也可以是专门的科研部门（科研人员被分配在这类部门工作）。如果有长期固定的经费来源（如国家任务或重大合同），大学通常会设立单独的研究部门（专项部门），例如研究所、中心和实验室。这些部门可以是独立的，也可以隶属于大学的某个教席或院系。研究所、中心和实验室都有自己的工作人员，所有人都围绕一个总课题或一个宽泛的研究领域开展工作。联合实验室和项目中心由大学与校外机构共同建立，这些校外机构通常是有意在大学建设某种应用研究设施的企业；这类联合设施和单位可能由校外合作伙伴（提供研发或信息基础设施）注资，也可能由大学自己提供经费。

这些组织模式一直延续到苏联解体后。在过去的 10～15 年中，其他组织科研活动和项目的模式也得到了发展，具体如下：

1）国际实验室

如今俄罗斯的国际实验室（International Laboratories）由世界知名专家牵头，他们的工作已部分或全部转移到了俄罗斯（在部分转移的情况下，他们会将在俄罗斯的工作与在其他国家大学的工作结合在一起）。这些实验室的目标不仅仅是取得科研成果，还要培养一批具有国际竞争力并融入国际学术界的俄罗斯青年科研人员。国际实验室的建立要么是得到了政府的大力支持（第八章将详细介绍支持此类实验室的专项计划），要么是（由一流大学）自主建设的。

2）联合实验室

联合实验室（Joint Laboratories）将俄罗斯多所大学和科研机构的学者

联合在一起。联合实验室并不十分普遍,原因在于政府的资助(包括赠款形式的资助)通常针对单个大学而非一批大学。

3)资源中心

资源中心(Resource Centers)是为大学利用教育和科学部的经费所购买的昂贵研究设备服务的。大学需要向其他大学的研究小组提供使用这些设备的机会,因而要建立联合使用中心。

4)科研/项目培育实验室

大学通常还会建立一些科研/项目培育实验室(Research/Project Training Laboratories),用于吸引最有天赋和最有前途的学生尽量早地开启科研生涯,其中许多实验室欢迎学生及学生团队做他们自己的项目,而不是聘用这些学生担任助理或仅作为实习生。对许多大学来说,这类实验室对培养未来科研人员和年轻人才对学术职业的兴趣而言很重要。研究生也可以参与这类实验室的工作。

对发表论文进行直接奖励是俄罗斯许多大学推动科研工作的重要方法,主要通过两种途径实施。一种是,教师的论文只要符合下列任意一项要求,就可以获得一次性经济奖励,具体数额取决于大学的综合水平和在这方面的决心,这些要求包括:被收录进俄罗斯科学引文索引(Russian Science Citation Index)、Scopus 和 Web of Science(以及这两个数据库的 Q1 或 Q2 期刊)、被认定为知识产权成果(如拥有专利、发明者证书、专业展览证书等)。经济奖励的金额在不同大学不一样。另一种途径是,教师发表论文可以获得常规性工资补贴。补贴持续发放几个月到一年不等,有时甚至是两年。如果补贴是长期性的,并且发放规则和金额是事先确定的,那么基本就成为教师工资的一部分。但实际发放并非总是顺利的,许多大学由于用于此类激励行动的经费短缺,教师们只能基于实际成果分享补贴,无法事先估计数额。

这种机制激励了教师努力发表论文,但也反映出大学甚至不愿在学科之间协调实施科研项目(有限的几个优先项目除外),以及大学如何尝试在不投资重大项目的情况下,确保教师确实在做科研工作。教师的基本工资较低,使他们对此类激励措施非常关注,并因此开始将精力集中在科研上。

但与此同时，许多大学制定的成果审查标准非常低并且不采用同行评价，导致教师生产的论文质量参差不齐。

二、科研经费的来源和资助方式

在苏联时期，自苏维埃政府建立后的几十年里，苏联科学院的研究所就成为了科研活动的中心。多年来，高等教育机构并不系统参与科研工作，虽然一些大学除外，如莫斯科国立大学、圣彼得堡国立大学以及一些技术类院校：莫斯科物理技术学院、新西伯利亚国立大学、国立核能研究大学-莫斯科工程物理学院（National Research Nuclear University-Moscow Engineering Physics Institute）、莫斯科国立鲍曼技术大学（Bauman Moscow State Technical University）等。2005 年左右，随着大学开始获得可观的科研预算拨款，情况开始发生变化。2005—2016 年，俄罗斯大学用于研发的内部开支增长了 5.4 倍，2016 年达到了 36 亿美元（Indikatory Nauki: Statisticheskiy Sbornik, 2018, p.94，按"购买力平价"汇率换算，下同）。在这种情况下，大学科研人员的数量激增，2000—2017 年间增加了 50%[25]。

大学科研工作的发展逐渐使其科研成果的发表情况与研究所的发表情况基本持平。根据 Web of Science 的数据，在 2015 年俄罗斯发表的全部科研论文中，大学的教师和研究人员发表的占 47%，研究所人员发表的占 51%[26]。然而 2016 年时，分配给研究所的科研经费预算超过了 30 亿美元，而联邦向大学提供的科研经费不到 18 亿美元[27]。因此在预算相同的情况下，大学产出的科研成果要多得多。

2018 年，俄罗斯大学从各类渠道共获得了 1 098 亿卢布（44 亿美元）的研发经费，占大学各类活动总经费的 12.4%。政府对大学科研活动的补贴约为 457 亿卢布（18 亿美元），其中近 90% 来自俄罗斯基础研究基金会（Russian Foundation for Basic Research）和俄罗斯科学基金会（Russian Science Foundation）[28]。

政府通过多种方式对大学科研活动进行资助，包括国家直接拨款、大学通过竞争加入的联邦项目带来的资助、各类赞助机构提供的赠款，以及其他竞争性资助(见图 7 - 2)。其中提供赠款的赞助机构主要是政府的科研基金会,向大学和研究所都提供赠款,例如俄罗斯科学基金会、俄罗斯人道主义科学基金会(Russian Humanitarian Scientific Foundation)、创新促进基金会(Innovation Promotion Foundation)等。

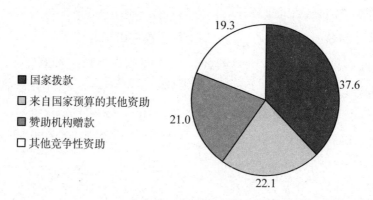

图 7 - 2　大学科研和研发活动的收入结构(%)

来源:Indikatory Nauki:Statisticheskiy Sbornik(2019, p. 134)。

1. 国家拨款

大学获得的国家拨款配额由其创办者确定(主要是大学所属的相关部委)。国家通常按照创办者以及大学确定的思路,直接为特定课题的研究项目提供资助。研究课题可能是创办者(相关部委)提出的,旨在解决某个具体的应用问题,例如为部委负责的某一课题提供分析;也可能是大学提出的,旨在获得承担某一研究项目的额外资助。国家拨款通常会对相关课题提出明确的时间要求。

事实证明,对于一流大学来说,得益于它们的研究团队在国际上具有竞争力,这种拨款资助的效果非常好。直接拨款能有效降低竞争、审批、监督、问责等带来的事务性成本,一些资料显示,这些成本在俄罗斯最高能占据科研经费的两成。目前,五所直接隶属于政府的一流大学获得了大部分国家科研拨款(占国家教育经费的 30%)[29]。其他一流研究型大学及相关协会[世界大学协会(Association of Global Universities)、一流大学协会(Association of Leading Universities)]曾多次向政府提出将拨款的范围扩大到全国所有研究型大学。国家同时也向那些不具备成熟资源或国际声誉的普通大学分配科研任务并提供拨款,尽管收获的效果一般。

2. 来自国家预算的其他资助

俄罗斯科学和高等教育部及其他相关部委通过一些联邦项目定向提供科研经费,为大学的科研工作提供竞争性支持,例如向入选"5－100 计划"的大学提供补贴。总体而言,这类资助方式确保了高达 30％的大学科研经费。

3. 赞助机构赠款

近年来,政府有关科学创新的政策一直侧重于优先发展赠款机制(如通过基金会等赞助机构),大学科研活动获得的这类款项正在逐步增加。2017—2018 年,政府科研基金会提供的赠款约占大学科研相关收入的20％(见图 7－2)。可以说大学总体而言已经适应了竞争环境,这使得本节前面所述的增加联邦政府科研经费成为可能。这里所说的竞争环境指的是一系列竞争性行动,例如起草科研基金申请书、确保工作速度、准备好与相关机构合作以获得期望的科研成果等。

三、科研工作对当今普通大学的经济作用

联邦政府经费资助大学科研的方式与资助教学的方式截然不同。在竞争环境下,当一所大学获得国家拨款用于教学时,决策者是将这所大学视为一个整体。大学可能会为单独的教育项目申请公费生名额,但政府在做决定时所使用的大部分指标都基于大学是一个整体,并且大学的研发费用、出版活动和其他相关指标也无法按院系或部门进行细分。然而,是否资助科研活动的决定是基于特定的项目和具体的研究团队做出的。在俄罗斯高等教育体系中,科研人员和教师在大学之间的流动并不普遍,虽然近年来一流大学在吸纳和维护顶尖科学家团队方面采取了很多行动。

考虑到这一点,从普通大学管理层的角度来看,用政府经费支持教学更加直接,比组建成功的科研团队,之后再去竞争联邦经费和私人资金简单得多。一般来说,只有一流大学才有实力在科研经费的竞争上寻求突破。

四、政府对研发活动的支持

如今俄罗斯政府要求（本身作为教学机构的）大学承担发展科研的任务。这是通过两类计划实现的。

政府用于资助科研活动的政策措施包括旨在发展一流大学的目标计划。这些计划包括国家研究型大学计划、学术卓越计划（即"5‐100计划"）、创建和支持国际实验室的计划、资助大学与产业界合作的计划，以及支持大学科研基础设施建设的计划[30]。

2009年，政府通过竞争性遴选授予了一些大学"国家研究型大学"的地位。十年来，这些大学获得了持续性资助，并将资助用于在优势领域开展研究。这项计划的首要目标就是提高大学的科研水平，尽管有一定局限性，但它对俄罗斯高等教育机构发展科研的决心、优先发展的方向，以及所需的科研基础设施都产生了重要影响。如之前章节中提到的，在获得该地位的大学中，许多大学在整个苏联时期都积极参与基础研究。

1. "5‐100计划"

2013—2020年实施的"5‐100计划"对大学科研能力的发展至关重要。有充分的证据表明，该计划对一流大学的科研发展产生了重大影响[31]。即使在俄罗斯其他大学发表论文的数量普遍增加的大背景下，一流大学发表论文的数量还在上升，质量也有所提高（包括在知名期刊上发表论文的比例）。除此之外，该计划还促进了大学的国内和国际合作。合作的效果直观地体现为"5‐100"大学的教师与国际学者合作发表的文章数量不断增加，并且"5‐100"大学之间以及与科学院研究所之间的合作伙伴关系也更加紧密[32]。该计划不仅影响了参与其中的大学，也影响了计划之外的大学。专家们多次指出，这类计划可能会产生"虹吸效应"（"vacuum cleaner" effect），将最优秀的教师吸引到那些能获得额外财政支持的大学。然而研究表明这一计划在多个层面都普遍提升了各地区的学术环境[33]。该计划的设计和实施效果将在下一章详细介绍。

2. 国际实验室支持计划

创建和发展国际实验室对推动基于赠款的科研项目起到了重要作

用[34]。在科学界，这一计划的非正式名称为"第 220 号法令"(Decree No. 220)或"巨额赠款计划"(the mega-grant program)，具体指的是俄罗斯政府通过在大学、科研机构和政府研究中心建立由国际顶尖科学家领导的实验室，以资助和推动科研创新发展。政府认为该计划的主要目标是建立与世界先进实验室相媲美的国际级实验室，通过吸引世界知名科学家（包括在国外生活和工作的俄罗斯科学家）来此工作，帮助实验室取得国际水平的科研成果。此外还需要创造条件，提高科研人员和学者的水平，吸引优秀的年轻人进入学术界。建设由世界一流大学在职科学家领导的实验室也有助于实现另一个目标，那就是在俄罗斯科研团队与国际领军团队之间建立稳定的联系。

自法令于 2010 年通过以来，巨额赠款计划已经提供了七个周期的经费，并基于竞争原则建立起了实验室。在竞争中胜出的实验室可以获得为期三年的政府资助（每年 3 000 万卢布/120 万美元），实验室所在的大学或研究所分担不少于 10% 的资助份额。三年后，运行顺利的实验室可以获得两年的延长资助，在这之后，它们必须在没有政府直接注资的情况下建立起可持续的财务制度。

七轮选拔过后，共有 272 所实验室获批成立，其中 201 所隶属于大学。大多数实验室位于莫斯科和圣彼得堡（数量分别为 97 和 39），26 所位于新西伯利亚，23 所位于下诺夫哥罗德，13 所位于托木斯克。201 所大学实验室中，122 所隶属于"5‐100"大学或国家研究型大学。

根据国家实验室计划的条款，聘请的国际顶尖科学家，即实验室负责人，一年中至少有四个月必须在该地工作，并且不能仅仅做一个很少露面的挂名领导，而是要实际参与团队的创立、建设和发展。这类实验室对俄罗斯大学的直接影响不容易评估，因为大学中的重点院校也会作为牵头大学获得一些系统性的财政支持。但可以肯定的是，该计划吸引并派遣了许多优秀的年轻科研人员到大学（包括地区性大学）工作，建立了可靠的国际联系，并提高了俄罗斯大学的科研活动在全球学术界的影响力。大学实验室愿意招聘国际学者，也愿意招聘本国学者。

各大学在创建和发展与本校教育工作密切相关的科研中心方面积累

了经验。在这些科研中心的基础上，一些大学开始利用巨额赠款计划这一最佳实践工具，使用自己的资金建立更多实验室（通常基于竞争）。对大学来说，建立这样的实验室有助于发展"实际的国际化"，也有助于为在全球学术市场上招聘学者积累经验。

五、大学的科研表现

1998—2008 年，俄罗斯大学（以及全部科研教育机构）发表的论文总数几乎稳定不变，但在随后的十年中，大学的论文发表总数增长了 1.5 倍（见图 7-3）。从 2010—2018 年，俄罗斯科学院下属研究所（在 Web of Science 收录的期刊上）发表的论文数量以每年 43％的速率增长。

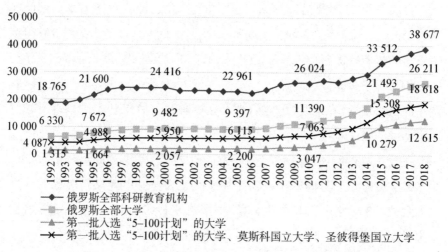

图 7-3　1992—2018 年俄罗斯在 Web of Science 收录期刊上发表的论文数量

来源：Web of Science，使用了 InCites 分析工具进行分析。

自 2015 年以来，15 所大学（一部分"5-100"大学以及莫斯科国立大学和圣彼得堡国立大学）发表的论文总数约占全部大学发表论文总数的 70％。

近年来，仅三所大学（莫斯科国立大学、圣彼得堡国立大学和俄罗斯高等经济大学）就显著提高了俄罗斯的总体科研发表水平。这些大学也在积极提高自身的科研生产力，具体体现在相对数量上：2010 年，这三所大学在

Web of Science 发表的论文总数占科学院研究所发表的论文总数的比例为 14％，而 2018 年这一比例已达到 20％。

科研发表的结构也反映了一些重要趋势，具体如下：

1. 科研发表的质量

在论文发表总数增加的同时，发表在前 25％的期刊（Q1 期刊）上的论文数也在增加。大约从 2011 年开始，大学科研发表的数量就增长得非常快，第一批入选"5 - 100 计划"的大学表现尤为突出。但同一时期，发表在 Q1 期刊上的论文所占的比例仍然很低，尤其是与研究所的发表情况相比。与其他国家相比，这项比例也不高[35]。

虽然影响因子高、被引率排名前 1％的论文数量每年都在增长，但至今仍然处在较低的水平（2018 年，俄罗斯全部科研教育机构共发表了 249 篇这样的论文，其中 194 篇是大学发表的，这两个数字分别占全球此类论文总数的 1.5％和 1.2％）[36]。与此相比，2018 年由美国学者参与撰写的被引率排名前 1％的论文占该类论文全球总数的 41％，德国学者参与撰写的占 12％，英国的占 16％，中国的占 32％[37]。

2. 合著情况

俄罗斯大学与外国作者合作撰写的论文数量不断增加。第一批"5 - 100"大学发表的所有论文都是与在其他国家工作的学者共同撰写的。合著情况及其演变受到三个因素的影响。第一个是大型合作类科学项目本身就包含学者之间的合作，如粒子物理学项目。仅 2019 年，大型强子对撞机（Large Hadron Collider）实验就发表了 293 篇有俄罗斯科研人员参与的论文，这些论文几乎全部都是由数百名科研人员组成的团队共同完成的[38]。近年来，一些俄罗斯大学参与了此类合作项目，大大增加了这些大学的论文发表数量[39]。

第二，相当一部分国际合著的论文都是在国外工作的俄罗斯学者参与撰写的。特别是那些凭借巨额赠款计划创办的国际实验室的负责人，他们中近三分之一拥有俄罗斯国籍（或包括俄罗斯在内的双重国籍）。如今，许多大学都从外国大学和科研中心聘请兼职科研人员（包括采用远程工作的模式）。这种聘用不仅使这些专家实际参与了俄罗斯大学的科研工作，也相当于"购买了"他们的隶属关系。他们的成果在发表时具有双重隶属关系——既隶属于他们本身所在的单位,也隶属于俄罗斯的大学。这对提升俄罗斯大学的相关指标帮助很大。

第三,俄罗斯大学的科研人员本身参与的国际合作也在增多,这里主要指的是"5-100"大学的科研人员[40]。

此外,大学与科研机构共同撰写的成果数量也大幅增加(见图 7-4)[41]。这是由于两个原因。第一,这两类机构之间的合作日益增多,包括双方的联合项目,或直接邀请俄罗斯科学院各研究所的研究人员参与大学等高等教育机构的项目。第二是因为双聘机制,即大学邀请科研机构的研究人员(通常是最能出成果的一类人)来大学兼职,从而将这些人员与大学的隶属关系纳入成果的统计。这种方法既适用于邀请外国学者(如前所述),也适用于邀请俄罗斯学者。

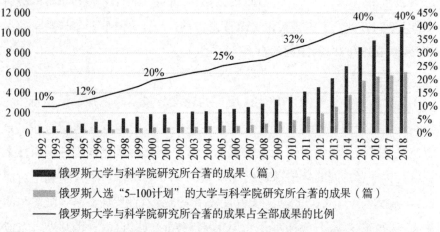

图 7-4　1992—2018 年俄罗斯大学与科学院研究所的成果合著情况

来源:Web of Science,使用了 InCites 分析工具进行分析。
注:图中成果指的是在 Web of Science 收录期刊上发表的论文,成果数量的单位为"篇"。

3. 国际比较

如果分学科看,与英国、德国、中国和美国在 Web of Science 期刊上发表的论文相比,俄罗斯在 STEM 学科(包含物理、化学和数学)最具竞争力:2018 年,俄罗斯发表的 STEM 学科论文占这五个国家 STEM 学科论文总数的 7%[42]。同年，俄罗斯在社会科学（包含经济学、管理学、社会学等）的竞争力最弱：发表的论文仅占这五个国家该类论文总数的 1%。

在国际学术界，俄罗斯参与发表的成果影响力如何？截至 2018 年底，在英国、德国、中国、俄罗斯和美国科研人员在科技领域发表的高被引（被引量前 1%）论文中，俄罗斯发表的论文约占 2%；在社会科学领域，俄罗斯所占的比例为 1.2%；在生命科学和生物医学领域，俄罗斯所占的比例为 0.9%；在物理学领域，俄罗斯所占的比例仅为 0.2%。相比之下，中国在科技领域发表的高被引论文占比 52%，美国为 29%。在社会科学领域，美国和英国处于领先地位，高被引论文的占比分别为 49% 和 20%。在生命科学和生物医学领域，中国处于绝对领先地位，高被引论文的占比为 66%，美国为 22%。在物理学领域，美国发表的高被引论文几乎占一半，英国占 27%[43]。这些数字表明俄罗斯远远落后于领先国家。

六、博士研究生培养和科研人员更新

1. 博士研究生培养

学术成果的产出如何，在很大程度上取决于人员的更新——大学是否成功地吸引了最聪明和最优秀的人才，以及人才的选拔和培训是如何进行的。在大部分国家的科研体系中，这是通过培养博士研究生实现的。世界上有许多不同的博士研究生培养制度，特点也各不相同[44]。

俄罗斯的学术人才培养制度和学位制度一直保留着苏联时期的特点（并持续至今）：学位授予权高度集中（学位不是由学术机构授予，而是由一个高于大学的政府行政机构授予）、采用两级学位结构、对学位论文有统一的形式上的要求、不设教育（教学）环节、学术"近亲繁殖"现象严重。

在俄罗斯，博士研究生教育主要由两类机构实施：科研机构和高校。全俄罗斯约有 1 300 所此类机构，2017 年时其中的 599 所是大学。与其他开设博士生课程的机构相比，大学培养的博士生数量最多：自 2010 年以来，占全国博士生总数的将近九成。

大多数俄罗斯博士研究生是在完成高等教育的基本学习之后（以前是在完成专家教育之后，近年来是在完成在硕士教育之后）就立即进入了博

士研究生的学习。攻读哲学博士学位的男性可免兵役，成功通过博士论文答辩后可免于被征兵。因此，俄罗斯 26 岁以上博士生的男女比例一直是均等的，但在年龄更小的博士生中，女性所占的比例仅略高于 33%[45]。

从论文答辩的通过率来看，现在俄罗斯博士生培养的效率非常低。研究表明，只有不到 13% 的博士生能顺利通过论文答辩，尽管不同学科的答辩通过率差异很大[46]。论文答辩通过率最高的学科是农学和化学（超过 20%），最低的是政治学、心理学和经济学（不到 9%）。

博士生培养以德国模式为基础，19 世纪被俄罗斯引入。博士生由其所在的教席或院系培养，通常事先就知道谁将担任自己的导师，一般都是学生在专家教育或硕士教育最后阶段毕业论文的指导教师。博士生与导师一同工作，导师也是他们的辅导员、指导者，在很多情况下还是他们的学术（以及未来就业的）资助者。

博士生学习的核心内容是撰写论文及学位论文。学位论文是用俄语撰写的一篇单独的学术论文，在进入答辩环节之前，论文中的主要成果必须已经发表。从形式上讲，这意味着博士生在参加答辩之前必须已经发表了多篇论文。为确保论文质量，2007 年颁布的规定要求论文必须在高等认证委员会（Higher Attestation Commission）批准的期刊上发表——高等认证委员会批准的期刊需要达到一定的科学质量标准。

截至 2018 年底，高等认证委员会的列表中共有 2 312 本期刊，一本期刊通常对应若干学术领域，发表在这些期刊的论文可以被答辩环节承认（见表 7-2）。该期刊列表设立的时候，博士生还只能在俄文期刊上发表。如今，博士生越来越多地在国际期刊上发表论文，因此在 Scopus 和 Web of Science 收录期刊上发表的论文也能被承认。

表 7-2　高等认证委员会批准的期刊

学科	期刊数量及所占比例
技术科学	486(21%)
经济学	475(21%)

（续表）

学科	期刊数量及所占比例
法学	314(14%)
教育学	300(13%)
医学	269(12%)
物理学	126(5%)
数学	104(4%)

正规来说，被批准的期刊必须通过质量筛选，但名单上也存在一些鱼目混珠、质量极低的期刊。一些期刊从博士生那里牟取暴利，有的收取快速出版费，有的仅仅是出版就要收取费用。

博士生提交的学位论文在获得导师的批准并在其所在机构通过预答辩后，将正式进入答辩环节。在这一阶段，学生所在院系的教师将参与答辩过程，如果是在大学，其教席的教师也被鼓励参与到答辩之中。

在获得论文的书面评审意见（来自两名正式的内部评审和一名来自其他机构的外聘评审）之后，博士候选人需要在答辩委员会的见证下对论文进行公开答辩。论文将被发送给评审，无法再进行修改。在答辩过程中，博士候选人必须在不改变论文内容的情况下对评审的意见进行回应。学位论文评审委员会通常由来自一个专业的评委组成，或多或少也会涉及其他专业（数学分为八个专业，历史分为五个专业，经济学分为六个专业）[47]。论文的主题必须与专业名称相对应，但显然，这给跨学科论文的起草和答辩造成了一定困难。

现在的反腐败措施要求答辩环节体现一定的透明度。自 2015 年起，论文概要（介绍主要成果，长度约 25 页）必须在联邦科学和高等教育部的高等认证委员会网站上公开发布。这一措施旨在减少抄袭和非独立撰写的情况。答辩过程必须录制成视频，然后连同论文、评审意见等一并提交给科学和高等教育部（2015 年之前只要求原原本本地提交答辩报告）。

从形式上来说，博士生研究生的学习可以是全日制的，也可以是函授的，但两者对学生的实际要求和学生的课业量并无明显区别。唯一的实质区别是，全日制的学制为三年（在此期间，学生必须为参加答辩准备好论文），而函授的学制为四年。造成这种区别的原因在于，函授学生可以合法地全职工作，因此研究生学习对他们来说是一种额外负担；而全日制学生则应专注于学业，而不是大量的外部工作。不过在现实生活中，大多数全日制学生也需要工作，因为奖学金和研究项目带来的潜在收入甚至不能保证他们的基本生活。

这些限制以及严格的时限要求，造成了一个系统性问题，这一问题在一些需要长期收集数据或者花时间制造所需设备的学科中尤为突出。学生即使全神贯注于论文的研究，时间也不够用（特别是考虑到额外发表成果的要求）。这往往会导致在严格的时限压力之下，学生提交答辩的论文质量不高。

学术竞争在这个过程中不起作用，这似乎有些奇怪，毕竟大学及研究所不会愿意通过质量不佳的论文从而影响自己声誉。原因在于，博士生很少在论文答辩后立即到其他教育科研机构工作，他们要么完全离开学术界，要么继续在参加答辩的机构工作。这样一来，基于学术市场的质量评估就无从谈起了。

2. 博士毕业生会继续留在学术界吗？

博士研究生培养对学术团体的更新有多大影响？现在，在其他国家获得学术学位的教师和研究人员到俄罗斯工作的数量非常少，俄罗斯大多数年轻教师和研究人员都是在本国的教育系统内获得学位的。自 2010 年以来，俄罗斯研究人员的数量一直保持稳定（其他国家则在稳步增长）。1995—2010 年间，博士在研究人员总数中所占的比例从 12% 增至 43%，此后开始下降，2016 年降至 27%[48]。

如今，越来越多的博士生计划在学术界工作[49]。公费博士生和自费博士生的出发点有所不同，自费博士生不是为了在学术界工作而攻读学位，而是为了在其他行业凭借博士学位顺利就业。

3. 系统性问题

接下来总结一下当今俄罗斯博士研究生培养的典型特征和系统性问题。如上所述，其中一些问题与计划体制时代留存下来的传统和制度化规则有关，还有一些问题则是由学术界的新发展以及学术界与实体经济相比的低竞争力造成的。

第一个问题是博士生培养的效率低。在俄罗斯，有许多博士生没有完成学业，在完成学业的学生中，也只有不到15％成功通过论文答辩并获得博士学位。这与学生学习期间做了大量无关的（至少是非学术性的）工作有关。博士生获得的经济支持几乎可以忽略不计，因此许多学生不得不从事学术之外的工作。尽管这种情况正在慢慢改变（至少在一流大学中），博士生也逐渐有机会在大学获得带薪的研究职位（包含补助金），但这种做法还远未普及。那些担任助教或教师的博士生通常教学任务繁重，往往顾不上他们的论文。博士生群体本身也是导致培养效率低下的一个因素：来读博士的人大多对获得学位和在学术界就业不感兴趣，对他们中的许多人来说，读博士是为了避免服兵役、为了在寻找长期工作时获得更高的社会地位，或者为了在大学宿舍里获得几乎免费的临时住所。

第二个问题是学位论文质量低。这是由多个原因造成的，其中之一是学术指导的质量低。博士生不是全都在学术水平高的大学接受培养，学术水平较低的大学也招收博士生，而它们的学术水平也会影响到学位论文的质量。另一个原因是博士生的质量参差不齐。认真考虑自己学术发展的大学毕业生会选择进入世界一流大学学习，因为俄罗斯一系列学科的博士生课程都落后于世界一流水平[50]。对于大学毕业生来说，外国大学能帮助他们未来在学术界获得更好的就业前景。在学士教育阶段，俄罗斯所有一流大学都能提供在国际上具有绝对竞争力的教育质量（这使得学生毕业后进入世界一流大学继续深造成为可能）；在硕士教育阶段，约一半的俄罗斯一流大学能提供这种质量的教育；但在博士教育阶段，俄罗斯大学提供的一系列学科（主要在社会科学、技术科学和农学领域）的教育在国际上都不具备竞争力。

第三个问题是学术"近亲繁殖"现象。大学聘用自己培养的博士生参与教学和科研仍然非常普遍，这就解释了为什么许多毕业生的视野仅局限于他们自己的大学。

第四个问题是必须按照既定的学科列表授予学位。界定严格的学科列表人为地设置了限制,增加了跨学科论文答辩的难度。跨学科论文也必须交给某一学科的答辩委员会,导致这些学生在录取和答辩阶段都会遇到问题。这种情况对最优秀、最有开创性的研究来说是不利的。

第五个问题是,在俄罗斯的大学或研究所通过学位论文答辩并不意味着该大学或研究所将为学生授予学位——学位只能由政府授予,而答辩所在的机构声誉如何对此几乎没有影响,因此学术机构没有必要确立和保持自己的标准。也就是说,学位不是由重视自身声誉的学术机构授予,而是由政府机构授予。这就不可避免地导致了学生的不良选择现象:许多学生都想获得学位但不想付出努力,他们自然不愿意在学术要求高的机构进行论文答辩,因为通过这些机构的答辩并不容易,而是愿意在要求不那么严格的机构更加轻松地进行答辩。就业市场对来自不同机构的博士毕业生提供的待遇没有差别,尤其是非学术就业市场——更受关注的可能是学位头衔,而不是颁发学位的机构。

为应对这种不良选择现象,2016 年,政府批准了一批大学和研究所学位授予权。这意味着它们获得了制定学位论文质量标准、设置答辩程序以及授予学位的权力,而政府出于对这些机构的信任,将它们授予的学位与那些以普通形式颁发并经由高等认证委员会批准的学位一并进行承认。目前有 25 所大学拥有这项权利。这项新规定对整个学术系统有何重要意义?学位授予权的变化可能会产生什么后果?它会影响大学和研究所的科研工作吗?如果答案是肯定的,将以何种方式影响?这些问题至今仍没有答案。我们认为,大学学位授予制度的变化会对那些非传统和跨学科论文的答辩产生积极影响,也有助于保护大学声誉并提高论文质量。

然而,这一改革并没有对导致研究人员培养质量低的关键因素产生影响,即经济因素:即使是一流大学也无法从预算中拨出充足的资金,为博士生在学习期间提供足够的资助。

小　结

　　本章介绍了俄罗斯大学科研工作的现状，以及它是如何发展到今天的，还探讨了科研表现方面的数据及其成因。数据显示，许多俄罗斯大学正在成为国际公认的研究型大学，其科研水平可与世界一流科研中心相媲美。

　　当今，当俄罗斯的大学刚刚开始其建设研究型大学的征程时，仍有许多悬而未决的问题需要高等教育和科学领域实施新的国家政策来帮助解决。其中一项关键问题就是俄罗斯大学与科学院研究所并存的局面。在这种局面下，科研工作应该如何布局？科学院研究所和大学在其中应发挥什么作用？在一流大学普遍需要发展科研的情况下，是否仍应保留这两类机构的相对自主权？如果要进行统一，那统一的机制和后果分别是什么？应在哪类机构培养科研人员？如何培养？这些问题需要由国家而不是机构自己去解决。监管机构制定的规则既推动了不同机构的科研团队之间或整个机构之间的合作，也为这种合作设置了障碍。

　　一个与此相关的问题是：处于当今世界科学发展前沿的一些学科，例如医学和生物技术，应如何组织科研工作？传统上，俄罗斯的医学教育并不设置在综合性大学，而是在专门的医科大学和机构，因此医学的科研工作无法与其他学科协同进行。但现在这种协同合作变得越来越重要，医学、生物学、物理学、计算机科学等学科正在进行重要的交叉研究。如果要将医学及相关学科的教学机构转变为世界级的科研中心，如何处理大学、研究所以及医疗机构之间的关系就变得尤为重要。

　　还有一个问题是如何解决大学与产业界合作不充分的问题。大学尚未成为技术创新的中心，从大学到市场的技术转移微乎其微，国家在这一领域的严格监管又加剧了这种状况，导致缺乏支持创新蓬勃发展的灵活条件。形成大学创新带、建设创新企业及各种衍生企业，或者说，让大学成为更广阔的科学生态系统的重要组成部分，是大学现在面临的任务。这种转变不仅对吸引资源很重要，对大学在知识生产的版图中找寻到自己的位置也很重要。从更广泛的意义上来说，这个问题可以从以下角度来理解：大学如何让市场资源成为自己重要的收入来源，从而提高自身在科研市场中的地位？

最后一个问题是，是否所有大学都应致力于成为科研中心？如今，那些教师的科研活动没有达到最低要求的大学被国家认为效率低下，可能会被关闭或重组。正如上文已经讨论过的，这种做法可能会导致科研上的互相模仿以及资源利用效率低下。对于注重教学的大学来说，专注于将教学做到最好并开展不同层次的教育培训项目（不需要科研人员大量参与）可能会成为一种替代选择。要做到这一点，不仅需要实施有针对性的公共政策，包括修订资助准则，还需要在学术领域形成一种认可的态度，那就是将教学上的卓越视为大学的一种价值，其重要性不亚于科研上的卓越。

总之，在俄罗斯，学术领域中教学和科研的融合才走过了一个阶段，现在两者之间还远未达到平衡。下一章将讨论这种系统性变革背后的力量以及这种变革的结果。

第八章

俄罗斯大学的组织模式：从过程到项目

本章将探讨俄罗斯大学的组织模式，包括学术机构的职能、学术工作的组织以及各学术团体在决策中起到的作用。本章还将回顾大学基于"项目模式"的运行情况以及这种模式对学术工作的影响，并特别关注各类大学排名对大学表现的影响。

关键事实

- 俄罗斯大学的内部治理结构分为多层等级，基于共同治理原则，行政管理凌驾于学术管理之上。虽然各大学都参与了国家的发展计划，被要求在有限的时间内取得令人瞩目的成果，但随着时间的推移，等级结构却在加强。

- 教席（chair）是大学组织工作的基本单位，通常按照细分的专业划分。教席是实施教师聘用、培训以及教师进行社会交往的核心组织，并负责其学科范围内的课程。

- 近年来，俄罗斯大学之间的竞争日益激烈，主要原因不是市场压力（许多国家是因为这个因素），而是政府政策——政府越来越多地通过基于竞争的"项目模式"向大学有针对性地提供战略资源。

- 新的项目模式的出现导致了大学组织结构的变化：教席变成了系（department），学院（faculty）变成了研究所（institute）。大学内部建立起了独立并自行负责财务的中心,它们有自己的发展计划和关键绩效指标。可以说,俄罗斯大学目前正在确立新的管理准则。

● 俄罗斯"学术卓越计划"(Academic Excellence Initiative,又称"5 - 100 计划",Project 5 - 100)涉及 21 所俄罗斯大学,莫斯科国立大学和圣彼得堡国立大学也有单独的发展计划。在几年时间里,这些计划显著提高了相关大学的科研水平,帮助它们融入了国际学术界,并对俄罗斯高等教育的总体发展起到了积极作用。

● 俄罗斯的大学(尤其是一流大学,但也不限于此)受世界大学排名的影响很大。国内排名或地方排名主要是为了提供信息,而世界排名则要求大学竞争更高的位次,并将其工作导向转变为"达到特定指标"。

第一节　治理模式:行政管理结构和决策过程

俄罗斯大学的治理模式主要取决于大学与政府之间关系的性质以及决定大学职能的制度条件。其中最重要的影响因素是学术人员流动性低、学术"近亲繁殖"现象普遍以及国内学术市场发展不充分(Yudkevich & Sivak, 2015)。

一、校长和校长办公室

与许多国家的大学一样,俄罗斯大学的关键人物也是校长。但与其他国家不同的是,在俄罗斯大学的管理模式下,校长有着双重角色:既是学术工作的主要负责人,也是行政工作的管理者和组织者,基本上兼具美国一般大学中的教务长(provost)和校长(president)的职责[1]。

这就引发了一个重要却不容易回答的问题:校长应该是一位学术权威吗？还是应该主要作为一个高效的管理者,确保大学具备繁荣发展所需的一切经济条件和基础设施[2]？一方面,校长需要具备学术背景,他们应当了解大学与企业的区别以及每所大学的独特性。这种了解对于防止官僚逻辑压倒学术逻辑也很必要。一个不了解学术研究的人很难组织起与科研相关的知识生产过程。

但另一方面，有的时候，特别是在大学处于濒临解散的财务动荡时期或者在大学必须迅速适应新环境的重大社会经济变革时期，校长的组织水平、与商业环境的联系、创业能力和筹资能力就变得至关重要。在这种情况下，学术之外的工作经验可能比学术经验及关系更加重要。在实际中，俄罗斯大部分大学校长都有学术背景，其中许多人在担任校长职务之前曾在本校工作。

在俄罗斯大学的管理模式中，校长在上级部门面前对大学的总体表现负责。从这个意义上说，校长对所有决定负最终责任，并掌握大学运行的全部权力，其中一部分权力可能会下放给其他管理者。

俄罗斯大学的校长由选举或任命产生，任期五年。但截至目前，校长的任期实际上没有限制，许多校长在其职位上一干就是几十年。校长职位的年龄限制为70岁，如果要让70岁以上的候选人（继续）担任国立大学或市立大学的校长一职，则必须经联邦法律的特别规定批准。2019年，俄罗斯55岁及以上的大学校长占57%，校长的平均年龄约为60岁[3]。大多数校长已经在其职位上工作了一段时间，90%在担任校长职务之前曾本校工作过（D'yachenko & Mironenko, 2019; Reznik, 2009; Reznik et al., 2019）。此外，女性校长明显少于男性校长：截至2015年，女性约占全部大学校长的20%；而在联邦科学和高等教育部负责管理的大学中，只有15%的校长是女性[4]。在2015年之后，校长的人选呈现出略微偏向年轻人的趋势，校长职位的流动率也更高。

许多地区性大学的稳定发展得益于校长与地方市政当局的非正式关系，以及他们与该地区主要雇主和企业的关系，这对于成功筹集资金和大学毕业生就业都很重要。更换校长基本意味着失去这些特殊关系，这就使得校长的长任期传统成为了一种功能性倾向。大学不可能从校外通过竞争选聘管理者，也不可能让现任校长到其他教育机构担任此职务。

校长管理一个集体商议机构，即校长办公室，由副校长组成，一些情况下还包括学院院长。每所大学平均有五到十名副校长，分别负责一部分工作，包括学术工作（教学、科研和国际事务）以及经济工作（财务、不动产和安保)[5]。负责学术工作的副校长一般都有学术经历,大部分是由校长从行政人员中任命的。俄罗斯没有学术管理职位(包括副校长和院长)的招聘市场,副校长往往任期很长,只有在换校长时才会被更换。新校长通常会任命一个新的副校长团队负责大学的重要工作。

二、学术组织的结构

负责大学学术工作的副校长通常负责监督、管理大学所有的学院(见图 8-1)。各学院在一个大的学科范围内实施一系列学科的教育。例如,一些大学可能设有独立的历史学院和语言学院,而在另一些大学,它们可能都归属于人文学院。

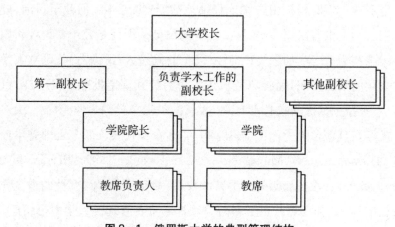

图 8-1　俄罗斯大学的典型管理结构

学院(作为一个分支机构)由院长管理,院长负责学院和教育项目的战略发展,并确保学院整体的高效工作。根据相关劳动法规,院长职位不涉及竞争(与大多数教师职位不同)[6]。院长由选举产生,选举规则由大学章程规定。直到最近,院长还是主要从优秀教授和教席负责人中选举,这意味着只有该大学的员工才有机会当选院长,之前的俄罗斯法律禁止选举校外人员担任院长[7]。现在这一限制已被取消,大学可以公开选聘院长一级的职位,但各大学很少采用这种新方式。

通过院长这一职位,可以观察到俄罗斯学术管理职位的特点。院长从一上任就进入行政管理序列，绝大多数情况下，他们不会再回到普通教授序列。在许多国家的学术体系中，担任院长意味着为大学提供短期服务，一段时间后，该职位将由学院的其他教授担任，前任院长则恢复教授身份。而俄罗斯的学术体系不包含这种轮换制，只有极少数例外情况。

三、教席制度及其替代制度

学院本身由教席组成。教席是基本的组织单位，同时也是所有教育相关事务（包括教师聘用）的决策中心。如果以德国大学中的教席作为范本和参照，俄罗斯大学中的教席则有些不同，尤其是俄罗斯大学中一个教席可能包括好几位教授，他们拥有同样的决策权。教席是按照相当狭窄的学科划分的，教师的工作在教席内部进行协调，特别是教学方面。小型教席可能包含七到十名成员，大型教席可能包含几十名成员。与美国大学中的系不同，俄罗斯大学中教席和系的级别高，拥有高度集中的权力，并且从根本上来说，它们首先是教学单位。

作为一种等级化的组织，教席由教席负责人管理，进行基本决策，并在更高级别的学院面前为教席工作负责。此外，与德国不同，俄罗斯的教席负责人主要是大学相应工作的协调者和组织者，而不是负责某个研究领域的远见卓识者。当新教师被招聘进大学时，他们是被某个教席聘用，而不是被整个学院聘用；教席负责人是他们的直接上级。

教席履行四项基本职能。第一，每个教席负责一部分课程。为了协调、规划和管理教学过程，教席会参考教师的个人教学安排，其中规定了教师在本学年应承担的教学工作量及其构成。这一模式沿袭自苏联1956年开始实施的制度（Gromov，2014）。教师个人安排中规定的教学工作量的总和就是教席的总教学工作量，教席负责人应确保这些安排的执行。教席负责人可能会为科研最活跃、最成功的教师设定较低的教学工作量，而为那些科研成果较少的教师设定较高的教学工作量。因此，教席负责人可能会将教学工作量的多少当作该教席的一种人事管理工具。

第二，教席还负责教师的聘用和晋升。每个教席的教职数量由该教席的教学工作量决定，教学工作量又由大学的课程安排决定。

第三,教席在职权范围内是教学及其方法上的权威。从苏联时期到现在,聘用新教师的程序都包括在教席会议上对候选人进行评估,然后由教席推荐心仪的候选人(虽然这一决定不具有约束力)。在许多大学中,同一教席的教师都会互相听课,这是一种直接的、有益的体验。许多国家都采用交叉听课的做法,但这种做法在俄罗斯具有独特性,因为要遵循一个预先设定的时间表,进行打分,然后在教席会议上公开讨论结果。在教席会议上还经常讨论课程,这与其他一些活动一起支撑了教席作为一个社交组织的职能,并有助于最大限度地减少教师内部的竞争。

教席的这种社交职能还得益于另一个特点。在大多数俄罗斯大学中,教师都没有单独的办公室,甚至没有被分配到属于个人的工作空间。通常只有教席负责人才有自己的办公室;在这之外,每个教席还可以使用一两个额外的房间,室内摆放着几张办公桌;当教师们在校但不上课时,这些办公桌就由他们使用。这使得教师之间密切的接触和紧密的社交联系几乎不可避免。由于没有正常的固定工作场所,教师们在心目中形成了"家是最好的办公室"的理念,并使之合理化。根据这一理念,教师们只有在课间休息时才会去自己教席的房间,当他们没有课时,他们更愿意在家工作。

第四,教席在人员培训方面发挥着重要作用。每个教席都有博士研究生,他们的导师都是教席的成员。在教席会议上,教席成员会为博士生制订学习计划并讨论他们的学业进度报告,教席会议通常还会讨论博士生未来的学位论文。教席主要通过这些博士研究生来补充年轻师资。当学生开始攻读博士学位并附属于某个教席时,他们也会参与教学工作,主要是基于教席教师的授课内容主持研讨课。这就使得制度化的经验得以通过这一体系传承。

将前三项职能结合在教席这一个组织中,对教席起到了相当大的激励作用。每个教席都希望增加自己的授课量,以获得更多的教职数。但这种激励措施有悖常理,因为其重点不是改进教育过程本身,而是增加学生的课业量,并且往往不关注教学内容。当一名教师被分配教授一门必修课时,他们可能会连续多年教授这门课,有时甚至持续数十年。因此,一些大学的重点课程往往与特定的教师绑定在一起，这些人之后可能会把课程交给自己的博士生。此外，将一门课从课程表中删除，意味着该任课教师失去了很大一部分教学工作。教席负责人总能考虑到这一点，所以为了维持现状，他们会不遗余力地将所有课程保留在教席中，并声称每门课程对于专业培养都至关重要。这导致了课程体系的固化和停滞。

这种制度还使教席无法以牺牲必修课为代价来增加选修课的数量，因为任何选择机制都意味着下一学年的教学工作量会变得不确定。

这种情况的另一个后果与教师招聘密切相关。当一位教席成员的工作合同到期时，学校必须将空缺职位广而告之，为校内外候选人提供参与竞争的机会——至少设想是这样。在实际工作中，教席负责人负责该教席的人事政策和人员结构，他们可能主要关注如何维持现有的教师团队，而不是努力吸引外部候选人（甚至可能是更优秀的候选人）。他们所关心的是维护良好的工作环境，也就是保证工作稳定（即使是非正式的保证）、长期的聘用关系以及没有内部竞争。

近年来，人们讨论教席时经常把它当作一种制度陷阱[8]。在大学主要是作为局部实施垄断的教学机构时，教席可以高效地履行职能。然而，如今随着大学之间竞争加剧，以及大学都致力于在教学与科研之间取得平衡，教席在处理人事问题时很难再做到之前那么高效了。这种组织结构阻碍了有竞争力的团队的发展，因此大学开始探索其他替代性的组织结构[9]。另外，为了更有效地进行教师聘用和教育决策而尝试进行的结构改革，也导致了教席内部的社交职能和非正式的协调与互助职能的瓦解，但现在还没有其他机构能代替行使这些职能。

在总结俄罗斯（以及苏联）大学中传统学术组织的特点时，还必须强调教席在促进教师日常交流制度化方面的职能。教席在其负责的科研和教学工作中形成了一个非常密切的互动网络，其中的互动行为包括教师们讨论科研论文、探讨教学方法和技巧、制定所教授课程的教学大纲、批准博士生的研究课题等。教席网络历来都呈现出相当高的地方性，提倡内部聘用，范围比较狭窄，但却支持了众多俄罗斯学者发展学术和专业能力，并提供了高质量的教学。俄罗斯高等教育的许多成就，包括它的稳定性和适应性都可以追溯至学院制度，特别是教席制度带来的支持。

在苏联时期，教席制度与联邦政府倡导的读物和课程一起，在许多州的城镇都缺乏学术人员的状况下确保了苏联高等教育质量维持在可接受的水平。但与此同时，它也阻碍了高等教育的创新，抑制了跨学科的研究和教育项目的发展。

现在，越来越多的大学放弃了教席制度，转而采用由多个教席组成的系和研究所制度。虽然有些大学在之前的模式下设置了系，但只是一些特殊情况，不具有代表性。教席以前是大学的主导机构，新的组织结构与传统的以教席为基础的组织结构之间的主要区别并不在于撤销了教席（大部分大学仍保留了教席），而是在于教育项目和教育过程的管理权在学院、系和研究所与传统教席之间进行了重新分配。在旧制度下，教席在教育项目的实施方面拥有很大权力（包括制定课程、分配教师的教学任务、开设新学科、解决员工的问题等）。在新制度下，新成立或转型的学院、系和研究所负责确定发展战略，例如制定分支机构的教育和科研政策、确立和实施人事政策等[10]。

在新的制度下，教席发挥着"同行共同体"（community of peers）的作用：作为一种小型的结构单元，基于某种研究工作将教师联合起来。如今，教席的行政职能被移交给了更大的单位，如学院、系或研究所，这种转变反映了教席在教育过程中角色的转变。在苏联的专业化培养模式中，教席帮助高年级学生进行专业化培养，通过行政方式组织和规划相关活动，因此当时将教席视为各专业的独立结构单元是有道理的。而在现在的模式中（先学士教育后硕士教育），专业化培养是在硕士教育阶段进行的，与教席没有任何联系[11]。

在俄罗斯的一流大学，从教席制度向系和研究所制度转变是一种系统性的趋势。自 2014 年以来，约 75% 的一流大学转而采用了新制度。在数量更多的公立大学中，这种转变则不那么明显，只有不到 30% 采用了新制度。

四、治理体系和机构

为理解现今俄罗斯大学普遍采用的治理体系,不妨采用阿尔文·古尔德纳(Alvin W. Gouldner)所描述的模式,即在专业机构内部划分出两种管理体系:行政管理体系和专业管理体系(在大学中即是学术管理体系)(Gouldner, 1957, 1958)。纵向的行政管理体系基于组织内部各行政角色的权力;在这一框架内,学院院长的权力大于教席负责人,教席负责人的权力大于教席教授,高级教授的权力大于初级教师。这种管理体系通常限于组织框架内部。专业(学术)管理体系则基于大学所处的更广泛的学术环境之中;在这一框架内,权力更多地是与团体认可的专业水平和学术地位有关,而不一定与职位的级别挂钩。大学教师拥有更优秀的研究成果、获得学术界更广泛的认可、参与该专业的社交网络并在其中发挥重要作用(例如,担任著名专业期刊的编辑或专业协会的负责人)会被认为拥有更大的权力。

学术管理体系并不局限于一个组织内,其影响力遍及整个学术系统。在相应的市场(就大学而言,即学术市场)中,也是地位越高,权力越大。

在任何一所大学,这两种体系都是并存的。哪种体系占主导地位,一定程度上受大学政策等因素的影响,但总体而言,取决于管控着国家学术市场组织的制度条件。例如,在美国的研究型大学中,学术管理体系占主导,而在俄罗斯的大学中,行政管理盛行,学术管理则明显落后。

俄罗斯大学这两种管理体系之间的特殊关系主要是教师在大学之间的流动性低造成的。流动性低导致的结果就是,教师们更愿意将时间和精力投入到他们受雇的组织中,帮助提升自己在该组织的行政级别,而不是投入到更广泛的学术市场中。这反过来又导致教师们对教学的投入更多(教学上的成功在大学内部是引人注目的,在大学之外的影响力却不大),而不是科研(科研成果的影响力不只局限在组织内部)。对于教师晋升而言,参与行政工作也相当重要,因此俄罗斯大学的教师通常会大量参与这些工作。

综上,俄罗斯大学的管理结构等级森严也就不足为奇了。教师调查显示，普通教师很少参与重要决策，对决策背后的逻辑和原因也不甚了解。

通过分析大学教师各群体在重要决策中发挥的作用，以及教师对自己参与决策过程的评价，可以得出结论：大学的决策在本质上是相当集中的，并且这种集中模式一直保持稳定，自 1992 年（苏联 1991 年解体）以来只经历了微小的变化[12]。教师们大多数认为以下类型的决策是经集中化处理的（即在校长层面）：设定大学预算分配的优先级、任命大学的关键行政人员，以及确定学费。相反，教师们很少认为晋升教职员工或基于竞争的选举是集中化决策。

如今在俄罗斯，（校长一级的）集中化管理在大学关键决策（如选举大学高级管理人员或确定大学预算分配的优先次序）中发挥的作用，在一流大学中比在普通大学中更为重要。这种现状似乎与某些研究跨国大学管理模式与学术环境发展之间关系的专题研究得出的结论相矛盾（Masten，2006）。这些研究的总体结论是，共同治理在大部分情况下是必要的，也是研究型大学所要求的；而在以教学为主的大学和学院，院校的管理和治理则更为集中。但这种矛盾其实存在一些误导，因为此类研究主要基于美国的高等教育市场，在美国，研究型大学（根据卡内基分类法）的身份是客观上根据大学在当下产出的成果授予的[13]。而在俄罗斯，研究型大学的身份则是依据特定的发展计划授予的，这就要求大学管理部门调集资源，尽快实现这些计划所规定的目标。发展计划所要求的任务是相当严苛的，不可能等待外部环境循序渐进地改变。替换大量核心教师或做出不受欢迎的决定（包括关闭低效的教育项目和学科）使得大学必须采取自上而下的决策方式。在这种情况下，校长的职责主要是统领大学，而不是事无巨细地管理。正因为如此，这些大学也体现了"动员式管理模式"（mobilization management model）的一些要素。

现在的大学教师对自己在学术决策上的影响力的认知与 30 年前一样，认为自己的影响力微乎其微。当然，教师在学术等级体系中的级别越高，参与各级（系、学院、整个大学）决策的程度就越深，但总体而言，这种参与并不强。

第二节　大学的战略发展

一、项目模式和管理变革

公立大学是由政府管理的"单位"，资金来源是政府拨款（见第四章）。政府拨款支持大学对学生的培养，被认为是一项公共服务。在这种理念下，这些大学几乎无法进行战略性或有针对性的发展。

在大学内部实施战略发展项目，需要从根本上重塑管理理念和基本的内部管理程序。按照现在的构想，战略性项目主要针对的是大学现有的活动，然而近年来，这种以变革为导向的项目已经成为大学新的发展趋势。

是什么导致了这种转变？政府在努力提高联邦经费使用效率的同时，越来越多地将大学视为由政府出资的、提供独立教育服务的"公司"（同时也具有其他职能）。基于这种理念，政府希望大学提供更多市场服务，包括进行应用研究与开发（以筹集外部资源）、吸引留学生，以及（在主体教育项目之外）提供新的教育产品等。

但与此同时，大学依然受限于严格的多重监管，这使得大部分大学的转型都异常艰难。即使进行了改变，这种改变也只针对某一具体的项目，并且大学是将资源用于在特定方面改进该项目的质量，而不是为大学整体转型提供广泛的支持。普通大学没有足够的资源开展此类项目，政府提供的资助（标准值为每名学生每年 3 000～5 000 美元，按"购买力平价"汇率换算，下同）也不足以支撑他们转型。一流大学获得的资助标准要高得多，它们也参与了政府牵头的各种目标计划，在资源利用方面更有余力。

从总体上看，近年来大学之间的竞争日趋激烈。前些年，大学之间还几乎没有任何竞争，大学在各地都一家独大（无论是从它们的学生还是教师来看都是如此）。如今，各大学都在积极竞争各类资源（包括人力资源、财政资源、基础设施资源），竞争的手段之一就是实施各类项目。政府正逐渐改变资源分配的模式，不再平均分配全部资源，转向优先支持能够承担重大责任的最优秀、最有发展前景的大学。新的模式是通过竞争实现的,通常要求大学制定发展战略和具体计划,并对未来的发展作出一定承诺。此类承诺通常体现为某方面的增长(包括质量改进和数量增长),因此大学需要确定自己如何实现增长。

一个日复一日履行相同职能的单位不需要制订任何面向未来的发展战略和指标,因为它们的预期成果是稳定的,但如果考虑实质性的战略发展,就必须实施新举措。它们需要了解可以使用哪些资源、如何获取这些资源,以及应做出何种承诺来换取这些资源。项目模式的工作原则要求大学修改管理制度,依照新模式基于项目重组所有关键环节。大学要学会从战略发展的角度思考问题,预先安排资源,并从项目的视角出发看待新的举措。在这种转变之下,大学需要设置负责发展战略的副校长,支持专门的项目办公室收集和分析相关数据[14];也需要一大批负责大学项目活动的管理人员。项目模式最先在俄罗斯的一流大学出现,但正逐渐扩展到其他大学以及整个高等教育系统。

此外,还有一些更实质的变化。在大学实施以变革为导向的项目模式说明大学内部会出现一系列责任中心。一些大学扩展了小型的科研分部和系,合并为更大的研究所或超大型系,通过这种重组,组织内部变得更加独立[15]。一些大学将教育工作转变为项目管理模式(放弃了原本负责学生教育的教席模式),并将其科研工作也转为项目模式(放弃了逐项资助原则)。在进行转变的过程中,各大学都在向其他大学新兴的优秀模式看齐。大学协会在这方面起到了积极作用,例如将"5-100"大学联合在一起的"全球大学"协会("Global Universities" association)。一流大学正在成为普通大学进行组织模式创新的重要范例。

政府对战略发展项目的重点资助产生了一系列结果。最突出的是,政府为大学的战略发展设定了一系列指标,也就是大学应该实现的目标和评估的关键参数。但需要注意的是,自行确定战略发展的目标和任务并努力寻找所需资源的大学并不参与这些指标的评估,相反,是那些需要资源的大学才不得不参与其中。在这种情况下,这些大学相当于委托代理关系中的代理人,因此它们从一开始就重点关注那些之后要接受检查的指标,首要任务就是努力产出一定成果以获取资源。为了摆脱这种不良的状况，政府在设计竞争性项目时，特别要求大学的产业合作伙伴也提供资金。然而迄今为止，政府资源在此类资助计划中依然占据主导地位。

政府没有任何可靠的依据来对各大学在具体内容方面进行比较，因此政府通常比较的是形式上的指标。也正因为如此，政府在比较时采取的是相同的模式：评估这些形式指标的实现情况。大学也总是很积极地向政府（政府是提供经费的那一方）证明所有目标都已成功实现。显然，这种方法有可能导致大学只做表面功夫，但在现有的体制和资源条件下，这也促进了整个系统摆脱不良的平衡状态。至于这种促进作用能在多大程度上鼓励大学实现真正有意义的发展，则取决于大学现有的资源，比如有多少经费和学术人员。

政府分配给大学的任务紧接着又会被分配给大学的学术部门及其成员。学术人员不习惯项目制度，繁重的教学任务使他们没有时间进行有意义的科研和发展，教学任务也无法为横向合作提供任何支持。教师们一般认为战略发展目标是一种负担，因为他们没有获得任何有意义的资源来支持他们实现这些目标，这些目标往往被简化为发表更多的成果以及获得更多的经费。与此同时，新公共管理（new public management）理念也在积极向大学渗透[16]。行政部门开始尝试管理学术工作（通过制定正式指标），因为学术部门一般都还没有为项目式的战略发展要求做好准备。

结果就是，大学（至少是部分大学）逐渐开始创建和使用一系列管理工具，为实现这些目标，治理模式也在发生变化。为达到指标，大学开展了许多工作，但其中真实的成果和冒充的成果各有多少，受大学自身行事风格的影响。这一点在"5－100 计划"中表现得非常明显。该计划一共只有 20多所大学入选，全部是国内的一流大学，它们取得的成果向其他大学展示了为追求卓越和创新应该做哪些工作。即使这些成果中有冒充的部分，政府的这项定向支持计划也已经使它们取得了必要的突破。

二、作为项目模式驱动者的"5－100 计划"

在重点支持和发展俄罗斯一流大学的政府计划中，"5－100 计划"无论是在大学覆盖面方面，还是在对高等教育市场的影响方面，都是独树一帜的。

该计划是政府的大学卓越战略发展计划,于 2013 年启动,为期七年,与近几十年来各国实施的此类计划一样,其目标是在俄罗斯建设世界一流大学[17]。

如何将世界一流大学的概念落到实处? 通常,一流大学包含三个组成部分:①拥有最好的科研人员和学生;②可以获得最好的资源(财政资源和基础设施);③拥有一套高效的管理制度[18]。虽然这三个部分看起来简单明了,但各国在设计政府支持计划时却面临着一个难题:哪个部分应该作为实施卓越计划的目标?

"5 - 100 计划"设置了许多关键指标,用于评估参与大学的成果(见表8 - 1),其中包括与科研活动(发表的成果数量及其引用情况)和大学国际化水平(国际师生比例)相关的指标;学生质量则使用一年级新生的国家统一考试平均分进行评估。另一项指标是大学在世界大学排名中的位次。这一指标的重要性体现在"5 - 100 计划"的名称和目标中:"确保到 2020 年至少有五所俄罗斯大学进入世界大学排名的前一百名"[19]。其措辞的模糊性(例如,没有明确是哪个世界大学排名)反映出该计划的制定者对排名及其意义的认识(在当时)很不清晰,但这种不甚清晰的要求也成为了参与该计划大学的战略发展目标(见下表)。

表 8 - 1 "5 - 100 计划"设置的主要表现指标

1. 大学在世界大学学术排名、泰晤士高等教育世界大学排名以及 QS 世界大学排名中的位次
2. 人均在 Web of Science 或 Scopus 数据库收录的学术期刊上发表的论文数量
3. 人均被 Web of Science 或 Scopus 数据库收录的学术期刊引用的次数
4. 国际教师占教师总数的比例
5. 学士教育、专家教育和硕士教育项目的(全日制)国际学生人数占相应项目(全日制)学生总数的比例
6. 学士教育项目和专家教育项目录取的全日制公费生的国家统一考试平均分
7. 大学的预算外收入占全部收入的比例

来源:本书作者整理。

注:世界大学学术排名,指的是上海软科世界大学学术排名(ShanghaiRanking's Academic Ranking of World Universities),简称 ARWU;泰晤士高等教育世界大学排名,指的是 Times Higher Education World University Rankings,简称 THE 排名;QS 世界大学排名,指的是 Quacquarelli Symonds World University Rankings。

　　政府为计划的总体(实施七年)和计划的设计(每年都应取得显著成果)都设定了严格要求。这导致了一系列后果。经费的紧缺使得大学很难投资发展任何需要延迟获得成果的长期项目。该计划要求大学每年报告成果，再获得下一年的经费，且经费水平由上一年的成果决定；并且政府提供经费的数额不仅取决于大学本身的成果，还取决于与其他"5-100"大学的比较结果。因此，只有在政府经费能够与大学在竞争市场上获得的其他资金相结合时，大学才有可能去实施真正的长期项目。

　　如果大学管理部门迫于压力每年都要展示获得的可见成果，他们就会开始要求教师持续不断地取得成果。这就造成了教师个人需要不断获得短期成果的巨大压力，这种压力也会体现在教师的合同中。这种情况实际上是自相矛盾的：在一流大学，教师本应有更多机会开展长期的创造性项目，进行长线研究，然而教师却不断被要求报告和展示新的进展。对他们来说，项目模式并不意味着向实际的项目式规划的转变，而是被要求不断进行新的、不连续的短期投入。

　　根据"5-100 计划"的逻辑，大学取得的成果应该在质和量两方面不断提高——应该发表更多的学术成果，国际教师的比例应该增加，一年级新生的国家统一考试分数也应该提高(即使已经几乎处于最高的那一档)。这与苏联计划经济的逻辑非常相似，认为持续的增长才是成功的标志。如果指标提高了，学校就会得到奖励；如果没有提高，学校就会受到惩罚。因此，苏联时期的单位管理者都致力于将一切相关增长都呈现出来(Roland & Szafarz, 1990)。

　　大学管理层最终负责履行项目承诺；相关任务随后被传达给学术团体，但通常没有经过任何正式的商议。学术团体缺乏真正的自我管理权，这导致任务会被直接下发给他们。在许多国家的研究机构中，任务的分配方式应是管理模式的重要体现，但在俄罗斯的大学中却并非如此。因此，例如，尽管发表论文的承诺可能对整个组织有意义，但往往沟通不畅，导致个人面临诸如"每年在高质量期刊上发表 1.12 篇论文"这种不切实际的要求。

　　由此，每一个与具体内容相关的指标都被分解成若干部分，变得更加具体、更具技术性，因此也更容易观察、更容易操作。当大学需要对外汇报时，就会开始编制这些指标。如果有一个指标是关于国际学生的——"国际"意味着"非俄罗斯公民"，那么大学就会将来自白俄罗斯或哈萨克斯坦的学生当作国际学生进行汇报。而在这种情况下，大学实际的国际化水平要低于那些成功吸引了同样多来自西欧或拉丁美洲学生的大学。

最后，政府的资助项目基于政府的资助逻辑存在一个根本性问题。政府向特定项目投入经费（就"5－100 计划"而言，是通过科学和高等教育部进行资助），但这不是风险投资，政府也不可能为大学提供经费从而让他们变得"低效"。因此，政府与大学之间的资助与被资助是按照这样的逻辑进行的：如果大学取得的成果比前一年差，政府就会减少之后几年的资助金额。

然而，尽管这种政府支持计划的模式存在种种限制，现金流也相对较少，"5－100 计划"在促进参与大学和整个高等教育系统的发展方面还是卓有成效的[20]。首先，参与该计划的大学的科研地位和水平发生了重大变化，数量指标（在国际期刊上发表论文的数量）和质量指标都有所改变。现在的指标指的是在一流期刊上发表论文的数量和比例，以及较高的被引率等。

大学也变得更加国际化。国际教师和学生成为了大学的固定成员，英语授课的课程也被引入了；科研工作实现了国际化，教师和研究人员在国际研究项目中的参与度也大幅提高，其中包括重大国际合作项目。

此外，大学的招聘政策也变得更加开放。"5－100 计划"提高了学术人员的流动性以及大学招聘员工时的竞争，并为寻求开展大型科研项目的科研人员（包括青年科研人员）创造了有利条件。

"5－100 计划"不仅仅影响了直接参与其中的大学，实际上，它的影响范围很广泛，涵盖了整个大学系统。这主要归因于区域效应，因为某一区域的领军大学（"5－100"大学）会对周边大学产生积极影响，尤其是在学生质量方面。由于与领军大学的合作，周边大学的科研水平也开始提高。

"5－100 计划"除了评估那些被视为世界一流大学基本条件的关键指标（主要包括三方面：人力资本质量、基础设施和管理水平），还要评估大学在世界大学排名中的地位。

第三节　俄罗斯大学的排名

世界大学排名系统正在形成,影响着一流大学所处的环境。在俄罗斯,排名是一种新现象,从 2013 年起才成为影响大学的一个因素[21]。在 2013 年之前,俄罗斯大学并不关注世界大学排名,因为当时它们还没有融入全球高等教育系统,认为没有必要与其他国家的大学进行比较。"5-100 计划"的落地是一个转折点,这项计划从一开始就围绕排名展开。

一、俄罗斯大学在世界大学排名中的表现

最有影响力的世界大学排名之一是上海软科世界大学学术排名(ARWU),其于 2003 年首次发布[22]。此后,随着泰晤士高等教育世界大学排名(THE)和 QS 世界大学排名(QS)的出现,进入这些榜单的俄罗斯大学数量大幅增加。2005 年,俄罗斯有三所大学(莫斯科国立大学、新西伯利亚国立大学和圣彼得堡国立大学)进入了至少一个世界大学排名的名单,到 2015 年,这项数字增加到了 23 所,2018 年增加到了 41 所。现今,进入世界大学排名名单的俄罗斯大学越来越多,主要位列排名的后半部分。

参与"5-100 计划"的大学通常都在世界排名中有不错的位次。2018 年,在 21 所"5-100"大学中,有 19 所已经进入主要世界排名(ARWU、THE 或 QS),这些大学进入这些排名名单的时间也相当长了。2018 年,在进入 ARWU 榜单的 12 所俄罗斯大学中,有 10 所是"5-100"大学(另外两所是莫斯科国立大学和圣彼得堡国立大学)。

在分析俄罗斯大学在世界大学排名中的地位时,也要考虑它们各自的特点以及所处体制环境的特殊性。在很多时候,当与盎格鲁-撒克逊模式的大学在一起作比较时,俄罗斯大学与传统研究型大学的不同之处往往会使它们处于劣势。例如,绝大多数俄罗斯大学都不设医学院和医疗机构,学校没有这方面的经费,在这些领域也很少发表成果。即使在今天,当俄

罗斯各个大学正在积极融入科研时,它们也无法开展那些需要昂贵设备的研究(如生物医学、实验物理等领域的研究),但是能帮助提升排名的论文和专利大都来自这些领域。此外,俄罗斯大学还有一个特点就是国际活动较少,重点关注国内。这导致它们的学术声誉相对较低(有的排名纳入了这个层面),在国际融入方面的指标上也表现不佳。不过现在俄罗斯大学的国际化程度正在迅速提高,体现在它们的国际知名度越来越高,招收的国际学生越来越多,也开设了英语授课的课程;但教育系统现有的配置与高成本科学研究所需资源之间的差距暂时还无法弥补。

自 2015 年起,俄罗斯就开始尝试创建本土的世界大学排名系统和国内大学排名系统[23]。不论是哪一个排名系统,在设计时都尝试将俄罗斯大学重要的体制性特征纳入其中(教学工作和国家需求占主导)[24]。

俄罗斯有许多国内大学排名系统,由不同的组织发布,采用不同的评价方法。最关注俄罗斯国内大学排名的是大学申请者和雇主,负责教育工作的政府机构也会关注。这些国内大学排名的主要功能是提供信息,因此很难说它们对大学的活动真正起到了什么影响。但这里又存在一种自相矛盾:俄罗斯大学受世界大学排名的影响更大,而不是受国内大学排名的影响更大,这是为什么?

二、俄罗斯大学对世界大学排名的应对机制

世界大学排名其实很令人费解:全世界有一万八千多所高等院校,其中只有一小部分有机会在榜单上占据一个显眼的位置(IAU, 2019),但排名的存在及其日益增长的重要性却对世界各地许许多多的大学施加着影响。俄罗斯也不例外——世界大学排名主要涉及俄罗斯的一流大学,但排名的存在也影响着许多其他大学的行为。

俄罗斯一流大学现在非常关注自己在世界排名中的位次,并为提高位次做出了很多努力。他们的行为与许多国家的一流大学一样,都非常符合温迪·N.埃斯佩兰(Wendy N. Espeland)和迈克尔·绍德(Michael Sauder)提出的反应性概念(the concept of reactivity)(Sauder & Espeland, 2009),该概念关注的是当面对评价或评估时,人们的行为会受

到怎样的影响。他们认为，当大学面对排名时，会涉及两种机制：自证预言（self-fulfilling prophecy）和换算效应（commensuration）。第一种机制是，排名名单里不同大学之间微小的、可以忽略不计的差异，可能会因为这些排名受到关注而被放大，变得具有实际价值。以排名为导向的政府会依据排名为大学提供不同的财政支持，学生会选择排名更靠前的大学，这一切都会导致大学之间实际差距的扩大。自证预言的效应是滞后的，而不是即时的。

换算效应则更为直接。在排名的影响下，一些体现大学质量的重要方面在决策者的观念中会转变性质，变成排名中一系列量化指标。例如，科研活动是体现大学质量的一个重要表现，科研活动的水平可以通过发表论文的质量来衡量，而论文的质量又可以通过期刊的地位和被引率来衡量。这就产生了可操作的空间：对大学成功与否的评价，以及之后对大学总体行为的评价，都与这些形式上的指标挂钩。

换算效应会产生三方面结果。第一是重新分配资源，也就是资源的分配会向那些更有利于提高排名的学科和领域倾斜。这一效应对论文被引量较少的人文学科尤其不利，大学对这些领域的资源投入杯水车薪，因为这种投入对提高那些形式上的指标几乎没什么用，例如在一流期刊上发表论文、论文被大规模引用、广泛参与科研网络。从吸引外部资金的角度来看，这些领域似乎也是最没有前途的。因此，理科和工科得到了更多支持。第二是使人们重新思考工作内容，将注意力和精力转向最有利于排名的部分。由此，教学工作的声望和报酬都有所下降，教师们最优先做的工作变成了努力在国际期刊上发表英文论文（即使该研究课题已经表明使用本国语言发表论文更有优势）。第三是博弈策略的扩散。各大学开始以可能提升排名的方式行事，例如，大学会根据自己希望进入的排名进行战略选择（基于不同排名所采用的评估方法的差异）。ARWU 排名在大学入学门槛上评估严格，QS 排名则没有这么高的要求，进入 QS 显得更有希望。因此自 2016 年以来，可以发现越来越多俄罗斯大学进入了 QS 排名的榜单。这也得益于俄罗斯大学的生师比普遍较低，而生师比在 QS 排名中是衡量教育环境和教育质量的重要指标。

大学为应对排名带来的挑战采取了哪些具体行动？在这里需要重申，

俄罗斯大学在这方面的行动与其他国家类似。表8-2的左栏基于对国际经验的分析列举了此类行动的例子,右栏列举出了俄罗斯大学的其他典型行动,包括对教师的直接激励(发放成果奖金)、成立旨在推动国际化的机构(学术写作中心或国际学生支持办公室),以及提高大学在业内的知名度(创办自己的期刊、为申请者和中学生举办学科奥林匹克竞赛)。

表8-2 大学为应对排名挑战而采取的策略

国际上其他国家的应对策略	俄罗斯的应对策略
科研方面	
提高科研成果的产出、质量和被引率	创办英文期刊
奖励在高被引期刊上发表论文的教师	将现有期刊的语言从俄文改为英文
在英文期刊上发表论文	
为教师和院系设定单独的发展目标	
组织方面	
进行院校合并,或将学科互补的院系结合在一起	营造双语的大学环境
将独立研究所并入所在高校	创建学术写作中心
建立卓越发展中心和研究生院	创建机构科研中心
发展或扩建英文设施、留学生设施、实验室、宿舍	形成综合性科研机构
提高机构科研能力	为学院院长和研究所负责人设定关键绩效指标
课程方面	
向欧盟/美国模式看齐	规范各学科学分的计算方法
重点关注科学/生物科学方面的学科	
终止对排名有负面影响的项目或活动	
相对于本科生,更注重博士生的活动	
改善生师比	
提高教学质量	

（续表）

国际上其他国家的应对策略	俄罗斯的应对策略
学生方面	
有针对性地招收表现优秀的学生,尤其是博士生	为中学生举办寒暑假学校和学科奥林匹克竞赛
提供有吸引力的优秀学生奖学金等福利	组织学术交流项目
提供更多国际活动和交流项目	
开设国际办公室,实行专业化招生	
师资方面	
招聘优秀的国际学者/高被引学者	使用灵活的工作合同来吸引国际教师和科研人员
创设新的合同制度/终身职位制度	创办由国际顶尖研究者领导的国际实验室
制定以市场为基础或以表现/价值为基础的薪酬制度	提供博士后岗位
奖励表现优异者	
识别表现不佳者	
让最优秀的科研人员专注于科研工作,从教学工作中解放出来	
公共形象/市场营销方面	
使招生、市场营销和公共关系工作更加专业化	在国外设立办事处,为申请者提供服务
确保发表的所有成果使用统一(院校)品牌	与毕业生和雇主合作
在《自然》(Nature)、《科学》(Science)及其他核心期刊上宣传	与那些可能为排名机构提供咨询的专家有针对性地合作
扩展国际联盟以及在全球网络中的参与	推进相关研究

来源:Hazelkorn(2009, p. 6)(左栏内容),以及本书作者自己的研究。

时尚界确立了美的标准,同样,大学排名也在很大程度上影响着"最佳大学"的理论标准,这一标准是根据排名靠前的大学的表现确立的。因此,排名迫使各个大学以精英院校为榜样,而那些侧重点不同、自身特色不符合理论标准的大学,排名就会靠后。认识到这种相互作用后,大学就开始纷纷效仿名列前茅的那些大学,试图与之更加相似。这种做法可能会抑制大学的创新,使大学沿着既有的组织变革之路前进[25]。换句话说,一致性会导致组织方式上的模仿:大学试图使自己成为社会大众眼中典型成功大学的样子;但这通常只停留在表面,而不涉及任何实质的变革。

何种因素影响了大学对行动模式的选择? 在应对排名带来的挑战时,尽管各大学都会采取一些常规行动,但不同大学的表现不尽相同。那么对俄罗斯大学来说,影响战略选择的因素有哪些? 首先,大学管理者的身份相当重要。在俄罗斯(中国也类似),对排名的重点关注是国家主导的,而在其他国家则是市场主导的[26]。这是因为俄罗斯对变革的推动是自上而下的,大学管理者感受到这种压力后,会将其转化为大学内部的政策。他们会决定采取那些他们认为能够实现最佳效果的行动,以及决定如何通过人事政策、激励机制等向学术界传达这些行动[27]。如果管理者本身具备学术背景,他们可能会更关注大学在组织上的特殊性,这一点与专业管理者不同。长期以来,大部分俄罗斯大学的管理人员都具备学术背景,但从 21世纪 20 年代初期开始,越来越多没有学术经验的管理人员加入了大学的管理团队。

其次,大学的学科设置也很重要,它决定了一所大学是否能成功地吸引国际学生和教师,以及相关研究能在多大程度上提高大学的排名。此外,大学的基本情况决定了其是否能成功地吸引研发资源,在这方面,大学会基于自己的优势和不足制定相应的市场政策。

构成大学学术核心的教师也需要具备较强的竞争力。大学聘用高水平的研究人员,主要是为了创造更好的科研创新条件,提高自身科研能力,确保能招收到最优秀的学生。另外,大学也会为师资培训投入资源,提高他们的资历,也会选择邀请国际研究人员担任他们的导师。除此之外,当大学的核心学术团队水平一般、实际情况与理想情况差距很大,并且没有足够的智力和财力资源用于弥补差距时,大学就会尝试通过走捷径来达到那些形式上的指标(例如在那些不论文章质量如何只要付费就能发表的劣质期刊上发表文章)。

最后,大学会为提高排名采取何种行动,还受到大学面临的外部条件的影响。其中当地的市场条件非常重要：该地区的生活是否具有吸引力? 当地就业市场的哪些因素限制了吸引国际学生和教师的机会? 该地区从国内聘请教师是否容易? 在这方面,首府城市的大学比外围地区的大学更有优势。

无论大学采取何种行动应对排名带来的挑战,这些行动都必然会影响其内部的学术环境和社会环境[28]。当今的俄罗斯一流大学确实走上了一条困难重重的路,那就是从具有一定科研水平的教学机构走向真正的世界一流大学。这里所提到的影响在大学的发展过程中是不可避免的。俄罗斯的大学正在非常紧迫的时间内尝试解决机构转型这一错综复杂的挑战,它们正在从由政府资助、实质上没有自己独立使命的教学机构,转变为学术市场的活跃成员。由于转变的进程极快并且缺乏强有力的发展资源,大学的任务变得更加艰巨。世界大学排名评估的结果涉及的对象众多,俄罗斯大学的加入意味着它们正在努力成为其中一名合格的参与者。

在一流大学之外,世界大学排名也对其他大学施加着影响。这种影响当然不是直接的,因为普通大学并不打算进入排名榜单,这本来就不可能,也没有意义。这种影响是潜移默化的：在世界大学排名面前,整个大学系统都会逐渐适应资源竞争,开始寻找自己的市场定位,并且磨炼自己的竞争优势。

小　　结

本章观察了大学内部的学术治理结构、决策过程,以及核心学术团队在这些方面发挥的作用。大学通过教席组织学术工作的做法强调了稳定和内部更新的观念,以及教学使命至上的原则,从这种模式向发展性任务转变,需要改变日常学术工作的结构。那么随之而来的问题是,如何在进行转变的同时，最大限度地降低现行体制中连接各类学术性工作的纽带解体的风险？如何用最少的资源实现这一转变？如何获取资源以谋求更大规模的发展？

在本书的撰写工作进入最后阶段时，"5-100计划"已经实施完成。正如本书，特别是本章所写到的，该计划对参与其中的大学乃至整个俄罗斯高等教育系统都产生了重大影响。在俄罗斯，新的学术卓越计划刚刚开始实施，该计划一直设计到了2030年，涉及更多大学，预计将有约100所大学参与，主要任务之一就是将大学转变为地区发展和产业发展的推动力。大学要如何将提高全球竞争力与实现地区发展的任务结合起来，仍是一个有待解决的问题。

在过去的十年中，世界大学排名已经成为许多一流大学进行变革的驱动力和参照。本章从大学管理者的角度讨论了大学名次的进步与科研质量的提高应当如何同步实现。在世界大学排名之后，下一个出现的类似参照标准会是什么？俄罗斯大学能否找到自己的发展方针，在保持本国特色的同时提高自己的国际竞争力？这种国际化发展任务与俄罗斯大学的国际定位之间关系为何？就目前来说，俄罗斯大学的国际化程度是怎样的？下一章将对这些问题进行讨论。

第九章

俄罗斯高等教育的国际化发展

在不同历史时期，俄罗斯的高等教育和科学通过不同的方式与国际社会建立了联系。这当中，曾经紧密的联系变成了几乎彻底的自主和孤立，曾经的合作与融合变成了对独立国家身份的探寻。近几十年来，俄罗斯高等教育和科学的国际化进程已经演变为在全球学术市场上探索本国地位的进程。

这种国际联系的机制和影响是什么？在多大程度上融入了俄罗斯整个社会和经济环境？国际科学合作在政府政策中的地位是怎样的？当今俄罗斯大学的国际化程度如何？大学如何解决新形势下的新任务，包括吸引国际学生、与其他国家的大学合作建立交流项目和联合项目？大学应当选择何种国际化发展战略？这些都是本章将要探讨的问题。

关键事实

- 历史上，在大多数时期，俄罗斯政府的政策都提倡教育和科研的国际化。从 20 世纪 90 年代初开始，这一理念逐渐渗透到了大学和研究所的制度层面。
- 对俄罗斯学术界来说，从科研诞生的那天起，它与国际社会之间的联系就非常重要。尽管人们普遍认为苏联时期的铁幕（Iron Curtain）影响深远，但科研与世隔绝的时期实际上相对较短。

- 苏联时期,全联盟接纳的国际学生数量在所有国家中排名第三,大多数国际学生是非洲、亚洲和拉丁美洲社会主义国家的公民;技术和工程专业最受国际学生的欢迎。

- 如今,经济学专业在国际学生中最受欢迎。吸引学生到俄罗斯留学的主要是经济原因。

- 国际学生在俄罗斯大学接受教育是需要支付学费的,要么学生自己支付,要么俄罗斯政府通过配额制度为他们支付。俄罗斯政府通过配额制度为来自多个国家固定数量的学生支付学费。苏联各加盟国的学生都积极利用这项制度,目前它已经成为了这些原加盟国的学生来到俄罗斯大学学习的主要途径。在全球教育市场上,俄罗斯大学对自费留学生的竞争才刚刚开始。

- 俄罗斯大学(主要是一流大学)的国际合作在不断增加,但俄罗斯大学教师融入国际学术界的程度、英语水平以及将英语作为专业语言交流的水平,平均而言仍然很低。在俄罗斯大学学习的国际学生比例很低,俄罗斯学生的国际学术流动也不多。

- 在俄罗斯国内,国际化的进展还是比较顺利的:课程设置已基本符合国际标准,教师也参与了国际研究议题。将世界一流大学的大规模在线课程纳入俄罗斯大学教育项目的做法也在不断扩展。

- 近年来,俄罗斯的一流大学通过各种聘任协议和灵活条件,积极在国际上招聘教师。然而,大规模聘用国际教师还面临着财政、制度和社会方面的各种制约。

第一节　俄罗斯高等教育国际化发展的概况

纵观历史,俄罗斯的思想家和公众人物一直在探讨俄罗斯是否有"自己的发展道路",或者俄罗斯的生活和发展是否遵循与其他欧洲国家相同的规则和惯例。在这样的背景下需要思考的一个关键问题是,俄罗斯的历史在多大程度上与欧洲(及其他国家)的社会经济发展相互关联? 以及,俄罗斯的教育与科学应在多大程度上与其他国家保持距离？或者反过来说，俄罗斯应在多大程度上融入国际学术社会？

本章关注的是俄罗斯的教育与科学总体上的国际发展，即其"国际化"。俄罗斯科学界一直是全球学术社会的一部分，保持自主和孤立的时间很短暂（虽然只有过一小段自我隔绝时期，其影响却相当明显）。教育与科学的国际化一直以来主要是政府的关注点，直到前些年，这个问题才被下放到机构层面，成为各大学和研究所关注的问题。

第二节　历史上俄罗斯学术界与国际社会的联系

一、19 世纪至 20 世纪初：俄罗斯高等学校的建立

1917 年十月革命前，俄罗斯的高等教育系统正处于创建和发展的时期，国际化程度相当高。然而，这种国际化仅限于欧洲思想及其倡导者对俄罗斯教育体制的影响，缺乏反方向的作用，也就是说，俄罗斯大学的组织和管理思想并没有真正影响其他国家的教育政策。

俄罗斯的高等教育政策一直受到当时欧洲流行思想的影响（但这些思想与俄罗斯的情况往往是相互矛盾的）。19 世纪初，俄罗斯大学（以及科学院）的骨干教师主要是从其他国家邀请来的教授，尤其是德国，因此在很长一段时间里教学使用的基本语言是德语，教材要么用的是欧洲语言原文，要么是根据俄罗斯的情况改编的。帝国大学的毕业生在进入大学任教之前，大部分都曾在欧洲大学接受过长期培训，通常是在德国，法国和英国也比较常见。在当时内部招聘占主导地位的背景下，这种做法被视为开阔视野、学习新知、与外国同行建立联系的重要一步。从 19 世纪 30 年代起，出国进行学术访问成为了俄罗斯学者进行国际交流的重要途径之一[1]。综上所述，早期的俄罗斯高等教育系统高度依赖国际知识资本。

在整个 19 世纪，国际联系的深度和活跃程度都与当时的政治环境密切相关。在较为保守的时期，对外的国际交流减少，进入俄罗斯的外国科

学文献也会受到审查。当政策趋于开放时,国际联系就会得到鼓励和加强。

20世纪伊始,革命前俄罗斯的高等教育和科学在组织方式和内涵方面的发展达到了顶峰,当时,俄罗斯学术界与国际社会的联系相当密切,已经很好地融入了国际网络(Krementsov, 1996; Zubov, 1956)。当时制度层面也没有为学术界的国际发展设置任何障碍。那时的俄罗斯大学教授们精通外语,除了他们早期学习的古希腊语和拉丁语之外,大学预科学校的教师还精通德语、法语,通常还包括英语,对他们来说,阅读外文的专业文献、与外国同事交流、用外语授课都不成问题。当时俄罗斯的高等教育和科学与国际社会的联系并不局限于交流层面,而是更加深入。在教学模式上,教授们倾向于认同特定大学的模式,这使他们自身也体现了制度特征。但在科学领域,教授们的身份认同主要来源于学科,围绕学科形成的学术团体在当时往往是外国团体(通常是德国或法国的),俄罗斯本国的学术团体才刚刚开始形成。教授们对这些团体的归属感是他们在欧洲大学长期的学术交流经历带来的(这种特点在之后的俄罗斯大学教授中也很典型),并通过在交流过程中建立的联系得以维系。此外,在一些学科中,俄罗斯本国的学术团体更早地开始了正式的制度化发展,这些发展主要是通过推广俄罗斯的专业学术期刊等方式,一些学科的科学家尤为青睐这种做法,比如化学学科。俄罗斯化学家的成果在欧洲化学界很受认可,在化学领域,俄罗斯与欧洲科学界融合的程度很深。举例来说,1860年的卡尔斯鲁厄会议(Karlsruhe Congress)是一次重要的国际化学会议,有八位俄罗斯科学家参加,其中之一就是化学元素周期表的创造者德米特里·门捷列夫(Sinetskiy, 1950, p.19)。

二、1922年至20世纪30年代初:苏联时期最初十年的国际主义发展

1. 国际流动与联系

第一次世界大战、布尔什维克执政以及内战的爆发导致俄罗斯学者与外国同行之间的诸多联系中断或终止。1924年,政府将与国际科学界建立

联系视为消除国家政治封锁的重要方式,在这一短暂时期,国际联系得到了部分恢复,到国外实习、开展研究、参加会议等活动也被恢复。

外国科学家也开始访问俄罗斯,当时,参加在俄罗斯举行的国际会议象征了外国科学家的政治声望[2]。因此许多历史学家认为,1925 年俄罗斯科学院成立 200 周年庆祝活动的首要意义是政治意义,当时有来自不同国家的数百名科研人员应邀参加了此次庆祝活动。作为一项重要的政治活动(Ioffe, 1975, pp.127 - 128),来自 25 个国家的约 100 名专家学者接受了邀请,包括物理学家马克斯·普朗克(Max Planck)、经济学家约翰·梅纳德·凯恩斯(John Maynard Keynes)和生物化学家汉斯·冯·奥伊勒-切尔平(Hans von Euler-Chelpin),德国代表团由 35 名成员组成,是规模最大的代表团。

20 世纪 20 年代后期苏联的国际科学交流非常成功,国际合作被正式宣布为促进科学发展的一项重要举措。科学院常务秘书谢尔盖·奥尔登堡(Sergey Oldenburg)在他的《德国、法国和英国的科学生活印象》(*Impressions of Scientific Life in Germany, France, and England*)一文中总结如下:"最重要和最必要的是,让我们的大批科学家有组织地到国外工作,让大批外国科学家来到这里工作"(1927, p.101)。在 20 年代末,这种人员流动的主要障碍是经济,因为出国的差旅费非常昂贵。所以从那时起,所有与科学相关的差旅出行都开始受到严格监管,所有审批都严格地集中进行。1924 年后,决定科学家是否能出国的关键决定权被委托给了"检查政府组织派往国外人员"的政府特别委员会。

那时能够出国的俄罗斯大学教师和科学家都属于"政府实习学者"(government intern)或"苏联专家"(Soviet specialist),由政府派遣,承担特定的使命:执行某项任务或接受培训以获得国家所需的信息和技能。同样,外国研究人员也是作为"外国专家"(foreign specialist)被邀请到苏联的,他们大多是由政府(而不是学术界)邀请的,也是为了完成特定的任务。

从 20 世纪 20 年代中期开始,国际慈善基金会和慈善协会开始在苏联人员的国际流动和科学事业的国际化发展方面发挥重要作用。其中最有影响力的包括洛克菲勒基金会(Rockefeller Foundation)[3]、卡内基基金会

(Carnegie Foundation)和英国皇家学会(Royal Society of the UK)。它们资助俄罗斯研究人员(包括青年研究人员)在世界一流大学长期实习工作。获得这些基金会资助的专家学者成为了科学新思想、新信息和新成果的传播者。

事实证明，这些资助对苏联整个科学学科(包括理论物理学等)的建立非常重要。科学史专家安娜·日德科娃(Anna Zhidkova)写道：

"当时，这一领域才刚刚起步，并且由于规模太小，在之后的几十年里都处在四位领军人物的掌控之下：列夫·朗道、伊戈尔·塔姆(Igor′ Tamm)、雅科夫·弗伦克尔(Yakov Frenkel′)和弗拉基米尔·福克(Vladimir Fok)。其中三位是洛克菲勒基金的获得者，另外一位，塔姆，是劳伦兹基金(Laurenz grant)的获得者，一年的国外生活使他们正式进入了国际科学界。几十年来，他们帮助苏联物理学维持了科研和教育方面的高水平。"(Zhidkova, 2003, p.143-144)。

然而，这种密切的国际联系只持续了不到十年。20世纪20年代末到30年代初，苏联与资本主义国家的政治关系开始降温，这导致科教事业的国际化政策发生了根本性变化。

2. 俄罗斯学者论文发表模式的转变

20世纪20年代，苏联科学家发表论文的策略有所改变。社会学家丹尼尔·阿列克桑德罗夫(Daniil Aleksandrov)(1996)列举了一些典型的变化。当时，俄罗斯大部分科学学科都已形成了相当规模的自给自足的国家级科学团体，这些团体积极为自己的发展构建基础，其中就包括用俄语出版国家级期刊。这些期刊对科学流派的形成很有必要，对苏联学者来说，在这些期刊上发表论文也更容易。这一时期，苏联学者与外国学者的接触，特别是通过出国进行的接触一直较少，这导致苏联年轻一代的科学家几乎完全没有国际交往，这反过来又从根本上减少了苏联学者在国外发表论文的机会。此外，苏联新一代大学教师的外语水平不高，虽然他们一般都能够阅读外文文献(主要是德文的)，但用外语撰写严肃的科学著作通常超出了他们的能力范围。

三、1934 年至 20 世纪 50 年代初：使"朋友"苏维埃化

1934—1953 年通常被认为是一个政治孤立的时期，苏联所有的国际交流，包括与科学有关的交流，都被降至了最低。另外不容忽视的是，苏联在第二次世界大战胜利后，在切断与资本主义国家联系的同时，积极与东欧国家开展经济、科学和技术合作——使之"苏维埃化"（Sovietization）。与此同时，苏联的教育和科学管理体制也进行了重组。

20 世纪 30 年代末，苏联的科学事业开始全面退出国际领域，这反映了苏联的总体发展方向。1934 年，被称为"胜利者大会"（Congress of Victors）的苏共第十七次代表大会（the 17th Congress of the Communist Party of the USSR）召开，肯定了各领域的科学家和学者在国家工业化以及第一和第二个"五年计划"的成功实施中发挥的重要作用——主要指的是布尔什维克培养的新一代专家。在这一时期，苏联科学家的出国活动减少，负责监督科学家出国活动的特别委员会被解散，相关国际研讨会、期刊发表等也暂时停止。这种孤立状态一直持续到 1953 年斯大林去世[4]。在此期间，苏联科学家们几乎没有机会接触外国同行的新成果、与他们交流或在国外发表自己的文章。孤立状态也使得苏联在一些知识领域的发展边缘化，在 20 世纪中期导致了一些知识领域的发展停滞。由于世界发展变化非常之快，复制已出版的国际科学著作往往意味着使用的是已过时的方法和理论。1960 年，在美国和英国，重复性工程和仅轻微改动过的已有产品占全部科学产出的 10%～20%。但在苏联的一些技术领域，重复发明的占比从 1946 年的 40% 增长到了 1961 年的 85%（Dobrov, 1966；转引自 Sudarikov, 2005）。

然而同时期，苏联科学、教育和技术政策的影响也延伸到了东欧国家和一些亚洲国家，如中国、朝鲜、蒙古，也就是那些选择了社会主义发展道路的国家[5]。在不同的社会背景下，这些政策在不同国家呈现出不同的样子。一些国家（如波兰）的学术体系比俄罗斯的历史悠久，而另一些国家（如蒙古）的高等教育系统基本上是从零开始建立的。

这些国家成立了教育部，负责整个国家及各机构学术工作的方方面面，并且依照苏联的传统，将科研和教育分立，成立了科学院，与苏联科学院一样作为这些国家的最高科学机构。波兰和捷克斯洛伐克在1952年成立的科学院是基于各自既有的机构建立的，分别是1872年成立的波兰学术学会（Polish Academy of Learning）和1907年成立的华沙科学学会（Warsaw Scientific Society），以及捷克斯洛伐克1784年成立的波西米亚皇家科学学会（Royal Bohemian Society of Sciences）和1890年成立的捷克科学与艺术学院（Czech Academy of Sciences and Arts）[6]。

在许多东欧国家，政府是学术机构唯一的所有者和创办者，积极参与管理教育工作。他们的国立/公立大学有各自的历史传统和各种经济文化特点，成为培养专业人才的重要场所。所有院士都是政府官员，负责服从政府的工作和部委的要求（Kuraev, 2014, p.140）。

亚洲国家也经历了以苏联模式为基础建立高等教育系统和创办教育科研机构的过程。1949年中华人民共和国成立后，中国科学院（Chinese Academy of Sciences）随即宣布成立，苏联帮助参与建设。与苏联一样，中国科学院下属的每个研究所都隶属于政府的一个部委。在中国科学院成立后的第一年，一百多名中国专家被派往苏联学习学术组织经验和科学工作经验。在蒙古，苏联援助的规模更大、持续时间更长，不仅支持高等教育，还支持中等教育。

高等教育的苏维埃化在欧洲和亚洲国家产生了不同的结果。在欧洲，许多国家的高等教育比苏联发展得更好，苏联的政策是叠加在早已存在的、较为完善的学术体系之上的。在这些国家，苏维埃化的进程分为两个阶段。第一阶段解构了基于院校自主自治、大学传统和学术自由的已有学术机构，第二阶段确立了苏联标准，即一个单一、集中、由政府资助的专业教育系统。

而亚洲国家的高等教育系统不发达或根本不存在，因此这些国家的苏维埃化与他们自身的发展是联系在一起的，总体上他们对"苏维埃化"的看法是积极的，亚洲国家通常将学术上的苏维埃化看作是苏联提供的慷慨支持。

苏联加盟国之间的合作也扩展到了高等教育以外的科技领域。苏维埃俄国的许多专门研究机构与东欧国家开展了合作,信息和人员交流都相当频繁(Jordan, 1964, p.61)[7]。

四、20 世纪 50 年代末至 70 年代初:揭开铁幕与早期一体化

在苏联与世界的隔绝持续了十几年后,教育与科学领域得到更广泛的开放。俄罗斯的科研人员这时(至少在政治和经济上)有了更多机会与外国同行交流。这一改变的里程碑事件是苏联总理尼古拉·布尔加宁(Nikolay Bulganin)在苏共中央全会(Plenum of the Central Committee of the Communist Party of the USSR)上的讲话,该讲话于 1955 年 7 月发表在发行量达数百万份的官方报纸《真理报》(*Pravda*)上。在讲话中,布尔加宁特别提到:

> "我们需要不断考察全世界科技领域的新事物,我们需要提高科技信息的质量,我们需要扩大与外国科研机构和进步科学家的交流,我们需要让苏联购买和出版更多外国技术文献。"

从 20 世纪 50 年代中期起,苏联一些期刊开始重新发表外国期刊文章的摘要和译文(Conn, 1994)。1957 年,苏共中央政治局(Politburo of the Central Committee of the Communist Party of the USSR)和苏联科学院常务委员会举行了一次特别闭门会议,宣布进行改革(Fursenko, 2006)。在这之后,苏联科学院的地方分支机构和各学科部门开始直接与"友好的外国科学家"进行交流(Kuraev, 2014, p.157)。

1953 年时苏联只加入了两个国际科学组织,十年后(1964 年)这一数字增加到了 108 个(K.Ivanov, 2002)。20 世纪 60 年代初,米尔(Mir)出版社和进步(Progress)出版社开始加大工作力度,发行外国学术著作的译本,向苏联读者介绍西方科学的新进展、新思想和新趋势。1969 年,社会科学情报研究所(Institute of Scientific Information on Social Sciences)成立。该研究所通过注释制作(annotation-producing)活动,向苏联科研人员提供

外国一流期刊的新刊。尽管铁幕已经拉开,但苏联科学家了解外国同行的科研成果主要还是通过论文,而不是通过个人接触。出于经济等各种考虑,科学家们参加国际会议的机会仍然很少;有幸能出去参加会议的通常不是年轻有为的科研人员,而是资深科学家。然而,科学交流体系在 50 年代末重新启动后一直在持续发展。

20 世纪 70 年代初,一些旨在发展科学技术的政府间项目开始运行(通常是出于政治动机,例如,需要开展联合反污染行动)。这些项目主要面向科学院的研究所而不是大学。

苏联科学家的著作也开始在国外发行,在国际学术界受到的关注也更多。苏联主要的学术期刊开始用外文出版,其中理科和工科的期刊分别占 60%和 35%(Rangra, 1968)。1968 年,有 162 种苏联期刊在苏联境外用外文出版。

翻译期刊有三种方式。第一种是在苏联的出版社出版英文版(各时期大约有 15～25 种期刊以此种方式出版),第二种是由外国出版社以商业方式翻译出版苏联期刊(共有 121 种期刊以此种方式在 15 家出版社出版)。第三种是外国出版社以非商业方式翻译出版苏联期刊(共有 87 种期刊以此种方式在 21 家出版社出版)[8]。在第三种情况下,资金由外国机构[比如美国国家科学基金会(US National Science Foundation)]的政府经费或非政府资金承担,例如,美国物理研究所(American Institute of Physics)的翻译项目资金可以用来支付在海外翻译出版苏联期刊的全部费用(Tybulewicz, 1970, pp.57-58)。

五、1991 年至今:一体化发展

自 20 世纪 90 年代初以来,俄罗斯学者与外国学者之间的交往迅速增加,人员的交往使联合科研项目和合著论文的数量也增长得非常快。1985 年,苏联学者与美国学者合作发表了 111 篇论文,与德国学者合作发表了 90 篇论文。十年后,这两项数字分别增至 1 305 篇和 1 225 篇(Glänzel, Schubert & Czerwon, 1999)。

在过去的十年中,俄罗斯的科学事业(包括大学和研究所的科学事业)

与国际社会的融合日益紧密。如今，发表在国际期刊上的、作者中至少有一名俄罗斯学者的论文中，超过 40％是与外国学者共同撰写的（2012 年这一比例为 35.63％，2007 年为 34.18％）[9]。在生命科学和生物医学领域，这一比例更高，达到了 45.51％。

俄罗斯科学家现在大多与来自美国、德国、法国和英国的科学家合作（在 2017 年俄罗斯学者与外国学者共同撰写论文中，与这几个国家学者合著的比例分别为 21％、20％、12％和 10.5％），一直占据第五位的意大利已被中国（9％）取代。合著论文在物理学领域（合著论文的比例为 36.9％，大型强子对撞机等重大合作项目也提高了这一比例）和社会科学领域（2017年合著论文的比例为 44.7％）都很常见。

俄罗斯学术界与国际学术界建立联系的途径之一是邀请外国学者到俄罗斯大学兼职（下文将详细介绍）。一项数字可以很好地说明这种联系的进展：在过去的 12 年中，一位作者同时隶属于两家机构（一所俄罗斯大学和一所外国大学）的论文数量增加了近两倍（2007 年为 42 篇，2019 年为109 篇）。合著论文方面的具体进展不太好估算，但情况应该与之类似。

第三节　俄罗斯大学的国际师生：历史变迁

今天的俄罗斯在多大程度上能被称为全球教育市场上一个成熟而活跃的参与者？对国际学生和教师来说，俄罗斯具备吸引力吗？俄罗斯的大学在多大程度上参与了对优秀人才的争夺？这些问题的答案取决于俄罗斯教育系统的历史，以及学生、教师和科研人员如何看待如今俄罗斯教育系统的优点和缺点。可以说，这些优缺点的影响远远超出了大学本身。

一、国际教师

直到 2010 年左右，与俄罗斯大学签订了长期工作合同的国际教师数量还很少。当时在俄罗斯大学任教的国际教师通常是外语教师或是在各种国际基金会［比如富布赖特项目和德国学术交流中心（German Academic

Exchange Service)]的资助下来到俄罗斯的学者,他们的(全部或部分)经费并非由俄罗斯大学提供。

造成大学教师国际化程度低的原因有以下几方面。当时的俄罗斯大学主要以教学为中心,这导致教师的基本合同中对教学工作量的要求很高,并且标准薪酬在全球市场上没有竞争力。这两方面结合在一起,成为邀请国际一流教授来到俄罗斯签订高教学工作量、低工资的基本合同的一种障碍。要从国际上邀请教师,就必须与他们签订条款特殊的合同,降低教学工作量,提高薪酬。这样做的负面影响包括:造成更高的经济负担,以及外国教师在大学中的特权地位会不可避免地给大学带来社会压力;积极影响包括:(外语专业的)学生可以聆听母语人士的讲课,教学质量可能会提高。对大部分大学来说,这种做法绝对是利大于弊。

那么近年来有什么变化? 第一,俄罗斯的一流大学开始积极尝试进入全球市场,成为具有国际竞争力的大学。它们(通过自己的努力或在特定条件下)意识到如果不融入全球环境,就不可能达到全球领先的标准,而大学国际化(包括教授队伍的国际化)是这一进程的重要组成部分。第二,近年来俄罗斯大学的财政也更有保障,因此更有能力聘请国际教师。例如,参与"5-100计划"的一流大学可以利用他们在项目中获得的补贴为国际教师提供有竞争力的薪酬。第三,提高大学中国际教师的比例也是大学对教育部承诺的一部分,是评估大学表现的重要指标之一(评估大学国际化的另一个指标是国际学生的比例)。第四,许多大学开始希望聘请国际一流的科研人员,这是因为他们可以与教师和学生合作,更重要的是,他们可以为大学产出更多科研成果。

俄罗斯的大学在探索他们的新任务,即作为雇主加入全球学术招聘市场时,仍有许多问题需要解决[10]。大学要想在这一市场上具有竞争力,就必须遵守一系列公认的规则,因此必须先学习这些规则。除了这种制度性学习之外大学还必须明白,在高水平教师和科研人员的招聘市场上,它们与其他大学的竞争相当激烈。在俄罗斯的招聘市场中,大学与员工在讨论合同时主要采用的是"要么接受,要么放弃"的做法;但在全球招聘市场上,大学应当通过与潜在候选人之间的协商来签订合同。

俄罗斯的大学不提供终身合同,所有教师的合同都是有期限的(最长五年),而且不能保证续签。对全球大多数教师和科研人员而言,终身职位往往是最重要的考虑因素。由于各种法律难题导致的高昂事务成本:需要为外国公民办理签证和工作许可,需要为俄语水平不高的人提供高质量医疗服务,以及外国人在定期缴纳社会费用和退休金时所面临的问题,使得俄罗斯的教师招聘更加困难。此外,逆向选择和雇用低质量员工的风险也增加了。这些因素共同导致俄罗斯的大学很难长期聘用高水平的外国专家。

总体而言,俄罗斯大学的环境对国际学者仍然不够友好,行政管理人员的英语水平往往很低(除了莫斯科和圣彼得堡的大学外,大部分大学的行政管理人员都不具备英语水平)。因此,只有那些具备一定俄语水平的学者(学习过俄语或者是从国外大学或研究所回来的俄语母语者)才能以最佳状态融入新的学习和工作环境。

俄罗斯大学要吸引的应当是能够影响周围学术环境且充满活力的教师,而不是只专注于自己的研究,甚至与既有的大学环境同化,不愿为环境变得更加透明、更具竞争力、更注重科研而进行任何尝试的教师,这一点也很重要。俄罗斯的大学与其他国家相比,竞争优势体现在以下几方面。第一,俄罗斯的大学为教师提供了快速发展的机会,其中最重要的是提供了从零开始创建科研中心的资源(通常只有极少数实力强劲的教师才能获得这些资源)。第二,俄罗斯的一流大学能够吸引优秀学生担任科研助理。除此之外,俄罗斯大学通过全球招聘从国际学术市场引进的专业人才中有相当一部分是持有外国大学博士学位的俄罗斯公民,他们(也许是出于个人原因)希望能在俄罗斯谋求职位。

二、国际学生

俄罗斯高等教育中的国际学生数量一直不多。长期以来一直存在着一些规定使国际学生与俄罗斯本国学生被区别开来,这些规定影响了国际学生来俄学习,并且一般与多种政治因素而非教育因素有关。

在各个政治时期,国家的大学生群体如何构成都是由政府的优先事项决定的，这种做法一直持续到前些年。直到最近，俄罗斯的大学生群体都还不能体现全球教育服务的市场需求与大学供给之间的交叉，相反，它是覆盖全国的集中规划和巨额公共经费投入的结果。

1. 19世纪末至20世纪初：沙皇俄国时期的国际学生

沙皇俄国大学里的国际学生非常少，相反，当时俄罗斯人到欧洲大学（主要是德国大学）留学很常见，并且其中许多学生日后并不打算从事学术职业。沙皇俄国时期曾有过一些邀请其他国家学生来俄学习的零散尝试，主要是出于政治原因而非经济原因。其中沙皇亚历山大二世政府于1865年为外国人设立了特别公共奖学金，主要面向巴尔干(Balkan)地区的居民，包括阿尔巴尼亚、波斯尼亚(Bosnia)、黑塞哥维那（Herzegovina)和塞尔维亚(Pis'mennaya, 2010; Dmitriyev, 2003)。但这一措施的影响微乎其微，20世纪初在沙皇俄国学习的国际学生数量依然非常少：1906年有367名（仅占学生总数的1%)，其中绝大多数在圣彼得堡和莫斯科学习(Leykina-Svirskaya, 1981; A. E. Ivanov, 1991, p. 23)。相比之下，1904年美国大学中有来自74个国家的2 673名国际学生（虽然也只占学生总数的1%)[11]。而当时欧洲一流大学中，国际学生占学生总数的10%(Kazakov, 2016)。

2. 1922年至20世纪30年代初：苏联初期几十年的国际化发展

当时的第一批国际学生在苏维埃政府以及新教育系统刚刚建立起来的时候是受到欢迎的，从根本上说，这是因为苏联政府相信高等教育是与其他国家交流并扩大自身影响力的有力工具。除了在苏联普通大学学习的国际学生之外，当时政府还为这一群体开办了特殊的高等院校并设置了单独的教育项目。苏联政府在国际学生的教育上花费了大量资金，他们相信为未来的知识精英提供教育是一项有用的投资，可以将苏联的影响力扩展到其他国家。

从20世纪20年代初开始，来自土耳其、波斯（即现在的伊朗)、阿富汗和蒙古的学生来到俄罗斯学习可以获得全额补贴(Dmitriyev, 2003)。那时年轻的苏维埃国家将培养国际学生视为扩展自己这个新兴的、友好的政府的影响力的途径。大部分来自亚洲国家的留学生都在东方劳动者共产主义大学(Communist University of the Toilers of the East)学习，该大学创建于 1921 年,1938 年解散。这所大学在培养这些国家的教师和政治领导人以及在总体上巩固马克思主义思想方面发挥了重要作用[12]。

1926 年,位于莫斯科的共产国际列宁学院(Komintern International Lenin School)开始招生,在开办后的 12 年内,超过 3 000 人在此完成了课程学习(Cohen & Morgan, 2002)。列宁学院主要招收已从高等教育机构毕业的国际学生,学制为六个月到三年,主要集中在意识形态相关的科目上。该学院的一些毕业生在 20 世纪 40—70 年代成为了欧洲杰出的政治领袖[13]。

3. 20 世纪 50 年代初至 80 年代末:推进中的苏维埃化进程

总体而言,直到 20 世纪 30 年代末,苏联大学中的国际学生数量一直很少,第二次世界大战结束后苏联大学才开始大量招收国际学生(见图 9 - 1)。希拉里·佩拉顿(Hilary Perraton)将国际学生政策划分为四个时期[14]。

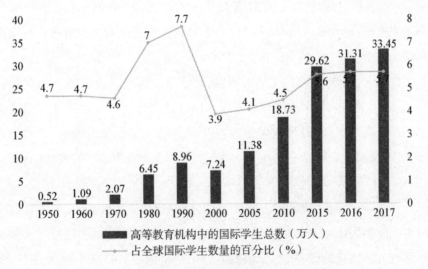

图 9 - 1　苏维埃俄国和俄罗斯联邦的国际学生情况

来源:根据 Aref'yev(2019, p.523)中的数据。

第一个时期开始于二战刚刚结束时。在这一时期,作为将东欧地区苏维埃化计划的一部分,苏联大学重点接收来自东欧国家的学生,东欧学生占当时苏联全部国际学生的 95％以上。1952 年,分布在苏联 23 个城市的

213 所大学共有 9 760 名国际学生,其中来自罗马尼亚(2 622 人)、波兰(1 540 人)和匈牙利(1 464 人)的学生人数最多(Tromly, 2014)。随着这些国家教育系统的日益完善,让学生前往苏联接受专业培训的需求变得不那么迫切,留学生的数量也随之减少。

第二个时期开始于斯大林逝世后,苏联大学开始接收来自亚洲和非洲发展中国家的学生。1950—1985 年在苏联学习的国际学生中,近三分之二来自亚洲、非洲、拉丁美洲以及东欧国家。这些学生主要攻读技术和医学学位课程。

1960 年,人民友谊大学(People's Friendship University)在莫斯科成立。它作为苏联最大的国际专业人才教育中心,主要面向非洲、亚洲和拉丁美洲国家。事实上,这所大学的成立时间并非偶然。1960 年被称为"非洲年"(the Year of Africa),因为在这一年,包括刚果(金)[即刚果民主共和国(The Democratic Republic of the Congo)]在内的 17 个非洲国家相继独立[15]。1961—1992 年,人民友谊大学一直以刚果(金)首任总理帕特里斯·卢蒙巴(Patrice Lumumba)的名字命名为帕特里斯·卢蒙巴人民友谊大学。

人民友谊大学的名字就能表明该大学完全是苏联政府的一个政治项目,这所大学的毕业生应当帮助苏联在国际社会中树立正面形象。但这样做的经济成本很高,因为该大学的年度预算是苏联普通大学的 15 倍。可以说,人民友谊大学是一项学术实验,整个国家都在为其"买单"(Kuraev, 2014, p.163)。

在实际中,国际学生在大学生活中总体的融入程度很低,不仅是在专门为国际学生建立的人民友谊大学,在其他苏联大学也是如此。国际学生通常有自己独立的课程(尽管他们学习用的是俄语),住在单独的宿舍,经济条件往往比他们的苏联同学要好。当时社会对国际学生的态度总是充满敌意,那时的文件中保存了许多国际学生向大学官员甚至他们祖国的领事馆提出的投诉(Krasovitskaya, Vodop'yanova & Domracheva, 2013)。一些大学管理者试图为苏联学生和国际学生之间的正常交流创造一个友好的环境。在这一点上,之后的苏联领导人米哈伊尔·戈尔巴乔夫

(Mikhail Gorbachev)正是在莫斯科国立大学学习期间结识了日后成为捷克斯洛伐克共产党中央委员会书记(the Secretary of the Central Committee of the Czechoslovak Communist Party)的兹德涅克·姆利纳日(Zdeněk Mlynář)(Tromly, 2014)。在实际中,大多数国际学生在获得文凭或学位后,都会回到自己的祖国担任医生、工程师或农业专家(截至20世纪90年代初,大约每两名国际学生中就有一名获得的是工程专业的学位),简而言之,就是在其专业领域内就业。这些国际学生通常在那些由苏联技术和财政援助建设的企业中工作,在这种情况下,懂俄语是他们的额外职业优势。国际学生毕业后很少留在苏联工作,但也有一些例外,一般是因为已经与苏联公民结婚。从苏联大学毕业的学生带着他们祖国急需的技能回国后就成为了知识精英中的一员,可以在国家社会和政治发展中发挥重要作用。

根据联合国教科文组织(United Nations Educational, Scientific and Cultural Organization,简称UNESCO)的统计,到20世纪80年代末,苏联大学培养的国际学生约占全世界的10%,这10%中有八成是在苏维埃俄国培养的。这使苏联在国际学生教育上排在世界第三,仅次于美国(国际学生占比35.9%)和法国(占比11.6%)。苏联的国际教育活动不仅限于为留苏学生提供教育,苏联提供的经济和技术援助还帮助36个国家建立了66所高等教育机构、23所中等职业学校和400多个初级职业教育中心。苏联解体后,500多所由苏联资助建设的国际教育机构失去了支持,转由当地政府管理(Dmitriyev, 2003, p.105)。

4. 1991年至今:接受新现实,继续前进

在国际学生政策的前两个时期,苏联的大学都没有真正参与争夺国际学生,相反,各院校都将国际学生教育当作政府教育任务的一部分,并且可以因此收到资助。院校的工作基于一个前提,即他们的服务永远是有需求的。由于苏联文化中心负责大部分国际学生的招募和选拔,苏联大学在这一时期并未参与任何形式的推广或招生工作。

由于这些原因,在苏联刚刚解体时,各大学对如何以及为何要招收国际学生缺乏实际了解,也没有任何机构帮助国际学生融入教学活动及大学

生活。因此,无论是对培养国际学生的大学来说,还是对来此留学的国际学生来说,苏联解体后的时期(被划分为国际学生政策的第三个时期)都是最复杂的一个时期。

20 世纪 90 年代初,基于目标的国际学生培养体系迅速瓦解。从 1992年起,国际学生不再通过政府渠道入学,1990—1995 年间,国际学生的数量大幅减少(A. Shevchenko,2006)。

国际学生的集中协调制度(包括招生、资助和支持工作)与基于目标的培养体系同时瓦解。以前,国际学生被视为苏联的"客人",无论是自主留学还是被公派留学,他们在前往学校的途中以及抵达后,在学习生活的各个方面都会获得全面的帮助。他们不会受到生活或财务问题的干扰,可以完全专注于自己的学业。

20 世纪 90 年代初,情况发生了变化。从那时起,国际学生必须自己做一切事情,从办理入学手续、申请教育签证到安排住宿,他们不再享有特权、特殊地位、社会安全网络,也不再能获得详尽的教育指南。国际学生经常会收到关于学习时间、价格、教育条款的相互矛盾的信息,或者遭遇歧视和不诚实行为(这一般是因为他们的俄语能力不足)。来到异国他乡的年轻人不仅要积累知识,还要熟悉当地的文化、思想和生活方式。当东道国处于社会动荡之中时,如 20 世纪 90 年代的俄罗斯,这种新的经历可能会相当有趣,但也会非常复杂。在这种情况下,始终如一的教育政策和高效的行政程序对于解决学生的问题来说比以往任何时候都更加重要,然而大部分大学都没有提供这样的支持。

1996 年,在各种政府间协议的基础上,俄罗斯重新启动了国际学生教育,这一年也标志着俄罗斯高等教育在国际市场上的逐渐回归。俄罗斯大学的国际学生数量又开始增长(20 世纪 90 年代中期可以被看作是国际学生政策第四个时期的开端),但直到 2005 年才恢复到 1990 年的水平。在政府的推动下,俄罗斯的大学招收了相当规模的国际学生(详情见下文),但这时招收国际学生纯粹是出于经济原因。制定和反复推敲相关政策和教育产品的工作从政府转移到了大学,这就产生了一系列新的国际化发展实践。招收国际学生的政策开始以市场为导向,大学开始将国际学生视为潜在的重要收入来源。

新时期的到来预示着国际学生的概念也会产生新内涵。在苏联时代，从亚美尼亚或哈萨克斯坦来到俄罗斯大学的学生被认为是苏联学生；从90年代开始，他们被归为外国（国际）学生。当然从法律上讲，他们确实应该被视为外国人，但俄语是他们中许多人的母语，俄罗斯文化通常也是他们的本土文化。

国际学生所学的学科也发生了变化。在苏联时期，国际学生主要学习工程技术专业（占学生总数的一半以上，见图9-2）。如今情况已大为不同，工程专业的国际学生规模仍位居前列，但比例已缩小至不到三分之一，缩小的部分被医学、经济学和其他学科（主要是俄语、人文和社会研究，这两个学科的国际学生比例分别为14%和12%）所取代。

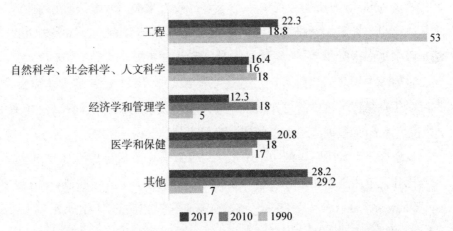

图9-2　国际学生在1990年、2010年和2017年学习的专业（%）

来源：Aref'yev（2013，pp. 28-29），（2019，p. 308）。

据估计，俄罗斯在全球教育服务出口中所占的份额约为5.7%（Aref'yev，2019，p.523）。2017年，约有25.7万名国际学生在俄罗斯大学学习，其中45%攻读本科课程[16]。在国际学生中，约12%学习经济学和管理学，超过22%学习工程专业。根据俄罗斯联邦科学和高等教育部收集的《俄罗斯高等院校表现监测》中的数据，截至2018年，26%的国际学生在俄罗斯一流大学学习。

俄罗斯自 2003 年以来一直是博洛尼亚协定（Bologna agreement）的成员国，但参与博洛尼亚进程并没有为国际学生招生带来太大变化。最开始的设想是，博洛尼亚协定的签署国不应该只简单地将教育模式转换为标准模式（4＋2 模式），还应该成为国际教育服务的活跃供给者和消费者。但遗憾的是，到目前为止，这种期望并没有实现，在俄罗斯学习的欧洲大学生寥寥无几。不过俄罗斯加入博洛尼亚进程确实为国内高等教育的国际化奠定了基础。例如，引入了学分制〔European Credit Transfer and Accumulation System（ECTS），欧洲学分互认体系〕，学生也可以获得国际高等教育补充文凭。俄罗斯现在承认外国的教育文件，博洛尼亚成员国家也承认俄罗斯的教育文件（主要是学士和硕士学位证书）。

出于各种原因，如今许多大学都在关注如何吸引国际学生。正如上文所提到的，国际学术市场被视为一个重要的收入来源，至少是潜在的收入来源。这也与世界大学排名有关。尝试提高世界排名的大学都在想方设法地吸引更多国际学生，因为这是大学国际化的重要标志，而国际化水平又是世界大学排名的评估因素。对于入选"5 - 100 计划"的一流大学而言，国际学生在总体学生中的占比被设定为了关键发展指标之一，所以快速增加国际学生数量被列入了大学的优先发展事项。

俄罗斯吸引国际学生的一个重要工具是联邦独立国家联合体事务、侨民与国际人道主义合作事务署（Federal Agency for the Commonwealth of Independent States Affairs, Compatriots Living Abroad, and International Humanitarian Cooperation，俄语为 Rossotrudnichestvo）提供的政府奖学金（采用配额制）[17]。该组织隶属于俄罗斯外交部（Ministry of Foreign Affairs），在全球 80 个国家设有代表处。政府向大学分配国际学生名额，并为大学实际招收的国际学生支付教育费用。从某种意义上说，配额制是按照旧时的逻辑运作的：大学争夺的不是市场资源（自费生），而是自己政府的资源（大学主要通过免费教育机会吸引国际学生）。近年来，政府每年的国际学生配额约为 12 200 人，不到全国国际学生总数的 5％。

在大部分情况下，俄罗斯大学提供给国际学生的教学语言是俄语。过去几年俄罗斯大学出现了越来越多使用英语的教学机会，既包括一些课程的教学,也包括整个教育项目的教学,但目前仍然只有极少数大学在实施英语教学。因此,国际学生要么在开始留学时就必须熟练掌握俄语,要么就额外花一年时间集中学习俄语。这使得俄罗斯大学的教育项目对那些将来没有打算留在俄罗斯工作的申请者的吸引力大打折扣。国际学生不与俄罗斯本国学生竞争入学名额。大多数时候,国际学生也很难融入普通的大学社会生活,他们一般学习单独的教育项目。总体而言,现在谈论国际学生对俄罗斯大学的系统性意义还为时过早。

国际学生是学生群体中一个独立而特殊的群体。他们的独立体现为他们有着不同于俄罗斯学生的单独的大学学习机制,他们的特殊体现在各自不同的文化和社会背景。总体而言,国际学生在一定程度上脱离了普通学生群体。

国际学生的质量(即使在一流大学)也略低于俄罗斯本国学生的质量,这无疑反映出俄罗斯大学在全球教育市场上的竞争力较低。实现真正的国际化并大量招收国际学生(包括准备自费的学生)需要教育环境和整个配套基础设施真正实现双语化。目前,俄罗斯只有极少数大学实行双语化,并且实行双语化大大增加了这些大学的行政和教学开支。还有一些大学事实上还在为国际学生提供专属的教育项目和单独的服务。

俄罗斯教育项目的运行逻辑造成了一些教育内容上的限制,学生可选择的学科数量少,并且教育具有多学科性质(这意味着学生需要同时学习多个学科,而欧洲大学的课程涵盖的同步课程通常较少)。国际学生大多习惯于高度独立地完成学习任务,俄罗斯大学则更加注重课堂教学。此外,俄罗斯不同的大学为相似的课程赋予了不同学分,这使得大学之间的学分转换变得很复杂(Karpenko & Bershadskaya, 2013)。

展望未来,大多数俄罗斯大学还需要建设新校园来吸引国际学生,因为现在使用的宿舍一般都离大学很远。目前由于俄罗斯大学的基础设施不充足,俄罗斯教育出口的机会受到严重限制。

三、俄罗斯大学:在地国际化

国际合作如何体现在大学的日常工作中? 教师如何看待融入国际社

会的前景、目标和意义？教师的英语水平是衡量大学为开展国际合作和融入全球学术界的准备程度的一个重要标准。

总体而言，俄罗斯大学教师的外语水平并不高。只有9%的教师认为自己的外语水平属于"优秀"，近三分之一的教师外语水平较差或根本不会外语（MEMO教师调查，2017）。俄罗斯的大学教师不经常使用外语并不奇怪，只有略高于10%的教师开设过外语课，略高于40%的教师会去阅读外文的专业文献。

年轻教师的外语水平较高。在30岁以下的博士中，41.7%的人表示使用另一种语言进行口语表达或写作有困难，或者根本不懂外语，而在50~70岁的教师中，这一比例为67.4%。有趣的是，在不同学科中，拥有博士候选人资格或博士学位的教师的外语水平也有差异。在农业学科的专家中，外语流利的比例最低（6%），而完全不懂外语的比例最高（25.3%）。人文学科的专家呈现两极分化的状态，会说流利外语的学者相对较多，但完全不会外语的学者也不少（比例分别为14.8%和21.7%）。这反映出人文学科中存在着两个不同的群体：一个是积极参与国际学术活动的学者，他们与来自不同国家的同行们保持着活跃的联系，另一个是主要局限于国内研究活动的学者，他们主要关注俄罗斯本国出版的俄文学术期刊。技术专家则呈现出相反的两极分化，精通外语的专家很少，但完全不懂外语的专家也很少（比例分别为6.2%和12.7%）[18]。这也很容易解释：执业工程师需要能够理解外语技术文件，但他们的专业工作很少要求说外语。

超过60%的俄罗斯大学教师认为，大学国际化有助于提高大学声誉。教师中近50%的人认为大学国际化会对学生的流动产生积极影响；45%的人认为国际化会提高学术工作的质量，扩大研究网络，并增强学生的流动性；只有37%的人认为国际化会使教师的流动性明显增加[19]。此外，总体而言教师们并不认为扩展大学的国际化活动会带来什么大的风险：只有13%的人担心国际化可能会削弱本国的文化个性，22%的人担心国际化会带来额外开支，20%的教师提到了国际化可能会导致人才流失。

俄罗斯大学国际合作的特点和模式是什么？只有不到40%的教师认

为自己所在的大学有明确的国际化战略(见表 9－1)。如果询问俄罗斯大学教师他们所在大学的国际化发展方式,常见的回答是要求教师在国际期刊上发表英文论文,以及学校里有一些国际学生。

表 9－1 俄罗斯大学的国际化活动

	完全不同意				完全同意
	1	2	3	4	5
我所在的大学有明确的国际化战略(%)	6	10	4	20	19
我所在的大学为学生提供各种国际交流项目(%)	4	11	29	26	27
我所在的大学为教师出国做科研工作提供多种选择/资助(%)	19	25	30	13	9
我所在的大学为国际学生的访问提供多种选择/资助(%)	10	19	35	19	14
我所在的大学为国际学者的访问提供多种选择/资助(%)	10	20	33	20	13
我所在的大学鼓励从其他国家聘请教师(%)	15	18	30	18	15
我所在的大学为教师出国参加国际会议提供多种选择/资助(%)	18	22	28	16	12
我所在的大学鼓励教师在国际期刊上发表研究成果(%)	6	9	20	22	39

来源:APIKS－2018 调查。

上表的信息体现了俄罗斯大学国际合作的实际情况。很少有大学会为教师流动或学生往来俄罗斯投入大量资源。例如,只有约三分之一的大学员工提到所在大学会为教师去国外参加会议提供资金支持。但与此同时,学生国际交流项目、联合学位项目和联合教育项目的发展却相当活跃。在一个俄罗斯大学典型的国际办公室里,你会看到一个大储藏柜,里面装满了该大学与其他国家大学签订的国际协议。这些协议通常都是框架协议,涉及开展学生和教师的交流活动、启动联合项目、参与联合研究等。当然,这些协议大多没有任何作用,签署之后,合作一般也就结束了。不过有些协议为大学带来的合作确实不仅仅是纯粹的形式。

<h1 style="text-align:center">小　　结</h1>

如今,大部分俄罗斯大学都在进行国际化发展:吸引国际学生(与其他俄罗斯大学及外国大学竞争)和国际教师,认识到参与国际研究项目的重要性,以及使自己的课程符合国际教育标准的重要性。然而,俄罗斯大学的国际化主要是让国内更加国际化,真正融入国际学术议程并成为国际学术舞台上的积极参与者,对俄罗斯大学来说仍然遥遥无期。

当前,随着数字技术的发展,俄罗斯大学在国际化方面迎来了新的机遇和前景。俄罗斯的一流大学不仅已经在全球教育平台上开设了单独的课程,还开设了一整个教育项目,并吸引了来自世界各地的学生。但俄罗斯的大学还没有认识到自身在全球教育服务市场中的比较优势及其要素,高等院校还需要自己先明确并随后向外界传达它们究竟能提供什么、它们的优势是什么。大规模招收国际学生要求教育过程更加以学生为中心,这就需要俄罗斯对当前实行的教育方式进行重大调整。

无论是招收国际学生,还是从国际上招聘教师和研究人员,这些对于大学的进一步发展都是至关重要的,不论是在提高教学质量方面,还是在将大学发展成全球学术议程之内的研究中心的方面。无论如何,国际参与都是非常重要的,高等教育系统的效率和发展状况与国际参与程度有着直接的关系。

我们不准备对本书作全面总结。我们知道,读者在阅读本书后,可能会对俄罗斯高等教育的未来发展前景提出一些问题(希望如此)。我们也希望我们所讲述的足够多,以便读者能够就一些问题得出自己的结论并了解这一系统的发展抱负,这些问题包括:俄罗斯高等教育的可能性、局限性、发展潜力,以及这一系统在解决俄罗斯社会所面临的挑战时能发挥的作用等。

　　我们希望,我们已经成功地向读者展示了当今俄罗斯高等教育的巨大潜力,这些潜力仍有待全面实现,其深深植根于历史和社会背景之中,同时又面向未来。作为置身其中的作者,我们看到了这里面所集中的人力资本的独特性,理解了这个系统巨大的发展可能性,我们很高兴有机会向读者描绘这一景象。

注　释

第一章　18 世纪到 20 世纪初的俄罗斯高等教育

［1］彼得大帝(1672—1725 年)，1682—1725 年在位，俄罗斯的第一位皇帝，沙皇阿列克谢一世(Alexis I The Quietest)之子。参见 Tatishchev(1886, p. 110)，转引自 Vernadskiy(1988, p. 205)。

［2］欧洲国家资助科学院的方式详见 Jongbloed(2010)，Abankina et al. (2013)。

［3］科学院附属预科学校的历史详见 Tolstoy(1885)，Lisitskaya et al. (1998)。科学院附属预科学校存在了约 80 年(1726—1805 年)，科学院附属大学存在了约 40 年(1726—1766/1767 年)。

［4］摘自科学院的第一部规章(1747 年)，参见 Skryabin(1975, p. 49)。

［5］更多详情，参考 Kravets(2005)关于基辅莫吉拉学院(Kiev Mohyla Academy)和斯拉夫-希腊-拉丁学院(Slavic Greek Latin Academy)的文章。

［6］更多详情，参见 Kopelevich (1977)，N. I. Kuznetsova (1997)，Dashkova (2003)，Smagina(2007)。

［7］例如 1715 年建立的海军学院(Naval Academy)、1732 年建立的陆军军官学校(Land Cadet Corps)、1773 年建立的采矿学校(Mining School)以及 1798 年建立的造船学校(Ship Architecture School)。

［8］罗蒙诺索夫在科学院附属大学学习了不到一年，他主要是在德国大学接受的教育。

［9］米哈伊尔·罗蒙诺索夫的职责和行动，参见 Kulyabko (1962, 1977)，Verbitskaya(1999)等。

［10］很难明确界定科学院附属大学在何种程度上影响了未来大学系统的形成，一些学者将其描述为俄罗斯的第一所大学，或至少是位于俄罗斯大学系统核心的第一所教育机构，但也有学者认为它只是该系统史前时期的一部分。参见

Andreyev(2009)。

[11] 尼古拉·扎戈什金(Nikolay Zagoskin, 1851—1912 年),俄罗斯历史学家,喀山大学教授,1906—1909 年担任喀山大学校长。

[12] 许多俄语文献都介绍了 18 世纪和 19 世纪俄罗斯高等教育的历史。例如安德烈·安德烈耶夫(Andrey Andreyev)的著作:Andreyev(2017), Andreyev & Posokhov(2011, 2012), Andreyev & Doronin(2009);费多尔·彼得罗夫(Fedor Petrov)四卷本的基础研究:Petrov(2002a,2002b,2003a,2003b);以及 Eymontova (1993), Eymontova & Dmitriyev (1985), Lyakhovich & Revushkin(1998)。

[13] 参见 Shchetinina(1976), Posokhov(2006), "Sravnitel'naya Tablitsa Ustavov Universitetov 1884, 1863, 1835 i 1804 gg." (1901)。

[14] 多尔帕特(Dorpat),1030—1224 年名为尤里耶夫(Yuryev),1224—1893 年改名为多尔帕特/德尔普特(Dorpat/Derpt),1893—1919 年改回尤里耶夫,1919年起改名为塔尔图(Tartu),是波罗的海国家中最古老的城市之一。在不同时期,它曾隶属于瑞典、波兰共和国、俄罗斯沙皇国、俄罗斯帝国、爱沙尼亚和苏联。多尔帕特大学成立于 1632 年,当时该市隶属于瑞典。从 1659 年开始,由于该地区军事行动频繁,多尔帕特大学时断时续,1710 年之后多尔帕特大学关闭。在俄罗斯帝国时期,亚历山大一世于 1802 年颁布法令,将该校恢复为帝国大学。如今这所大学是位于爱沙尼亚的塔尔图大学(University of Tartu)(Petukhov, 1902)。

[15] 这些教育区的设立是亚历山大一世教育改革的一部分。根据亚历山大一世 1803 年颁布的法令,共设立了六个教育区,每个教育区内都设有一所大学(当时这些大学有的已经开办,有的在计划开办中)。教育区内的教育活动(如管理预科学校和技术学校的工作)由大学负责,直到 1835 年这一职能才被移交给教育部。到 1915 年,俄罗斯共设有 15 个教育区(Statisticheskiy Ezhegodnik Rossii, 1916, pp.29‐30; Avrus, 2001)。

[16] 在 18 世纪末的法国大革命中,法国的大学未能幸存,取而代之的是高等学校(Grandes Ecoles)和国立院校;Ben-David(1971)的第六章描述了这一模式。1804 年的这部章程体现了法国模式的影响,即国立院校具有管理教育区的职能。

[17] "官秩表"是彼得大帝于 1722 年通过的一项法令。它规定了从 18 世纪 20 年代到 20 世纪初俄罗斯的职位和等级制度,但在其实施期间经常变动。它将职级分为军职、文职和宫廷职三大类 14 个等级。"官秩表"为来自其他职业和社会类别的人,例如贸易人员、商人、资产阶级、非贵族知识分子(raznochintsy)和农民提供了获得贵族身份的机会。有些职级提供获得世袭贵族身份或非世

袭贵族身份的权利(根据职级类型设定了一定的门槛)。"官秩表"一直沿用至
1917 年十月革命。详情参见 Kravets(2005)中"1722 年'官秩表'"(The Table
of Ranks of 1722)的相关内容。

[18] 参见 M. Shevchenko(2010)。

[19] 高等教育部部长一职尤其不稳定。1802—1917 年,共有 28 人担任过这一
职务。

[20] 更多关于谢尔盖·乌瓦罗夫(Sergey Uvarov)的高等教育政策的内容参见
Whittaker(1985), Chamberlain(2019), Andreyev(2005), M. Shevchenko
(2003,2018), Kostina(2013)。

[21] 关于"族群"的历史和功能,详见 A. E. Ivanov(2001), Vakhromeyeva(2008),
Barinov(2015)。

[22] 更多关于学生组群的内容,参见 Kostenetskiy(1880), Mel′gunov(1904), V.
I. Orlov(1934), Savitskaya(2012)。

[23] 帕特里克·奥尔斯顿(Patrick Alston)在他 1982 年的著作中提到,对这一时期
学生人数的估算不一而足,他还提及了 Leykina-Svirskaya(1981)和 Johnson
(1969)中的数据。

[24] 1864 年,在亚历山大二世旨在放宽俄罗斯帝国社会经济环境的"大改革"期
间,地方自治政府(zemstvo)的改革使农村地区建立了地方自治制度。地方自
治政府的建立对形成教育、医疗和城市社区之间的网络非常重要。例如,在地
方自治政府的努力下,适龄儿童入学人数大幅增加,并且 1871—1901 年国家
教育经费增加了近八倍,因此人口的识字率从 19 世纪 60 年代的 6% 增加到了
1917 年十月革命前的 25%～30%(Chernykh, 1994, p.178)。在农村医疗服
务方面,地方自治政府的建立使医学科学得以在农村地区立足;因为在地方自
治政府出现之前,农村医疗主要由"民间医生"(folk healers)组成,但到 19 世
纪末,已建立起了 300 家地方自治政府医院,提供 4 万张床位、2 500 名医生和
大约 8 000 名护理人员(*ibid.*)。

[25] 关于工程教育的更多内容参见 Balzer(1980)。

[26] 1865—1884 年,大学一直有权自主确定招生规模。1872 年,教育部规定大学
的新生必须是预科学校的毕业生,这导致高等院校入学人数减少:1872 年为
7 251 人,1887 年降为了 5 692 人(Alston, 1982, p.91)。

[27] 从 64 家增长到了 325 家,数据由本书作者根据 Shepelev(1959, pp.138 - 139)
中的数据计算得出。

[28] 可参见 Nykänen(2015, p.59)等文献。

[29] 可参见 Istoriya Tekhnicheskikh Proryvov v Rossiyskoy Imperii v XVIII -
Nachale XX vv. (2010, p.57)等文献。

[30] 历年预算,参见俄罗斯联邦财政部(Ministry of Finance of the Russian Federation)网站:www.minfin.ru/ru/historylib/。

[31] 关于俄罗斯的工程教育的发展,参见 Balzer(1980);关于欧洲国家的工程教育的发展,参见 Guagnini(2004, pp.593 - 636)。

[32] 如要了解更多关于学生生活的细节,可以参考叶夫根尼·罗斯托夫采夫(Evgeniy Rostovtsev)的著作(Rostovtsev, 2017),该书详细地展现了 19 世纪末 20 世纪初俄罗斯大学的方方面面。

[33] 很多文献都谈到了此类问题,本书作者推荐参考以下几个:Vishlenkova(2009), Gribovskiy(2018), Vishlenkova et al.(2012), Shchetinina(1976), Eymontova & Dmitriyev(1985)。

[34] 关于 19 世纪俄罗斯大学教师的"阳盛阴衰"现象,可参考 Friedman(2005);关于俄罗斯和德国女性的学术生涯,可参考 Maurer(2015, pp.159 - 190)。

[35] 在大多数情况下(也有例外),学术职业的发展是一条直线:学生-助教-副教授-非常规教授-常规教授。在进入大学工作之前,有的教师在其他地方工作,根据他们各自的专业,可能会在政府或军队工作,或者从事教学、医疗等,法学教授通常来自律师行业。私人讲师大致相当于副教授,是俄罗斯帝国时期大学中的一种初级兼职教职,采用酬金制度,它产生于 1803 年的德尔普特大学;1884 年俄罗斯帝国的《大学章程》颁布后,这一职位在全国所有大学推广开来(Piskunov, 2014, pp.98 - 99; A. E. Ivanov, 1991, p.204)。讲师是一种大学内部的初级教职,在大学里公开授课(A. E. Ivanov, 1991, p.204)。兼职的非常规教授是一种高级兼职教职,与正式教授相比,他们工资较低且不担任教席的负责人(*ibid.*);关于这一职位的更多细节参见 Tsygankov & Andreyev(2010)中"非常规教授"(extraordinary professor)相关内容。常规教授是一种大学内部的高级教职,他们在大学中担任某个教席的负责人(A. E. Ivanov, 1991, p.204);关于这一职位的更多细节参见 Tsygankov & Andreyev(2010)中"常规教授"(ordinary professor)相关内容。阿纳托利·伊万诺夫(Anatoliy Ivanov)在他 2016 年的著作中详细介绍了 19 世纪俄罗斯帝国高等学校的学位制度及其在晋升中的作用、对教师的学术评估以及教师的编制制度。

[36] 圣彼得堡大学教授的薪酬实例,详见 Rostovtsev(2017)。

[37] 阿纳托利·伊万诺夫(Anatoliy Ivanov)在他 2016 年的著作中详细介绍了 19 世纪俄罗斯帝国高等学校的学位制度及其在晋升中的作用、对教师的学术评估以及教师的编制制度。

[38] 十月革命前夕,12.6% 的大学教授拥有地产或房屋,来自地主家庭的大学教授占总数的 6.3%(Gribovskiy, 2018, p.120)。

[39] 关于美国大学教授的薪资数据,详见 AAAS(1908, p.98);关于德国大学教授

的薪资数据,详见 Kulakovskiy(1897)。在美国和德国,大学内部不同职位之间的薪资差异远远高于俄罗斯。

[40] Maurer(2015, pp.98-138)对这种现象进行了描述。关于地域流动性的详细分析,参见 Loskutova(2009),转引自 Andreyev & Doronin(2009)。

[41] 本书作者基于 A. E. Ivanov(1991, pp.23,208)中的数据计算得出。

[42] 本书作者基于 Iolli(1900)中的数据计算得出。

[43] 同上。

[44] Linnichenko(1916, p.12),转引自 Gribovskiy(2018, p.104)。

[45] 关于 19 世纪末、20 世纪初大学在城市生活中的作用,参见 Maurer & Dmitriyeva(2009)。

[46] *Narodnaya Entsiklopediya Nauchnykh i Prikladnykh Znaniy*(1910, p.117),转引自 Dneprov(2011, p.640)。

[47] 1905 年 8 月 27 日颁布的临时条例实际上只在 1905—1907 年革命期间适用;该条例在 1907 年后仍然有效,但经常被违反。

[48] 更多关于 19 世纪高等教育中女生的内容,参见 Johanson(1987);关于 20 世纪初的,参见 Dudgeon(1982)。

[49] 本书作者基于 A. E. Ivanov(1991, pp.32,37,40,65,81,93)中的数据计算得出。

[50] 这些城市是:华沙、符拉迪沃斯托克、沃罗涅日、叶卡捷琳诺斯拉夫(后更名为第聂伯罗彼得罗夫斯克)、喀山、基辅、涅任、新阿列克山德罗(后更名为普瓦维)、新切尔卡斯克、里加、塔尔图、托木斯克和哈尔科夫。

[51] 更多细节详见 A. E. Ivanov(1991, pp.268,272,274)。

[52] 详见 A. E. Ivanov(1991, pp.272,274),Zhitkov(1899, p.211)。

[53] 本书作者基于 A. E. Ivanov(1991)的数据计算得出。

[54] 关于俄罗斯私立高等教育的历史,参见 A. E. Ivanov(1991, 第二章),Solonitsyn(1998),Berezovskiy(2000)。

[55] 截至 1917 年,有 59 所公立和私立高等教育机构正常运行,有 30 所已经关闭(A. E. Ivanov, 1991)。

[56] 关于私立付费教育的发展,可参见 Bessolitsyn(2014)等。

[57] 阿列克谢·菲利波夫(Aleksey Filippov)(1869—1936 年),俄罗斯和苏维埃时期的社会名人、记者。参见 Filippov(1897),转引自 Kassow(1989, pp.26-27)。

[58] 关于俄罗斯大学教授群体的社会特征,参见 Vishlenkova et al.(2012),Kozakova(2001),Niks(2008)。

[59] 这种情况当然也有例外,例如,自 19 世纪 20 年代末以来,德尔普特大学

(Derpt University)在为俄罗斯其他大学培养教授方面发挥了重要的作用(Brokgauz & Efron, 1894)。有关德尔普特大学为俄罗斯高校培养人才的更多内容,参见 Karnaukh(2010,2013,2015), Tamul(1991)。

[60] 弗拉基米尔·维尔纳茨基(Vladimir Vernadskiy)(1863—1945年),俄罗斯和苏维埃时期的科学家,地球化学和生物地球化学的奠基人之一。参见 Vernadskiy(1915, pp.316-317),转引自 Leykina-Svirskaya(1981, p.5)。

[61] 为了准确起见,需要了解的是这些变革并不是在全国各地一起进行的,大部分变革始于俄罗斯中部,但在南部、乌拉尔和西伯利亚(这些地区一开始还未被布尔什维克控制),变革发生得较晚。西伯利亚高等学校的变革基本是在1922年之后开始的。

[62] Lane(1973)介绍了苏维埃时期最初几年高等院校招生政策的变化。

[63] 这项法令是1918年8月2日俄罗斯苏维埃联邦社会主义共和国人民委员会(Council of People's Commissars of Russian Soviet Federative Socialist Republic)颁布的《关于高等教育机构的招生条例》(*On rules of admission to higher education institutions*)。

[64] 关于工人学院建立的历史以及它们在高等教育发展中的作用,参见 Lunacharskiy(1921), Katuntseva(1966, 1977), Krasnikova(1955), N. V. Aleksandrov(1975), Letopis' rabochego fakul'teta MGU(1919—1936)。

[65] 本书作者基于 Narodnoye Khozyaystvo SSSR: Statisticheskiy Spravochnik(1932, pp.512-513)中的数据计算得出。

[66] 更多关于红色教授学院的历史、目标和发展结果的信息,参见 Dolgova(2018), Kozlova(1994,1997), Solovey(1990)。

[67] 这一模式起源于美国,又被称作"道尔顿制"(Dalton Plan)。海伦·帕克赫斯特(Helen Parkhurst)首先在美国马萨诸塞州的道尔顿中学使用了这一模式。有关道尔顿制的更多内容,参见 Dewey(1924), Parkhurst(1922), Van der Ploeg(2013)。有关苏联分组实验室教学法的实践,参见 Bol'shaya sovetskaya entsiklopediya s. v. Brigadno-laboratornyy metod, Skovorodkina and Antonova(2015), Lapko(1972, p.13)。

[68] 参见 Smirnova(1979), Finkel'(2003), Krivonozhenko(2011)。

[69] 关于苏联五年计划的经济目标,参见 Bol'shaya sovetskaya entsiklopediya s. v. Pyatiletniye plany razvitiya narodnogo khozyaystva; Rogachevskaya(1993)。

[70] 关于苏维埃俄国的教育发展阶段,参见 Kolchinskiy(2014), Kol'tsov(1960), David-Fox(1997,1999)。

[71] 关于苏联师范教育系统的建立,参见 Panachin(1975), Tenchurina(1998)。

[72] 参见1930年7月23日苏联人民委员会颁布的《关于改组大学、学院和职工队

伍的法令》(*On reorganizing universities, colleges, and workers' faculties*)。

[73] 更多细节,参见俄罗斯联邦国家档案馆文件 f.P-5574, fold.8, s.66。

[74] 库兹米诺夫等人在 2015 年提出了这一分类方法(Kuzminov et al., 2015),后文的描述也来源于此。

[75] 高等教育系统在战争中无疑遭受了巨大的人员损失。仅在列宁格勒大学(即现在的圣彼得堡国立大学)的教职工中,就有约 30 名教授和 70 多名副教授在战争中丧生(Sobolev & Khodyakov, 2010)。战后第一年,大部分高校教学人员都是女性。

第二章 苏联时期和苏联解体后第一个十年的高等教育

[1] 参见 Alston(1982, p.96)。奥尔斯顿是一位历史学教授,专门研究俄罗斯早期历史。

[2] 莫斯科物理技术学院有七位教授是诺贝尔奖(Nobel Prize)获得者,分别是:尼古拉依·谢苗诺夫(Nikolay Semenov, 1956 年获得化学奖)、伊戈尔·塔姆(Igor Tamm, 1958 年获得物理学奖)、列夫·朗道(Lev Landau, 1962 年获得物理学奖)、亚历山大·普罗霍罗夫(Aleksandr Prokhorov, 1964 年获得物理学获奖)、彼得·卡皮察(Pëtr Kapitsa, 1978 年获得物理学奖)、阿列克谢·阿布里科索夫(Aleksey Abrikosov, 2003 年获得物理学奖)和维塔利·金茨堡(Vitaliy Ginzburg, 2003 年获得物理学奖)。该校还有两名毕业生也是诺贝尔奖得主,分别是安德烈·海姆(Andrey Geim)和康斯坦丁·诺沃肖洛夫(Konstantin Novoselov)(2010 年共同获得物理学奖)。1975 年诺贝尔和平奖获得者安德烈·萨哈罗夫(Andrey Sakharov)也曾是该校的教授。

[3] 尼古拉·根纳季耶维奇·巴索夫(Nikolay G. Basov)毕业于莫斯科物理工程师学院,1956 年通过博士论文答辩。1964 年,他与亚历山大·普罗霍罗夫和查尔斯·哈德·汤斯(Charles Hard Townes)共同获得诺贝尔物理学奖。

[4] 关于科学院西伯利亚分院的历史,可参考 Artemov(1990), Vodichev(1994), Lamin & Kupershtokh(2004), Vodichev, Krasil′nikov & Lamin(2007)。关于新西伯利亚国立大学的历史,可参考 Dikanskiy, Dulepova & Radchenko(1999)。

[5] 关于西伯利亚学术城(Academic City,俄语为 Akademgorodok)的历史,可参见 Josephson(1997)。

[6] 参见 Narodnoye Khozyaystvo SSSR: Statisticheskiy Sbornik(1970, p.641), Narodnoye Khozyaystvo SSSR: Statisticheskiy Sbornik(1990, p.222)。

[7] 1947 年,苏联高校学生中有超过 10 万名卫国战争老兵,占学生总数的六分之一。参见 Kaftanov(1947, p.14),转引自 Lutchenko(1973, p.166)。

［8］ 1956 年 6 月 6 日苏联部长会议(Council of Ministers of the USSR)颁布了《关于取消高中教育、职业培训和高等教育学费的法令》(*On abolishing tuition fees for high school, vocational training, and for higher education*);1977 年被写入了《苏维埃社会主义共和国联盟宪法》(*Constitution of the Union of Soviet Socialist Republics*)第 45 条,由苏联最高苏维埃(Supreme Soviet of the USSR)1977 年 10 月 7 日通过。

［9］ 参见 Narodnoye Khozyaystvo SSSR: Statisticheskiy Sbornik(1959 pp. 830, 835),(1970, pp. 638,644)。

［10］ 参考以下数据:Narodnoye Khozyaystvo SSSR: Statisticheskiy Sbornik(1970, p. 675),(1980, p. 492); Trud v SSSR: Statisticheskiy Sbornik(1988, pp. 29 - 31);麦迪逊项目数据库(Maddison Project Database): www. rug. nl/ggdc/ historicaldevelopment/maddison/releases/maddison-project-database-2020; Snyder(1993, p. 75); Kehm(1999, p. 90)。

［11］ 参见 Narodnoye Obrazovaniye i Kul′tura SSSR: Statisticheskiy Sbornik (1989, pp. 196,197,213), Matthews(1982)。

［12］ 参见苏联 1958 年 12 月 24 日颁布的法律《关于加强学校与生活的联系以及进一步发展苏联国民教育系统》(*On strengthening the ties between school and life and on the further development of the national education system in the Soviet Union*)。有关改革的更多信息,参见 Ivanova(2018);有关改革的更多数据,参见 Volkov(1999)。

［13］ 参见 Zezina(1997, p. 22), Narodnoye Khozyaystvo SSSR za 1913—1955 gg. : Kratkiy Statisticheskiy Sbornik(1956, p. 125)。

［14］ 大多数教师(一定程度上,教席负责人除外)都没有自己的工作空间。教席负责人通常拥有一到两个房间,里面有一些工作空间,教师们在课间休息或与学生进行单独咨询时可以使用。关于教师们的社会生活,参见 Grekova(1980)。

［15］ 苏联高等和中等专业教育部(Ministry of Higher and Secondary Specialized Education)1964 年 7 月 15 日颁布的第 I - 37 号《关于高校教师在企业、实验、建设、科学和其他组织的实验室兼职,以及专家、主要学术、技术和文化人士在高校教师岗位工作的指导文件》(*Instruction letter on part-time work of faculty of HEIs in laboratories of enterprises, experimental, construction, scientific and other organizations, and on work of specialists, major academic, technics, and culture figures on faculty positions in HEIs*),参见 Voylenko(1978, p. 245)。

［16］ 到 1975 年,专业数量增加到了 380 个(参见 1975 年 9 月 5 日高等教育部第 831 号法令附录);到 1987 年,专业数量又减少到了 300 个(参见 1987 年 11 月

17 日高等教育部第 790 号法令附录)。

[17] 高等教育部后来在 1974 年的规定中将课堂教学的上限定为每周 36 小时。

[18] "在美国,高等教育第一学年的课堂教学时间为每周 18～24 小时,高年级为 15～16 小时。学生平均每周花费在学习上的时间约为 60 小时,这意味着学生约三分之二的时间被用于完成个人作业"。参见 Daynovskiy(1976, p. 61)。

[19] 参见 Daynovskiy(1976, pp. 60-61)。当时的许多学者都讨论过学生课业负担过重和必修科目过多的问题,如 Zinov'yev(1968)。

[20] 不同专业的课程设置案例可参考 Zinov'yev(1968), Rosen(1980)。

[21] 本书作者根据以下数据计算得出:Narodnoye Khozyaystvo SSSR: Statisticheskiy Sbornik(1959, pp. 835, 837), Narodnoye Obrazovaniye i Kul'tura SSSR: Statisticheskiy Sbornik(1989, pp. 227, 231)。

[22] 参见苏联人民委员会 1940 年 9 月 16 日颁布的《关于德语、英语和法语教学的法令》(Decree on teaching of German, English, and French languages)。

[23] 在很多情况下,外语考试被简化为学会数千个单词:学生被要求背会数百个、有时是数千个外语单词,教师则通过随机抽查单词表中的单词来检查学生的语言掌握程度。

[24] 垦荒运动是指一系列旨在开发那些未被开发但具有潜在农业价值的肥沃土地的行动。1954—1965 年,该运动在哈萨克斯坦、伏尔加河地区、乌拉尔、西伯利亚和远东的一些地区大规模实施。

[25] De Witt(1961, pp. 276-300)详细描述了这一过程。

[26] "寄生虫法"是对 1961—1991 年生效的一系列法律法规的统称,这些法律法规将推迟就业或使用不劳而获的收入定为刑事犯罪。这也是《俄罗斯联邦刑法典》(Criminal Code of the Russian Federation)第 209 条的基础:"流浪、乞讨或其他类型的寄生虫式的生活方式"。

[27] 关于工程教育中的这些问题,参见 Kugel' & Nikandrov(1971)。

[28] 参见 Narodnoye khozyaystvo SSSR: Statisticheskiy Sbornik(1971, p. 641), (1991, p. 222)。

[29] 数据来源将师范专业的学生数与文化和电影相关专业的学生数合并计算了,但后者所占比例很小。参见 Narodnoye khozyaystvo SSSR: Statisticheskiy Sbornik(1980, p. 493)。

[30] 参见 Volkov(1999)图 87、图 98、图 100。

[31] 截至 1975/76 学年初,莫斯科共有 76 所高等院校,列宁格勒有 41 所。参见 Narodnoye khozyaystvo RSFSR v 1975 Godu: Statisticheskiy Ezhegodnik(1976, p. 454)。

[32] 1977 年 10 月通过的《苏维埃社会主义共和国联盟宪法》在法律层面上规定普

及中等义务教育(第 45 条)。

[33] 哈雷·巴尔泽,历史和政治学教授。参见 Balzer(1985，p. 35)。

[34] 关于这项改革的更多信息,参见 Avis(1990),Balzer(1991)。

[35] 国家领土边界的变化极大地影响了俄罗斯和新独立国家的教育系统,其在随后几十年的发展参见 Huisman, Smolentseva & Froumin(2018)。

[36] 参见 1992 年 7 月 10 日颁布的俄罗斯联邦法第 3266 - 1 号《俄罗斯联邦教育法》。

[37] 例如,伊万·古勃金俄罗斯国立石油天然气大学(Ivan Gubkin Russian State University of Oil and Gas)在苏联时期是一所部属学院。1993 年,该校开设了人文科学系;1998 年开设了法律系,同年被授予大学身份。

[38] 数据参考 Rossiyskiy Statisticheskiy Ezhegodnik(2003，p. 235)。

[39] 第三章将进一步讨论私立高等教育机构的特点、它们与公立高等教育机构的关系,以及它们在教育市场上的作用。

[40] 这种增长主要是由年轻人推动的,他们非常期望取得职业进步并获得更高收入。在接受高等教育的人中,没有任何就业或服兵役经历的人的比例增加了,并且无论是从职业还是收入水平来看,学生的家庭社会背景都变得更加多样化。有关 20 世纪 90 年代和 21 世纪俄罗斯大学生社会结构变化的更多信息,参见 Stegniy & Kurbatova(2009)所做的基础性研究。

[41] 数据参考 Obrazovaniye v Rossiyskoy Federatsii: Statisticheskiy Sbornik(2003，p. 176)。

[42] 同上,p. 177。

[43] Mikhaylova(1999，p. 19),转引自 Gorbunov(2005，p. 193)。

[44] 数据参考 Obrazovaniye v Rossiyskoy Federatsii: Statisticheskiy Sbornik(2003，pp. 74 - 75), Indikatory Obrazovaniya: Statisticheskiy Sbornik(2007，pp. 110 - 112)。

[45] 数据参考 Obrazovaniye v Rossiyskoy Federatsii: Statisticheskiy Sbornik(2003，pp. 52 - 53), Rossiyskiy statisticheskiy ezhegodnik(2018)的附录部分。

[46] 数据参考 Indikatory Obrazovaniya: Statisticheskiy Sbornik(2007，pp. 110，112)。

[47] 1995—1998 年间,随着私立高等教育的发展,兼职的教师比例不断下降,但 1998 年的金融危机又扭转了这一趋势。

[48] 根据俄罗斯联邦财政部关于综合预算执行情况的报告,详见 Rossiyskiy Statisticheskiy Ezhegodnik(2003,2017)的附件。

第三章　当代俄罗斯高等教育

[1] 更多细节详见 Bessudnov & Kurakin(2017)。

［2］来源于未公布的 MEMO 数据(2015 年家庭调查)。

［3］此外也有调查显示,如今只有 60% 的俄罗斯人认为高等教育能确保事业成功并有助于实现人生目标,而在 2008 年,有 80% 的受访者给予了肯定回答(参见"俄罗斯民意调查中心"的调查:https://wciom. ru/analytical-reviews/analiticheskii-obzor/vysshee-obrazovanie-sozialnyj-lift-ili-poteryannoe-vremya)。

［4］参见 Trud i Zanyatost' v Rossii: Statisticheskiy Sbornik(2019, p.134)。

［5］高收入家庭为子女提供了更好的高等教育机会。更多细节参见 Konstantinovskiy(2012), Prakhov & Yudkevich(2019), Prakhov(2016)。

［6］本书作者根据俄罗斯联邦国家统计局发布的 2017 年不同教育水平和年龄组的就业人数计算得出。

［7］参见俄罗斯教育和科学部 2018 年 VPO‒1 模板数据。

［8］这些支出涵盖直接或间接用于高等教育机构开展教育活动的公共和私人支出(包括直接支出、补贴、个人或家庭支出、私人实体支出等)。

［9］本书作者根据 OECD 数据(https://data. oecd. org/eduresource/education-spending. htm♯indicator-chart)计算得出。

［10］公立和私立高等教育机构在法律上是平等的,但由于一些制度性因素,公立高等教育机构通常享有一些优势。

［11］平均而言,私立高等院校的学生数比公立高等院校少 80%。2018 年,俄罗斯私立高等院校平均每所只有 1548 名学生(本书作者根据俄罗斯教育和科学部 2018 年 VPO‒1 模板数据计算)。

［12］大约 5% 的学士、专家和硕士教育项目学生的学费由他们当时或之后的雇主支付,这类学生就属于高校的招生目标。

［13］俄罗斯的数据来源于联邦国家统计局,国际数据来源于 Garritzmann(2016, pp. 62‒64)。

［14］私立高等教育机构的教育项目往往无法通过政府的强制性评估程序,或者在质量方面的指标比不上公立高等教育机构。提供高质量高等教育服务的私立院校都是小型机构,每个机构只培养几百名学生,例如新经济学院(New Economic School)、斯科尔科沃科学技术研究院(Skolkovo Institute of Science and Technology)、圣彼得堡欧洲大学(European University at St. Petersburg)、莫斯科社会和经济科学学院(Moscow School of Social and Economic Sciences)以及因诺波利斯大学(Innopolis University)。这意味着在私立高等院校学习的公费生数量几乎可以忽略不计。

［15］参见 2009 年 11 月 10 日颁布的联邦法第 259‒FZ 号《关于莫斯科国立米哈伊尔·瓦西里耶维奇·罗蒙诺索夫大学和圣彼得堡国立大学的规定》(*On Moscow State University of M. V. Lomonosov and St. Petersburg State*

University）。

[16] 1998 年，俄罗斯公立高校中有 162 所学院（占公立高校总数的 28%），2000 年有 165 所（占 27%），2005 年有 172 所（占 26%），2010 年有 176 所（占 27%），2012 年有 160 所（占 26%）。参见 Rossiyskiy Statisticheskiy Ezhegodnik（2003, p. 235），（2013, p. 217）。

[17] 专业高等院校包括音乐学院（音乐研究所）、神学院（宗教研究所）以及高等学校（或私立剧院、社会科学研究所）。

[18] 全日制（full-time equivalent，简称 FTE）是一项描述学生人数的指标。计算公式为：$FTE = a + (b \times 0.25) + (c \times 0.1)$，其中 a 为全日制学生人数，b 为全日制/函授混合模式（夜校）学生人数，c 为函授学生人数。

[19] 参见 Kuzminov, Semenov & Froumin（2013）。

[20] 与此同时，由于高等学校进行了改革，并转变了战略，要在更广泛的学科范围内培养学士生和硕士生，这种分类已不再作为计算单位。截至 2009 年，联邦国家统计局的统计已不再包含此类高校。尝试按照发展战略和基本特征对高等院校进行分析性分类的做法在以下文献中有所介绍：Abankina et al.（2010），Abankina, Alekskerov et al.（2013），Drantusova & Knyazev（2013），Titova（2008）。

[21] 参见 2009 年 11 月 10 日颁布的联邦法第 259-FZ 号《关于莫斯科国立米哈伊尔·瓦西里耶维奇·罗蒙诺索夫大学和圣彼得堡国立大学的规定》。

[22] 关于联邦大学和该计划的经历，参见 Zhurakovskiy, Arzhanova & Vorov（2015），Karavayeva（2010）。

[23] 参见俄罗斯联邦 2008 年 10 月 7 日颁布的第 1448 号《俄罗斯联邦总统令》：《关于建设国家研究型大学试点的规定》（*On the pilot project of creating National Research Universities*）。

[24] 该计划是根据 2012 年 5 月 7 日颁布的第 599 号《俄罗斯联邦总统令》：《实现国家教育和科学政策的措施》（*On measures on realization of state policy in education and science*）启动的。

[25] 参见 2015 年 5 月 23 日颁布的第 497 号俄罗斯联邦政府决议（Resolution of the Russian Federation Government）《2016—2020 年联邦教育发展目标计划》（*On the federal target program of education development for 2016—2020*）。该决议对参与这一项目的高校有几项要求：①已重组，或正在与同一市辖区内的一所或多所高等教育机构合并重组；②未被列为"联邦大学"，即未参与俄罗斯一流大学的竞争性恢复计划；③不在莫斯科或圣彼得堡。可参见俄罗斯联邦教育和科学部 2015 年 10 月 16 日颁布的《关于由联邦预算出资为联邦国家教育机构发展计划提供财政支持的高等院校竞争性选拔程序的规定》（*On the*

procedure of competitive selection of higher education institutions for the financial support of development programs of federal state education institutions at the expense of the federal budget）。

[26] 这里不包括那些没有参加"5 - 100 计划"的联邦大学:维尔那茨基克里米亚联邦大学(V. I. Vernadsky Crimean Federal University)、以米哈伊尔·瓦西里耶维奇·罗蒙诺索夫命名的北方(北极)联邦大学(Northern/Arctic Federal University)、阿莫索夫东北联邦大学(Ammosov North-Eastern Federal University)、北高加索联邦大学(North-Caucasus Federal University)和南联邦大学(Southern Federal University)。

[27] 2018 年,圣彼得堡研究大学(St. Petersburg Academic University,隶属于俄罗斯科学院)和圣彼得堡矿业大学(St. Petersburg Mining University)在公费生人数方面处于绝对领先地位,公费生的比例分别为 100% 和 91.8%。本书作者根据"俄罗斯高等院校表现监测(2019 年)"的数据计算得出,参见 https://monitoring.miccedu.ru/?m＝vpo。

[28] 大部分为五年,少数专业(医学、自然科学、物理、化学、数学)为六年。

[29] 在医学和文化艺术等少数教育项目中仍保留了专家教育。

[30] 本书作者根据 MEMO 数据(2017 年雇主调查,N＝521)计算。

[31] 根据俄罗斯教育和科学部的数据,2015 年俄罗斯学士毕业生的就业率为 73%,硕士毕业生的就业率为 81%(基于毕业生就业监测数据,参与学士毕业生就业数据统计的高校有 647 所,参与硕士毕业生就业数据统计的高校有 126 所)。

[32] 在苏联时期,使用"全日制/函授混合模式"来形容白天工作、晚上学习的模式非常合适。如今,这种模式要求更灵活的时间安排,以及课堂学习(时长非常有限)和远程自主学习相结合。本节使用"全日制/函授混合模式"来指代这种现代模式。

[33] 关于函授教育在俄罗斯的历史和发展阶段,详见 Babayeva & Smyk(2018);关于函授教育在俄罗斯的实践,详见 Varshavskaya (2018)、Ozerova & Ugol′nova(2013)、Cherednichenko(2018,2019)。

[34] 参见 Indikatory Obrazovaniya: Statisticheskiy Sbornik(2020, pp.34,185)。

[35] 几乎不存在用人单位为学生学习出资的情况。2019 年,在所有缴纳学费接受函授学士、专家和硕士教育的学生中,仅有 1% 由法人单位出资学习。

[36] 满意度指的是受访者对"您对自己的工资满不满意?"这个问题回答"完全满意"和"比较满意"的比例。详见 Cherednichenko(2019, p. 59)。

[37] Dragan(2017)和 Melikyan(2015a,2015b)中详细介绍了俄罗斯高等院校分校在地方上的发展情况。

［38］详见 Kuzminov, Semenov & Froumin(2013, p.31)等文献。

［39］参见 www. ranepa. ru/struktura/filialy/filial/。

［40］参见 Narodnoye Obrazovaniye i Kul′tura SSSR: Statisticheskiy Sbornik
(1989, p.232),数据基于各专业的毕业生结构。

［41］参见 Dobryakova & Kuzminov(2018, pp. 25 - 26)。

［42］数据来源于 Ivakhnenko & Goliusova(2002)。

［43］数据来源于未公开的 MEMO 数据(2015 年家庭调查)。

［44］参见 2018 年 MEQ 数据。

［45］参见 Vuzopedia 网站：https://vuzopedia. ru/stoimost-obucheniya-v-vuzah-
rossii/♯59。

［46］这里的估算基于 2018 年的 MEQ 数据,包括的公立和私立高等院校总校分别
为 383 所和 84 所,公立和私立高等院校分校分别为 245 所和 25 所。

［47］参见 https://vuzopedia. ru;其中参与统计的全日制高校为 142 所,函授高校
为 374 所。

［48］参见俄罗斯教育和科学部 2014、2018 年 VPO - 1 模板数据。

［49］基于 2018 年 MEQ 数据。

［50］MEQ 数据不包含五个地区或直辖市：塞瓦斯托波尔市(Sevastopol)、涅涅茨自
治区(Nenets Autonomous District)、印古什共和国(Republic of Ingushetia)、
楚科奇自治区(Chukotka Autonomous District)和亚马尔·涅涅茨自治区
(Yamalo-Nenets Autonomous District)。

［51］参见 Gabdrakhmanov, Nikiforova & Leshukov(2019, pp.22 - 23, 26 - 27)。

［52］本章并不单独关注大众大学和低水平大学。早期讨论大学战略的文献包括
Klyachko(2002), Titova et al. (2008)。近期一些文献讨论了大学的薄弱和退
化问题,如 Lisyutkin(2017), Lisyutkin & Froumin(2014)。

第四章　俄罗斯高等教育治理和经费资源

［1］少数的这几所学校包括圣彼得堡欧洲大学、莫斯科的新经济学院、莫斯科社会
和经济科学学院以及因诺波利斯大学,都是非常著名的院校。不过这些院校
招收的学生都不超过 200 人,并且主要以硕士教育为主。

［2］关于世界多国高等教育系统中联邦体制的比较,可参见 Carnoy et al. (2018)。

［3］例如,莫斯科政府创办了莫斯科城市师范大学(Moscow City Teacher Training
University),专门为包括学前教育机构在内的各类教育机构培养专业人才。
鞑靼斯坦共和国(Republic of Tatarstan)的教育和科学部(Ministry of
Education and Science)创办了阿尔梅季耶夫斯克国立石油学院(Almetyevsk
State Petroleum Institute),专门培养石油工业的专业人才。汉特-曼西自治区

（Khanty-Mansi Autonomous Okrug/Yugra）的 教 育 与 青 年 政 策 部（Department of Education and Youth Policy）创办了汉特-曼西州立医学院（Khanty-Mansi State Medical Academy），为当地的医疗和预防医学机构培养医务人员。

［4］参见 1996 年 1 月 12 日颁布的联邦法第 7 - FZ 号《关于非营利性组织的规定》（*On non-profit organizations*）第 9.2 条。

［5］关于苏联解体后各加盟国的情况，参见 Huisman, Smolentseva & Froumin（2018）；关于中国的情况，参见 Altbach（2009，2016），Carnoy et al.（2018）；关于法国的情况，参见 Duru-Bellat（2013）。

［6］关于英国的情况，参见 Palfreyman & Tapper（2014）；关于德国的情况，参见 Teichler（2018）；关于法国的情况，参见 Dobbins & Knill（2017）；关于美国的情况，参见 Antonio, Carnoy & Nelson（2018）；关于日本的情况，参见 Fukudome（2019），Morozumi（2019）。

［7］斯彭斯（Spence, 1973）在其著作中指出，即使高等教育并不能提高未来员工的生产力，劳动力市场也会将高等教育背景视为员工能力的证明，因为经过培训，这些能力可以转化为提高生产力的专业素质。

［8］1966 年，科尔曼等人在一项颇具影响力的研究中提出了"同伴效应"（peer effects）这一概念，它描述了社会环境对学生个人成就的影响（Coleman et al., 1966）。本书第五章将详细介绍"同伴效应"及其在俄罗斯大学中的特殊作用。

［9］http://fgosvo.ru 网站发布了全部专业的联邦教育标准、规范性文件、指南等官方信息。

［10］参见《俄罗斯联邦宪法》（*Constitution of the Russian Federation*）第五部分第 43 条（经 1993 年 12 月 12 日全俄投票通过）。

［11］参见 2012 年 12 月 29 日颁布的联邦法第 273 - FZ 号《俄罗斯联邦教育法》第六部分第 2 条。

［12］参见 1994 年 8 月 12 日颁布的第 940 号俄罗斯联邦政府决定（Decision of the Russian Federation Government）《关于确立联邦高等专业教育标准的规定》（*On establishing the State Education Standard of higher professional education*）。

［13］关于联邦高等教育标准的发展历程，参见 Khismatullina（2013）。

［14］关于这种基于技能的评估方式，详见 Zeyer（2005），Zimnyaya（2009），Kayumov（2016），Khutorskoy（2017）。

［15］参见 Grebnev（2011）等文献。

［16］更多信息可参见 Ignat'yev et al.（2019），Odarich（2018）。

［17］俄罗斯教育和科学部委托出版的大学教科书在 1995 年的总发行量超过了

1 000 万册(Tyurina, 1998, p. 15),2010 年为 2 800 万册(Deptsova, 2011, p. 16)

[18] 实际上,最新的联邦标准非常支持基于相同课程发展不同的教育项目。在不依据项目列表的情况下,可能会出现符合多项联邦标准的跨专业课程。然而,这种做法在实际中会对大学造成严重的行政负担。

[19] 参见 Kropachev(2015),Chuchalin(2015)等文献。

[20] 联邦教育监管局是 2004 年成立的联邦行政机构,隶属于俄罗斯联邦政府,官方网站为:www. obrnadzor. gov. ru/ru/。

[21] 国家教育认证机构的官方网站为:www. nica. ru/en。

[22] 俄罗斯教育质量评估体系的发展历史参见 Bolotov(2018)。

[23] 如果一所大学想要开设当前许可证中未包含的课程,则应根据 2013 年 10 月 28 日颁布的第 966 号俄罗斯联邦政府令(Decree of the Russian Federation Government)《关于教育活动许可证的规定》(*On licensing educational activity*)第 17 条中的要求对许可证进行修订。

[24] 该数值是 VPO‐1 模板数据中 2018 年底和 2019 年底注册的许可证数的差值,包括总校和分校。这些院校的许可证有可能已经全部被收回。一些大学可能主动停止了运行。

[25] 参见 Butrin, Pavperov & Pushkarskaya(2016)。

[26] 数据来源于"俄罗斯高等院校表现监测(2019 年)":https://monitoring. miccedu. ru/?m=vpo。

[27] 关于认证程序与联邦法律之间不稳定的一致状态,参见 Yankevich, Knyaginina & Vorob′yev(2019)。

[28] 参见 Bolotov(2019),Zvonnikov(2019),Motova(2017)。

[29] 参见 2013 年 8 月 5 日颁布的第 662 号俄罗斯联邦政府令《关于颁布教育系统监测机制的规定》(*On enacting the monitoring of the education system*)。

[30] 依照的是"俄罗斯高等院校表现监测(2019 年)"(https://monitoring. miccedu. ru/?m=vpo)的要求以及截至 2018 年底的高等教育数据。为保证高校质量,该监测机制对某些数据或某类数据设定了阈值,如果未达到这些阈值,联邦教育监管局可能会启动对该院校的审查。

[31] 这类研究包括 Egorov, Leshukov & Froumin(2019),Lovakov et al. (2021),Zinchenko & Egorov(2019)等。

[32] 当大学在某些领域(主要是社会、经济和人文科学)招收申请者但没有获得公费生名额时,此项原则被进一步体现了。

[33] 参见 2012 年 12 月 29 日颁布的联邦法第 273‐FZ 号《俄罗斯联邦教育法》第二部分第 100 条。

[34] 政府专项拨款数额的信息是在联邦统计观察框架内收集的，在时间上滞后一年。在撰写本书时，最新的数据是 2018 年的大学经费：8 321 亿卢布（336 亿美元）。

[35] 关于俄罗斯预算改革的逻辑及其基本原则，参见 Lavrov(2019)。

[36] 参见 2002 年 3 月 25 日颁布的第 1012 号俄罗斯联邦教育部令《关于批准参加改用"国家应履行的财政义务"（SRFO）资助高等专业教育模式试验的高等院校名单》[*On approving the list of higher education institutions that participate in the experiment of switching to the funding model of higher professional education using state registered financial obligations (SRFO)*]。

[37] 参见 2010 年 5 月 8 日颁布的联邦法第 83 - FZ 号《关于因改善国有（市属）企业法律地位而对俄罗斯联邦若干法律进行修改的规定》[*On amendments to certain legislation of the Russian Federation due to the improvement of legal status of state (municipal) enterprises*]。

[38] "招生配额"一词来源于苏联的中央计划经济体制（Doroshenko, 2017）。在现今俄罗斯的法律框架中，"招生配额"最早出现于 2001 年：2001 年 8 月 21 日颁布的第 606 号俄罗斯联邦政府令《关于国家高等专业教育人才培养指标竞争分配的办法》（*On the competition method of allocating state targets for training specialists with higher professional education*）。

[39] 2012 年 12 月 29 日颁布的联邦法第 273 - FZ 号《俄罗斯联邦教育法》确立了这一标准。该法律规定了公费生的最低名额保障，并将该名额与居住在俄罗斯的各年龄段人口的数量挂钩。

[40] 参见 2015 年 3 月 27 日颁布的第 285 号俄罗斯联邦政府令。

[41] 参见 MEQ 数据。

[42] 2014 年 4 月 30 日颁布的第 722 - r 号俄罗斯联邦政府命令（Order of the Russian Federation Government）《关于修订提高教育和科学事业效率的举措的时间安排》（*On the schedule of measures modifications in social sphere aimed at enhancing the efficiency of education and science*）（第五节第三点）将这一指标定为 1∶12，是该文件所列出的举措的预期实施结果。

[43] 上一章根据不同的招生模式将各专业分为了四类（基于公费生名额和自费生名额的多少）。

[44] 参见 2013 年 6 月 3 日颁布的第 467 号俄罗斯联邦政府令《关于国家认证的高等专业教育向标准生均经费制度过渡的举措》（*On measures of transition to normative per capita funding of education programs of higher professional education with state accreditation*），以及 2015 年 10 月 30 日颁布的第 1272 号俄罗斯联邦教育和科学部命令《关于规范按专业（研究领域）划分的高等教育

项目收费标准的办法》[*On the method of setting normative costs for state services delivery regarding educational programs of higher education by specializations (fields of study)*]。

[45] 为了简要,这里只汇总了基本的高等教育项目的情况,其他高等教育项目的计算方法也类似。

[46] 根据俄罗斯教育和科学部 2018 年 VPO－1 模板数据。

[47] 同上。

[48] 基于"俄罗斯高等院校表现监测(2019 年)"(https://monitoring. miccedu. ru/?m＝vpo)的数据。

[49] 根据俄罗斯教育和科学部 2018 年 VPO－1 模板数据。

[50] 数据基于 Indikatory Nauki: Statisticheskiy Sbornik(2019, p.134)。

[51] 大学中的联邦资产包括直接从创办者(相关部委)那里获取的,以及从那些提供有竞争力的科研经费的机构获取的。在第一种情况下,这项资金属于预算资源;在第二种情况下,这项资金属于从其他机构获取的资源,尽管它们实际上都来自联邦政府。因此,大学科研工作的预算外收入既包括企业资金,也包括来源于联邦政府但通过非营利性政府基金会获取的资金。

[52] 公立大学可以使用联邦资产。大学可以要求创办者(相关部委)审查其有形资产的发展状况,如果审查结果合格,大学就可以申请相关的专项拨款。能否获得此类专项拨款取决于大学及其管理层的社会和政治地位,以及当地政府的支持情况。

[53] 在美国哈佛大学,捐赠占大学总收入的 8％;在英国牛津大学,这一比例为 4％;在智利天主教大学(Pontifical Catholic University of Chile),这一比例为 6％(数据来源于各大学 2018/19 学年的官方报告)。

[54] 美国的加州大学伯克利分校(University of California, Berkeley)从附属医学中心和医疗服务机构获得的收入占大学预算的 49％;英国牛津大学从出版活动获得的收入占大学预算的 36％(数据来源于各大学 2018/19 学年的官方报告)。但大学出版社(此类机构在俄罗斯是存在的)的运行主要基于补贴,它们无法向大学提供收入。

第五章　从中小学到大学

[1] 2012 年 12 月 29 日颁布的联邦法第 273－FZ 号《俄罗斯联邦教育法》第一部分第四章第 44 条规定,父母有责任为子女提供普通教育。

[2] 依照法律是从六岁半开始。2018/19 学年开学时,一年级学生中满七周岁的约占一年级学生总数的 92％(数据来源于俄罗斯联邦教育部 2019 年 OO－1 模板数据)。

［3］参见 2012 年 12 月 29 日颁布的联邦法第 273－FZ 号《俄罗斯联邦教育法》。

［4］俄罗斯的"学院"是提供中等职业教育的机构，旨在培养合格的"蓝领"专业人才（例如技术工人、服务人员）。学院里的学生是九年级或十一年级毕业后入学的，他们从学院毕业时可以获得中等职业教育文凭。

［5］更多细节参见 Carnoy, Khavenson & Ivanova(2015), Carnoy et al.(2016), Khavenson & Kersha(2017)。

［6］关于 PIRLS 的更多信息，参见 PIRLS－2016: Dinamika rezul′tatov po raznym stranam (2017), Zakharov & Kapuza (2017), Kapuza, Zakharov & Adamovich(2017), Khavenson & Kersha (2017), Warner-Griffin et al. (2017, p.8)。TIMSS 测试从 1995 年开始实施，四年为一个周期，由四年级和八年级学生参加数学和科学测试。该趋势研究已在 50 多个国家实施，采用的是这类学生的代表性样本数据。除测试外，学生、教师和学校管理者还要参与有关教育实施过程的多个方面以及其他背景类信息的调查。更多详情参见基于 TIMSS 数据的研究：Camilli & Dossey(2019), Carnoy et al. (2015), Eriksson, Helenius & Ryve(2019), Kapuza et al. (2017), Khavenson & Kersha(2017)。

［7］关于在不利的社会背景下仍然取得较好成绩的韧性学校的相关信息，参见 Pinskaya et al. (2018,2019)。

［8］参见 Bessudnov & Malik(2016)。这类学校中，九年级之后继续学业并升入大学的学生比例更高(D. A. Aleksandrov, 2012)。

［9］参见 Konyukhova(2017)等文献。

［10］这一差距高达五倍，参见 Zair-Bek et al. (2018, p. 6)。

［11］例如 Expert-RA 机构发布的学校排名：https://raexpert.ru/rankingtable/school/2018/main/。

［12］关于莫斯科国立大学附属柯尔莫哥洛夫寄宿学校(Kolmogorov boarding school)的更多信息，参见 45 Let Shkole Imeni A. N. Kolmogorova: Sbornik Statey(2008)。

［13］参见俄罗斯科学和高等教育部 2019 年 VPO－1 模板数据。

［14］同上。

［15］参见俄罗斯科学和高等教育部 2018 年 VPO－2 模板数据。

［16］适用于 2009 年之前从中学毕业的学生。

［17］当然，也有可能会出现这样的情况：年轻人只是想和朋友们一起，在没有做任何专门准备的情况下就提交了申请文件。

［18］参见 Roshchina(2007, p. 16)。有关学生额外入学准备的独特情况和规模，详见 Prakhov & Yudkevich(2019), Prakhov (2015a, 2015c), Androushchak,

Prakhov & Yudkevich(2010)。

[19] 关于引入国家统一考试的目标和任务的详细介绍、统一考试的构成原则，以及它在大学招生中的作用，可参考 Prakhov & Yudkevich(2015)。关于国家统一考试及其实施结果的更多信息，可参考 Efendiyev & Reshetnikova(2004a, 2004b)，Klyachko(2017)，Prakhov(2017)。

[20] 补充入学考试只适用于特定专业，如创意专业、新闻、体育等。拥有特殊身份的大学、莫斯科国立大学和圣彼得堡国立大学也可以举行补充入学考试（参见2012 年 12 月 29 日颁布的联邦法第 273 - FZ 号《俄罗斯联邦教育法》第 70 条第八、九部分）。

[21] 关于为国家统一考试做的额外备考工作的花费，参见 Loyalka & Zakharov(2016)，Prakhov & Bocharova(2019)，Androushchak & Natkhov(2012)，Prakhov(2015b,2017)等文献。

[22] "黑色腐败"不包括"灰色腐败"，后者包括以私人辅导费的名义变相支付入学赞助费等行为，而这些辅导课的老师也参与了入学考试环节的管理。

[23] 从 2015/16 学年开始，学生有机会凭借他们的个人优势申请国家统一考试加分（不超过 10 分）。大学会考虑学生在中学的必修论文成绩（自 2014 年起，该项成绩成为最终影响中学生成绩的必修项目）、体育成绩以及在恢复举办的全俄体育文化训练项目（All-Russian physical culture training program）"为劳动和国防做好准备"（Ready for Labor and Defense，俄语简称 GTO）的多个体育项目（跳远、跳高、游泳、越野滑雪等）的成绩。

[24] 参见 Yu & Suen(2005)，Davey, De Lian & Higgins(2007)等文献。

[25] 关于学科奥林匹克竞赛的历史，参见 Alekseyeva(2002)，Gordeyeva & Usova(2016)，Lunin, Arkhangel'skaya & Tyul'kov(2005)，Podlesnyy(2001)。

[26] 参见俄罗斯教育和科学部 2016 年 VPO - 1 模板数据。

[27] 参见 MEMO 数据（2016 年家庭调查）和 2015 年俄罗斯微观人口普查的数据。俄罗斯大学生中绝大多数是俄罗斯公民，属于本章讨论的范围。关于俄罗斯大学中国际学生的情况，请看第九章。

[28] 需要注意的是，在俄罗斯所有拥有 18 岁以下子女的家庭中，约四分之一没有父亲；父亲拥有高等教育文凭的比例相对较低也可能是因为学生根本不知道他们的父亲受过何种教育。

[29] 其他国家的数据参见 Vincent-Lancrin(2008)。在苏维埃俄国，女大学生的比例曾两次低于 50%，分别是 20 世纪 20 年代末和 60 年代(Baskakova, 2005, p.292)。1958—1968 年间，女大学生的比例平均为 45%，1962 年最低（43%），1968 年最高（48%）。1969 年，女大学生的比例为 50%，1970 年为 51%，之后从未低于过 50%。本书作者根据每年的《俄罗斯苏维埃联邦社会主义共和国

经济情况》(*Russian Soviet Federative Socialist Republic Economy*)中的数据计算得出，现在的数据是本书作者根据俄罗斯教育和科学部的数据计算得出的。

[30] 关于入学相关花费的更多信息，包括高选拔性大学和非选拔性大学申请者的花费情况，参见 Prakhov(2016)。关于家庭收入在国家统一考试中发挥的作用，参见 Prakhov & Yudkevich(2019)。

[31] 参见 Slonimczyk, Francesconi & Yurko (2017), Prakhov & Bocharova (2019)。学生在地区之间的流动具有明显的年龄特征，在即将进入高等教育阶段的适龄人群中最高。

[32] "马太效应"指的是优势分配不均的现象：拥有优势的一方不断累积优势，最初处于劣势的一方不断累积劣势，导致成功的机会越来越少。这一术语最早由美国社会学家罗伯特·K. 默顿(Robert K. Merton)于 1968 年提出，基于《马太福音》第 25 章 14 - 30 中一则有关才干的寓言。

[33] 根据"俄罗斯大学招生质量监测(2019 年)"的数据，国家统一考试分数(平均分)超过 70 分的申请者占自费生总数的 30％以上。

[34] 有关英国的更多信息，参见 Neves & Hillman(2019), Elmes(2016)；有关德国的，参见 Obermeit(2012)；有关美国的，参见 Johnston(2010)；有关法国的，参见 Jaoul-Grammare & Magdalou(2013)。

[35] 对有的大学来说，这一比例可能高达全部录取学生的三分之一。更多信息参见 Ryabokon′(2016)。

[36] 本科的专业方向划分非常细，例如，"航空和航天火箭设备"(Aviation and space-rocket equipment)下设的专业包括"火箭系统和空间技术"(Rocket systems and space technology)、"运动控制系统和导航"(Motion control systems and navigation)、"弹道学和流体动力学"(Ballistics and fluid dynamics)等，"经济和管理"(Economics and management)下设的专业包括"经济学"(Economics)、"人事管理"(Personnel management)、"政府和市政管理"(Government and municipal management)、"商品研究"(Commodity research)等。更多内容参见俄罗斯联邦教育和科学部 2015 年 3 月 25 日颁布的第 270 号《关于修改俄罗斯联邦教育和科学部令的法令》(*On amendments to the Decree of the Ministry of Education and Science of the Russian Federation*)，以及 2013 年 9 月 12 日颁布的第 1061 号《关于批准高等教育专业和培训项目的法令》(*On approving the list of specialties and training programs of higher education*)。

[37] 根据 MEMO - 2017 的数据，17％的硕士一年级学生表示他们申请硕士的原因是希望换专业(N＝292)。

[38] 有关高等教育消费主义的问题，参见 Golyshev (2011)，Orlova (2017)，Senashenko(2017)，Khagurov(2011)。在国际上的相关信息，参见 Bunce，Baird & Jones (2017)，Sabri (2011)，Tomlinson (2014，2017)，Williams (2012)。

[39] 这两种范式的讨论可参见 Barr & Tagg(1995)。

[40] 例如美国大学的做法，参见 Burton & Ramist (2001)，Noble & Sawyer (2002)，Bauer & Liang(2003)，Shaw et al. (2012)。

[41] 参见 Poldin(2011)，Peresetskiy & Davtyan(2011)，Zamkov & Peresetskiy (2013)。

[42] 有关男女同校教育的影响，参见 Manski(1993)，Sacerdote(2010)，Epple & Romano(2010)。

[43] 有关俄罗斯大学环境中同伴的影响，参见 Poldin，Valeeva & Yudkevich (2016)，Dokuka，Valeyeva & Yudkevich (2015)，Valeyeva，Dokuka & Yudkevich(2017)。

[44] 参见俄罗斯教育和科学部 2014 年、2015 年、2017 年和 2019 年的 VPO-1 模板数据。

[45] 有关学业融入与辍学概率之间的负相关关系，俄罗斯的情况参见 Shcheglova，Gorbunova & Chirikov(2020)；更多国家的情况，参见 Kuh(2009)，Terentev et al. (2015)。

[46] 详见 Kondratjeva，Gorbunova & Hawley(2017)，Gorbunova & Kondrat′yeva (2013)，Gorbunova(2018)，Gruzdev，Gorbunova & Froumin(2013)。

[47] 参见 Ostrowsky(1999)，Schnepf(2014)，Sneyers & De Witte(2017)等文献。

[48] 相关讨论可参考 McCabe & Trevino(1997)，Crown & Spiller(1998)。

[49] 一些跨文化研究确实表明，与其他国家的学生相比，俄罗斯的学生对作弊的容忍度更高，可参考 Grimes(2004)，Lupton & Chaqman(2002)，Magnus et al. (2002)等文献。有关违反学术诚信的讨论已经远远超出了学术体系，自 2018 年起，俄罗斯的法律开始禁止相关广告，包括合格的学术论文、学位论文、学期论文等的准备和撰写服务的广告，参见 2006 年 3 月 13 日颁布的联邦法第 38-FZ 号第 7 条第 10 款的 2019 年 8 月 2 日修订版《关于广告的规定》(On advertising)。调查显示，公众舆论对学术剽窃和抄袭行为持相对宽容的态度。超过 50% 的 30 岁以上人口以及约 65% 的年轻人认为这种行为是可以接受的；数据来源于列瓦达中心 (Levada Center) 2013 年的国家科研数据 (Levada Center, 2013)。

[50] 参见 Radaev & Chirikov(2006)。有关教授对作弊的态度与学生对作弊的评价之间的关系，参见 Chirikov，Shmeleva & Loyalka(2019)。

[51] 根据 MEMO 数据(2017 年学生调查)。

[52] 2018 年,俄罗斯有 76.8 万名公立大学学生住在学生宿舍,公立大学全日制学生总数约 230 万(根据俄罗斯科学和高等教育部 2018 年 VPO‑1 和 VPO‑2 模板数据)。

[53] 根据 MEMO 数据(2017 年学生调查)。

[54] 此处及相关数据是本书作者根据俄罗斯科学和高等教育部 2018 年 VPO‑1 和 VPO‑2 模板数据计算得出的。

[55] 有关公共奖学金发放标准的更多信息,参见 2016 年 12 月 27 日俄罗斯教育和科学部颁布的第 1663 号法令。

[56] 奖学金的金额由大学确定,但不能低于政府规定的法定额度。

[57] 与学业公共奖学金一样,社会公共奖学金的金额也由大学确定,但不能低于政府规定的法定额度。

[58] 奖学金平均比俄罗斯生活费标准低 64%,甚至不足以覆盖使用公共设施的平均开支。

[59] 根据 MEMO 数据(2015 年家庭调查)。

[60] 俄罗斯的情况并非独一无二。关于不同国家子女与父母同住以削减开支的行为对大学选择的影响,可参阅《教育政策展望:爱尔兰》(*Education Policy Outlook: Ireland*)(2013), Round & Gunson(2017), Dzhonstoun & Shroff‑Meta(2001)。

[61] 参见 MEMO 数据(2016 年学生调查)以及 Chirikov & Maloshonok(2015)。

[62] 根据奇里科夫(Chirikov)和马洛肖诺克(Maloshonok)在 2015 年的调查(Chirikov & Maloshonok, 2015),即使在俄罗斯一流大学,这类学生中被聘用的比例也低于 7%;而在美国研究型大学,这一比例超过 30%。

[63] 马克·S. 格兰诺维特(Mark S. Granovetter)1973 年提出了"弱连接"(weak ties)的概念,并描述了弱连接在求职等方面的作用。

[64] 根据 MEMO 数据(2017 年雇主调查)。

[65] 参见 Konstantinovskiy, Cherednichenko & Voznesenskaya(2009), Roshchin & Rudakov(2014)等文献。

[66] 根据 Rudakov et al. (2019),也可参见 Varshavskaya & Kotyrlo(2019), Gimpelson et al. (2009)。

[67] 法律专业学生的情况与此类似:由于他们所学知识的特殊性,他们更有可能在本专业内就业。

[68] 据俄罗斯联邦国家统计局的统计,近年来,俄罗斯 20～24 岁年轻人的失业率约为 12%～13%,受过高等教育的人的失业率平均为未受过高等教育的人的一半。在更年轻的群体中,目前约有 60% 在高等院校学习,因此未来大学毕

业生的平均失业率预计为 7‰～9‰。

[69] 根据 MEMO 数据(2015 年和 2017 年雇主调查)。

第六章　俄罗斯大学的学术职业

[1] 参见 Narodnoye Obrazovaniye i Kul′tura SSSR (1989, p. 237), Matthews (1982)。

[2] 参见 Indikatory Obrazovaniya: Statisticheskiy Sbornik(2007, pp. 110, 112), (2010, pp. 120, 122), (2013, pp. 206 - 207), (2018, pp. 259 - 260), 以及俄罗斯科学和高等教育部的数据。

[3] 参见俄罗斯联邦国家统计局以及联邦科学和高等教育部的数据。

[4] 参见 Indikatory Obrazovaniya: Statisticheskiy Sbornik(2007, 2016, 2018), 以及俄罗斯科学和高等教育部 2018 年的数据。

[5] 讲师职位大多由外语和体育教师担任, 在其他专业的教师中很少见。

[6] 但也有例外, 主要存在于教学和科研水平较高的私立大学, 如新经济学院、圣彼得堡欧洲大学、莫斯科社会和经济科学学院以及因诺波利斯大学。

[7] 参见 APIKS - 2018 的数据(N=1438), 采用了 Gorelova(2016, p. 237)中的方法。流动教师是指那些在调查时在本大学工作的时间小于十年, 并且从开始从事学术工作算起, 不只在本大学工作过的教师。非流动教师指的是那些从开始从事学术工作算起, 只在本大学工作过的教师。

[8] 有关俄罗斯大学学术"近亲繁殖"现象及其后果的更多信息, 参见 Horta & Yudkevich(2016), Lovakov & Alipova (2018), Lovakov, Yudkevich & Alipova(2019)。有关其他国家的情况, 参见 Yudkevich et al. (2015)。

[9] 根据 MEMO 数据(2017 年教师调查, N=1518)。

[10] 更多细节, 参见 Yudkevich & Sivak(2015), Horta & Yudkevich(2016)。

[11] 在俄罗斯, 国内居民流动的比例约为 28‰, 美国为 43‰, 挪威为 47‰, 德国为 48‰, 英国为 49‰。参见 Karachurina & Mkrtchyan(2017, p. 76)。

[12] 关于国际上学术"近亲繁殖"现象的原因, 参见 Altbach et al. (2015)。

[13] 由于俄罗斯大学的"内部"(从内部聘用的)研究人员和"外部"研究人员关注不同的期刊、采用不同的论文发表策略, 因此, 直接比较这两类人员已发表论文的数量几乎无法看出谁在学术上更高产。如果比较这些人员在职业生涯中累积的成果及其质量(例如参考被引率等指标), 可以发现流动教师更高产。详见 Lovakov et al. (2019), Yudkevich & Sivak(2012)。

[14] 这与 Gouldner(1957, 1958)以及 Tuma & Grimes(1981)的结论一致。

[15] Yudkevich & Sivak(2012)对这一现象进行了详细的分析和讨论。

[16] 关于这一现象在南欧国家的更多情况, 参见 Zinovyeva & Bagues (2015),

Mora(2015)。

[17] 俄罗斯高等经济大学是最早改用公开竞聘制度招聘教师的大学之一，参见 Ishmuratova(2016)，Radaev(2010)。

[18] 例如，可参考 Clery(2015)中的美国数据。关于大学教师工资与该国平均工资的比较，可参见 Altbach et al.(2012)。

[19] 在 2012 年对 30 个国家高等院校的学术工作合同和教师工资情况进行的大规模研究中，对教师的工作条件和薪酬进行了比较。就教师薪酬而言，俄罗斯当时排在倒数第二位，只有亚美尼亚从助理教授到最高级教授的薪酬以及全体教师的平均薪酬都低于俄罗斯(Altbach et al.，2012)。在过去的几年中，情况有了明显改善，但俄罗斯大学教师的薪酬水平仍低于中产阶级标准。

[20] 参见 2012 年 5 月 7 日颁布的第 597 号《俄罗斯联邦总统令》：《关于落实国家社会政策的措施》(*On measures to implement state social policy*)。

[21] 根据俄罗斯联邦国家统计局的数据，2019 年该比例为 94.7%。

[22] 参见 2019 年联邦政府对各类社会服务行业和科学机构工资情况的观测数据。

[23] 有关美国的详细信息，参见 Mohanty, Dodder & Karman(1986)。

[24] 在私立大学中，学科之间的差异更为明显（因为这些大学可以更容易地根据市场需求调整薪酬，它们受到的监管限制也较少）。私立大学外语和自然科学专业的教师工资远高于平均水平（根据 2017 年 MEMO 数据）。

[25] 在过去十年里，国际上出现了一种新型期刊，不经过任何认真的同行评议，只收取少量费用就可以在上面发表任何主题的学术文章。通过一些手段，许多这种期刊被收录进了全球数据库（尤其是 Scopus）数年之久。

[26] 关于青年教师聘用的更多信息，参见 Finkelstein et al.(2015)。

[27] 这种教育服务的市场可以分为三类：①"白色"市场：教师在其他大学、商学院、学院，或中学（较少见）工作，在缺乏专业人才的地区，一名专家（如人事管理专家）可以在该地区所有大学都开设课程；②"灰色"市场：教师在短期课程、研讨班、培训班中授课，薪酬通常以现金支付；③"黑色"市场：教师为本校（及本专业）学生提供额外教育服务，严格来说，这种行为不属于学生对教师的贿赂，但实际上确实是一种腐败关系。

[28] 大学和研究所的教师大多富有集体主义和平等主义精神，他们对教席、系或研究所内部的薪酬不平等现象非常敏感。对此有两种解释。第一，俄罗斯继承了苏联时期教师和研究人员的固定工资制度，工资的差异仅在于教师职位等级的不同；在苏联末期，所有相同职位教师的工资都相同。第二，集体主义精神来源于教师们对每个人工资等级的普遍了解；通常情况下，教师们领取工资时要在工资记录表上签字，他们能在表上看到其他人的工资数。

[29] 参见 Kuzminov(2011)。关于社会服务和教育系统中"有效合同"的更多信息，

参见 Andreyeva & Popova(2016)，Kuzminov, Popova & Jakobson(2017)，Yankevich(2018)。

[30] 参见 2012 年 5 月 7 日颁布的第 597 号《俄罗斯联邦总统令》：《关于落实国家社会政策的措施》(第 F 段，p. 1)。

[31] 参见 2012 年 11 月 26 日颁布的第 2190 - r 号俄罗斯联邦政府命令《关于批准 2012—2018 年分期完善国有或市属单位劳动报酬制度方案的通知》[*On approving the program of stage improvement of the labor remuneration system in state (municipal) enterprises for 2012—2018*]。

[32] 近年有多篇论文讨论了俄罗斯大学实施激励合同的措施，包括 Antosik & Shevchenko(2018)，Balatskiy(2017)，Buyanova(2018)。

[33] 关于俄罗斯大学激励合同的结构，参见 Prakhov & Rudakov(2018)，Prakhov(2019)。

[34] 根据 2017 年 MEMO 数据(教师调查，N=1 446)。

[35] 需要指出的是，实际上俄罗斯大学不仅教授专业课，还教授公共课，外语课程就是一个典型的例子。

[36] 关于教学负担在不同国家的情况，参见 Crespo & Bertrand(2013)，Link, Swann & Bozeman(2008)。

[37] 根据 2017 年 MEMO 数据(教师调查，N=1 446)。

[38] 基于 APIKS - 2018 的数据(N=1 416)。

[39] 关于俄罗斯国内及国际数据库中，俄罗斯大学教师发表论文的范围及其数量和被引率之间关系的更多信息，参见 Akoev, Moskaleva & Pislyakov(2018)。

[40] 基于"俄罗斯高等院校表现监测(2019 年)"。

[41] 根据 2017 年 MEMO 数据(教师调查，N=1 446)。

[42] 但这不代表辅导市场萎缩了，只是其中的参与者变了。辅导教师不再是那些以某种形式隶属于大学招生委员会的大学教师，而变成了中小学教师。

[43] 根据 2006 年和 2015 年 MEMO 数据(2006 年 N=1 169，2015 年 N=704)。

[44] 根据全国公众意见调查数据(Levada Center, 2016)。

[45] 根据 2005 年和 2014 年 MEMO 数据(2005 年教师调查 N=1 148，2014 年 N=2 628)。

[46] 根据 APIKS - 2018 的数据(N=1 416)。教师们对大学作为一个工作场所的感受、对大学吸引力的分析，以及大学对心理健康(包括青年教师的感知)的影响的分析，参见 Balezina(2018)，Lovakov(2015)，Nidergaus & Bannikova(2019)，Sizykh(2014)。

[47] 基于 APIKS - 2018 的数据(N=1 416)。

[48] 根据 2017 年 MEMO 数据(教师调查，N=1 002)。

［49］根据 2005 年和 2017 年 MEMO 数据(2005 年教师调查 N＝1148,2017 年 N＝
　　　1 525)。

［50］根据 2010 年和 2017 年 MEMO 数据(2010 年教师调查 N＝229,2017 年 N＝
　　　222)。

［51］遗传学家尼古拉·季莫费耶夫-列索夫斯基(Nikolay Timofeyev-Resovskiy)在
　　　回忆录中讲述了这种经历(1995, pp. 113 - 116)。

第七章　俄罗斯大学的科学研究:分离与重聚

［1］尼古拉·皮罗戈夫(1810—1881 年),俄罗斯科学家、医生,被认为是野战外科
　　　学的创始人。转引自 Pirogov(1863, p. 385)。

［2］在这种情况下,大学被纳入政府统计数据中的研究所总数似乎有些讽刺。但
　　　读者需要了解的是,本章(以及本书)的统计信息大多都基于这一框架。

［3］谢尔盖·奥尔登堡(1863—1934 年),俄罗斯东方学家,1904—1929 年担任俄
　　　罗斯科学院常任秘书。转引自 Oldenburg(1927, p. 89)。

［4］根据《苏联大百科全书》(Great Soviet Encyclopedia)中"科研机构"
　　　(Nauchnyye uchrezhdeniya)、"化学研究所"(Khimicheskiye instituty)和"生物
　　　研究所"(Biologicheskiye instituty)条目的数据。

［5］第一个明确指出这一因素作用的是 Loren R. Graham(1975)。

［6］当然,某些学科也存在例外,最典型的例子可能就是数学学科。在整个苏联时
　　　期,数学学科不仅在研究所中得到了发展,在大学中也得到了发展。大学里成
　　　立了专门的数学研究所,积极研究当下的理论问题。一些大学教授成为科学
　　　学校的创始者和数学科学新分支的创建者,包括安德雷·柯尔莫哥洛夫
　　　(Andrey Kolmogorov)、帕维尔·亚历山德罗夫(Pavel Aleksandrov)、伊戈
　　　尔·沙法列维奇(Igor′ Shafarevich)、尼古拉·切波塔雷夫(Nikolay
　　　Chebotarev)、亚历山大·格尔丰德(Aleksandr Gel′fond)等。

［7］参见 Graham(2015), Vucinich(1984), Skryabin(1975)。

［8］例如,斯捷克洛夫数学研究所(Steklov Institute of Mathematics)、列别捷夫物
　　　理研究所(Lebedev Physical Institute)、遗传学研究所(Institute of Genetics)、
　　　地球化学、矿物学和晶体学研究所(Institute of Geochemistry, Mineralogy,
　　　and Crystallography)、地质研究所(Geological Institute)等。更多信息参见
　　　《苏联大百科全书》(Bol′shaya Sovetskaya Entsiklopediya, 1975)中的相应
　　　条目。

［9］关于政治在研究机构的设立中发挥的作用,参见 Fortescue(1986), Kneen
　　　(1984)。

［10］关于苏联科学史的更多信息,参见 Krementsov(1996), Graham(1993),

Kojevnikov(2004)。

[11] 例如,莫斯科物理技术学院的学生在学习的前三年隶属于苏联科学院的某一所一流研究所,研究所设有一个"基地教席"(base chair),由研究所的代理学者授课,学生毕业论文的主题通常是该研究所科研项目的一部分。后来,莫斯科电子技术学院(Moscow Institute of Electronic Technology),以及新西伯利亚国立大学——作为苏联科学院西伯利亚分院众多研究所的资源基地,也复制了莫斯科物理技术学院的模式(Saltykov, 2008, p.9)。

[12] 参见 1956 年 4 月 12 日苏联部长会议颁布的第 456 号法令《关于改进高等院校科研工作的措施》;苏联共产党中央委员会(the Central Committee of the Communist Party of the Soviet Union)和苏联部长会议在 1961 年 4 月 3 日颁布的第 299 号法令《关于提升国家科研工作管理方式以及苏联科学院工作的措施》,在 1964 年 2 月 20 日颁布的第 163 号法令《关于进一步发展高等院校科研工作的措施》,在 1978 年 4 月 6 日颁布的第 271 号法令《关于提高高等院校科研工作效率的措施》。

[13] 参见 1964 年 2 月 20 日苏联共产党中央委员会和苏联部长会议颁布的第 163 号法令《关于进一步发展高等院校科研工作的措施》。

[14] 参见 1978 年 4 月 6 日苏联共产党中央委员会和苏联部长会议颁布的第 271 号法令《关于提高高等院校科研工作效率的措施》。

[15] 参见苏联高等教育机构部在 1979 年 10 月 4 日颁布的第 1128 号命令《关于正式通过高等院校分支科研实验室标准章程的通知》(*On adopting the Standard Statute on branch research laboratory of a higher education institution*),以及在 1987 年 9 月 1 日颁布的第 612 号命令《关于正式通过高等院校研究、设计、实验和技术工作章程的通知》(*On adopting the Statute on research, design and experimental, and technological work at higher education institutions*)。

[16] 关于这一时期的科研政策,参见 Gokhberg(2011)等文献。

[17] 关于 20 世纪 90 年代的人才流失现象,可以参阅一些文献,特别是 Graham & Dezhina(2008), Ganguli(2014), Gokhberg & Nekipelova(2002);另外可以参见科学家回忆录中关于那一时期的内容,如 Frenkel'(2016)。对 90 年代初移居国外的科研骨干数量的估算颇具争议,可参阅 Agamova & Allakhverdyan(2007)等文献。1998—2001 年,俄罗斯每年流失约 0.7%的科研人员,这种趋势在 2001 年达到顶峰,当时约有 1.1%的科研人员离开了俄罗斯,其中大部分是物理学家和自然科学家,占全部科研移民的九成以上(Subbotin & Aref, 2020, p.13)。

[18] 在更广泛的科研和大学领域,1993—1995 年间,开放社会基金会为苏联加盟

国的基础科学发展投入了 1.3 亿美元(其中 9 500 万美元是基于竞争性拨款分配的)。关于开放社会基金会和其他一些组织的活动,可参见 Graham & Dezhina(2008)。

[19] 一些国际基金会与俄罗斯教育和科学部在大型的项目框架内进行合作。美国民间研究与发展基金会(US Civilian Research and Development Foundation,网址为 www. crdfglobal. org)与教育和科学部合作开展了一个重要项目"基础研究与高等教育"(Fundamental Research and Higher Education),该项目在 1997—2012 年实施。

[20] 雅罗斯拉夫·库兹米诺夫(Yaroslav Kuzminov)还记得,来自索邦大学(Sorbonne University)和鹿特丹伊拉斯姆斯大学(Erasmus University of Rotterdam)以及之后的伦敦政治经济学院(London School of Economics and Political Science)的教授们是如何为俄罗斯高等经济大学教育方法和国际关系的形成提供援助的,他们做出了巨大的贡献。库兹米诺夫回忆道:"这些教授们的使命是与年轻的俄罗斯教师分享他们的知识,我们没有一次感受到过他们对俄罗斯学术传统的漠视,也没有一次感受到过他们试图将自己的价值观强加于人,他们很高兴自己的学术天地已经扩展到了俄罗斯。他们中的许多人(以及他们的学生)现在仍是我们的合作伙伴,甚至是我们的教授。我们可以为之自豪的是,俄罗斯高等经济大学因为第一批教师的帮助,已经在世界排名中迎头赶上,这是对他们在 20 世纪 90 年代辛苦付出最好的回报。在俄罗斯与西方进行地缘政治对抗的困难时期,学术和文化仍然是可靠的纽带,将我们的文明连接在一起。各个国家以及各位社会精英可能在利益上有着强烈的分歧,但能将他们团结在一起的科学事业只有一个。"

[21] 参见 2013 年 9 月 27 日颁布的联邦法第 253 - FZ 号《关于俄罗斯科学院、国家科学院重组以及修订俄罗斯联邦若干立法法案的通知》(*On the Russian Academy of Sciences, the reorganization of State Academies of Sciences and amendments to certain legislative acts of the Russian Federation*)。

[22] 参见 2018 年 5 月 15 日颁布的第 215 号《俄罗斯联邦总统令》:《关于联邦执行机关结构的规定》(*On the structure of federal executive bodies*)。

[23] 根据俄罗斯科学和高等教育部 2019 年 VPO - 2 模板数据。

[24] 根据"俄罗斯高等院校表现监测(2019 年)"的数据;其他类型的大学收入包括专业分析、咨询、工程项目、艺术、设计和媒体服务产生的收入,约占预算资金的 17% 和预算外资金的 20%(根据俄罗斯科学和高等教育部 2019 年 VPO - 2 模板数据)。

[25] 根据 Podgotovka Nauchnykh Kadrov Vysshey Kvalifikatsii v Rossii: Statisticheskiy Sbornik(2017, 2018)。

[26] 其余 2% 是其他组织发表的(Parfenova, Grishakina & Bogatov, 2017)。

[27] 根据预算执行报告,2016 年俄罗斯联邦科学组织署(Federal Agency for Scientific Organizations of Russia)获得了 749 亿卢布(31 亿美元)用于资助研发项目。

[28] 根据俄罗斯科学和高等教育部 2018 年 VPO-2 模板数据,Alfimov & Novikov(2001, p. 23),Bukina & Chernykh(2016, p. 5),以及俄罗斯基础研究基金会 2012 年年度报告的数据(www. rfbr. ru/rffi/getimage/Отчет_РФФИ_за_2012_год. pdf)。

[29] 这五所一流大学分别是莫斯科国立大学、圣彼得堡国立大学、俄罗斯高等经济大学、俄罗斯总统国民经济和公共管理学院,以及俄罗斯金融大学(Financial University)。

[30] 支持大学与产业界合作的计划旨在为工业企业提供补贴,资助企业与大学或研究所联合开展高科技制造项目。在 2010—2020 年的 11 轮遴选中,240 家企业获得了资助(与 96 所大学开展了联合项目),创建了 180 个实验室和科研中心(参见 2010 年 4 月 9 日颁布的第 218 号俄罗斯联邦政府令)。2010—2012 年,支持大学科研基础设施建设的计划为公立大学提供了额外经费。根据遴选结果,56 个大学项目入选并获得资助。该计划促进了大学科研创新基础设施的建设和科研成果的商业化发展,并帮助启动了商业教育计划以及支持企业合作的计划(参见 2010 年 4 月 9 日颁布的第 219 号俄罗斯联邦政府令)。

[31] 关于"5-100 计划"对大学科研生产力的影响分析,参见 Guskov, Kosyakov & Selivanova(2017, 2018), Matveeva, Sterligov & Yudkevich(2019a, 2019b), Poldin et al.(2017)。

[32] 参见 Matveeva & Ferligoj(2020)。

[33] 对这种溢出效应的分析可参见 Lovakov et al.(2021)。

[34] 参见 2010 年 4 月 9 日颁布的第 220 号俄罗斯联邦政府令《关于在 2013—2020 年俄罗斯联邦政府计划"科学技术发展"的子计划"科研领域机构发展"所规定的范围内吸引一流科研人员到俄罗斯高等教育机构、联邦科学组织署下属的科研机构以及政府科研中心工作的措施》(*On measures to attract leading researchers to Russian higher education institutions, research facilities under the Federal Agency for Scientific Organizations, and government research centers of the Russian Federation within the sub-program 'Institutional development of the research domain' of the government program of the Russian Federation 'Development of science and technology' for 2013—2020*)。

[35] 根据 Web of Science 的数据,使用了 InCites 分析工具进行分析。

[36] 论文发表数量使用 InCites 工具进行计算,去除了重复内容。2009—2018 年,俄罗斯全部科研教育机构发表的论文数量为 686 篇,俄罗斯大学发表的论文数量为 243 篇。

[37] 根据 Web of Science 的数据,使用了 InCites 分析工具进行分析。将俄罗斯、美国、德国、英国和中国的比例相加,结果超过了 100%,这是由于合著情况造成的:由来自美国、俄罗斯和中国的作者合作撰写的一篇被引率排名前 1% 的论文在总体国际排名中被视为一篇,但如果将每个国家单独计算,则会被视为三篇。

[38] 根据 Web of Science 数据。

[39] 参见 Matveeva, Sterligov & Yudkevich(2021)等文献。

[40] 有关"5 - 100 计划"背景下俄罗斯大学之间科研合作模式变化的更多信息,参见 Matveeva & Ferligoj(2020)。

[41] 1992—2018 年的数据包含 15 所第一批加入"5 - 100 计划"的大学以及科学院下属的 161 家研究所(这些大学和研究所的员工合作发表过论文)。

[42] 有关 Web of Science 提供的更多科研领域的信息,参见 https://images.webofknowledge.com/images/help/WOS/hp_research_areas_easca.html。

[43] 根据 Web of Science 的数据,使用了 InCites 分析工具进行分析。

[44] 参见 Kehm(2009), Nerad & Evans(2014), Yudkevich, Altbach & de Wit(2020)等文献。关于俄罗斯博士生教育的结构,参见 Kobzar & Roshchin(2020)。

[45] 根据 Indikatory Obrazovaniya: Statisticheskiy Sbornik(2020, p.200)。

[46] 这一通过率是拥有发达学术体系的国家中最低的之一。更多细节可参见 Yudkevich et al.(2020)。

[47] 根据俄罗斯联邦科学和高等教育部高等认证委员会官方网站上的科研专业护照(Passport of Research Specializations)数据,网址为:http://vak.ed.gov.ru/316。

[48] 参见 Annex to Rossiyskiy Statisticheskiy Ezhegodnik(2017), Rossiyskiy Statisticheskiy Ezhegodnik(1997), Podgotovka Nauchnykh Kadrov Vysshey Kvalifikatsii v Rossii: Statisticheskiy Sbornik(2013, 2016)。

[49] 有关不同样本博士生的预期就业研究,参见 Bednyy & Mironos(2008), Bednyy, Ostapenko & Serova(2014), Bekova et al.(2017)。

[50] 在社会科学、经济学以及大部分技术和农业研究领域,情况确实是这样,即使在俄罗斯的一流大学也是如此。在自然科学、人文科学、数学和计算机科学领域,只有俄罗斯科学院的少数几家一流科研中心和少数几所大学具备全球竞争力。

第八章　俄罗斯大学的组织模式:从过程到项目

[1] 关于大学的发展与大学校长的科研专业化之间的联系,参见 D′yachenko &
Mironenko(2019)。关于俄罗斯大学校长与其他国家大学校长职能的差异,参
见 Zhdanov et al.(2019)。

[2] Goodall(2009)结合美国一流研究型大学的情况讨论了这个问题。

[3] 参见俄罗斯科学和高等教育部 2019 年 VPO-1 模板数据。

[4] 参见 D′yachenko & Mironenko(2019)。在俄罗斯的 21 所"5-100"大学中,有
两所大学的校长是女性(截至 2021 年 6 月)。

[5] 关于联邦大学和国家研究型大学副校长的数量,参见 Shenderova(2011)。

[6] 参见 2001 年 12 月 30 日颁布的第 197-FZ 号《俄罗斯联邦劳动法典》(*Labor
Code of the Russian Federation*)第 332 条。对法规的详细分析参见
Kuznetsov(2009)。

[7] 关于俄罗斯大学典型院长的更多信息,参见 Reznik(2007);关于 2012 年之前
院长任命的相关法律信息,参见 Kuznetsov(2009)。

[8] 制度陷阱是一种无效率的平衡,在这种平衡中,制度被"锁定",因为转换到另
一种更高效的平衡的成本太高(North, 1990)。

[9] Kuzminov & Yudkevich(2015)中讨论了俄罗斯高等经济大学将教师招聘职
能与课程设计职能进行分离的经验,以及从教席到系的转换过程。

[10] 可在 Startsev & Seregin(2014)中参见 Ya. I. Kuzminov 的访谈。

[11] 参见 Megafakul′tety: Mneniya Ekspertov Vyshki(2015)。

[12] Sivak & Yudkevich(2017)对这些变化进行了分析。

[13] 卡内基高等教育机构分类的网址:http://classifications.carnegiefoundation.
org/methodology/basic.php。

[14] 远东联邦大学(Far Eastern Federal University)、圣彼得堡欧洲大学、俄罗斯国
家研究型技术大学(National University of Science and Technology,简称
MISIS)、莫斯科国立师范大学(Moscow State Pedagogical University)、俄罗斯
普列汉诺夫经济大学(Plekhanov Russian University of Economics)等大学都
设有负责发展战略的副校长。

[15] 伊曼努尔·康德波罗的海联邦大学(Immanuel Kant Baltic Federal
University)、国家信息技术、机械学与光学研究型大学(ITMO 大学)、俄罗斯
高等经济大学、库尔干国立大学(Kurgan State University)、拉祖莫夫斯基莫
斯科国立技术与管理大学(Razumovsky Moscow State University of
Technologies and Management)、托木斯克国立大学(Tomsk State University)
等大学都扩大和合并了下属单位。Arzhanov et al.(2017)中提到,扩大单位规

模是对一流大学战略发展之所需的结构性反应。

[16] 关于大学的新管理方式,参见 Brennan(2007),Deem(1998)。

[17] 关于此类计划的在国际上的情况,参见 Altbach(2003,2011),Civera et al. (2020),Kehm(2013),Liu,Chen & Wang(2016),Salmi(2016),Shin & Jang(2013)。在撰写本书时,俄罗斯政府正在考虑启动后续项目"优先- 2030" (Priority-2030)。

[18] Salmi(2016)也提出了类似的模式,有时会使用烹饪来比喻:"如何烹饪一道完美的菜肴?把最好的食材放进锅里,盖上锅盖,暂时不要打扰它。如何创建世界上最好的大学?聚集最好的教师和最好的学生,确保他们获得最好的资源,并且不要扰乱这种状况。"这个看似乌托邦式的秘诀提出了一个现实问题:当关键资源受到限制,国家制度的体制特征又自成局限时,如何建设世界一流大学?

[19] 参见 2012 年 5 月 7 日颁布的第 599 号《俄罗斯联邦总统令》:《实现国家教育和科学政策的措施》(*On measures on realization of state policy in education and science*)。

[20] 关于"5 - 100 计划"对俄罗斯大学影响的文献越来越多,其中包括 Guskov, Kosyakov & Selivanova(2017,2018),Matveeva,Sterligov & Yudkevich (2019a,2019b,2021),Poldin et al.(2017),Agasisti et al.(2020),Lovakov et al.(2021)。

[21] 这里指的是对世界大学排名进行学术分析(包括分析其对大学的影响)的时间较短。参见 Hazelkorn(2009,2015),Kehm & Stensaker(2009),Locke (2011)。

[22] 获取更多关于 ARWU 的历史、评价方法、计算方法以及年度排名榜单的信息,可访问其官方网站:www. shanghairanking. com/aboutarwu. html。

[23] 当然,并非只有俄罗斯创建了国内大学排名,许多国家的大众媒体、各类机构和专业协会也创建了。参见 Çakır et al.(2015),Usher & Savino(2007)。

[24] 一些作者指出,大部分世界大学排名都忽视了大学工作的一些重要参数,包括教学质量和大学的社会影响力,可参见 Lim(2018),Shattock(2017)。"三项大学使命"(The Three University Missions)是由俄罗斯校长联盟(Russian Rectors' Union)提议创建的世界大学排名之一,试图对大学全部三个经典的关键使命(教学、科研、社会服务)进行评价。目前,共有1200 多所大学参与了这一排名,包括欧洲、亚洲等地区的大学,详见网站:https://mosiur. org/ranking/。

[25] 参见 Morphew & Swanson(2011)对这一现象的讨论;他们指出,大学经常向排名机构提交不真实的信息。关于此类典型行为,参见 Ehrenberg(2002),

Jaschik(2009)。

[26] 关于此类情况的具体差异及其后果,参见 Pavlyutkin & Yudkevich(2016)。

[27] Hazelkorn(2008)分析了一项欧洲大学领导者调查的结果,主要关于排名给大学带来的压力。

[28] 关于此类情况的具体差异及其后果,参见 Pavlyutkin & Yudkevich(2016)。

第九章　俄罗斯高等教育的国际化发展

[1] 关于出国进行科学交流的活动,参见 Maurer(2015), Sveshnikov(2012)。

[2] 关于 20 世纪初举办的国际会议,参见 Fuchs(2001)。

[3] 关于洛克菲勒基金会的物理学研究基金,参见 Frenkel′ & Dzhozefson(1990)。

[4] 1952 年,苏联科学院的全苏联科学技术信息研究所(All-Union Institute for Scientific and Technical Information,简称 VINITI)成立。它拥有可观的硬通货(hard currency)预算,订阅了许多外国期刊。VINITI 的工作人员都是高水平的专家,负责撰写外国科学论文的摘要。他们可以获得外国论文的原稿,并且报酬颇丰。VINITI 每年都会出版数百份摘要集,这些摘要集(延迟八到十个月)提供苏联之外世界的总体科学研究趋势。人们可以阅读摘要,但并不一定能获得原始论文的全文。原始论文保存在少数几个中央图书馆,如有要求才会印发,并且只有原始的语言版本。

[5] 关于东欧国家高等教育苏维埃化更详细的介绍,参见 Connelly(2014),其中详细介绍了东德、捷克斯洛伐克和波兰的情况。Jordan(1964)回顾了 1953—1962 年间东欧国家在科技发展方面的合作。关于二战后中国的科学教育政策,参见 Antipovskiy, Borevskaya & Franchuk(1980)。

[6] 关于波兰和捷克斯洛伐克的科学院的更多信息,参见 Hübner(1998), NisonenTrnka(2008)。

[7] 到 1957 年,共有 195 家研究所与苏联的 201 家研究所建立了科学合作关系;到 1960 年,合作的规模翻了一番,涵盖了其他国家的 400 家研究所和苏联的 300 家研究所。更多细节参见 Jordan(1964, p. 308)。

[8] 参见 Tybulewicz(1970), Letopis′ Periodicheskikh Izdaniy SSSR 1955—1960 gg.: Zhurnaly, Trudy i Byulleteni(1963), Letopis′ Periodicheskikh Izdaniy SSSR 1966—1970 gg.: Zhurnaly(1972), Letopis′ Periodicheskikh Izdaniy SSSR 1976—1980 gg.: Zhurnaly(1983)。

[9] 数据包含 Web of Science 核心论文集: Science Citation Index Expanded (SCIE)、Social Sciences Citation Index(SSCI)、Arts & Humanities Citation Index(AHCI)中的论文和论文评论。

[10] 关于这一点,Kuskova & Yudkevich(2016)以一所大学为例提供了更多信息。

[11] 关于 19 世纪末 20 世纪初美国大学里国际学生的情况,参见 James(1992)。文中数据是根据 Snyder(1993, p. 76)的数据计算得出的。

[12] 伊朗的例子在 Ravandi-Fadai(2015)中有详细论述。

[13] 其中包括 1953—1980 年担任南斯拉夫(Yugoslavia)总统的约西普·布罗兹·铁托(Josip Broz Tito)、1950—1971 年担任德国统一社会党(Socialist Unity Party of Germany)第一书记的瓦尔特·乌布利希(Walter Ulbricht)、1971—1989 年担任德国统一社会党总书记的埃里希·昂纳克(Erich Honecker)、1956—1970 年担任波兰统一工人党(Polish United Worker's Party)第一书记的瓦迪斯瓦夫·哥穆尔卡(Władysław Gomułka)、1956—1962 年担任保加利亚部长会议主席的安东·于哥夫(Anton Yugov)、1931—1941 年和 1945—1956 年担任希腊共产党(Communist Party of Greece)总书记的尼科斯·萨查利阿迪斯(Nikos Zachariadis)。

[14] 参见 Perraton(2017)。Schulken(1968)讨论了其他国家不同时期的国际学生政策,并对美国的情况进行了详细分析。

[15] 可参见 www. cbc. ca/news/world/1960-the-year-of-africa-1. 909381 以及 https://en. wikipedia. org/wiki/Year_of_Africa。

[16] 根据 Aref'yev(2019, p. 38)。

[17] 参见联邦独立国家联合体事务、侨民与国际人道主义合作事务署的网站:http://rs. gov. ru/en。

[18] 基于俄罗斯高等经济大学统计研究与知识经济研究所(Institute for Statistical Studies and Economics of Knowledge)2017 年进行的调查,对象为俄罗斯大学中 1184 名拥有学术学位的员工。该调查是"监测创新过程主体行为"(Monitoring the behavior of innovation process subjects)项目的一部分。

[19] 基于 APIKS - 2018 数据。

数 据 来 源

APIKS

　　"知识型社会中的学术职业"（Academic Profession in the Knowledge-Based Society,简称 APIKS）是"变化中的学术职业"（Changing Academic Profession）的后续项目,对 20 多个国家的学术职业进行了国际比较。该项目建立在实证调查的基础上,调查分为六个主题以及一系列相关问题。这六个主题分别为:①职业和专业地位、②总体工作情况、③教学、④科研、⑤社会互动,以及⑥行政和管理。该项目的网站为:https://apiks.hse.ru。

CAP

　　"变化中的学术职业"（Changing Academic Profession,简称 CAP）是一个研究世界各国学术职业的项目,涵盖多国的高等教育系统以及各自的功能、财政投入、生产力情况和学者态度的信息和数据。该项目的网站为:https://cinst.hse.ru/en/academic_profession。

GARF

　　俄罗斯联邦国家档案馆（State Archive of the Russian Federation,俄语为 Gosudarstvennyy Arkhiv Rossiyskoy Federatsii,简称 GARF）是俄罗斯最大的联邦档案馆,创建于 1992 年,包含约 700 万份 19 世纪至 21 世纪国内历史的档案,其中包括俄罗斯帝国、苏联和俄罗斯联邦最高立法和行政机构的文件。馆藏文件中的标记含义如下: f. 指的是"基金"（fund）, fold. 指的是"卷"（folder）, s. 指的是"页"（sheet）。

GSE

　　《苏联大百科全书》（*Great Soviet Encyclopedia*,简称 GSE）是苏联最大、最完整

的世界性百科全书。该书在 1926—1990 年间发行了多个版本。

HESA

高等教育统计局(Higher Education Statistics Agency,简称 HESA)是收集、分析和宣传英国高等教育定量信息的官方机构,网站为:www. hesa. ac. uk。

MEMO

"教育市场和组织监测"(Monitoring of Education Markets and Organizations,简称 MEMO)是一个俄罗斯教育监测项目,目标是为分析和预测国家教育活动建立信息数据库。该项目包括对主要教育层次的学生、家庭、教育机构管理人员以及雇主进行的年度调查,调查内容涵盖教育项目选择、教育经费、教育机构战略、整体管理情况、资源分配、招聘政策等。该项目由俄罗斯联邦教育和科学部发起并提供资金支持,由俄罗斯高等经济大学负责协调。该项目的网站为:https://memo. hse. ru/en。

MEQ

"俄罗斯大学招生质量监测"(Monitoring of Enrollment Quality,简称 MEQ)是俄罗斯高等经济大学自 2010 年开始实施的一项调查。所有基于国家统一考试分数实施录取的俄罗斯大学都参与了这一监测,监测所需数据由大学官方网站和招生委员会提供。该项目的网站为:https://ege. hse. ru。

OO-1 和 OO-2

指的是俄罗斯联邦教育部"普通教育"(general education)的一系列模板统计数据,这些数据包含:①提供普通初等教育、普通基础教育和普通中等教育课程的院校数据;②普通教育机构的后勤、信息支持、财务和经济活动相关的信息。

OECD

经济合作与发展组织(Organisation for Economic Cooperation and Development,简称 OECD)成立于 1961 年,是一个拥有 38 个成员国的国际经济组织,旨在促进经济进步和世界贸易发展。该组织的网站为:www. oecd. org。

PIAAC

"国际成人能力评估调查"(Programme for the International Assessment of Adult Competencies,简称 PIAAC)是 OECD 的成人技能评估和分析项目。该项目可以评估、监测和分析专业技能水平、各专业技能在成年人群中的分布情况,以及各专业技能在各种情境下的使用情况。这项评估基于对参与国各地大约 5 000 名 16～65 岁群体的调查。第一轮(2008—2013 年)调查了 34 个国家的数据。该项目的网站为:www. oecd. org/skills/piaac/。

PIRLS

"国际阅读素养进展研究项目"(Progress in International Reading Literacy Study,简称 PIRLS)是一项国际比较评估项目,旨在衡量(四年级)学生的阅读素养。自 2001 年起,每五年实施一次,2016 年共有 50 个国家和 11 个基准实体参与了此项评估。该项目的网站为:www. iea. nl/studies/iea/pirls。

PISA

"国际学生评估项目"(Programme for International Student Assessment,简称 PISA)是一项针对青少年学业成绩的国际调查。自 2000 年以来,每三年实施一次,参与测试的是来自 50 多个国家的 15 岁青少年。参与者要参加文字理解、数学和自然科学的能力测试,以及相关背景信息调查。校长也要参加类似调查。2018 年,共有 79 个国家参与了这项调查研究。该项目的网站为:www. oecd. org/pisa/。

SPO‑1

指的是"中等职业教育"(secondary professional education)模板统计数据,包含提供中等职业教育的机构信息。

TIMSS

"国际数学和科学趋势研究"(Trends in International Mathematics and Science Study,简称 TIMSS)是一项国际研究,对四年级和八年级的学生进行数学和科学测试,自 1995 年以来每四年实施一次。这项研究在 50 多个国家进行,使用的是具有代表性的班级学生样本。除测试外,学生、教师和学校管理者还要完成有关教育过程各个方面和其他相关背景信息的调查。2019 年有 64 个国家参与了这项研究。该项目的网站为:www. iea. nl/studies/iea/timss。

VPO‑1 和 VPO‑2

指的是"高等专业教育"(higher professional education)模板统计数据,包含:①高等教育机构信息;②高等教育机构的后勤、信息支持、财务和经济活动相关的信息。

VCIOM

俄罗斯民意调查中心(Russian Public Opinion Research Center,俄语为

Vserossiyskiy Tsentr Izucheniya Obshchestvennogo Mneniya,简称 VCIOM)成立于
1987 年,是苏联时期成立的历史最悠久、规模最大的民意调查公司,也是如今俄罗
斯知名度最高的民意调查公司,网站为:https://wciom.com。

WoS

"科学网"(Web of Science,简称 WoS)是一个数字平台(网站),汇集了不同学科
的各种期刊数据库以及各学科论文的引文索引。

缩　略　词

缩略词	英文/俄文全称	中文翻译
AGU	Association of Global Universities	世界大学协会
ALUR	Association of Leading Universities of Russia	俄罗斯一流大学协会
ARWU	Academic Ranking of World Universities	世界大学学术排名
CHEA	Council for Higher Education Accreditation	高等教育认证委员会
CIS	Commonwealth of Independent States	独立国家联合体
FAMA	Federal Academic Methodological Association	联邦学术方法协会
FES	Federal State Education Standards	联邦国家教育标准
FTE students	full-time equivalent students	全日制学生
GDP	gross domestic product	国内生产总值
HAC	Higher Attestation Commission	高等认证委员会
HEI	higher education institution	高等教育机构
HSE University	National Research University Higher School of Economics	俄罗斯国家研究型高等经济大学
ITMO University	Information Technology, Mechanics and Optics University	俄罗斯国家信息技术、机械学与光学研究型大学

（续表）

缩略词	英文/俄文全称	中文翻译
MEPhI	National Research Nuclear University MEPhI（Moscow Engineering Physics Institute）	俄罗斯国立核能研究大学-莫斯科工程物理学院
MGIMO	Moscow State Institute of International Relations	莫斯科国际关系学院
MIPT	Moscow Institute of Physics and Technology	莫斯科物理技术学院
MISIS	National University of Science and Technology MISIS	俄罗斯国家研究型技术大学
MSU	Moscow State University	莫斯科国立大学
Narkomat	People's Commissariat	人民委员部
Narkompros	People's Commissariat for Education	教育人民委员部
NRU	national research university	国家研究型大学
PPP	purchasing power parity	购买力平价
QS	Quacquarelli Symonds ranking	QS世界大学排名
R&D	research and development	研究与发展
rabfak	workers' faculty（rabochiy fakultet）	工人学院
RAS	Russian Academy of Sciences	俄罗斯科学院
RFBR	Russian Foundation for Basic Research	俄罗斯基础研究基金会
RHSF	Russian Humanitarian Scientific Foundation	俄罗斯人道主义科学基金会
RSCI	Russian Science Citation Index	俄罗斯科学引文索引
RSF	Russian Science Foundation	俄罗斯科学基金会
RSFSR	Russian Soviet Federative Socialist Republic	俄罗斯苏维埃联邦社会主义共和国
RUDN	Peoples' Friendship University of Russia	俄罗斯人民友谊大学
SPbU	Saint Petersburg State University	圣彼得堡国立大学

（续表）

缩略词	英文/俄文全称	中文翻译
SRFO	state registered financial obligation	国家应履行的财政义务
THE	Times Higher Education ranking	泰晤士高等教育世界大学排名
USE	Unified State Exam	国家统一考试
USSR	Union of Soviet Socialist Republics/Soviet Union	苏维埃社会主义共和国联盟（苏联）
VASKhNIL	Lenin All-Union Academy of Agricultural Sciences	全苏列宁农业科学院
VET	vocational education and training	职业教育培训
VSNKh	Supreme Board of the National Economy (Vysshij Sovet Narodnogo Khozyaystva)	苏维埃国家最高国民经济委员会
VTUZ	higher technical education institution (vysshee tehnicheskoe uchebnoe zavedenie)	高等技术学院

参 考 文 献

45 Let Shkole Imeni A. N. Kolmogorova. Sbornik Statey. 2008. Moscow: SUNTs MGU.

AAAS. 1908. "The Salaries of Professors in American Colleges and Universities." Science 28(108):97 – 109.

Abankina, I. V., F. T. Aleskerov, V. Yu. Belousova, L. M. Gokhberg, K. V. Zin′kovskiy, S. G. Kisel′gof, and S. V. Shvydun. 2013. "Tipologiya i Analiz Nauchnoobrazovatel′noy Rezul′tativnosti Rossiyskikh Vuzov." Foresight 7(3): 48 – 62.

Abankina, I., T. Abankina, E. Nikolayenko, E. Seroshtan, and L. Filatova. 2010. Ekonomicheskoye Polozheniye Vuzov v Usloviyakh Byudzhetnoy Reformy, Povysheniya Avtonomii i Vvedeniya EGE. Moscow: HSE University.

Abankina, I., T. Abankina, E. Nikolayenko, E. Seroshtan, and L. Filatova. 2013. "Sravnitel′ naya Kharakteristika Sistem Vysshego Obrazovaniya Zarubezhnykh Stran: Konkurentnyye Metody Finansirovaniya." Ekonomika Obrazovaniya 1:53 – 73.

Abankina, T. V. 2005. "Otnosheniye Studentov Eksperimental′nykh Vuzov k GIFO." Voprosy Obrazovaniya 2:216 – 46.

Agamova, N. S., and A. G. Allakhverdyan. 2007. "Utechka Umov iz Rossii: Prichiny i Masshtaby." Rossiyskiy Khimicheskiy Zhurnal 51(3):108 – 15.

Agasisti, T., E. Shibanova, D. Platonova, and M. Lisyutkin. 2020. "The Russian Excellence Initiative for Higher Education: A Nonparametric Evaluation of Short-term Results." International Transactions in Operational Research 27 (4):1911 – 29.

Akoev, M., O. Moskaleva, and V. Pislyakov. 2018. "Confidence and RISC: How Russian Papers Indexed in the National Citation Database Russian Index of

Science Citation (RISC) Characterize Universities and Research Institutes." In STI 2018 Conference Proceedings. Proceedings of the 23rd International Conference on Science and Technology Indicators, 1328 – 38. Leiden: Universiteit Leiden — CWTS.

Aleksandrov, D. A. 1996. "Pochemu Sovetskiye Uchenyye Perestali Pechatat'sya za Rubezhom: Stanovleniye Samodostatochnosti i Izolirovannosti Otechestvennoy Nauki, 1914 – 1940." Voprosy Istorii Estestvoznaniya i Tekhniki, no. 3:3 – 24.

Aleksandrov, D. A. 2002. "Sovetizatsiya Vysshego Obrazovaniya i Stanovleniye Sovetskoy Nauchno-issledovatel'skoy Sistemy." In Za "Zheleznym Zanavesom": Mify i Realii Sovetskoy Nauki, edited by E. I. Kolchinskiy and M. Khaynemann, 152 – 65. St. Petersburg: Dmitriy Bulanin.

Aleksandrov, D. A. 2012. "Deti iz Semey Migrantov v Rossiyskikh Shkolakh." In Vyravnivaniye Shansov Detey na Kachestvennoye Obrazovaniye, 48 – 54. Komissiya po Razvitiyu Obrazovaniya Obshchestvennoy Palaty Rossiyskoy Federatsii. Moscow: HSE Publishing House.

Aleksandrov, N. V. 1975. "Rabochiye Fakul'tety." In Bol'shaya Sovetskaya Entsiklopediya (v 30 Tomakh), edited by A. M. Prokhorov. 3rd ed. Moscow: Sov. Entsiklopediya.

Alekseyeva, G. I. 2002. "Iz Istorii Stanovleniya i Razvitiya Matematicheskikh Olimpiad. Opyt i Problemy." Diss. Yakutsk: YaGU Im. M. K. Ammosova.

Alfimov, M. V., and V. D. Novikov, eds. 2001. Granty RFFI: Rezul'taty i Analiz. Moscow: Rossiyskiy Fond Fundamental'nykh Issledovaniy.

Alston, P. 1982. "The Dynamics of Educational Expansion in Russia." In The Transformation of Higher Learning 1860 – 1930: Expansion, Diversification, Social Opening and Professionalization in England, Germany, Russia and the United States, edited by K. H. Jarausch, 89 – 107. Stuttgart: Klett-Cotta.

Altbach, P. 2003. "The Costs and Benefits of World-Class Universities." International Higher Education 33:5 – 10.

Altbach, P. 2009. "The Giants Awake: Higher Education Systems in China and India." Economic and Political Weekly 44(23):39 – 51.

Altbach, P. 2011. Leadership for World-Class Universities: Challenges for Developing Countries. London: Routledge.

Altbach, P. 2016. Global Perspectives on Higher Education. Baltimore, MD: Johns Hopkins University Press.

Altbach, P. G., M. Yudkevich, and L. E. Rumbley. 2015. "Academic Inbreeding:

Local Challenge, Global Problem." Asia Pacific Education Review 16 (3): 317 – 30.

Altbach, P., L. Reisberg, M. Yudkevich, G. Androushchak, and I. Pacheco, eds. 2012. Paying the Professoriate: A Global Comparison of Compensation and Contracts. New York: Routledge.

Ampilogov, A., I. Prakhov, and M. Yudkevich. 2013. "One or Many? Using the New Opportunities of the Unified State Exam in Russian University Admissions." In NRU Higher School of Economics. Series EDU "Education" 12. Moscow: HSE University.

Andrews, A. 1978. "Spatial Patterns of Higher Education in the Soviet Union." Soviet Geography 19(7):443 – 57.

Andreyev, A. 2005. "'Natsional′naya Model′' Universitetskogo Obrazovaniya: Vozniknoveniye i Razvitiye (Chast′ 2)." Vyssheye Obrazovaniye v Rossii, no. 2: 110 – 19.

Andreyev, A. 2009. "O 'Novom Prochtenii' Istorii Rossiyskikh Universitetov." Vyssheye Obrazovaniye v Rossii, no. 3:149 – 59.

Andreyev, A. 2017. Rossiyskiye Universitety XVIII: Pervoy Poloviny XIX Veka v Kontekste Universitetskoy Istorii Evropy. Moscow: Znak.

Andreyev, A., and A. Doronin, eds. 2009. "Byt′ Russkim po Dukhu i Evropeytsem po Obrazovaniyu": Universitety Rossiyskoy Imperii v Obrazovatel′ nom Prostranstve Tsentral′noy i Vostochnoy Evropy XVIII — Nachala XX v. Moscow: ROSSPEN.

Andreyev, A., and S. Posokhov. 2011. Universitetskaya Ideya v Rossiyskoy Imperii XVIII: Nachala XX Vekov. Moscow: ROSSPEN.

Andreyev, A., and S. Posokhov. 2012. Universitet v Rossiyskoy Imperii XVIII: Pervoy Poloviny XIX Veka. Moscow: ROSSPEN.

Andreyeva, A. R., and S. A. Popova. 2016. "Effektivnyy Kontrakt v Vysshem Obrazovanii: Determinanty i Potentsial Ispol′ zovaniya." Sotsiologicheskiye Issledovaniya, no. 8:127 – 32.

Androushchak, G., O. Poldin, and M. Yudkevich. 2013. "Role of Peers in Student Academic Achievement in Exogenously Formed University Groups." Educational Studies 39(5):568 – 81.

Androushchak, G. V., I. A. Prakhov, and M. M. Yudkevich. 2010. Strategii Podgotovki k Postupleniyu i Vybora Vuza v Usloviyakh Edinogo Gosudarstvennogo Ekzamena: Informatsionnyy Byulleten′. Yoshkar-Ola: OOO

"Poligraficheskoye Predpriyatiye Tsentr Print".

Androushchak, G. V., and T. V. Natkhov. 2012. "Vvedeniye EGE, Strategii Abituriyentov i Dostupnost' Vysshego Obrazovaniya." Voprosy Obrazovaniya, no. 3:64 – 88.

Antipovskiy, A. A., N. E. Borevskaya, and N. V. Franchuk. 1980. Politika v Oblasti Nauki i Obrazovaniya v KNR 1949 – 1979. Moscow: Nauka.

Antonio, A., M. Carnoy, and C. Nelson. 2018. "The United States of America: Changes and Challenges in a Highly Decentralized System." In Higher Education in Federal Countries: A Comparative Study, edited by M. Carnoy, I. Froumin, O. Leshukov, and S. Marginson, 37 – 95. London: Sage.

Antosik, L. V., and E. S. Shevchenko. 2018. "Otsenka Vliyaniya Effektivnogo Kontrakta na Publikatsionnuyu Aktivnost' Prepodavateley: Keys Regional'nogo Universiteta." Voprosy Obrazovaniya, no. 3:247 – 67.

Apokin, A., and M. Yudkevich. 2008. "Analiz Studencheskoy Zanyatosti v Kontekste Rossiyskogo Rynka Truda." Voprosy Ekonomiki, no. 6:98 – 110.

Aref'yev, A. 2013. Podgotovka Kadrov dlya Zarubezhnykh Stran v Rossii i v Mire. Moscow: TsSI Minobrnauki Rossii.

Aref'yev, A. 2019. Eksport Rossiyskikh Obrazovatel'nykh Uslug. Statisticheskiy Sbornik. Moscow: TsSPiM.

Artemov, E. T. 1990. Formirovanie i razvitie seti nauchnykh uchrezhdeniy AN SSSR v Sibiri. Novosibirsk: Nauka.

Avis, G. 1990. "The Soviet Higher Education Reform: Proposals and Reactions." Comparative Education 26(1):5 – 12.

Avrus, A. 2001. Istoriya Rossiyskikh Universitetov. Vol. 1. Moscow: Moskovskiy Obshchestvennyy Nauchnyy Fond.

Babayeva, M. A., and A. F. Smyk. 2018. "Zaochnoye Obucheniye: Istoricheskiy Put' k MOOK." Vyssheye Obrazovaniye v Rossii, no. 4:156 – 66.

Balatskiy, E. V. 2017. "Institut Effektivnogo Kontrakta v Nauke: Problemy i Resheniya." Upravleniye Naukoy i Naukometriya 3(25):35 – 59.

Balezina, E. A. 2018. "Polozheniye Molodogo Prepodavatelya Vuza v Usloviyakh Modernizatsii Vysshego Obrazovaniya: Riski i Ikh Vospriyatiye." Vestnik Nizhegorodskogo Universiteta Im. N. I. Lobachevskogo. Seriya: Sotsial'nyye Nauki 4(52):99 – 108.

Balzer, H. D. 1980. Educating Engineers: Economic Politics and Technical Training in Tsarist Russia. Philadelphia, PA: University of Pennsylvania Press.

Balzer, H. D. 1985. "Is Less More? Soviet Science in the Gorbachev Era." Issues in Science and Technology 1(4):29 – 46.

Balzer, H. D. 1991. "From Hypercentralization to Diversity: Continuing Efforts to Restructure Soviet Education." Technology in Society 13(1 – 2):123 – 49.

Barinov, D. A. 2015. "Studencheskiye Zemlyachestva Sankt-Peterburgskogo Universiteta v Period Podpol'ya (1884 – 1906 gg.)." Klio 10(106):93 – 100.

Barr, R. B., and J. Tagg. 1995. "From Teaching to Learning: A New Paradigm for Undergraduate Education." Change: The Magazine of Higher Learning 27 (6):12 – 26.

Baskakova, M. E. 2005. "Muzhchiny i Zhenshchiny v Sisteme Obrazovaniya." Voprosy Obrazovaniya, no. 1:276 – 303.

Bauer, K., and Q. Liang. 2003. "The Effect of Personality and Precollege Characteristics on First-Year Activities and Academic Performance." Journal of College Student Development 44(3):277 – 90.

Bednyy, B. I., and A. A. Mironos. 2008. Podgotovka Nauchnykh Kadrov v Vysshey Shkole: Sostoyaniye i Tendentsii Razvitiya Aspirantury — Monografiya. Nizhniy Novgorod: Izd-vo NNGU.

Bednyy, B. I., L. A. Ostapenko, and T. V. Serova. 2014. "Vypuskniki Aspirantury Estestvenno-nauchnogo Profilya na Rynke Truda." Universitetskoye Upravleniye: Praktika i Analiz, no. 3:67 – 73.

Bekova, S. K., I. A. Gruzdev, N. G. Dzhafarova, Z. I. Maloshonok, and E. A. Terentev. 2017. "Portret Sovremennogo Rossiyskogo Aspiranta." NRU Higher School of Economics. Series Sovremennaya Analitika Obrazovaniya. 7 (15). Moscow: HSE University, Institut Obrazovaniya.

Ben-David, J. 1971. The Scientist's Role in Society: A Comparative Study. Englewood Cliffs, NJ: Prentice Hall.

Berezovskiy, A. P. 2000. "Istoriya Stanovleniya i Razvitiya Negosudarstvennoy Vysshey Shkoly Rossii: 90 – e Gody XX Veka." Diss. Moscow: MGOPU.

Bessolitsyn, A. 2014. "The State and the Emergence of Business Education in Russia at the Turn of XIX – XX Centuries." Moscow: RANEPA.

Bessudnov, A. R., and D. Yu. Kurakin. 2017. "Kak Voznik i Chto Skryvayet Mif o Vseobshchem Vysshem Obrazovanii." Voprosy Obrazovaniya, no. 3:83 – 109.

Bessudnov, A. R., and V. M. Malik. 2016. "Sotsial' no-ekonomicheskoye i Gendernoye Neravenstvo pri Vybore Obrazovatel' noy Trayektorii Posle Okonchaniya 9 – go Klassa Sredney Shkoly." Voprosy Obrazovaniya, no. 1:135 –

67.

"Bol′shaya Sovetskaya Entsiklopediya（v 30 Tomakh）, edited by A. M. Prokhorov." 1975. 3rd ed. Moscow: Sov. Entsiklopediya.

"Bol′shaya Zarplata ili Rabota po Spetsial′nosti?" 2019. Initsiativnyy Vserossiyskiy Opros "WCIOM-Sputnik". https://wciom. ru/index. php?id＝236&uid＝9655.

Bolotov, V. A. 2018. "Proshloye, Nastoyashcheye i Vozmozhnoye Budushcheye Rossiyskoy Sistemy Otsenki Kachestva Obrazovaniya." Voprosy Obrazovaniya, no. 3:287－97.

Bolotov, V. A. 2019. "Akkreditatsiya Vuzov: Poryadki i Besporyadki." Obrazovatel′naya Politika, no. 1－2:64－66.

Borisova, E. I., L. I. Polishchuk, and A. D. Suvorov. 2014. "Soblyudat′ ili Narushat′: Vnutrenniye Motivy Akademicheskoy Etiki." Zhurnal Novoy Ekonomicheskoy Assotsiatsii 2(22):41－72.

Brennan, J. 2007. "The Academic Profession and Increasing Expectations of Relevance." In Key Challenges to the Academic Profession, edited by M. Kogan and U. Teichler, 19－28. Kassel: International Centre for Higher Education Research.

Brokgauz, F. A., and I. A. Efron. 1894. Entsiklopedicheskiy Slovar′ Brokgauza i Efrona. St. Petersburg: Izd. Brokgauz F. A. i Efron I. A.

Bukina, I. S., and S. I. Chernykh. 2016. "Gosudarstvennyye Fondy Podderzhki Nauki: Finansovyye i Organizatsionnyye Aspekty Razvitiya." Innovatsii 1(215): 15－20.

Bunce, L., A. Baird, and S. E. Jones. 2017. "The Student-as-Consumer Approach in Higher Education and Its Effects on Academic Performance." Studies in Higher Education 42(11):1958－78.

Burton, N., and L. Ramist. 2001. Predicting Success in College: SAT Studies of Classes Graduating since 1980. Research Report 2001－2. New York: College Entrance Examination Board.

Butrin, D., A. Pavperov, and A. Pushkarskaya. 2016. "Studentov Otchislili Vmeste s Vuzom: Dzerzhinskiy Raysud i Rosobrnadzor Ostanovili Rabotu Evropeyskogo Universiteta v Sankt-Peterburge." Kommersant, December 11. https://www. kommersant. ru/doc/3168792.

Buyanova, A. V. 2018. "Primeneniye Effektivnogo Kontrakta i KPI（Klyuchevykh Pokazateley Effektivnosti）v Organizatsiyakh Vysshego Professional′nogo Obrazovaniya." Problemy Ekonomiki i Yuridicheskoy Praktiki, no. 5:234－36.

Bysik, N. V. , N. V. Evstigneyeva, S. G. Kosaretskiy, and M. A. Pinskaya. 2017. "Uchastiye Roditeley v Shkol′nom Obrazovanii: Vybor, Vozmozhnosti, Vovlechennost′." Monitoring Ekonomiki Obrazovaniya, Informatsionnyy Byulleten′ 19(118):1 – 32.

Çakır, M. P. , C. Acartürk, O. Alaehir, and C. Çilingir. 2015. "A Comparative Analysis of Global and National University Ranking Systems." Scientometrics 103(3):813 – 48.

Camilli, G. , and J. A. Dossey. 2019. "Multidimensional National Profiles for TIMSS 2007 and 2011 Mathematics." The Journal of Mathematical Behavior 55: 1 – 7.

Carnoy, M. , I. Froumin, O. Leshukov, and L. Marginson, eds. 2018. Higher Education in Federal Countries: A Comparative Study. London: Sage.

Carnoy, M. , T. Khavenson, and A. Ivanova. 2015. "Using TIMSS and PISA Results to Inform Educational Policy: A Study of Russia and Its Neighbours." Compare: A Journal of Comparative and International Education 45(2):248 – 71.

Carnoy, M. , T. Khavenson, P. Loyalka, W. Schmidt, and A. Zakharov. 2016. "Revisiting the Relationship between International Assessment Outcomes and Educational Production: Evidence from a Longitudinal PISA-TIMSS Sample." American Educational Research Journal 53(4):1054 – 85.

Chamberlain, L. 2019. Ministry of Darkness: How Sergey Uvarov Created Conservative Modern Russia. London: Bloomsbury.

Chanbarisov, Sh. Kh. 1988. Formirovaniye Sovetskoy Universitetskoy Sistemy (1917 – 1941). 2nd ed. Moscow: Vysshaya Shkola.

Cherednichenko, G. A. 1999. "Shkol′naya Reforma 90 – kh Godov: Novovvedeniya i Sotsial′naya Selektsiya." Sotsiologicheskiy Zhurnal, no. 1 – 2:5 – 21.

Cherednichenko, G. A. 2018. "Zaochnaya Forma Polucheniya Vysshego Obrazovaniya v Sravnenii s Ochnoy (na Materialakh Statistiki RF)." Voprosy Obrazovaniya, no. 2:254 – 82.

Cherednichenko, G. A. 2019. "'Zaochnik′ Vysshey Shkoly: Uchëba i Posle Vypuska." Sotsiologicheskaya Nauka i Sotsial′naya Praktika 7(2):46 – 64.

Chernykh, A. I. 1994. "Dolgiy Put′ k Grazhdanskomu Obshchestvu (Reformy 1860 – kh Godov v Rossii)." Sotsiologicheskiye Issledovaniya, no. 8 – 9:173 – 81.

Chirikov, I. , E. Shmeleva, and P. Loyalka. 2019. "The Role of Faculty in Reducing Academic Dishonesty among Engineering Students." Studies in Higher Education, 1 – 17.

Chirikov, I. S., and N. G. Maloshonok. 2015. "Otchet po Proyektu TsFI."

Chuchalin, A. I. 2015. "Obrazovatel'nyye Standarty Vedushchikh Rossiyskikh Vuzov." Vyssheye Obrazovaniye v Rossii, no. 4:14 – 25.

Civera, A., E. E. Lehmann, S. Paleari, and S. A. Stockinger. 2020. "Higher Education Policy: Why Hope for Quality When Rewarding Quantity?" Research Policy 49(8):1 – 13.

Clery, S. 2015. "2014: Tuition and Expenditures Up, Faculty Salaries Down." In The NEA Almanac of Higher Education, edited by K. Clink, 9 – 22. London: Emerald.

Cohen, G., and K. Morgan. 2002. "Stalin's Sausage Machine: British Students at the International Lenin School, 1926 – 37." Twentieth Century British History 13 (4):327 – 55.

Coleman, J., E. Campbell, C. Hobson, J. McPartland, A. Mood, F. Weinfeld, and R. York. 1966. Equality of Educational Opportunity. Washington, DC: US Government Printing Office.

Conn, P. 1994. Cooperation in Space: The Soviet Space Program and International Science, 1957 – 1972. Bloomington, IN: Indiana University Press.

Connelly, J. 2014. Captive University: The Sovietization of East German, Czech, and Polish Higher Education, 1945 – 1956. Chapel Hill, NC: The University of North Carolina Press.

Crespo, M., and D. Bertrand. 2013. Faculty Workload in a Research Intensive University: A Case Study. Montreal: CIRANO.

Crown, D. F., and M. S. Spiller. 1998. "Learning from the Literature on Collegiate Cheating: A Review of Empirical Research." Journal of Business Ethics 17(6):683 – 700.

D'yachenko, E. L., and A. Yu. Mironenko. 2019. "Akademicheskoye Rukovodstvo Cherez Prizmu Menedzherializma: Svyaz' Mezhdu Razvitiyem Vuza i Nauchnoy Spetsial'nost'yu Rektora." Voprosy Obrazovaniya, no. 1:137 – 61.

Dashkova, E. R. 2003. Zapiski Knyagini: Vospominaniya — Memuary. Minsk.: Kharvest.

Davey, G., C. De Lian, and L. Higgins. 2007. "The University Entrance Examination System in China." Journal of Further and Higher Education 31(4): 385 – 96.

David-Fox, M. 1997. Revolution of the Mind: Higher Learning among the Bolsheviks, 1918 – 1929. Ithaca, NY: Cornell University Press.

David-Fox, M. 1999. "What Is Cultural Revolution?" The Russian Review 58(2): 181 – 201.

David-Fox, M. 2000. "The Assault on the Universities and the Dynamics of Stalin's "Great Break", 1928 – 1932." In Academia in Upheaval: Origins, Transfers, and Transformations of the Communist Academic Regime in Russia and East Central Europe, edited by M. David-Fox and G. Péteri, 73 – 104. Westport: CT: Bergin & Garvey.

Davydova, I. A., and Ya. Ya. Koz'mina. 2014. "Professional'nyy Stress i Udovletvorennost' Rabotoy Prepodavateley Rossiyskikh Vuzov." Voprosy Obrazovaniya, no. 4:169 – 83.

Daynovskiy, A. B. 1976. Ekonomika Vysshego Obrazovaniya: Planirovaniye, Kadry, Effektivnost'. Moscow: Ekonomika.

Deem, R. 1998. "'New Managerialism' and Higher Education: The Management of Performances and Cultures in Universities in the United Kingdom." International Studies in Sociology of Education 8(1):47 – 70.

Deptsova, T. Yu. 2011. Sovremennoye Sostoyaniye Uchebnogo Knigoizdaniya. Samara: Izdatel'stvo SGAU.

Dewey, E. 1924. The Dalton Laboratory Plan. New York: E. P. Dutton & Company.

Dikanskiy, N. S., N. V. Dulepova, and V. V. Radchenko, eds. 1999. Nauka. Akademgorodok. Universitet: Vospominaniya. Ocherki. Interv'yu. Novosibirsk: Novosibirskiy Gosudarstvennyy Universitet.

Dmitriyev, N. M. 2003. "Obrazovatel'nyye Uslugi: Vysokodokhodnaya Otrasl' Ekonomiki." Vestnik Rossiyskoy Akademii Nauk 73(2):104 – 9.

Dneprov, E. D. 2011. Rossiyskoye Obrazovaniye v XX – Nachale XX Veka. 2 vols. Vol. 2: Stanovleniye i Razvitiye Sistemy Rossiyskogo Obrazovaniya (Istoriko-statisticheskiy Analiz). Moscow: Marios.

Dobbins, M., and C. Knill. 2017. "Higher Education Governance in France, Germany, and Italy: Change and Variation in the Impact of Transnational Soft Governance." Policy and Society 36(1):67 – 88.

Dobrov, G. M. 1966. Nauka o Nauke. Kiev: Naukova Dumka.

Dobryakova, M. S., and Y. I. Kuzminov, eds. 2018. Kachestvo Priyema v Rossiyskiye Vuzy—2018. Moscow: HSE Publishing House.

Dokuka, S. V., D. R. Valeyeva, and M. M. Yudkevich. 2015. "Koevolyutsiya Sotsial'nykh Setey i Akademicheskikh Dostizheniy Studentov." Voprosy

Obrazovaniya, no. 3:44 – 65.

Dolgova, E. A. 2018. "Prepodavatel' skoye Soobshchestvo Instituta Krasnoy Professury v 1930 – e gg." Sotsiologicheskiy Zhurnal, no. 4:113 – 31.

Doroshenko, O. M. 2017. "Sootnosheniye Podgotovki Spetsialistov s Vysshim Professional' nym Obrazovaniyem ' Vchera ' i ' Segodnya. '" Politseyskaya Deyatel'nost' 1:160 – 65.

Dragan, M. M. 2017. "Razvitiye Territorial' noy Struktury Vysshey Shkoly Respubliki Sakha (Yakutiya). " Vestnik Severo-Vostochnogo Federal' nogo Universiteta Im. M. K. Ammosova. Seriya: Nauki o Zemle, no. 2:34 – 41.

Drantusova, N. V. , and E. A. Knyazev. 2013. "Institutsional' nyy Landshaft Vysshego Obrazovaniya v Rossii: Klyuchevyye Vektory Razvitiya." Vestnik Mezhdunarodnykh Organizatsiy: Obrazovaniye, Nauka, Novaya Ekonomika 8 (1):264 – 73.

Drynochkin, V. V. , and F. B. Komal. 1980. Sovetskaya Vysshaya Shkola v Gody Velikoy Otechestvennoy Voyny. Moscow: Vysshaya Shkola.

Dudgeon, R. 1982. "The Forgotten Minority: Women Students in Imperial Russia, 1872 – 1917." Russian History 9(1):1 – 26.

Duru-Bellat, M. 2013. "France: Permanence and Change. " In Education Policy Reform Trends in G20 Members, edited by Y. Wang, 19 – 32. Berlin: Springer-Verlag.

Dzhokhadze, D. V. 2015. Imperatorskaya Akademiya Nauk i Khudozhestv, Akademiya Nauk SSSR, Rossiyskaya Akademiya Nauk — Triyedinaya Akademiya: K 290-letiyu Osnovaniya RAN. Moscow: Entsiklopedist-Maksimum, Mir.

Dzhonstoun, D. , and P. Shroff-Meta. 2001. "Finansirovaniye i Dostupnost' Vysshego Obrazovaniya: Mezhdunarodnoye Sravnitel' noye Issledovaniye Oplaty Obucheniya i Mer Finansovoy Podderzhki. " Universitetskoye Upravleniye 2(17): 17 – 32.

"Education at a Glance." 2017. Paris: OECD. "Education at a Glance." 2018. Paris: OECD. "Education Policy Outlook: Ireland. " 2013. Paris: OECD.

Efendiyev, A. G. , and K. V. Reshetnikova. 2004a. "Pervyye Rezul' taty EGE: Analiz Sotsial' nykh Posledstviy i Tendentsiy." Voprosy Obrazovaniya, no. 2: 288 – 310.

Efendiyev, A. G. , and K. V. Reshetnikova. 2004b. "Sotsial' nyye Aspekty EGE: Ozhidaniya, Real' nost', Institutsional' nyye Posledstviya." Voprosy

Obrazovaniya, no. 2:12 – 35.

Egorov, A., O. Leshukov, and I. Froumin. 2019. "'Regional Flagship' University Model in Russia: Searching for the Third Mission Incentives." Tertiary Education and Management 26(1):77 – 90.

Ehrenberg, R. G. 2002. "Reaching for the Brass Ring: The U. S. News & World Report Rankings and Competition." The Review of Higher Education 26 (2): 145 – 62.

Elmes, J. 2016. "University Applicants: Facilities 'More Important' than Reputation." Times Higher Education, September 25. www. timeshighereducation. com/news/university-applicants-facilities-more-important-reputation.

Elyutin, V. P. 1980. Vysshaya Shkola Obshchestva Razvitogo Sotsializma. Moscow: Nauka.

Epple, D., and R. Romano. 2010. "Peer Effects in Education: A Survey of the Theory and Evidence." In Handbook of Social Economics, edited by J. Benhabib, A. Bisin, and M. O. Jackson, 1:1053 – 163. Amsterdam: North Holland.

Eriksson, K., O. Helenius, and A. Ryve. 2019. "Using TIMSS Items to Evaluate the Effectiveness of Different Instructional Practices." Instructional Science 47 (1):1 – 18.

Eymontova, R. 1993. Russkiye Universitety na Putyakh Reformy: Shestidesyatyye Gody XIX Veka. Moscow: Nauka.

Eymontova, R., and S. Dmitriyev. 1985. Russkiye Universitety na Grani Dvukh Epokh: ot Rossii Krepostnoy k Rossii Kapitalisticheskoy. Moscow: Nauka.

Filippov, A. F. 1897. "Moskovskoye Studenchestvo. 1889 – 1895 (Iz Zapisnoy Knizhki)." Russkoye Obozreniye 5:382 – 99.

Finkel', S. 2003. "Organizovannaya Professura i Universitetskaya Reforma v Sovetskoy Rossii (1918 – 1922)." In Vlast' i Nauka, Uchen'ye i Vlast'. 1880 – e — Nachalo 1920 – kh Godov: Materialy Mezhdunarodnogo Nauchnogo Kollokviuma, 173 – 84. St. Petersburg: Dmitriy Bulanin.

Finkelstein, M., K. Iglesias, A. Panova, and M. Yudkevich. 2015. "Future Prospects for Young Faculty Across the Academic World: A Global Comparison and Assessment." In Young Faculty in the 21st Century: International Perspectives, edited by M. Yudkevich, P. Altbach, and L. Rumbley, 321 – 350. Albany, NY: State University of New York Press.

Fitzpatrick, S. 1979a. Education and Social Mobility in the Soviet Union 1921 –

1934. Cambridge: Cambridge University Press.

Fitzpatrick, S. 1979b. "Stalin and the Making of a New Elite, 1928 – 1939." Slavic Review 38(3):377 – 402.

Fortescue, S. 1986. The Communist Party and Soviet Science. London: Palgrave Macmillan.

Frenkel', E. 2016. Lyubov' i Matematika. Serdtse Skrytoy Real'nosti. St. Petersburg: Izd. Dom "Piter-SPb".

Frenkel', V. Ya., and P. Dzhozefson. 1990. "Sovetskiye Fiziki-stipendiaty Rokfellerovskogo Fonda." Uspekhi Fizicheskikh Nauk 160(11):103 – 34.

Friedman, R. 2005. Masculinity, Autocracy and the Russian University, 1804 – 1863. Basingstoke: Palgrave Macmillan.

Froumin, I. D., and M. S. Dobryakova. 2012. "Chto Zastavlyayet Menyat'sya Rossiyskiye Vuzy: Dogovor o Nevovlechennosti." Voprosy Obrazovaniya, no. 2: 159 – 91.

Fuchs, E. 2001. "The Politics of Learning: International Scientific Congresses in Europe, the Pacific Rim, and Latin America." In Across Cultural Borders: Historiography in Global Perspective, edited by E. Fuchs and B. Stuchtey, 205 – 44. Lanham: Rowman & Littlefield.

Fukudome, H. 2019. "Higher Education in Japan: Its Uniqueness and Historical Development." In Education in Japan: A Comprehensive Analysis of Education Reforms and Practices, edited by Y. Kitamura, T. Omomo, and M. Katsuno, 41 – 51. Singapore: Springer.

Fursenko, A. A. 2006. Prezidium TsK KPSS. 1954 – 1964. Chernovyye Protokol'nyye Zapisi Zasedaniy. Stenogrammy. Postanovleniya. Vol. 2: Postanovleniya. 1954 – 1958. Moscow: ROSSPEN.

Gabdrakhmanov, N. K., N. Yu. Nikiforova, and O. V. Leshukov. 2019. "Ot Volgi do Eniseya ...": Obrazovatel'naya Migratsiya Molodezhi v RF. Moscow: HSE Publishing House.

Galitskiy, E. B., and M. I. Levin. 2004. Korruptsiya v Sisteme Obrazovaniya. Informatsionnyy Byulleten' Monitoringa Ekonomiki Obrazovaniya. Vol. 4. Moscow: HSE University.

Galitskiy, E. B., and M. I. Levin. 2005. "Zatraty Domokhozyaystv na Obrazovaniye Detey (2002/2003 Uchebnyy God)." In Monitoring Ekonomiki Obrazovaniya: Informatsionnyy Byulleten', no. 5. Moscow: HSE University.

Ganguli, I. 2014. "Scientific Brain Drain and Human Capital Formation after the

End of the Soviet Union." International Migration 52(5):95 - 110.

"GARF F. P - 5574, Fold. 8, S. 66." N. d.

Garritzmann, J. L. 2016. The Political Economy of Higher Education Finance: The Politics of Tuition Fees and Subsidies in OECD Countries, 1945 - 2015. Cham: Springer.

Gimpelson, V. E., R. I. Kapelyushnikov, T. S. Karabchuk, Z. A. Ryzhikova, and T. A. Bilyak. 2009. "Vybor Professii: Chemu Uchilis' i Gde Prigodilis'?" Ekonomicheskiy Zhurnal Vysshey Shkoly Ekonomiki 13(2):172 - 216.

Glänzel, W., A. Schubert, and H. J. Czerwon. 1999. "A Bibliometric Analysis of International Scientific Cooperation of the European Union (1985 - 1995)." Scientometrics 45(2):185 - 202.

Glavatskiy, M. E., ed. 1994. Khrestomatiya po Istorii Rossii: 1917 - 1940. Moscow: A O "Aspekt Press."

"Global Parents' Survey." 2017. London: Varkey Foundation.

Gokhberg, L. M., ed. 2011. Otechestvennaya Nauka i Nauchnaya Politika v Kontse XX V.: Tendentsii i Osobennosti Razvitiya (1985 - 1999). Moscow: Izdatel'stvo Moskovskogo Universiteta.

Gokhberg, L., and E. Nekipelova. 2002. "International Migration of Scientists and Engineers in Russia." In International Mobility of the Highly Skilled, 177 - 87. Paris: OECD.

Golyshev, I. G. 2011. "Pokazateli Kachestva Vysshego Obrazovaniya v Kontekste Potrebitel'skikh Tsennostey." Vestnik Baltiyskogo Federal'nogo Universiteta Im. I. Kanta. Seriya: Filologiya, Pedagogika, Psikhologiya, no. 11:24 - 30.

Goodall, A. 2009. Socrates in the Boardroom: Why Research Universities Should Be Led by Top Scholars. Princeton, NJ: Princeton University Press.

Gorbunov, A. P. 2005. "Rossiyskaya Vysshaya Shkola v Usloviyakh Rynochnykh Reform 1990 - kh gg." Novyy Istoricheskiy Vestnik, no. 14:181 - 207.

Gorbunova, E. V. 2018. "Vybytiya Studentov iz Vuzov: Issledovaniya v Rossii i SShA." Voprosy Obrazovaniya, no. 1:110 - 31.

Gorbunova, E. V., and O. S. Kondrat'yeva. 2013. "Analiz Gendernykh Razlichiy v Vybytii iz Vuza Rossiyskikh i Amerikanskikh Studentov Programm Bakalavriata." Universitas 1(3):48 - 69.

Gordeyeva, E. V., and N. A. Usova. 2016. "Olimpiady dlya Shkol'nikov po Informatike: Istoriya i Perspektivy Razvitiya." Vestnik Moskovskogo Gorodskogo Pedagogicheskogo Universiteta. Seriya: Informatika i

Informatizatsiya Obrazovaniya, no. 4:23 – 31.

Gorelova, O. Yu. 2016. "Mezhvuzovskaya Mobil′nost′ Prepodavateley Rossiyskikh Vuzov." Voprosy Obrazovaniya, no. 2:229 – 58.

Gouldner, A. 1957. "Cosmopolitans and Locals: Toward an Analysis of Latent Social Roles. I." Administrative Science Quarterly 2:281 – 306.

Gouldner, A. 1958. "Cosmopolitans and Locals: Toward an Analysis of Latent Social Roles. II." Administrative Science Quarterly 2:444 – 80.

Graham, L. R. 1975. "The Formation of Soviet Research Institutes: A Combination of Revolutionary Innovation and International Borrowing." Social Studies of Science 5(3):303 – 29.

Graham, L. R. 1993. Science in Russia and the Soviet Union: A Short History. Cambridge: Cambridge University Press.

Graham, L. R., and I. Dezhina. 2008. Science in the New Russia: Crisis, Aid, Reform. Bloomington, IN: Indiana University Press.

Granovetter, M. 1973. "The Strength of Weak Ties." The American Journal of Sociology 78(6):1360 – 80.

Grebnev, L. S. 2011. "Bolonskiy Protsess i "Chetvertoye Pokoleniye" Obrazovatel′nykh Standartov." Vyssheye Obrazovaniye v Rossii, no. 11:29 – 41.

Grekova, I. 1980. Kafedra. Moscow: Sovetskiy Pisatel′.

Gribovskiy, M. V. 2018. "Professorsko-prepodavatel′skiy Korpus Imperatorskikh Universitetov kak Sotsial′no-professional′naya Gruppa Rossiyskogo Obshchestva. 1884 g. — Fevral′ 1917 g." Diss. Tomsk.

Grimes, P. W. 2004. "Dishonesty in Academics and Business: A Cross-Cultural Evaluation of Student Attitudes." Journal of Business Ethics 49(3):273 – 90.

Gromov, R. 2014. "Filosofiya kak Ob′yekt Pravovogo Regulirovaniya. Puti Professionalizatsii Filosofskogo Obrazovaniya v SSSR" Logos 2(98):43 – 64.

Gruzdev, I. A., E. V. Gorbunova, and I. D. Froumin. 2013. "Studencheskiy Otsev v Rossiyskikh Vuzakh: k Postanovke Problemy." Voprosy Obrazovaniya, no. 2:67 – 81.

Guagnini, A. 2004. "Technology." In A History of the University in Europe. Volume 3: Universities in the Nineteenth and Early Twentieth Centuries, edited by W. Rüegg, 593 – 636. Cambridge: Cambridge University Press.

Guskov, A. E., D. V. Kosyakov, and I. V. Selivanova. 2017. "Strategies to Improve Publication Activities of the Universities Participating in Project 5 – 100." Scientific and Technical Libraries, no. 12:5 – 18.

Guskov, A. E. , D. V. Kosyakov, and I. V. Selivanova. 2018. "Boosting Research Productivity in Top Russian Universities: The Circumstances of Breakthrough." Scientometrics 117(2):1053 – 80.

Halfin, I. 2009. Stalinist Confessions: Messianism and Terror at the Leningrad Communist University. Pittsburgh, PA: University of Pittsburgh Press.

"Harodnoye Khozyaystvo SSSR v Velikoy Otechestvennoy Voyne 1941 – 1945 gg. : Statisticheskiy Sbornik." 1990. Moscow: Informatsionno-izdatel'skiy Tsentr.

Hazelkorn, E. 2008. "Learning to Live with League Tables and Ranking: The Experience of Institutional Leaders." Higher Education Policy 21(2):193 – 215.

Hazelkorn, E. 2009. "Impact of Global Rankings on Higher Education Research and the Production of Knowledge." In Unesco Forum on Higher Education, Research and Knowledge, Occasional Paper No. 18. Paris: UNESCO.

Hazelkorn, E. 2015. Rankings and the Reshaping of Higher Education: The Battle for World-Class Excellence. London: Palgrave Macmillan.

Horta, H. , and M. Yudkevich. 2016. "The Role of Academic Inbreeding in Developing Higher Education Systems: Challenges and Possible Solutions." Technological Forecasting and Social Change 113:363 – 37.

Hübner, P. 1998. "The Last Flight of Pegasus: The Story of the Polish Academy of Science and Letters and of the Warsaw Scientific Society, 1945 – 1952." East European Politics and Societies 13(1):71 – 116.

Huisman, J. , A. Smolentseva, and I. Froumin. 2018. 25 Years of Transformations of Higher Education Systems in Post-Soviet Countries: Reform and Continuity. Basingstoke: Palgrave Macmillan.

Ignat'yev, V. P. , T. E. Alekseyeva, and I. P. Bogushevich. 2019. "Osnovnyye Printsipy Aktualizatsii Federal' nykh Gosudarstvennykh Obrazovatel' nykh Standartov Vysshego Obrazovaniya." Sovremennyye Problemy Nauki i Obrazovaniya, no. 6.

"Indikatory Nauki: Statisticheskiy Sbornik." 2018. Moscow: HSE University.

"Indikatory Nauki: Statisticheskiy Sbornik." 2019. Moscow: HSE University.

"Indikatory Obrazovaniya: Statisticheskiy Sbornik." 2007. Moscow: HSE University.

"Indikatory Obrazovaniya: Statisticheskiy Sbornik." 2010. Moscow: HSE University.

"Indikatory Obrazovaniya: Statisticheskiy Sbornik." 2013. Moscow: HSE University.

"Indikatory Obrazovaniya: Statisticheskiy Sbornik." 2016. Moscow: HSE University.

"Indikatory Obrazovaniya: Statisticheskiy Sbornik." 2018. Moscow: HSE University.

"Indikatory Obrazovaniya: Statisticheskiy Sbornik." 2020. Moscow: HSE University.

International Association of Universities (IAU), ed. 2019. International Handbook of Universities 2019. Cham: Palgrave Macmillan.

Ioffe, A. E. 1975. Mezhdunarodnyye Svyazi Sovetskoy Nauki, Tekhniki i Kul'tury, 1917 – 1932. Moscow: Nauka.

Iolli, L. 1900. Narodnoye Obrazovaniye v Raznykh Stranakh Evropy. St. Petersburg: Knigoizd-vo O. N. Popovoy.

Ishmuratova, T. V. 2016. "Praktika Raboty s Gruppoy Vysokogo Professional' nogo Potentsiala Universiteta: Keys Vysshey Shkoly Ekonomiki." Universitetskoye Upravleniye: Praktika i Analiz 2(102):84 – 92.

"Istoriya Tekhnicheskikh Proryvov v Rossiyskoy Imperii v XVIII — Nachale XX vv.: Uroki dlya XXI V.? Doklad EUSPb dlya GK 'Rosnano.'" 2010. St. Petersburg: EUSP. https://eu.spb.ru/images/projects/istoria_proryrovXVIII-XIX.pdf.

Ivakhnenko, G. A., and Yu. V. Goliusova. 2002. "Studenty ob Innovatsiyakh v Sisteme Vysshego Obrazovaniya." Sotsiologicheskiye Issledovaniya, no. 9: 131 – 34.

Ivanov, A. E. 1991. Vysshaya Shkola Rossii v Kontse XIX — Nachale XX Veka. Moscow: Akademiya Nauk SSSR, In-t Istorii SSSR.

Ivanov, A. E. 1999. Studenchestvo Rossii Kontsa XIX — Nachala XX Veka. Moscow: ROSSPEN.

Ivanov, A. E. 2001. "Studencheskiye Zemlyachestva v Rossii (Konets XIX — Nachalo XX V.)." Rossiya i Sovremennyy Mir, no. 3:138 – 49.

Ivanov, A. E. 2016. Uchenoye Dostoinstvo Rossiyskoy Imperii. XVII — Nachalo XX Veka. Moscow: Novyy Khronograf.

Ivanov, K. 2002. "Science after Stalin: Forging a New Image of Soviet Science." Science in Context 15(2):317 – 38.

Ivanova, G. M. 2018. Sovetskaya Shkola v 1950 – 1960 – e Gody. Moscow: Fond "Moskovskoye Vremya."

James, G. 1992. "Overseas Students in the United States: The Quest for Socio-

Cultural and Linguistic Models." American Studies International 30(1):88 – 108.

Jaoul-Grammare, M., and B. Magdalou. 2013. "Opportunities in Higher Education: An Application to France." Annals of Economics and Statistics/Annales D'économie et de Statistique (111 – 112), 295 – 325.

Jaschik, S. 2009. "A Calculation That Doesn't Add up." Insidehighered. com., September 14. http://m. insidehighered. com/news/2009/09/14/usnews.

Johanson, C. 1987. Women's Struggle for Higher Education in Russia, 1855 – 1900. Montreal: McGill-Queen's University Press.

Johnson, W. 1969. "Russia's Educational Heritage." In Education and the State in Tsarist Russia, edited by P. Alston, 23 – 30. Stanford, CA: Stanford University Press.

Johnston, T. C. 2010. "Who and What Influences Choice of University? Student and University Perceptions." American Journal of Business Education (AJBE) 3 (10):15 – 24.

Jongbloed, B. 2010. Funding Higher Education: A View across Europe. Brussels: ESMU.

Jordan, L. F. 1964. "The Coordination of Science and Technology in the Soviet Bloc, 1953 – 1962: The Structure and Dynamics." Diss. Indiana University.

Josephson, P. R. 1997. New Atlantis Revisited: Akademgorodok, the Siberian City of Science. Princeton, NJ: Princeton University Press.

Kaftanov, S. F. 1947. Rastsvet Sotsialisticheskoy Kul′tury Narodov SSSR. Moscow: Pravda.

Kapuza, A. V., A. B. Zakharov, and K. A. Adamovich. 2017. Doshkol′naya Sreda Obucheniya Chteniyu i Chitatel′skaya Gramotnost′ Detey pri Postuplenii v Pervyy Klass i v Kontse Chetvertogo Klassa po Dannym PIRLS 2001 – 2011 gg. Seriya "Fakty Obrazovaniya." Vol. 2. Moscow: HSE University. Institut Obrazovaniya.

Kapuza, A. V., Yu. D. Kersha, A. B. Zakharov, and T. E. Khavenson. 2017. "Obrazovatel′nyye Rezul′taty i Sotsial′noye Neravenstvo v Rossii." Voprosy Obrazovaniya, no. 4:10 – 35.

Karachurina, L. B., and N. V. Mkrtchyan. 2017. "Vnutrennyaya Dolgovremennaya Migratsiya Naseleniya v Rossii i Drugikh Stranakh." Vestnik Moskovskogo Universiteta. Seriya 5. Geografiya, no. 2:74 – 80.

Karavayeva, A. V. 2010. "Federal′nyye Universitety-strukturoobrazuyushchiy Element v Sisteme Intellektual′nogo Razvitiya." Ekonomicheskiy Analiz: Teoriya i Praktika, no. 39:62 – 68.

Karnaukh, N. V. 2010. "Vliyaniye Professorskogo Instituta na Sotsiokul'turnoye Pole Rossii XIX Veka." Vestnik Tyumenskogo Gosudarstvennogo Universiteta, no. 5:57 – 64.

Karnaukh, N. V. 2013. "Nauchno-pedagogicheskaya Deyatel'nost' Vypusknikov Professorskogo Instituta." Izvestiya Rossiyskoy Akademii Obrazovaniya 3(27): 49 – 58.

Karnaukh, N. V. 2015. "Zarozhdeniye Rossiyskoy Nauchno-pedagogicheskoy Shkoly v Derptskom Professorskom Institute." Vestnik Tomskogo Gosudarstvennogo Pedagogicheskogo Universiteta 1(153):171 – 79.

Karpenko, O. M., and M. D. Bershadskaya. 2013. "Bolonskiy Protsess v Rossii." https://portal. tpu. ru/SHARED/k/KHVOROVA/Studentam/Tab1/Tab/ Болонский_проц_в_России. pdf.

Kashnitskiy, I., N. Mkrtchyan, and O. Leshukov. 2016. "Mezhregional'naya Migratsiya Molodezhi v Rossii: Kompleksnyy Analiz Demograficheskoy Statistiki." Voprosy Obrazovaniya, no. 3:169 – 203.

Kassow, S. 1989. Students, Professors, and the State in Tsarist Russia. 5th ed. Berkeley, CA: University of California Press.

Katuntseva, N. M. 1966. Rol' Rabochikh Fakul'tetov v Formirovanii Kadrov Narodnoy Intelligentsii v SSSR. Moscow: Nauka.

Katuntseva, N. M. 1977. Opyt SSSR po Podgotovke Intelligentsii iz Rabochikh i Krest'yan. Moscow: Mysl'.

Kayumov, O. R. 2016. "O Granitsakh Primenimosti Kompetentnostnogo Podkhoda v Vysshem Obrazovanii." Vyssheye Obrazovaniye v Rossii, no. 4:150 – 55.

Kazakov, A. V. 2016. "Inostrannyye Studenty v Rossii s Kontsa XIX Veka i v Nachale Vtoroy Mirovoy Voyny." Vestnik Mariyskogo Gosudarstvennogo Universiteta 1(5):28 – 31.

Kehm, B. M. 1999. Higher Education in Germany: Developments, Problems, and Perspectives. Wittenberg/Bucharest: Institute for Higher Education Research/ UNESCO European Centre for Higher Education.

Kehm, B. M. 2009. "New Forms of Doctoral Education and Training in the European Higher Education Area." In The European Higher Education Area: Perspectives on A Moving Target, edited by B. Kehm, J. Huisman, and B. Stensaker, 223 – 41. Rotterdam: Sense Publisher.

Kehm, B. M. 2013. "To Be or Not to Be? The Impacts of the Excellence Initiative on the German System of Higher Education." In Institutionalization of World-Class University in Global Competition, edited by J. Shin and B. Kehm, 81 – 97. Dordrecht: Springer.

Kehm, B.M., and B. Stensaker. 2009. University Rankings, Diversity, and the New Landscape of Higher Education. Rotterdam: Sense Publishers.

Khagurov, T. A. 2011. "Vyssheye Obrazovaniye: Mezhdu Sluzheniyem i Uslugoy." Ekonomika Obrazovaniya, no.4:32 – 40.

Khavenson, T.E., and Yu. D. Kersha. 2017. Sravnitel′nyy Analiz Rezul′tatov Testov PISA i TIMSS v Rossii i Stranakh Evropy. Vol. 1. Moscow: HSE University.

Khismatullina, Z. N. 2013. "Evolyutsiya Standartov Vysshego Obrazovaniya: Ot Oriyentatsii na Znaniya, Umeniya i Navyki k Otsenke Kompetentsiy." Vestnik Kazanskogo Tekhnologicheskogo Universiteta 16(22):397 – 401.

Khutorskoy, A. V. 2017. " Metodologicheskiye Osnovaniya Primeneniya Kompetentnostnogo Podkhoda k Proyektirovaniyu Obrazovaniya." Vyssheye Obrazovaniye v Rossii, no.12:85 – 91.

Kiriya, I. V. 2020. "Rossiyskaya Reforma Obrazovaniya v Kul′ture Populizma Rossiyskoy Mediasredy." Voprosy Obrazovaniya, no.4:288 – 311.

Klyachko, T. L. 2002. Strategii Adaptatsii Vysshikh Uchebnykh Zavedeniy: Ekonomicheskiy i Sotsiologicheskiy Aspekty. Moscow: HSE Publishing House.

Klyachko, T. L. 2017. Posledstviya i Riski Reform v Rossiyskom Vysshem Obrazovanii. Moscow: Izdatel′skiy Dom "Delo" RANKhiGS.

Kneen, P. 1984. Soviet Scientists and the State. London: Palgrave Macmillan.

Kobzar, E., and S. Roshchin. 2020. "Russian Doctoral Education: Between Teaching and Research." In Trends and Issues in Doctoral Education: A Global Perspective, edited by M. Yudkevich, P.G. Altbach, and H. de Wit, 127 – 51. London: SAGE Publishing.

Kochergina, E. V., and I. A. Prakhov. 2016. " Vzaimosvyaz′ Mezhdu Otnosheniyem k Risku, Uspevayemost′ yu Studentov i Veroyatnost′ yu Otchisleniya iz Vuza." Voprosy Obrazovaniya, no.4:206 – 28.

Kojevnikov, A. B. 2004. Stalin's Great Science: The Times and Adventures of Soviet Physicists. London: Imperial College Press.

Kol′tsov, A. V. 1960. Kul′turnoye Stroitel′stvo v RSFSR v Gody Pervoy Pyatiletki: (1928 – 1932). Moscow: Izd-vo Akademii Nauk SSSR.

Kolchinskiy, E. I. 2014. "Kul′turnaya Revolyutsiya v 1929 – 1932 gg. i Pervyye

Ataki na Shkolu N. I. Vavilova (po Materialam Sankt-Peterburgskikh Arkhivov)." Vavilovskiy Zhurnal Genetiki i Selektsii 16(3):502 – 39.

Kondratjeva, O. , E. V. Gorbunova, and J. D. Hawley. 2017. "Academic Momentum and Undergraduate Student Attrition: Comparative Analysis in US and Russian Universities." Comparative Education Review 61(3):607 – 33.

Konstantinovskiy, D. L. 1999. Dinamika Neravenstva: Rossiyskaya Molodezh' v Menyayushchemsya Obshchestve — Oriyentatsii i Puti v Sfere Obrazovaniya (ot 1960 – kh k 2000 – mu). Moscow: Editorial URSS.

Konstantinovskiy, D. L. 2012. "Social Inequality and Access to Higher Education in Russia." European Journal of Education 47(1):9 – 24.

Konstantinovskiy, D. L. , G. A. Cherednichenko, and E. D. Voznesenskaya. 2009. "Rabotayushchiy Student: Motivy, Real'nost', Problemy." Moscow: FIRO.

Konstantinovskiy, D. L. , T. M. Krasil' nikova, M. D. Maleva, Ya. M. Roshchina, and S. V. Shishkin. 2002. " Analiz Dostupnosti Vysshego Obrazovaniya: Programma Issledovaniy." In Preprint HSE University, Problemy Dostupnosti Vysshego Obrazovaniya, edited by S. Shishkin, 171 – 91. Moscow: HSE University, Institute for Social Policy.

Konyukhova, K. 2017. "Chto Skryl Rosobrnadzor, Zasekretiv Rezul'taty EGE." Komsomolskaya Pravda, June 2. www.kp.ru/daily/26687.7/3710326/.

Kopelevich, Yu. Kh. 1977. Osnovaniye Peterburgskoy Akademii Nauk. Leningrad: Nauka.

Kostenetskiy, Ya. I. 1887. "Vospominaniya iz Moyey Studencheskoy Zhizni." Russkiy Arkhiv, no.5.

Kostina, T. V. 2013. "Professora 'Staryye' i 'Novyye': 'Antikollegial'naya' Reforma S. S. Uvarova." In Sosloviye Russkikh Professorov: Sozdateli Statusov i Smyslov, edited by E. Vishlenkova and I. Savel'yeva, 212 – 38. Moscow: HSE Publishing House.

Kozakova, V. S. 2001. "Kollektivnaya Biografiya Professury: Novyy Put' v Sotsial' noy Istorii Russkikh Universitetov." Klio 13(1):254 – 58.

Kozlov, D. , D. Platonova, and O. Leshukov. 2017. "Gde Uchit'sya i Gde Rabotat': Mezhregional' naya Mobil' nost' Studentov i Vypusknikov Universitetov." Sovremennaya Analitika Obrazovaniya 4(12):32.

Kozlova, L. A. 1994. "Institut Krasnoy Professury (1921 – 1938 Gody): Istoriograficheskiy Ocherk." Sotsiologicheskiy Zhurnal, no.1:96 – 112.

Kozlova, L. A. 1997. "Komplektovaniye Instituta Krasnoy Professury, 1920 – e

Gody." Sotsiologicheskiy Zhurnal, no. 4:209 - 20.

Krasnikova, A. B. 1955. "Iz Istorii Stroitel'stva Sovetskoy Vysshey Shkoly (K 35-letiyu Dekreta o Rabochikh Fakul'tetakh)." Vestnik Vysshey Shkoly, no. 12: 56 - 60.

Krasovitskaya, T., Z. Vodop'yanova, and T. Domracheva. 2013. "Vozvratit'sya Domoy Druz'yami": Obucheniye Inostrantsev v Sovetskom Soyuze 1956 - 1965. Moscow: Mezhdunarodnyy Fond "Demokratiya."

Kravets, S., ed. 2005. Bol'shaya Rossiyskaya Entsiklopediya. Moscow: Bol'shaya Rossiyskaya Entsiklopediya.

Krementsov, N. 1996. Stalinist Science. Princeton, NJ: Princeton University Press.

Krivonozhenko, A. F. 2011. "Petrogradskiy Universitet v 1917 - 1922 gg.: Ot Universiteta Imperatorskogo k Universitetu Sovetskomu." Peterburgskiye Issledovaniya, no. 3:257 - 66.

Kropachev, N. M. 2015. "Obzor Razvitiya Vysshego Obrazovaniya v Rossiyskoy Federatsii. Vystupleniye Rektora SPbGU N. M. Kropacheva na Vstreche Predstaviteley Assotsiatsii Vedushchikh Universitetov Rossiyskoy Federatsii i Konferentsii Rektorov Vuzov Germanii." Presentation, Bonn, October 6.

Kruglyanskiy, M. R. 1970. Vysshaya Shkola SSSR v Gody Velikoy Otechestvennoy Voyny. Moscow: Vysshaya Shkola.

Kugel', S. A. 1983. Professional'naya Mobil'nost' v Nauke. Moscow: Mysl'.

Kugel', S. A., and O. M. Nikandrov. 1971. Molodyye Inzhenery: Sotsiologicheskiye Problemy Inzhenernoy Deyatel'nosti. Moscow: Mysl'.

Kuh, G. D. 2009. "What Student Affairs Professionals Need to Know about Student Engagement." Journal of College Student Development 50(6):683 - 706.

"Kul'turnoye Stroitel'stvo SSSR: Statisticheskiy Sbornik." 1940. Moscow: Gosplanizdat.

Kulakovskiy, Yu. A. 1897. Gonorar v Russkikh Universitetakh. Kiev: Tipo-litografiya T-va I. N. Kushnerev i K.

Kulyabko, E. S. 1962. M. V. Lomonosov i Uchebnaya Deyatel'nost' Peterburgskoy Akademii Nauk. Moscow: Izd-vo Akademii Nauk SSSR.

Kulyabko, E. S. 1977. Zamechatel'nyye Pitomtsy Akademicheskogo Universiteta. Leningrad: Nauka.

Kupriyanov, A. 2017. "Ot Prosopografii Universitetskoy Professury do Tsifrovogo Sleda Filosofskogo Parokhoda: Sredniye Dannyye i Formal'nyye Podkhody v

Istorii Nauki." Topos, no. 1 – 2:111 – 37.

Kuraev, A. 2014. Internationalization of Higher Education in Russia: Collapse or Perpetuation of the Soviet System? A Historical and Conceptual Study. Ann Arbor, MI: Pro-Quest.

Kurkin, P. I. 1938. Rozhdayemost′ i Smertnost′ v Kapitalisticheskikh Gosudarstvakh Evropy. Moscow: Soyuzorguchet.

Kuskova, V., and M. Yudkevich. 2016. "International Academic Recruitment in a Turbulent Environment: The Case of the Higher School of Economics in Russia." In International Faculty in Higher Education: Comparative Perspectives on Recruitment, Integration, and Impact, edited by M. Yudkevich, P. Altbach, and L. Rumbley, 196 – 220. New York: Taylor & Francis.

Kuteynitsyna, T. 2014. "Kak Gotovyat Vypusknikov Professional′ nogo Obrazovaniya (Obzor Zarubezhnogo Opyta i Problemy Rossiyskoy Praktiki)." Obrazovatel′naya Politika, no. 3:118 – 28.

Kuzminov, Y. I. 2004. "Obrazovaniye v Rossii. Chto My Mozhem Sdelat′?" Voprosy Obrazovaniya, no. 1:5 – 30.

Kuzminov, Y. I. 2011. "Akademicheskoye Soobshchestvo i Akademicheskiye Kontrakty: Vyzovy i Otvety Poslednego Vremeni." In Kontrakty v Akademicheskom Mire, edited by M. M. Yudkevich, 13 – 30. Moscow: HSE Publishing House.

Kuzminov, Y. I., and M. M. Yudkevich. 2007. "Akademicheskaya Svoboda i Standarty Povedeniya." Voprosy Obrazovaniya, no. 6:80 – 93.

Kuzminov, Y. I., and M. M. Yudkevich. 2015. "Too Weak Academic Governance or Too Strong Vertical Control? Case of Russian University." Paper presented at Dalian Conference. Dalian.

Kuzminov, Y. I., D. S. Semenov, and I. D. Froumin. 2013. "Struktura Vuzovskoy Seti: ot Sovetskogo k Rossiyskomu 'Master-planu.'" Voprosy Obrazovaniya 4: 8 – 63.

Kuzminov, Y. I., D. S. Semenov, and I. D. Froumin. 2015. "The Structure of the University Network: From the Soviet to Russian 'Master Plan.'" Russian Education & Society 57(4):254 – 321.

Kuzminov, Y. I., S. A. Popova, and L. I. Jakobson, eds. 2017. Effektivnyy Kontrakt dlya Professionalov Sotsial′noy Sfery: Trendy, Potentsial, Resheniya. Ekspertnyy Doklad. Moscow: Izd. Dom Vysshey Shkoly Ekonomiki.

Kuznetsov, D. L. 2009. "Osobennosti Pravovogo Statusa Dekana Fakul′ teta i

Zaveduyushchego Kafedroy v Vysshem Uchebnom Zavedenii." Pravo. Zhurnal Vysshey Shkoly Ekonomiki, no. 1:94 - 98.

Kuznetsova, N. I. 1997. Sotsiokul'turnyye Problemy Formirovaniya Nauki v Rossii (XVIII — Seredina XIX vv.). Moscow: Editorial URSS.

Lamin, V. A. , and N. A. Kupershtokh. 2004. "Istoriya Pervogo Akademicheskogo Tsentra Zapadnoy Sibiri (1944 - 1957 gg.). " Filosofiya Nauki, no. 2:69 - 84.

Lane, D. 1973. "The Impact of Revolution: The Case of Selection of Students for Higher Education in Soviet Russia, 1917 - 1928. " Sociology 7(2):241 - 52.

Lapko, A. F. 1972. "Razvitiye Vysshego Obrazovaniya v SSSR v Period Trekh Pervykh Pyatiletok. " Uspekhi Matematicheskikh Nauk 27[6(168)]:5 - 23.

Lavrov, A. M. 2019. Logika i Perspektivy Byudzhetnykh Reform v Rossii: v Poiskakh "Optimal'noy Detsentralizatsii." Tsikl Publikatsiy i Dokumentov (1998 - 2019 gg.). Moscow: HSE Publishing House.

Leont'yeva, E. O. 2010. "Standarty i Real'nost': Mozhno li v Rossiyskikh Vuzakh Uchit'sya po Pravilam?" Voprosy Obrazovaniya, no. 1:208 - 24.

"Letopis' Periodicheskikh Izdaniy SSSR 1955 - 1960 gg. Zhurnaly, Trudy i Byulleteni. " 1963. Moscow: Izdatel'stvo Vsesoyuznoy Knizhnoy Palaty.

"Letopis' Periodicheskikh Izdaniy SSSR 1966 - 1970 gg. Zhurnaly." 1972. Moscow: Izdatel'stvo "Kniga".

"Letopis' Periodicheskikh Izdaniy SSSR 1976 - 1980 gg. Zhurnaly. " 1983. Moscow: Izdatel'stvo "Kniga".

"Letopis' Rabochego Fakul'teta MGU (1919 - 1936). " n. d. Moscow: Moscow State University. http://letopis. msu. ru/facultet/rabochiy-rabfak.

Leykina-Svirskaya, V. R. 1981. Russkaya Intelligentsiya v 1900 - 1917 Godakh. Moscow: Mysl'.

Lim, M. A. 2018. "The Building of Weak Expertise: The Work of Global University Rankers. " Higher Education 75(3):415 - 30.

Link, A. N. , C. A. Swann, and B. Bozeman. 2008. "A Time Allocation Study of University Faculty. " Economics of Education Review 27(4):363 - 74.

Linnichenko, I. A. 1916. Proyekt Novogo Universitetskogo Ustava. Petrograd: Tipografiya "Obshchestvennaya Pol'za".

Lisitskaya, S. N. , S. P. Zelenin, and A. D. Nozdrachev. 1998. "Akademicheskaya Gimnaziya v XVIII Veka i v Nashi Dni. " Vestnik Rossiyskoy Akademii Nauk 68 (10):874 - 86.

Lisyutkin, M. A. 2017. O Vozmozhnykh Prichinakh Ukhudsheniya Resursnoy Bazy

Vuzov. Voprosy Obrazovaniya 2:74 – 94.

Lisyutkin, M. A., I. D. Froumin, 2014. Kak Degradiruyut Universitety? K Postanovke Problemy. Universitetskoye Upravleniye: Praktika i Analiz 4 – 5:12 – 20.

Liu, N. C., Y. Cheng, and Q. Wang. 2016. "Matching Visibility and Performance: A Standing Challenge for World-Class Universities." In Matching Visibility and Performance, edited by N. C Liu, Y. Cheng, and Q. Wang, 1 – 11. Netherlands: Sense Publishers.

Locke, W. 2011. "The Institutionalization of Rankings: Managing Status Anxiety in an Increasingly Marketized Environment." In University Rankings: Theoretical Basis, Methodology and Impacts on Global Higher Education, edited by J. C. Shin, R. K. Toutkoushian, and U. Teichler, 201 – 28. New York: Springer.

Loskutova, M. V. 2009. "Geograficheskaya Mobil′nost′ Professorov i Prepodavateley Rossiyskikh Universitetov Vtoroy Poloviny XIX Veka: Postanovka Problemy i Predvaritel′nyye Rezul′taty Issledovaniya." In Byt′ Russkim po Dukhu i Evropeytsem po Obrazovaniyu": Universitety Rossiyskoy Imperii v Obrazovatel′nom Prostranstve Tsentral′noy i Vostochnoy Evropy XVIII — Nachala XX v., edited by A. Andreyev and A. Doronin. Moscow: ROSSPEN.

Lovakov, A. V. 2015. "Priverzhennost′ Vuzu i Priverzhennost′ Professii u Prepodavateley Rossiyskikh Vuzov." Voprosy Obrazovaniya, no. 2:109 – 28.

Lovakov, A., and O. Alipova. 2018. "Academic Inbreeding and Publication Activities of Russian Faculty." Tertiary Education and Management 24 (1): 66 – 82.

Lovakov, A., A. Panova, I. Sterligov, and M. Yudkevich. 2021. "Does Government Support of a Few Leading Universities Have a Broader Impact within the Higher Education System? Evidence from the Russian University Excellence Initiative." Research Evaluation.

Lovakov, A., M. Yudkevich, and O. Alipova. 2019. "Inbreds and Non-Inbreds among Russian Academics: Short-term Similarity and Long-term Differences in Productivity." Higher Education Quarterly 73(4):445 – 55.

Loyalka, P., and A. Zakharov. 2016. "Does Shadow Education Help Students Prepare for College? Evidence from Russia." International Journal of Educational Development 49:22 – 30.

Lunacharskiy, A. V. 1921. "Rol' Rabochikh Fakul'tetov." Vestnik Rabochikh Fakul'tetov, no. 1:3 – 7.

Lunin, V. V., O. V. Arkhangel'skaya, and I. A. Tyul'kov. 2005. "Vserossiyskaya Olimpiada Shkol'nikov po Khimii (Istoriya i Sovremennost')." Vestnik Moskovskogo Universiteta. Seriya 2. Khimiya 46(2):104 – 7.

Lupton, R. A., and K. J. Chaqman. 2002. "Russian and American College Students' Attitudes, Perceptions and Tendencies towards Cheating." Educational Research 44(1):17 – 27.

Lutchenko, A. I. 1973. Sozdaniye Inzhenerno-tekhnicheskikh Kadrov v Gody Postroyeniya Sotsializma v SSSR 1926 – 1958 gg. Minsk: Vysheyshaya Shkola.

Lyakhovich, E. S., and A. S. Revushkin. 1998. Universitety v Istorii i Kul'ture Dorevolyutsionnoy Rossii. Tomsk: Izd-vo Tomskogo Universiteta.

Magnus, J. R., V. M. Polterovich, D. L. Danilov, and A. V. Savvateev. 2002. "Tolerance of Cheating: An Analysis Across Countries." The Journal of Economic Education 33(2):125 – 35.

Maksimova, V. M. 2014. "K Istorii Utverzhdeniya Ustavov Imperatorskogo Moskovskogo Universiteta i Razvitiye Sistemy Upravleniya Universitetom." Vestnik Moskovskogo Universiteta. Seriya 21. Upravleniye (Gosudarstvo i Obshchestvo), no. 2:126 – 54.

Maloshonok, N. G. 2016. "Kak Vospriyatiye Akademicheskoy Chestnosti Sredy Universiteta Vzaimosvyazano so Studencheskoy Vovlechennost'yu: Vozmozhnosti Kontseptualizatsii i Empiricheskogo Izucheniya." Voprosy Obrazovaniya, no. 1: 35 – 60.

Maloshonok, N. G. 2020. "Undergraduate Time-Use: A Comparison of US, Chinese, and Russian Students at Highly Selective Universities." Higher Education Research & Development, 1 – 17.

Manski, C. 1993. "Identification of Endogenous Social Effects: The Reflection Problem." The Review of Economic Studies 60(3):531 – 42.

Markina, E. V. 2004. "Razvitiye Sistemy Finansirovaniya Vuzov na Osnove Gosudarstvennykh Imennykh Finansovykh Obyazatel'stv." Finansy i Kredit 9 (105):14 – 19.

Masten, S. 2006. "Authority and Commitment: Why Universities, Like Legislatures, Are Not Organized as Firms." Journal of Economics & Management Strategy 15(3):649 – 84.

Matthews, M. 1982. Education in the Soviet Union: Policies and Institutions since

Stalin. Vol. 9. London: Routledge.

Matveeva, N., and A. Ferligoj. 2020. "Scientific Collaboration in Russian Universities before and after the Excellence Initiative Project 5 – 100." Scientometrics 124(3):2383 – 407.

Matveeva, N., I. Sterligov, and M. Yudkevich. 2019a. "Impact of Government Intervention on Publication Activity: Case of Russian Universities." In Proceedings of the 17th International Conference on Scientometrics and Informetrics ISSI2019 Vol. 1., 896 – 907. Italy: Edizioni Efesto.

Matveeva, N., I. Sterligov, and M. Yudkevich. 2019b. "The Russian University Excellence Initiative: Is It Really Excellence That Is Promoted?" Preprint HSE University. Moscow, HSE University.

Matveeva, N., I. Sterligov, and M. Yudkevich. 2021. "The Effect of Russian University Excellence Initiative on Publications and Collaboration Patterns." Journal of Informetrics 15(1):101 – 10.

Maurer, T. 2015. "Barometry" ili "Mayaki" Obshchestva? Izbrannyye Stat′i po Sotsial′noy Istorii Russkikh i Nemetskikh Universitetov. Moscow: ROSSPEN.

Maurer, T., and M. Dmitriyeva, eds. 2009. Universitet i Gorod v Rossii: (Nachalo XX V.). Moscow: Novoye lit. Obozreniye.

Mavrin, S. P., and V. N. Smirnov. 1984. "Istoriya Normativnogo Regulirovaniya Shtatnogo Sovmestitel′stva v Vysshey Shkole." Izvestiya Vysshikh Uchebnykh Zavedeniy. Pravovedeniye, no. 6:87 – 91.

McCabe, D. L., and L. K. Trevino. 1997. "Individual and Contextual Influences on Academic Dishonesty: A Multicampus Investigation." Research in Higher Education 38(3):379 – 96.

McClelland, J. 1978. "Proletarianizing the Student Body: The Soviet Experience during the New Economic Policy." Past & Present, no. 80:122 – 46.

"Megafakul′tety: Mneniya Ekspertov Vyshki." Okna Rosta, January 29. https://okna.hse.ru/news/149358077.html.

Mel′gunov, S. 1904. Iz Istorii Studencheskikh Obshchestv v Russkikh Universitetakh. Moscow: Zhurn. "Pravda."

Melikyan, A. V. 2015a. "Sistema Vysshego Obrazovaniya v Aziatskoy Chasti Rossii." Universitetskoye Upravleniye: Praktika i Analiz 3:66 – 76.

Melikyan, A. V. 2015b. "Statisticheskiy Analiz Sistemy Vysshego Obrazovaniya v Tsentral′nom Federal′nom Okruge." Voprosy Statistiki, no. 10:39 – 47.

Merton, R. K. 1968. "The Matthew Effect in Science: The Reward and

Communication Systems of Science Are Considered. " Science 159(3810):56 - 63.

Mikhaylova, M. L. 1999. "Sistema Vysshego Obrazovaniya v Rossiyskoy Federatsii: Problemy Reformirovaniya. " Diss. Moscow.

Mishel', D. , A. M. Pogorel'skaya, I. V. Pomorina, and I. A. Skalaban. 2019. "Sravnitel'nyy Analiz Faktorov, Opredelyayushchikh Vybor Universiteta dlya Obucheniya Britanskimi, Rossiyskimi i Frantsuzskimi Abituriyentami. " Vestnik Tomskogo Gosudarstvennogo Universiteta, no. 446:90 - 95.

Mohanty, D. Q. , R. D. Dodder, and T. A. Karman. 1986. "Faculty Salary Analyses by Region, Rank, and Discipline from 1977 - 1978 to 1983 - 1984. " Research in Higher Education 24(3):304 - 17.

Mora, J. G. 2015. "Academic Inbreeding in Spanish Universities: Perverse Effects in a Global Context. " In Academic Inbreeding and Mobility in Higher Education, edited by M. Yudkevich, P. G. Altbach, and L. E. Rumbley, 206 - 27. New York: Palgrave Macmillan.

Morozumi, A. 2019. "Higher Education Reform: Focusing on National University Reform. " In Education in Japan: A Comprehensive Analysis of Education Reforms and Practices, edited by Y. Kitamura, T. Omomo, and M. Katsuno, 197 - 209. Singapore: Springer.

Morphew, C. C. , and C. Swanson. 2011. "On the Efficacy of Raising Your University's Rankings. " In University Rankings: Theoretical Basis, Methodology and Impacts on Global Higher Education, edited by J. C. Shin, R. K. Toutkoushian, and U. Teichler, 185 - 99. New York: Springer.

Motova, G. N. 2017. "Evolyutsiya Sistemy Akkreditatsii v Sfere Vysshego Obrazovaniya Rossii. " Vyssheye Obrazovaniye v Rossii, no. 10:13 - 25.

"Narodnaya Entsiklopediya Nauchnykh i Prikladnykh Znaniy. T. X. Narodnoye Obrazovaniye v Rossii. " 1910. Moscow: Tipografiya T-va I. D. Sytina.

"Narodnoye Khozyaystvo RSFSR v 1975 Godu: Statisticheskiy Ezhegodnik. " 1976. Moscow: Statistika.

"Narodnoye Khozyaystvo RSFSR za 60 Let: Statisticheskiy Ezhegodnik. " 1977. Moscow: Statistika.

"Narodnoye Khozyaystvo SSSR za 1913 - 1955 gg. : Kratkiy Statisticheskiy Sbornik. " 1956. Moscow: RGAE F. 1562, Fold. 33, S. 2310.

"Narodnoye Khozyaystvo SSSR: Statisticheskiy Sbornik. " 1959. Moscow: Gosstatizdat.

"Narodnoye Khozyaystvo SSSR: Statisticheskiy Sbornik. " 1961. Moscow:

Gosstatizdat TsSU SSSR.

"Narodnoye Khozyaystvo SSSR: Statisticheskiy Sbornik." 1963. Moscow: Rosstatizdat.

"Narodnoye Khozyaystvo SSSR: Statisticheskiy Sbornik." 1965. Moscow: Statistika.

"Narodnoye Khozyaystvo SSSR: Statisticheskiy Sbornik." 1966. Moscow: Statistika.

"Narodnoye Khozyaystvo SSSR: Statisticheskiy Sbornik." 1968. Moscow: Statistika.

"Narodnoye Khozyaystvo SSSR: Statisticheskiy Sbornik." 1970. Moscow: Statistika.

"Narodnoye Khozyaystvo SSSR: Statisticheskiy Sbornik." 1971. Moscow: Statistika.

"Narodnoye Khozyaystvo SSSR: Statisticheskiy Sbornik." 1976. Moscow: Statistika.

"Narodnoye Khozyaystvo SSSR: Statisticheskiy Sbornik." 1980. Moscow: Statistika.

"Narodnoye Khozyaystvo SSSR: Statisticheskiy Sbornik." 1990. Moscow: Finansy i Statistika.

"Narodnoye Khozyaystvo SSSR: Statisticheskiy Sbornik." 1991. Moscow: Finansy i Statistika.

"Narodnoye Khozyaystvo SSSR: Statisticheskiy Spravochnik." 1932. Moscow: Gosudarstvennoye Sotsial'no-ekonomicheskoye Izdatel'stvo.

"Narodnoye Obrazovaniye i Kul'tura SSSR: Statisticheskiy Sbornik." 1989. Moscow: Finansy i Statistika.

Nerad, M., and B. Evans. 2014. Globalization and Its Impacts on the Quality of PhD Education: Forces and Forms in Doctoral Education Worldwide. Rotterdam: Sence.

Neves, J., and N. Hillman. 2019. Student Academic Experience Survey. York: Higher Education Policy Institute.

Nidergaus, E. O., and L. N. Bannikova. 2019. "Osobennosti i Protivorechiya Formirovaniya Professional'noy Identichnosti Sovremennykh Molodykh Prepodavateley Vuza." Vestnik Tyumenskogo Gosudarstvennogo Universiteta: Sotsial'no-ekonomicheskiye i Pravovyye Issledovaniya 5(1):50 – 59.

Niks, N. N. 2008. Moskovskaya Professura vo Vtoroy Polovine XIX — Nachale

XX Veka. Sotsiokul′turnyy Aspekt. Moscow: Novyy Khronograf.

Nisonen-Trnka, R. 2008. "The Prague Spring of Science: Czechoslovak Natural Scientists Reconsidering the Iron Curtain." Europe-Asia Studies 60 (10): 1749 - 66.

Noble, J., and R. Sawyer. 2002. "Predicting Different Levels of Academic Success in College Using High School GPA and ACT Composite Score." ACT Research Report Series, 1 - 22.

Nordin, M., I. Persson, and D. O. Rooth. 2010. "Education-Occupation Mismatch: Is There an Income Penalty?" Economics of Education Review 29(6): 1047 - 59.

North, D. 1990. "Institutions, Institutional Change and Economic Performance." Cambridge: Cambridge University Press.

Novikov, M. V., and T. B. Perfilova. 2012. "'Mrachnoye Semiletiye' v Istorii Rossiyskikh Universitetov." Yaroslavskiy Pedagogicheskiy Vestnik 1(4):7 - 15.

Nykänen, N. 2015. "Industrial Clusters in the Russian Empire, 1860 - 1913." Diss. University of Jyväskylä.

Obermeit, K. 2012. "Students' Choice of Universities in Germany: Structure, Factors and Information Sources Used." Journal of Marketing for Higher Education 22(2):206 - 30.

"Obrazovaniye v Rossiyskoy Federatsii: Statisticheskiy Sbornik." 2003. Moscow: TsISN.

"Obrazovaniye v Rossiyskoy Federatsii: Statisticheskiy Sbornik." 2010. Moscow: HSE University.

"Obrazovaniye v Rossiyskoy Federatsii: Statisticheskiy Sbornik." 2012. Moscow: HSE University.

Odarich, I. N. 2018. "Formirovaniye Universal′nykh, Obshcheprofessional′nykh i Professional′ nykh Kompetentsiy Studentov Bakalavriata po Napravleniyu Podgotovki Stroitel′stvo." Baltiyskiy Gumanitarnyy Zhurnal 7(1):276 - 78.

Oldenburg, S. F. 1927. "Vpechatleniya o Nauchnoy Zhizni v Germanii, Frantsii i Anglii." Nauchnyy Rabotnik, no. 2:88 - 101.

Orlov, V. I. 1934. Studencheskoye Dvizheniye Moskovskogo Universiteta v XIX Stoletii. Moscow: Izd-vo Vsesoyuznogo Obshchestva Politkatorzhan i Ssyl′ no-poselentsev.

Orlova, I. B. 2017. "Reformirovaniye Sistemy Vysshego Obrazovaniya v Otsenke Universitetskogo Soobshchestva." Alma Mater (Vestnik Vysshey Shkoly), no.

1:6 – 10.

Osorgin, M. A. 1955. Vremena. Paris: n. p.

Ostrowsky, L. 1999. "College Dropouts and Standardized Tests." Academic Questions 12(2):74 – 81.

Ozerova, O., and L. Ugol'nova. 2013. Zaochnoye Obrazovaniye: Osobennosti Formy Obucheniya, Motivatsiy i Strategiy Studentov — Informatsionnyy Byulleten'. Moscow: HSE University.

Palfreyman, D., and T. Tapper. 2014. Reshaping the University: The Rise of the Regulated Market in Higher Education. Oxford: Oxford University Press.

Panachin, F. G. 1975. Pedagogicheskoye Obrazovaniye v SSSR: Vazhneyshiye Etapy Istorii i Sovremennoye Sostoyaniye. Moscow: Pedagogika.

Panova, A. A. 2017. "Kontrakty s Akademicheskimi Administratorami i Kachestvo Nayma v Universitete." Ekonomika i Matematicheskiye Metody 53(4):62 – 74.

Panova, A. A., and M. M. Yudkevich. 2011. "Sistema Postoyannogo Nayma v Universitete: Modeli i Argumenty." Voprosy Obrazovaniya, no. 1:44 – 72.

Parfenova, S. L., E. G. Grishakina, and V. V. Bogatov. 2017. "Analiz Publikatsionnoy Aktivnosti Rossiyskikh Issledovateley v Nauchnykh Zhurnalakh, Indeksiruyemykh v Mezhdunarodnykh Bazakh Web of Science." Nauka. Innovatsii. Obrazovaniye 1(23):136 – 48.

Parkhurst, H. 1922. Education on the Dalton Plan. New York: E. P. Dutton & Company.

Pavlyutkin, I., and M. Yudkevich. 2016. "The Impact of University Academic Culture and Leadership on the Symptoms of 'Global Ranking Fever': The Case of One Russian University in a Particular Institutional Context." In Global Challenges, National Initiatives, and Institutional Responses, edited by C. Sarrico, P. Teixeira, A. Magalhães, A. Veiga, M. Rosa, and T. Carvalho, 187 – 201. Rotterdam: Brill Sense.

Pentin, A., G. Kovaleva, E. Davydova, and E. Smirnova. 2018. "Science Education in Russian Schools as Assessed by TIMSS and PISA." Voprosy Obrazovaniya/Educational Studies Moscow, no. 1:79 – 109.

Peresetskiy, A., and M. Davtyan. 2011. "Effektivnost' EGE i Olimpiad kak Instrumenta Otbora Abituriyentov." Prikladnaya Ekonometrika 3(23):41 – 56.

Perraton, H. 2017. "Foreign Students in the Twentieth Century: A Comparative Study of Patterns and Policies in Britain, France, Russia and the United States." Policy Reviews in Higher Education 1(2):161 – 86.

Petrov, F. A. 2002a. Formirovaniye Sistemy Universitetskogo Obrazovaniya v Rossii. Vol. 1: Rossiyskiye Universitety i Ustav 1804 Goda. Moscow: MGU Im. M. V. Lomonosova.

Petrov, F. A. 2002b. Formirovaniye Sistemy Universitetskogo Obrazovaniya v Rossii. Vol. 2: Stanovleniye Sistemy Universitetskogo Obrazovaniya v Pervyye Desyatiletiya XIX v. Moscow: MGU Im. M. V. Lomonosova.

Petrov, F. A. 2003a. Formirovaniye Sistemy Universitetskogo Obrazovaniya v Rossii. Vol. 3: Universitetskaya Professura i Podgotovka Ustava 1835 Goda. Moscow: MGU Im. M. V. Lomonosova.

Petrov, F. A. 2003b. Formirovaniye Sistemy Universitetskogo Obrazovaniya v Rossii. Vol 4: Rossiyskiye Universitety i Lyudi 1840 – kh Godov. Moscow: MGU Im. M. V. Lomonosova.

Petukhov, E. V. 1902. Imperatorskiy Yur'yevskiy, Byvshiy Derptskiy, Universitet za Sto Let Ego Sushchestvovaniya (1802 – 1902). Vol. 1. Yur'yev: Tipografiya K. Matissena.

Pinskaya, M. A. , T. E. Khavenson, S. G. Kosaretskiy, R. S. Zvyagintsev, A. M. Mikhaylova, and T. A. Chirkina. 2018. "Poverkh Bar' yerov: Issleduyem Rezil'yentnyye Shkoly." Voprosy Obrazovaniya, no. 2:198 – 227.

Pinskaya, M., S. Kosaretsky, R. Zvyagintsev, and N. Derbishire. 2019. "Building Resilient Schools in Russia: Effective Policy Strategies." School Leadership & Management 39(2):127 – 44.

"PIRLS – 2016: dinamika rezul' tatov po raznym stranam." 2017. International Laboratory for Evaluation of Practice and Innovation in Education, December 6. https://ioe. hse. ru/lepa/news/212732610. html.

Pirogov, N. I. 1863. "Po Povodu Zanyatiy Russkikh Uchenykh za Granitseyu." Zhurnal Ministerstva narodnogo prosveshhenija (12):109 – 28.

Pis'mennaya, E. 2010. "The Migration of Foreign Students to Russia." Russian Education & Society 52(1):69 – 80.

Piskunov, D. 1991. "Soviet Fundamental Science: State, Problems, and Perspectives of Development." Unpublished Manuscript. Moscow: Analytical Center for Problems of Socio-Economy and Science-Technology Development, Academy of Sciences of the USSR.

Piskunov, I. V. 2014. "Pravovoye Polozheniye Privat-dotsentov Rossiyskikh Universitetov (1803 – 1884)." Vestnik Pravoslavnogo Svyato-Tikhonovskogo Gumanitarnogo Universiteta. Seriya 2: Istoriya. Istoriya Russkoy Pravoslavnoy

Tserkvi 4(59):98 – 116.

Platonova, D. P. , Y. I. Kuzminov, and I. D. Froumin, eds. 2019. Universitety na Pereput′ye: Vyssheye Obrazovaniye v Rossii. Moscow: HSE Publishing House.

Ploeg, P. Van der. 2013. "The Dalton Plan: Recycling in the Guise of Innovation." Paedagogica Historica 49(3):314 – 29.

"Podgotovka Nauchnykh Kadrov Vysshey Kvalifikatsii v Rossii: Statisticheskiy Sbornik." 2013. Moscow: FGBNU NII RINKTsE.

"Podgotovka Nauchnykh Kadrov Vysshey Kvalifikatsii v Rossii: Statisticheskiy Sbornik." 2016. Moscow: FGBNU NII RINKTsE.

"Podgotovka Nauchnykh Kadrov Vysshey Kvalifikatsii v Rossii: Statisticheskiy Sbornik." 2017. Moscow: FGBNU NII RINKTsE.

"Podgotovka Nauchnykh Kadrov Vysshey Kvalifikatsii v Rossii: Statisticheskiy Sbornik." 2018. Moscow: FGBNU NII RINKTsE.

Podlesnyy, D. V. 2001. "O Shkol′nykh Fizicheskikh Olimpiadakh v Rossii." Issledovano v Rossii, no. 4:545 – 60.

Poldin, O. V. 2011. "Prognozirovaniye Uspevayemosti v Vuze po Rezul′tatam EGE." Prikladnaya Ekonometrika 1(21):56 – 69.

Poldin, O. , D. Valeeva, and M. Yudkevich. 2015. "Choice of Specialization: Do Peers Matter?" Applied Economics 47(44):4728 – 40.

Poldin, O. , D. Valeeva, and M. Yudkevich. 2016. "Which Peers Matter: How Social Ties Affect Peer-Group Effects." Research in Higher Education 57(4): 448 – 68.

Poldin, O. V. , N. N. Matveyeva, I. A. Sterligov, and M. M. Yudkevich. 2017. "Publikatsionnaya Aktivnost′ Vuzov: Effekt Proyekta '5 – 100.'" Voprosy Orazovaniya, no. 2:8 – 35.

Polishchuk, L. I. 2010. "Kollektivnaya Reputatsiya v Vysshey Shkole: Analiz Ravnovesnoy Modeli." Zhurnal Novoy Ekonomicheskoy Assotsiatsii, no. 7: 46 – 69.

Posokhov, S. I. 2006. "Ustavy Rossiyskikh Universitetov XX Veka v Otsenkakh Sovremennikov i Potomkov." Voprosy Obrazovaniya, no. 1:370 – 81.

Prakhov, I. 2015a. "The Impact of Investments in Additional Preparation on Unified State Exam Results." Russian Education & Society 57(5):384 – 414.

Prakhov, I. 2015b. "Bar′yery Dostupa k Kachestvennomu Vysshemu Obrazovaniyu v Usloviyakh EGE: Sem′ya i Shkola kak Sderzhivayushchiye Faktory." Voprosy Obrazovaniya, no. 1:88 – 117.

Prakhov, I. 2015c. "Dinamika Investitsiy i Otdacha ot Dopolnitel'noy Podgotovki k Postupleniyu v Vuz." Prikladnaya Ekonometrika 37(1):107 – 24.

Prakhov, I. 2016. "The Barriers of Access to Selective Universities in Russia." Higher Education Quarterly 70(2):170 – 99.

Prakhov, I. 2017. "Dostupnost' Vysshego Obrazovaniya v Usloviyakh EGE: Istochniki Vozniknoveniya i Rasprostraneniya Neravenstva." In Obrazovaniye i Sotsial'naya Differentsiatsiya: Kollektivnaya Monografiya, edited by M. Karnoy, I. D. Froumin, and N. N. Karmayeva, 282 – 310. Moscow: HSE Publishing House.

Prakhov, I. 2019. "The Determinants of Academic Salaries in Russia." Higher Education 77(5):777 – 97.

Prakhov, I., and M. Bocharova. 2019. "Socio-Economic Predictors of Student Mobility." Journal of Further and Higher Education 43(10):1331 – 47.

Prakhov, I., and M. Yudkevich. 2015. "Admission Policy in Contemporary Russia: Recent Changes, Expected Outcomes, and Potential Winners." In International Perspectives on Higher Education Admission Policy: A Reader, edited by V. Stead, 83 – 100. New York: Peter Lang.

Prakhov, I., and M. Yudkevich. 2019. "University Admission in Russia: Do the Wealthier Benefit from Standardized Exams?" International Journal of Educational Development 65:98 – 105.

Prakhov, I., and V. Rudakov. 2018. "The Determinants of Faculty Pay in Russian Universities: Incentive Contracts (September 10, 2018). Higher School of Economics Research Paper." WP BRP 47/EDU/2018. Moscow: National Research University HSE.

Pulvers, K., and G. M. Diekhoff. 1999. "The Relationship between Academic Dishonesty and College Classroom Environment." Research in Higher Education 40(4):487 – 98.

Radaev, V. V. 2010. "Pyat' Printsipov Postroyeniya Novogo Universiteta." Pro et Contra 14(3):6 – 18.

Radaev, V., and I. Chirikov. 2006. "Otnosheniye Studentov i Prepodavateley k Nakazaniyam za Plagiat i Spisyvaniye." Universitetskoye Upravleniye: Praktika i Analiz, no. 4:77 – 82.

Rangra, V. K. 1968. "A Study of Cover to Cover English Translations of Russian Scientific and Technical Journals." Annals of Library and Information Studies 15 (1):7 – 23.

Ravandi-Fadai, L. 2015. "'Red Mecca' — The Communist University for Laborers of the East (KUTV): Iranian Scholars and Students in Moscow in the 1920s and 1930s." Iranian Studies 48(5):713 – 27.

Reznik, S. 2007. "Dekany Rossii: Kto Oni? Pedagogi? Uchenyye? Menedzhery?" Universitetskoye Upravleniye: Praktika i Analiz, no.3:53 – 58.

Reznik, S. 2009. "Kar' yera Rektora: Kakoy Ey Byt'?" Universitetskoye Upravleniye: Praktika i Analiz, no.5:7 – 14.

Reznik S.D., O.A. Sazykina, and G. B. Fomin. 2019. Rektory Rossii: Sistema i Mekhanizmy Professional'nogo Stanovleniya. 2nd ed. Moscow: INFRA-M.

Robst, J. 2007. "Education and Job Match: The Relatedness of College Major and Work." Economics of Education Review, no.26:397 – 407.

Rogachevskaya, L.S. 1993. "Kak Sostavlyalsya Plan Pervoy Pyatiletki." Voprosy Istorii, no.8:5 – 17.

Roland, G., and A. Szafarz. 1990. "The Ratchet Effect and the Planner's Expectations." European Economic Review 34(5):1079 – 98.

Rosen, S.M. 1980. Education in the USSR Current Status of Higher Education. Washington, DC: US Government Printing Office.

Roshchin, S. 2006. "Perekhod 'Ucheba — Rabota': Omut ili Brod?". Preprint HSE University, Nauchnyye Trudy Laboratorii Issledovaniy Rynka Truda, 52. Moscow: HSE University.

Roshchin, S.Y., and V.N. Rudakov. 2014. "Sovmeshcheniye Ucheby i Raboty Studentami Rossiyskikh Vuzov." Voprosy Obrazovaniya, no.2:152 – 79.

Roshchin, S.Y., and V.N. Rudakov. 2017. "Patterns of Student Employment in Russia." Journal of Education and Work 30(3):314 – 38.

Roshchina, Ya. M. 2007. "Sotsial' naya Differentsiatsiya i Obrazovatel' nyye Strategii Rossiyskikh Studentov i Shkol' nikov." Informatsionnyy Byulleten'. Moscow: HSE University.

"Rossiyskiy Statisticheskiy Ezhegodnik." 1997. Moscow: Goskomstat.

"Rossiyskiy Statisticheskiy Ezhegodnik." 1999. Moscow: Goskomstat Rossii.

"Rossiyskiy Statisticheskiy Ezhegodnik." 2003. Moscow: Goskomstat Rossii.

"Rossiyskiy Statisticheskiy Ezhegodnik." 2011. Moscow: Rosstat.

"Rossiyskiy Statisticheskiy Ezhegodnik." 2013. Moscow: Rosstat.

"Rossiyskiy Statisticheskiy Ezhegodnik." 2017. Moscow: Rosstat.

"Rossiyskiy Statisticheskiy Ezhegodnik." 2018. Moscow: Rosstat.

"Rossiyskiy Statisticheskiy Ezhegodnik." 2019. Moscow: Rosstat.

Rostovtsev, E. A. 2017. Stolichnyy Universitet Rossiyskoy Imperii: Uchenoye Sosloviye, Obshchestvo i Vlast' (Vtoraya Polovina XIX — Nachalo XX v.). Moscow: ROSSPEN.

Round, A., and R. Gunson. 2017. Independent Review of Financial Support for Students in Scotland: International Comparator Study. Edinburgh: Institute for Public Policy Research, Scotland.

Rudakov, V., H. Figueiredo, P. Teixeira, and S. Roshchin. 2019. The Impact of Horizontal Job-Education Mismatches on the Earnings of Recent University Graduates in Russia. Bonn: Institute of Labor Economics.

Rudakov, V., I. Chirikov, S. Roshchin, and D. Drozhzhina. 2016. "Uchis', Student? Vliyaniye Uspevayemosti v Vuze na Zarabotnuyu Platu Vypusknikov." Preprint HSE University, Nauchnyye Trudy Laboratorii Issledovaniy Rynka Truda, 1st ed. Moscow: HSE University.

Ryabokon', M. V. 2016. "Modeli Povedeniya Abituriyentov pri Vybore Vuza." Vestnik Nizhegorodskogo Universiteta Im. N. I. Lobachevskogo. Seriya: Sotsial'nyye Nauki 4(44):177 – 85.

Sabri, D. 2011. "What's Wrong with 'the Student Experience'?" Studies in the Cultural Politics of Education 32(5):657 – 67.

Sacerdote, B. 2010. "Peer Effects in Education: How Might They Work, How Big Are They and How Much Do We Know Thus Far?" In Handbook of Economics of Education, edited by L. Woessmann E. A. Hanushek, and S. J. Machin, 3rd ed., 249 – 77. Amsterdam: Elsevier.

Salmi, J. 2016. "Excellence Strategies and the Creation of World-Class Universities." In Matching Visibility and Performance, edited by N. C. Liu, Y. Cheng, and Q. Wang, 13 – 48. Rotterdam: Sense Publishers.

Saltykov, B. 2008. "Vyssheye Obrazovaniye v Rossii: Mezhdu Naslediyem Proshlogo i Sovremennymi Vyzovami." Institut français des relations internationales. Russie. Nei. Visions 29:1 – 23.

Sauder, M., and W. N. Espeland. 2009. "The Discipline of Rankings: Tight Coupling and Organizational Change." American Sociological Review 74(1): 63 – 82.

Savitskaya, E. A. 2012. "Russkoye Revolyutsionnoye Sudenchestvo 80 – 90 – kh Godov XIX Veka." Vestnik Voronezhskogo Gosudarstvennogo Universiteta. Seriya: Problemy Vysshego Obrazovaniya, no. 1:202 – 7.

"Sbornik Statisticheskikh Materialov: 1981." 1982. Moscow: Finansy i Statistika.

Schnepf, S. V. 2014. Do Tertiary Dropout Students Really Not Succeed in European Labour Markets? Bonn: Institute of Labor Economics.

Schulken, E. W. 1968. "A History of Foreign Students in American Higher Education from Its Colonial Beginnings to the Present: A Synthesis of the Major Forces Influencing Their Presence in American Higher Education." Diss. The Florida State University.

Schuster, J., and M. Finkelstein. 2006. The American Faculty: The Restructuring of Academic Work and Careers. Baltimore, MD: Johns Hopkins University Press.

Senashenko, V. S. 2017. "O Reformirovanii Otechestvennoy Sistemy Vysshego Obrazovaniya: Nekotoryye Itogi." Vyssheye Obrazovaniye v Rossii, no. 6:5 – 15.

Shapiro, D., A. Dundar, X. Yuan, A. Harrell, and P. K. Wakhungu. 2014. Completing College: A National View of Student Attainment Rates — Fall 2008 Cohort (Signature Report No. 8). Herndon, VA: National Student Clearinghouse Research Center.

Shattock, M. 2017. "The 'World Class' University and International Ranking Systems: What Are the Policy Implications for Governments and Institutions?" Policy Reviews in Higher Education 1(1):4 – 21.

Shaw, E., J. Kobrin, B. Patterson, and K. Mattern. 2012. The Validity of the SAT® for Predicting Cumulative Grade Point Average by College Major. Research Report 2012 – 16. New York: The College Board.

Shcheglova, I., E. Gorbunova, and I. Chirikov. 2020. "The Role of the First-Year Experience in Student Attrition." Quality in Higher Education 26(3):307 – 22.

Shchetinina, G. I. 1976. Universitety v Rossii i Ustav 1884 Goda. Moscow: Nauka.

Shenderova, S. V. 2011. "Struktura Dokhodov Vedushchikh Mirovykh i Rossiyskikh Universitetov: Sravnitel'nyy Analiz po Otkrytym Istochnikam." Universitetskoye Upravleniye: Praktika i Analiz, no. 1:12 – 18.

Shepelev, L. E. 1959. "Aktsionernoye Uchreditel'stvo v Rossii (Istoriko-Statisticheskiy Ocherk)." In Iz Istorii Imperializma v Rossii, edited by M. Vyatkin, 1:134 – 82. Moscow: Trudy LOII.

Shevchenko, A. V. 2006. "Osnovnyye Tendentsii Razvitiya Podgotovki Spetsialistov dlya Zarubezhnykh Stran v Otechestvennykh Vysshikh Uchebnykh Zavedeniyakh v 1960 – 2003 gg." Diss. Belgorod.

Shevchenko, M. M. 2003. Konets Odnogo Velichiya: Vlast', Obrazovaniye i

Pechatnoye Slovo v Imperatorskoy Rossii na Poroge Osvoboditel'nykh Reform. Moscow: Tri Kvadrata.

Shevchenko, M. M. 2010. "Pravitel' stvo, Narodnoye Obrazovaniye i Gosudarstvennaya Sluzhba v Rossii v Pervoy Polovine XIX Veka." Rossiyskaya Istoriya, no. 6:57 – 69.

Shevchenko, M. M. 2018. "S. S. Uvarov: Politicheskiy Portret." Tetradi po Konservatizmu, no. 1:27 – 50.

Shin, J. C., and Y. S. Jang. 2013. "World-Class University in Korea: Proactive Government, Responsive University, and Procrastinating Academics." In Institutionalization of World-Class University in Global Competition, edited by J. Shin and B. Kehm, 147 – 63. Dordrecht: Springer.

Shishkin, S. V., ed. 2004. Vyssheye Obrazovaniye v Rossii: Pravila i Real'nost'. Moscow: Nezavisimyy Institut Sotsial'noy Politiki.

Sinetskiy, A. Ya. 1950. Professorsko-prepodavatel'skiye Kadry Vysshey Shkoly SSSR. Moscow: Sovetskaya Nauka.

Sivak, E., and M. Yudkevich. 2013. "Academic Profession in a Comparative Perspective: 1992 – 2012." Foresight-Russia 7(3):38 – 47.

Sivak, E., and M. Yudkevich. 2017. "The Academic Profession in Russia's Two Capitals: The Impact of 20 Years of Transition." European Educational Research Journal 16(5):626 – 44.

Sivertseva, N. L. 1995. "Velikaya Otechestvennaya Voyna i Vysshaya Shkola." Sotsiologicheskiye Issledovaniya, no. 5:35 – 44.

Sizykh, A. D. 2014. "Analiz Akademicheskoy Sredy kak Mesta Ucheby i Raboty." Voprosy Obrazovaniya, no. 1:92 – 109.

"Skills Matter: Further Results from the Survey of Adult Skills." 2016. Paris: OECD.

Skovorodkina, I. Z., and E. V. Antonova. 2015. "Problemy Razvitiya Vysshey Shkoly Rossii v 1917 – 1939 Gody." Vestnik RMAT, no. 4:60 – 64.

Skryabin, G. K., ed. 1975. Ustavy Akademii Nauk SSSR, 1724 – 1974. Moscow: Nauka.

Slonimczyk, F., M. Francesconi, and A. V. Yurko. 2017. "Moving On Up for High School Graduates in Russia: The Consequences of the Unified State Exam Reform." CESifo Working Paper Series 6447. Munich: CESifo.

Smagina, G. I. 2007. "Sankt-Peterburgskaya Akademiya Nauk i Prosveshcheniye v Rossii XVIII Veka: Obrazovaniye i Rasprostraneniye Znaniy." Diss. St.

Petersburg.

Smirnova, T. M. 1979. "Istoriya Razrabotki i Provedeniya v Zhizn' Pervogo Sovetskogo Ustava Vysshey Shkoly." In Gosudarstvennoye Rukovodstvo Vysshey Shkoloy v Dorevolyutsionnoy Rossii i v SSSR, edited by N. N. Eroshkin, 6 – 38. Moscow: Moskovskiy Gosudarstvenniy Istoricho-Arkhivniy Institut.

Sneyers, E., and K. De Witte. 2017. "The Effect of an Academic Dismissal Policy on Dropout, Graduation Rates and Student Satisfaction. Evidence from the Netherlands." Studies in Higher Education 42(2):354 – 89.

Snyder, T.D., ed. 1993. 120 Years of American Education: A Statistical Portrait. Washington, DC: National Center for Education Statistics.

Snyder, T., C. Brey, and S. Dillow. 2019. Digest of Education Statistics, 2017. Washington, DC: National Center for Education Statistics.

Sobolev, G.L., and M.V. Khodyakov. 2010. "Poteri Leningradskogo Universiteta v Gody Velikoy Otechestvennoy Voyny." Vestnik Sankt-Peterburgskogo Universiteta. Seriya 2. Istoriya, no. 2:14 – 23.

Solonitsyn, V. A. 1998. Negosudarstvennoye Vyssheye Obrazovaniye v Rossii. Moscow: MOSU.

Solovey, V.D. 1990. "Institut Krasnoy Professury: Podgotovka Kadrov Istorikov Partii v 20 – 30 – e Gody." Voprosy Istorii KPSS, no. 12:87 – 98.

Spence, M. 1973. "Job Market Signaling." The Quarterly Journal of Economics 83 (7):355 – 74.

"Sravnitel'naya Tablitsa Ustavov Universitetov 1884, 1863, 1835 i 1804 gg." 1901. St. Petersburg: Tipo-litografiya Sankt-Peterburgskoy Tyur' my. "SSSR v Tsifrakh." 1934. Moscow: Soyuzorguchet.

Startsev, B. 2013. "Luchshiye Abituriyenty Prodolzhayut Vybirat' Sil'nyye Vuzy." Hse. ru, September 5. www. hse. ru/news/93046995. html.

Startsev, B., and O. Seregin. 2014. "VShE Budet Sostoyat' iz 'Bol'shikh' Fakul'tetov." Hse.ru, February 10. www. hse. ru/news/112638706. html.

"Statisticheskiy Ezhegodnik Rossii 1915g." 1916. Petrograd: Izdaniye Tsentral' nogo Statisticheskogo Komiteta MVD.

Stegniy, V. N., and L. N. Kurbatova. 2009. Sotsial'nyy Portret Studenchestva v Usloviyakh Transformatsii Rossiyskogo Obshchestva. Perm': Izdatelstvo Permskogo Gosudarstvennogo Tekhnicheskogo Universiteta.

Stiglitz, J. 1989. "Markets, Market Failures, and Development." The American

Economic Review 79(2):197 – 203.

Stiglitz, J. 1998. "Distinguished Lecture on Economics in Government: The Private Uses of Public Interests: Incentives and Institutions." Journal of Economic Perspectives 12(2):3 – 22.

Subbotin, A., and S. Aref. 2020. "Brain Drain and Brain Gain in Russia: Analyzing International Migration of Researchers by Discipline Using Scopus Bibliometric Data 1996 – 2020." WP – 2020 – 025. Rostock: Max Planck Institute for Demographic Research.

Sudarikov, A. M. 2005. "Rossiyskiye Uchenyye i Mezhdunarodnoye Sotrudnichestvo v 1925 – 1960 gg." Klio 28(1):174 – 79.

Sveshnikov, A. V. 2012. "Pravitel′stvennaya Politika v Sfere Zarubezhnykh Komandirovok Russkikh Uchenykh Vtoroy Poloviny XIX — Nachala XX Veka." In Raspisaniye Peremen: Ocherki Istorii Obrazovatel′noy i Nauchnoy Politiki v Rossiyskoy Imperii-SSSR (Konets 1880 – kh – 1930 – e Gody), edited by A. Dmitriev, 849 – 87. Moscow: NLO.

Tamul, V. 1991. "'Professora est′ Dostoynyye …' (Professorskiy Institut v 1828 – 38 gg.)." Tallinn, no. 1:119 – 30.

Tatishchev, V. N. 1886. Razgovor o Pol′ze Nauk i Uchilishch. Moscow: Universitetskaya Tipografiya.

Teichler, U. 2018. "Germany: Continuous Intergovernmental Negotiations." In Higher Education in Federal Countries: A Comparative Study, edited by M. Carnoy, I. Froumin, O. Leshukov, and S. Marginson, 173 – 211. London: Sage.

Teichler, U., A. Arimoto, and W. K. Cummings. 2013. "Research and Teaching: The Changing Views and Activities of the Academic Profession." In The Changing Academic Profession, edited by U. Teichler, A. Arimoto, and W. Cummings, 117 – 63. Dordrecht: Springer.

Tenchurina, L. Z. 1998. Istoriya Professional′no-pedagogicheskogo Obrazovaniya. Khrestomatiya v 3 – kh Tomakh. Moscow: FGBOU VPO MGAU.

Terentev, E.A., I.A. Gruzdev, and E.V. Gorbunova. 2015. "Sud Idet: Diskurs Prepodavateley ob Otseve Studentov." Voprosy Obrazovaniya, no. 2:129 – 51.

Timofeyev-Resovskiy, N. V. 1995. Vospominaniya. Moscow: Izdatel′skaya Gruppa "Progress," Pangeya.

Tinto, V. 1975. "Dropout from Higher Education: A Theoretical Synthesis of Recent Research." Review of Educational Research 45(1):89 – 125.

Titayev, K. D. 2005. "Pochem Ekzamen dlya Naroda? Etyud o Korruptsii v Vysshem Obrazovanii." Ekonomicheskaya Sotsiologiya 6(2):69 – 82.

Titayev, K. D. 2012. "Akademicheskiy Sgovor." Otechestvennyye Zapiski, no. 2: 184 – 94.

Titova, N. L. 2008. Put' Uspekha i Neudach: Strategicheskoye Razvitiye Rossiyskikh Vuzov. Moscow: MAKS Press.

Titova, N. L., O. N. Balayeva, N. V. Andreyeva, V. V. Radaev, V. P. Busygin, Yu. R. Muratova, and A. A. Yakovlev. 2008. Strategii Razvitiya Rossiyskikh Vuzov: Otvety na Novyye Vyzovy. Moscow: MAKS Press.

Tolstoy, D. A. 1885. "Akademicheskaya Gimnaziya v XVIII Veke, po Rukopisnym Dokumentam Arkhiva Akademii Nauk." Sbornik Otdeleniya Russkogo Yazyka i Slovesnosti Akademii Nauk 38(5).

Tomlinson, M. 2014. Exploring the Impact of Policy Changes on Students' Attitudes and Approaches to Learning in Higher Education. York: The Higher Education Academy.

Tomlinson, M. 2017. "Student Perceptions of Themselves as 'Consumers' of Higher Education." British Journal of Sociology of Education 38(4):450 – 67.

Tromly, B. 2014. "Brother or Other? East European Students in Soviet Higher Education Establishments, 1948 – 1956." European History Quarterly 44(1): 80 – 102.

"Trud i Zanyatost' v Rossii: Statisticheskiy Sbornik." 2019. Moscow: Rosstat.

"Trud v SSSR: Statisticheskiy Sbornik." 1988. Moscow: Finansy i Statistika.

Tsygankov, D. A., and A. Yu. Andreyev. 2010. Imperatorskiy Moskovskiy Universitet: 1755 – 1917: Entsiklopedicheskiy Slovar'. Moscow: ROSSPEN.

Tuma, B. N., and A. J. Grimes. 1981. "A Comparison of Models of Role Orientations of Professionals in a Research-Oriented University." Administrative Science Quarterly 28:187 – 206.

Tybulewicz, A. 1970. "Cover-to-Cover Translations of Soviet Scientific Journals." Aslib Proceedings 22(2):55 – 62.

Tyurina, L. 1998. "Vuzovskiy Uchebnik Segodnya i Zavtra." Vyssheye Obrazovaniye v Rossii, no. 1:14 – 24.

Usher, A., and M. Savino. 2007. "A Global Survey of University League Tables." Higher Education in Europe 32(1):5 – 15.

Vakhromeyeva, O. B. 2008. "Studencheskiye Zemlyachestva." In Tri Veka SanktPeterburga, edited by P. Buharkin, 656 – 57. St. Petersburg: Izdatelstvo

SPbGU.

Valeyeva, D. R., S. V. Dokuka, and M. M. Yudkevich. 2017. "Razryv Druzheskikh Svyazey pri Akademicheskom Neuspekhe: Sotsial'nyye Seti i Peresdachi u Studentov." Voprosy Obrazovaniya, no. 1. Moscow: HSE University.

Varshavskaya, E. Ya. 2018. "Zaochnoye Vyssheye Obrazovaniye v Rossii: Ekonomikostatisticheskiy Analiz." Voprosy Statistiki 25(7):31 – 39.

Varshavskaya, E. Ya., and E. S. Kotyrlo. 2019. "Vypuskniki Inzhenerno-tekhnicheskikh i Ekonomicheskikh Spetsial'nostey: Mezhdu Sprosom i Predlozheniyem." Voprosy Obrazovaniya, no.2:98 – 128.

Verbitskaya, L. A., ed. 1999. 275 Let. Sankt-Peterburgskiy Gosudarstvennyy Universitet. Letopis' 1724 – 1999. St. Petersburg: Izdatelstvo SPbGU.

Vernadskiy, V. I. 1915. "Vysshaya Shkola v Rossii." In Ezhegodnik "Rechi" na 1914 G., 308 – 25. Moscow: Rech.

Vernadskiy, V. I. 1988. "Ocherki po Istorii Akademii Nauk: Akademiya Nauk v Pervoye Stoletiye Svoyey Istorii." In Trudy po Istorii Nauki v Rossii, edited by V. Vernadskiy, 204 – 38. Moscow: Nauka.

Vincent-Lancrin, S. 2008. "The Reversal of Gender Inequalities in Higher Education." In Higher Education to 2030. Vol.1: Demography, 265 – 98. Paris: OECD.

Vishlenkova, E. A. 2009. "Universitetskiy Chelovek i Vremya." In Obrazovaniye i Prosveshcheniye v Gubernskoy Kazani. Sb. Statey. Vol. 2, edited by I. Zagidullin and E. Vishlenkova, 24 – 52: Kazan': Kazan State University.

Vishlenkova, E. A., R. Kh. Galiullina, and K. A. Il'ina. 2012. Russkiye Professora: Universitetskaya Korporativnost' ili Professional'naya Solidarnost'. Moscow: Novoye Literaturnoye Obozreniye.

Vodichev, E. G. 1994. Put' na Vostok: Formirovaniye i Razvitiye Nauchnogo Potentsiala Sibiri: Seredina 50 – kh – 60 – e gg. Novosibirsk: Ekor.

Vodichev, E. G., S. A. Krasil'nikov, and V. A. Lamin, eds. 2007. Rossiyskaya Akademiya Nauk, Sibirskoye Otdeleniye: Istoricheskiy Ocherk. Moscow: Nauka.

Volkov, S. 1999. Intellektual'nyy Sloy v Sovetskom Obshchestve. Moscow: Fond "Razvitie."

Voylenko, E. I., ed. 1978. Vysshaya Shkola. Sbornik Osnovnykh Postanovleniy, Prikazov i Instruktsiy. Moscow: Vysshaya Shkola.

Vucinich, A. 1984. Empire of Knowledge: The Academy of Sciences of the USSR (1917 – 1970). Berkeley, CA: University of California Press.

Wang, R., and P. Yang. 2018. "China: The 'Commanding Heights' Strategy Revisited." In Higher Education in Federal Countries: A Comparative Study, edited by M. Carnoy, I. Froumin, O. Leshukov, and L. Marginson, 408 – 69. London: Sage.

Warner-Griffin, C., H. Liu, C. Tadler, D. Herget, and B. Dalton. 2017. Reading Achievement of US Fourth-Grade Students in an International Context: First Look at the Progress in International Reading Literacy Study (PIRLS) 2016 and ePIRLS 2016 (NCES 2018 – 017). Washington, DC: US Department of Education.

Whittaker, C. H. 1985. The Origins of Modern Russian Education: An Intellectual Biography of Count Sergei Uvarov, 1786 – 1855. De Kalb: Northern Illinois University Press.

Williams, J. 2012. Consuming Higher Education: Why Learning Can't Be Bought. London: Bloomsbury.

Witt, N. De. 1961. Education and Professional Employment in the USSR. Washington, DC: National Science Foundation.

Yang, P., and R. Wang. 2020. "Central-Local Relations and Higher Education Stratification in China." Higher Education 79(1):111 – 39.

Yankevich, S. V. 2018. "Effektivnyy Kontrakt s Nauchno-pedagogicheskimi Rabotnikami Obrazovatel'nykh Organizatsiy Vysshego Obrazovaniya: Pravovyye Aspekty." Zhurnal Rossiyskogo Prava 2(254):112 – 22.

Yankevich, S., N. Knyaginina, and V. Vorob'yev. 2019. "Gosudarstvennaya Akkreditatsiya Universitetov: Konflikt Zayavlennykh i Fakticheskikh Tseley." Obrazovatel'naya Politika, no. 1 – 2:76 – 86.

Yu, L., and H. Suen. 2005. "Historical and Contemporary Exam-Driven Education Fever in China." KEDI Journal of Educational Policy 2(1):17 – 33.

Yudkevich, M., and E. Sivak. 2012. "University Inbreeding: An Impact on Values, Strategies and Individual Productivity of Faculty Members." Preprint HSE University. Moscow: HSE University.

Yudkevich, M., and E. Sivak. 2015. "Academic Immobility and Inbreeding in Russian Universities." In Academic Inbreeding and Mobility in Higher Education: Global Perspectives, edited by M. Yudkevich, P. G. Altbach, and L. E. Rumbley, 130 – 55 New York: Palgrave Macmillan.

Yudkevich, M., P. Altbach, and L. E. Rumbley. 2015. Academic Inbreeding and Mobility in Higher Education: Global Perspectives. New York: Palgrave Macmillan.

Yudkevich, M., P. G. Altbach, and H. de Wit, eds. 2020. Trends and Issues in Doctoral Education: A Global Perspective. London: SAGE.

Yudkevich, M. M. 2019. "Russia: Higher Education, Between Survival and Innovation." In Professorial Pathways: Academic Careers in a Global Perspective, edited by G. A. Jones and M. J. Finkelstein, 102 – 127. Baltimore, MD: Johns Hopkins University Press.

Zagoskin, N. P. 1902. Istoriya Imperatorskogo Kazanskogo Universiteta za Pervyye Sto Let Ego Sushchestvovaniya, 1804 – 1904. Vol. 1: Vvedeniye i Chast' Pervaya (1804 – 1814). Leipzig: Tipo-litografiya Imperatorskogo Kazanskogo Universiteta.

Zair-Bek, S. I., E. V. Zinyukhina, S. G. Kosaretskiy, and T. A. Mertsalova. 2018. Mezhregional'naya Differentsiatsiya Razvitiya Shkol'nogo Obrazovaniya. Moscow: HSE University.

Zakharov, A. B., and A. V. Kapuza. 2017. "Roditel'skiye Praktiki Obucheniya Chteniyu i Uroven' Chitatel'skoy Gramotnosti Detey v Rossii: po Dannym PIRLS – 2011." Voprosy Obrazovaniya, no. 2:234 – 55.

Zakharov, Yu. A., M. V. Kurbatova, V. S. Dolganov, and E. A. Morozova. 2004. "Novyye Finansovyye Instrumenty v Vysshem Obrazovanii." Universitetskoye Upravleniye: Praktika i Analiz 1(29):77 – 89.

Zamkov, O., and A. Peresetskiy. 2013. "EGE i Akademicheskiye Uspekhi Studentov Bakalavriata MIEF NIU VShE." Prikladnaya Ekonometrika 2(30): 93 – 114.

Zeyer, E. F. 2005. "Kompetentnostnyy Podkhod k Obrazovaniyu." Obrazovaniye i Nauka, no. 3:27 – 40.

Zezina, M. R. 1997. "Material'noye Stimulirovaniye Nauchnogo Truda v SSSR (1945 – 1985)." Vestnik Rossiyskoy Akademii Nauk 1(67):20 – 27.

Zhdanov, P. A., I. B. Trostyanskaya, A. A. Barsukov, and N. A. Polikhina. 2019. "Portret Sovremennogo Rektora: Neobkhodimyye Kompetentsii na Global'nom Nauchno-obrazovatel'nom Rynke." Voprosy Obrazovaniya, no. 2:129 – 58.

Zhidkova, A. A. 2003. "Mezhdunarodnyye Nauchnyye Svyazi v Pervoy Treti XX v.: Deyatel'nost' v SSSR Zarubezhnykh Filantropicheskikh Fondov v 1920 – e — Nachale 1930 – kh gg." Diss. Moscow.

Zhitkov, S. M. 1899. Institut Inzhenerov Putey Soobshcheniya Imperatora Aleksandra I: Istoricheskiy Ocherk. St. Petersburg: Tipografiya Ministerstva Putey Soobshcheniya.

Zhurakovskiy, V.M., I.V. Arzhanova, and A. B. Vorov. 2015. "Otsenka Rezul' tatov Startovogo Etapa Formirovaniya Seti Federal' nykh Universitetov." Professional'noye Obrazovaniye v Rossii i za Rubezhom 3(19):25 – 31.

Zhuravlev, V. V. 2000. "RSDRP(b) — RKP(b) na Etape Prevrashcheniya v Pravyashchuyu Partiyu (Oktyabr' 1917 – 1920 gg.)." In Politicheskiye Partii Rossii: Istoriya i Sovremennost', edited by A. I. Zevelev, Yu. P. Sviridenko, and V.V. Shelokhayev, 387 – 406. Moscow: ROSSPEN.

Zimnyaya, I. A. 2009. "Klyuchevyye Kompetentsii — Novaya Paradigma Rezul' tata Obrazovaniya." Eksperiment i Innovatsii v Shkole, no. 2:7 – 14.

Zinchenko, D., and A. Egorov. 2019. "Modelirovaniye Effektivnosti Rossiyskikh Universitetov." Ekonomicheskiy Zhurnal Vysshey Shkoly Ekonomiki 23 (1): 143 – 72.

Zinov'yev, S.I. 1968. Uchebnyy Protsess v Sovetskoy Vysshey Shkole. Moscow: Vysshaya Shkola.

Zinov'yeva, N., and M. Bagues, 2015. "The Role of Connections in Academic Promotions." American Economic Journal: Applied Economics 7(2):264 – 92.

Zubov, V. P. 1956. Istoriografiya Estestvennykh Nauk v Rossii (XVIII v. — pervaya Polovina XIX v.). Moscow: Izd-vo Akademii Nauk SSSR.

Zvonnikov, V. I. 2019. "Kak Podnyat' Effektivnost' Akkreditatsii Professional' nykh Obrazovatel'nykh Programm i Snizit' Eye Nagruzku na Vuzy?" Vyssheye Obrazovaniye Segodnya, no. 3:11 – 16.

致　谢

　　在过去的几十年里,本书的作者不仅观察了俄罗斯高等教育系统的发展,还直接参与了这一过程,成为俄罗斯高等经济大学领导团队的一部分,该校是俄罗斯领先且最具创新性的大学之一。我们首先要感谢我们的同事、俄罗斯高等经济大学团队的成员、我们大学的所有教职员工、学生和校友,以及所有敢于相信在自由的俄罗斯建立自由大学的理念、在近 30 年间分享并发展这些价值观的人们。俄罗斯高等经济大学展现了一所大学的努力如何能够改变整个国家高等教育系统的格局,能够观察这些变化并参与相关工作是我们莫大的荣幸。

　　我们一直密切关注我们的同事——俄罗斯一流大学校长们的工作,学习他们的经验,并与他们分享我们的想法和预测。我们要感谢与诸位校长多年来卓有成效的合作:弗拉基米尔·阿法纳西耶夫(Vladimir Afanasiev)、阿贝尔·阿甘别吉扬(Abel Aganbegyan)、阿纳托利·亚历山德罗夫(Anatoly Aleksandrov)、尼基塔·阿尼西莫夫(Nikita Anisimov)、玛丽娜·博罗夫斯卡娅(Marina Borovskaya)、尤里·恰普雷金(Yuri Chaplygin)、鲁本·埃尼科洛波夫(Ruben Enikolopov)、米哈伊尔·叶辛达罗夫(Mikhail Eskindarov)、瓦列里·法尔科夫(Valery Falkov)、伊戈尔·费多洛夫(Igor Fedorov)、爱德华·加拉任斯基(Eduard Galazhinskiy)、伊尔沙特·加富罗夫(Ilshat Gafurov)、阿拉·格里亚兹诺娃(Alla Gryaznova)、谢尔盖·古里耶夫(Sergei Guriev)、亚历山大·克里莫夫(Aleksandr Klimov)、维克多·克沙洛夫(Victor Koksharov)、尼古拉·克罗帕切夫(Nikolay Kropachev)、尼古拉·库德里亚夫采夫(Nikolay

Kudryavtsev)、亚历山大·库列绍夫(Alexander Kuleshov)、弗拉基米尔·利特维年科(Vladimir Litvinenko)、格奥尔基·迈尔(Georgiy Mayer)、弗拉基米尔·莫(Vladimir Mau)、尤里·波赫科夫(Yury Pokholkov)、伊戈尔·雷莫连科(Igor Remorenko)、维克多·萨多夫尼奇(Victor Sadovnichy)、特奥多·沙宁(Teodor Shanin)、安德烈·沙罗诺夫(Andrei Sharonov)、谢尔盖·西涅尔尼科夫-穆列廖夫(Sergey Sinelnikov-Murylev)、米哈伊尔·斯特里汉诺夫(Mikhail Strikhanov)、阿纳托利·托尔古诺夫(Anatoly Torkunov)、弗拉基米尔·瓦西里耶夫(Vladimir Vasilyev)、瓦迪姆·沃尔科夫(Vadim Volkov)、弗拉基米尔·泽尔诺夫(Vladimir Zernov),感谢希拉里翁总主教(Metropolitan Hilarion),感谢诸位院长：亚历山大·奥赞(Aleksandr Auzan)、瓦列里·卡卡洛(Valery Katkalo)和弗拉基米尔·米罗诺夫(Vladimir Mironov)。

　　我们有幸与俄罗斯教育界的重要改革者们共事：维克托·博洛托夫(Viktor Bolotov)、弗拉基米尔·菲利波夫(Vladimir Filippov)、安德烈·富尔先科(Andrei Fursenko)、伊萨克·卡利纳(Isaak Kalina)、德米特里·利瓦诺夫(Dmitry Livanov)、弗拉基米尔·沙德里科夫(Vladimir Shadrikov)和安德烈·沃尔科夫(Andrei Volkov)。21世纪俄罗斯大学的发展和成就在很大程度上应该归功于他们提出的新目标和新方法。

　　这本书的出版要感谢各位同仁在智力和情感上给予的支持,我们没办法一一列举在这长达五年的探索过程中所有帮助过我们的人。我们尤其要感谢的是,我们的同事和朋友、美国波士顿学院国际高等教育中心创始主任菲利普·G.阿尔特巴赫教授。菲利普支持了本书最初的构想,并在写作的每个阶段都给予我们支持,这本书反映的是我们多个合作项目的结晶。学术合同的国际比较、学术上的"近亲繁殖"现象、科研人员流动、世界大学排名对大学生活的构建和大学生活环境的影响,以及新一代科研人员的培养模式,这些都是俄罗斯高等经济大学制度研究中心与美国波士顿学院国际高等教育中心联合开展的项目所涵盖的内容,帮助我们更好地了解了俄罗斯大学的具体实践,并将其置于国际比较的大背景中。

　　我们还要感谢花时间阅读了本书各章节初稿的同事们：彼得·格拉切

夫(Peter Grachev)、纳塔利娅·哈拉扬茨(Natalia Khalatyants)、纳塔利娅·马洛肖诺克（Natalia Maloshonok）、伊戈尔·奇里科夫（Igor Chirikov)、维克多·鲁达科夫（Victor Rudakov）、亚历山大·西多尔金(Alexander Sidorkin)、帖木儿·纳特霍夫（Timur Natkhov）和埃琳娜·夏金娜(Elena Shakina)等,他们的意见和建议帮助完善了本书的内容。

在探索俄罗斯大学早期历史的过程中,我们得到了亚历山大·德米特里耶夫(Alexander Dmitriev)、伊戈尔·费秋金(Igor Fedyukin)、亚历山大·索罗金（Aleksander Sorokin）和埃琳娜·维什伦科娃（Elena Vishlenkova)的帮助。我们能够对俄罗斯中小学教育系统进行简明全面的描述离不开伊琳娜·阿班金娜(Irina Abankina)、谢尔盖·科萨雷茨基(Sergey Kosaretsky)和亚历山大·乌瓦罗夫(Alexander Uvarov)的建议。与阿列克谢·诺沃谢利采夫(Alexey Novoseltsev)和列夫·雅各布松(Lev Jakobson)的讨论帮助我们更好地阐释了国家对高等教育的监管逻辑。丹尼尔·亚历山德罗夫(Daniil Alexandrov)、雷沃尔德·恩托夫（Revold Entov)和列夫·卢比莫夫(Lev Lubimov)帮助我们更好地理解了科研工作的组织模式。伊利亚·基里亚(Ilya Kiriya)、埃琳娜·奥多耶夫斯卡娅(Elena Odoevskaya)、达丽娅·普拉托诺娃(Daria Platonova)和亚历山德拉·谢洛娃(Alexandra Serova)也为本书贡献了宝贵的内容。

本书的撰写基于独特的实证数据集,既来源于大规模的纵向研究,也来源于单独的调查,这些数据是了解俄罗斯高等教育系统现状和发展历史的重要资料来源。我们积极参与制定了这些调查的方法,与玛丽亚·多布里亚科娃(Maria Dobryakova)、列昂尼德·戈克贝格(Leonid Gokhberg)、伊万·格鲁兹德夫(Ivan Gruzdev)和尼古拉·舒加尔(Nikolay Schugal)进行了富有成效的合作。

我们非常感谢来自世界多国大学的同事们对我们工作的持续关注。我们无法一一列举他们,但我们要特别感谢蒂莫·阿雷瓦阿拉(Timo Aarrevaara)、亚历山德拉·本哈姆(Alexandra Benham)和李·本哈姆(Lee Benham)夫妇、马丁·卡诺伊(Martin Carnoy)、汉斯·德·维特(Hans de Wit)、马丁·芬克尔斯坦(Martin Finkelstein)、雨果·霍塔(Hugo Horta)、格伦·琼斯(Glen Jones)、芭芭拉·凯姆(Barbara Kehm)、曼亚·克莱门契(Manja Klemeničič)、马雷克·克维克(Marek Kwiek)、亨利·罗索夫斯基(Henry Rosovsky)、劳拉·E. 兰博伊(Laura E. Rumbley)、康斯坦丁·索宁(Konstantin Sonin)、乌尔里希·泰希勒(Ulrich Teichler)和佩德罗·特谢拉(Pedro Teixeira)。

　　我们要感谢我们多篇期刊论文和其他书籍章节的共同作者:格里戈里·安德鲁沙克(Grigory Androuschak)、伊萨克·弗鲁明(Isak Froumin)、瓦伦蒂娜·库斯科娃(Valentina Kuskova)、安德烈·洛瓦科夫(Andrey Lovakov)、娜塔莉亚·马特维耶娃(Nataliya Matveeva)、安娜·帕诺娃(Anna Panova)、奥列格·波尔丁(Oleg Poldin)、伊利亚·普拉霍夫(Ilya Prakhov)、德米特里·谢苗诺夫(Dmitry Semyonov)、伊丽扎维塔·西瓦克(Elizaveta Sivak)和伊万·斯特里戈夫(Ivan Sterligov)。与他们一起工作是我们的荣幸。基于这些合作,俄罗斯高等经济大学制度研究中心提出了许多研究想法,其中一些已体现在本书中。

　　俄罗斯高等经济大学现在拥有的独一无二的网络资源,包括电子文章、书籍与学术论文,帮助我们在研究过程中获取了大量重要资料。当一些稀有书稿没有电子版时,我们不遗余力地在各国的二手书店寻找——在此我们要感谢帮助我们将这些书籍送到莫斯科的朋友们。

　　我们非常感谢维克多·松金(Victor Sonkin),他花费了大量精力将文本的早期版本翻译成英文,也非常感谢丽莎·乌南斯特(Lisa Unangst)对文本进行了最后的润色。还有三位匿名审稿人,他们所作的智力贡献无论如何赞扬都不为过,他们不仅提出了改进书稿的建议,还提出了许多进一步的研究想法。

　　我们也非常幸运能有亚历山大·德米特里延科(Aleksandr Dmitrienko)和玛丽亚·索特尼科娃(Maria Sotnikova)两位研究助理加入我们的研究。他们帮助我们汇总档案数据,并且自始至终密切关注统计数据的细节,所有这些无疑帮助我们更好地完成了这本书。